Die wirtschaftliche Lage
Schwerbehinderter in Deutschland

Tübinger Volkswirtschaftliche Schriften

herausgegeben von Alfred E. Ott † und Adolf Wagner

Band 14

Stefan Weil

Die wirtschaftliche Lage Schwerbehinderter in Deutschland

Entwicklungen in den alten Bundesländern 1980-1994

francke verlag

Die Deutsche Bibliothek – CIP-Einheitsaufnahme

Weil, Stefan:
Die wirtschaftliche Lage Schwerbehinderter in Deutschland : Entwicklungen in den alten Bundesländern 1980 - 1994 / Stefan Weil. – Tübingen ; Basel : Francke, 1996
(Tübinger volkswirtschaftliche Schriften ; Bd. 14)
Zugl.: Tübingen, Univ., Diss., 1995
ISBN 3-7720-2462-9
NE: GT

Dischingerweg 5 · D-72070 Tübingen

Gedruckt auf säurefreiem und alterungsbeständigem Werkdruckpapier.

Druck: Müller + Bass, Tübingen
Verarbeitung: Braun + Lamparter, Reutlingen
Printed in Germany

ISSN 0947-0301
ISBN 3-7720-2462-9

Vorwort

Die wirtschaftliche Lage Behinderter, insbesondere Schwerbehinderter, ist nur in Teilbereichen erforscht. So war seither lediglich die Beschäftigungssituation Gegenstand eingehender wirtschaftsempirischer Untersuchungen und theoretischer Erörterungen. Die finanzielle Lage dieser Gruppe blieb weitgehend unbeachtet. Schwerbehinderte bilden damit nicht nur gesellschaftlich gesehen eine „Randgruppe". Die vorliegende Arbeit, die im Wintersemester 1995/96 von der Wirtschaftswissenschaftlichen Fakultät der Eberhard-Karls-Universität zu Tübingen als Dissertation angenommen wurde, hat zum Ziel, diese Lücke – zumindest zum Teil – zu schließen. Untersucht wird insbesondere die Entwicklung der Beschäftigungs- und der Einkommenslage seit 1980. Darüber hinaus wird geprüft, inwieweit durch die sog. „Nachteilsausgleiche" eine Kompensation behinderungsbedingter ökonomischer Nachteile erfolgt. Ein dritter Schwerpunkt bildet die Unterstützung Schwerbehinderter durch die Sozialhilfe in behinderungsbedingten finanziellen Notlagen.

Die Arbeit wurde im Bewußtsein darüber verfaßt, daß es sowohl männliche als auch weibliche Menschen gibt. Dennoch lassen sich männliche und weibliche Formen der deutschen Sprache oftmals nicht gleichzeitig anführen, ohne daß der Lesefluß wesentlich gestört wird. Der Lesbarkeit halber wurde deshalb auf eine Unterscheidung verzichtet. Eine Frauendiskriminierung ist damit in keiner Weise beabsichtigt.

Die Forschungstätigkeiten für die Arbeit wurden am Institut für Angewandte Wirtschaftsforschung Tübingen (IAW) durchgeführt und für die Zeit eines Jahres von der Fritz Thyssen Stiftung finanziell gefördert. Dank gebührt jener sowie den vielzähligen anderen, hier ungenannt bleibenden Institutionen und Personen, die die Forschungsarbeiten unterstützt haben. Ein besonderer Dank gilt dem Statistischen Bundesamt, das im Zuge von Sonderauswertungen – z.T. seither unveröffentlichte – Daten aus den Mikrozensus-Zusatzerhebungen von 1986, 1989 und 1992 freundlicherweise zur Verfügung stellte. Ein ebenso besonderer Dank ist den Institutskollegen Dipl.-Volksw. Uwe Hochmuth und Dipl.-Soz. Rolf Kleimann auszusprechen, die mit ihren Datenauswertungen aus dem IAW-Steuerpanel wertvolle Erkenntnisse lieferten.

Danken möchte ich aber auch den emsigen Helferinnen und Helfern am IAW: Bernd Aichmann, Ivo Koch, Elisabeth Neubrand, Iris Sadlowski und Regine Tobias haben die Forschungsarbeiten durch Literaturbeschaffung, Datenrecherche und -aufbereitung sowie durch redaktionelle Arbeiten tatkräftig unterstützt. Christina Pape übernahm einen Teil der Korrespondenz.

Meinem Doktorvater und Institutschef, Herrn Prof. Dr. Adolf Wagner, schulde ich besonderen Dank nicht nur für die geduldige Betreuung, sondern ebenso für die Begutachtung der Arbeit. Herrn Prof. Dr. Franz Xaver Bea danke ich für die Übernahme des Zweitgutachtens.

Ein letzter – ganz besonderer – Dank ergeht an Herrn Prof. Dr. Alfred E. Ott, der, mein akademischer Lehrer, über mehrere Jahre mein Chef am Institut und geistiger Initiator dieser Forschungsarbeit, allzu früh verstarb und daher deren Ergebnisse nicht mehr erfahren konnte. Ihm sei die Arbeit posthum gewidmet.

Tübingen/Wiesmoor, im Juli 1996 Stefan Weil

Inhaltsverzeichnis

Verzeichnisse der Abbildungen, Tabellen und Übersichten

Abbildungen

Tabellen im Text

Tabellen im Anhang:

Übersichten

Verzeichnis der Abkürzungen

Abb(n).	Abbildung(en)
Abs.	Absatz
Abschn.	Abschnitt
Abt.	Abteilung
ADAC	Allgemeiner Deutscher Automobilclub
AFB	Ausschuß für Fragen Behinderter
AFG	Arbeitsförderungsgesetz
aG	außergewöhnlich gehbehindert (Ausweismerkzeichen)
AG	Aktiengesellschaft, Arbeitsgemeinschaft
AGiB	Arbeit und Gesundheit im Betrieb
Anm. d. Verf.	Anmerkung(en) des Verfassers
AOK	Allgemeine Ortskrankenkasse
A Reha	Anordnung des Verwaltungsrates der BfA über die Arbeits- und Berufsförderung Behinderter
Art.	Artikel
BAFöG	Bundesausbildungsförderungsgesetz
BAGFW	Bundesarbeitsgemeinschaft der Freien Wohlfahrtspflege
BBW	Berufsbildungswerk
Bd(e).	Band (Bände)
BeschFG	Beschäftigungsförderungsgesetz
BfA	Bundesanstalt für Arbeit
BFW	Berufsförderungswerk
BGBl.	Bundesgesetzblatt
Bl	Blind (Ausweismerkzeichen)
BMA	Bundesministerium für Arbeit
BRD	Bundesrepublik Deutschland
BSHG	Bundessozialhilfegesetz
bspw.	beispielsweise
Bst.	Buchstabe
BVG	Bundesversorgungsgesetz
bzgl.	bezüglich
bzw.	beziehungsweise
ca.	circa
CEDEFOP	Europäisches Zentrum für die Förderung der Berufsbildung
c.p.	ceteris paribus
dass.	dasselbe
D.C.	District of Columbia
DDR	Deutsche Demokratische Republik
ders.	derselbe
De.Vg.	Deutsche Vereinigung
DGB	Deutscher Gewerkschaftsbund
DGF	Deutsche Gesellschaft für Freizeit

DGVT	Deutsche Gesellschaft für Verhaltenstherapie
d.h.	das heißt
dies.	dieselbe
Diss.	Dissertation
DIW	Deutsches Institut für Wirtschaftsforschung
d.J.	des Jahres
DM	Deutsche Mark
DPf	Deutsche Pfennig(e)
d.s.	das sind
dto.	dito
dtsch.	deutsch(en)
DVO	Durchführungsverordnung
ebd.	ebenda, ebendort
ed(s).	editor(s)
EG	Europäische Gemeinschaft
EGB	Europäischer Gewerkschaftsbund
EHVO	Eingliederungshilfeverordnung
EStG	Einkommensteuergesetz
et al.	et alii, et alibi
etc.	et cetera
EU	Europäische Union
e.V.	eingetragener Verein
evtl.	eventuell
f.	folgende
ff.	fortfolgende
Fn.	Fußnote
G	Gehbehindert (Ausweismerkzeichen)
GdB	Grad der Behinderung
GE	Gesundheitliche Einschränkung(en)
GEZ	Gebühreneinzugszentrale
GW	Der gute Wille
H	Hilflos (Ausweismerkzeichen)
H.	Heft
HbL	Hilfe in besonderen Lebenslagen
Hg.	Herausgeber
HLU	Hilfe zum Lebensunterhalt
Hrsg.	Herausgeber
hrsg. (v.)	herausgegegeben (von/vom)
HUK	Haftpflicht-Unfall-Kasko
IAW	Institut für Angewandte Wirtschaftsforschung
i.Br.	im Breisgau
i.d.R.	in der Regel
IG	Industriegewerkschaft
INF	Gesellschaft für Informatik und Organisation
insbes.	insbesondere
i.S.d.	im Sinne der
i.S.e.	im Sinne einer/eines
ISO	Institut für Sozialforschung
i.S.v.	im Sinne von
iw	Institut der Deutschen Wirtschaft
Jg.	Jahrgang
KB-Kfz	Körperbehinderten-Kraftfahrzeug

KfzHv	Kraftfahrzeughilfeverordnung
kg	Kilogramm
km	Kilometer
km/h	Kilometer pro Stunde
Lfg.	Lieferung
MdE	Minderung der Erwerbsfähigkeit
m	Meter
M.	Main
mind.	mindestens
Mio.	Millionen
No.	Number
Nr.	Nummer
NRW	Nordrhein-Westfalen
o.ä.	oder ähnliche(n)
OFD	Oberfinanzdirektion
ÖPNV	Öffentlicher Personennahverkehr
o.g.	oben genannt
o.O.	ohne Ort
o.J.	ohne Jahr
o.V.	ohne Verfasser
p.a.	per annum
PKW	Personenkraftwagen
pp.	pages
RehaAnglG	Rehabilitationsangleichungsgesetz
RF	Befreiung von Rundfunk- und Fernsehgebühren (Ausweismerkzeichen)
rd.	rund
RdJB	Recht der Jugend und des Bildungswesens
RVA	Reichsversicherungsanstalt
RVO	Reichsversicherungsordnung
s.	siehe
S.	Seite(n)
SchwbG	Schwerbehindertengesetz
SchwbAV	Schwerbehindertenausgleichsabgabeverordnung
SchwbWV	Werkstättenverordnung Schwerbehindertengesetz
SfB	Sonderforschungsbereich
SGB	Sozialgesetzbuch
s.o.	siehe oben
SOEP	Sozio-ökonomisches Panel
sog.	sogenannte
sonst.	sonstige
s.u.	siehe unten
Tab(n).	Tabelle(n)
TDM	Tausend DM
TÜV	Technischer Überwachungsverein
u.	und
u.a.	und andere, unter anderem, und anderswo
u.ä.	und ähnliche(s)
u.M.(v.)	unter Mitarbeit (von)
UN	United Nations
USA	United States of America
u.U.	unter Umständen
usw.	und so weiter

v.	von/vom	VW	Volkswagen
VdK	Verband der Kriegs- und Wehrdienst- opfer, Behinderten und Sozialrentner Deutschlands	WoBauG	Wohnungsbaugesetz
		WfB	Werkstatt für Behin- derte
		WZB	Wissenschafts- zentrum Berlin
VDR	Verband Deutscher Rentenversiche- rungsträger	z.B.	zum Beispiel
		ZB	Zeitschrift: Behin- derte im Beruf
VDS	Verband der Scha- denversicherer	ZfSH/SGB	Zeitschrift für Sozi- alhilfe und Sozial- gesetzbuch
vgl.	vergleiche		
v.H.	vom Hundert		
VO	Verordnung	ZPO	Zivilprozeßordnung
Vol.	Volume	z.T.	zum Teil
vs.	versus	z.Zt.	zur Zeit

I. Einleitung

1. Ausgangslage

Behinderte Menschen – und im besonderen Maße solche Menschen, die man heute als „schwer behindert" bezeichnen würde – sind nicht nur gegenwärtig eine Randgruppe. In historischer Hinsicht hat sich die gesellschaftliche Stellung von Behinderten in Deutschland – früher oft als „Krüppel", „Idioten" oder „Irre" bezeichnet – starken Wandlungen unterzogen.[1] Die gesellschaftliche Stellung war jedoch teilweise davon abhängig, ob die Behinderung angeboren war oder erst im Laufe des Lebens (z.B. durch einen Unfall) erworben wurde.

Abgesehen davon, daß sowohl bei den Germanen als auch im bereits christianisierten, mittelalterlichen Deutschland ein behindertes neugeborenes Kind getötet werden durfte, ist die Lage der Behinderten zu Zeiten des nationalsozialistischen Regimes wohl am verhängnisvollsten gewesen: Ab 1939 wurden Behinderte systematisch erfaßt und der massenhaften Vernichtung zugeführt.[2] Abgesehen von diesen *Extrema* bildete sich in Deutschland sehr bald – unter den Einflüssen der Reformation – in der Folge der Bildung eines Armenrechts ein Fürsorgewesen, in dem auch die Behinderten Berücksichtigung fanden. Allerdings entstand erst im 19. Jahrhundert ein öffentliches Behindertenrecht, welches die Voraussetzungen für eine vollständige gesellschaftliche Integration – oder zumindest ein Bemühen darum – schuf.[3] Mit der in dieser Zeit sich vollziehenden Einsicht der Bildungsfähigkeit Behinderter veränderte sich schließlich deren sozialer Status:

---

[1] Vgl. hierzu die ausführliche sozialgeschichtliche Studie von *Fandrey* (1990). Nach der Ursache der Behinderung wurde früher zumeist auch zwischen „Kriegsbeschädigten", „Berufsinvaliden" und „Unfallverstümmelten" unterschieden (vgl. *Brög* u.a. (1984), S. 6 f.).

[2] Dies betraf allerdings nicht Behinderte („Beschädigte"), deren Behinderung auf eine (Kriegs-)Dienstbeschädigung oder einen Unfall zurückzuführen ist. Siehe auch ausführlich zur Schwerbeschädigtenpolitik im „Dritten Reich" *Sanmann* (1988a), S. 55 ff.

[3] Vgl. dazu ausführlich *Scholler* (1981), S. 25 ff.

> Die einmal geschulten Behinderten konnten eine stärkere berufliche und soziale Integration erwarten und fordern. ... Das ursprüngliche Asyl- und Absonderungsdenken bzw. die Fürsorge und die Armenrechtskonzeption mußten [daher] einem Programm der Eingliederung durch schulische und arbeitsbezogene Rehabilitation weichen.[1]

Die Bemühungen um die gesellschaftliche Integration der Behinderten hatte durchaus eine sozial- oder politökonomische Grundlage, deren Konsequenzen bis heute weiterwirken. Dies sind einerseits die Beendigung der fürsorglichen Abhängigkeit der Behinderten und andererseits der Versuch, „... aus dem behinderten Krüppel, der auf Fürsorge angewiesen war, einen steuerzahlenden Mitbürger zu machen."[2]

In den letzten Jahrzehnten erfolgte eine kontinuierliche und teilweise intensive Diskussion der gesellschaftlichen Lage von Behinderten. Ein Höhepunkt der Diskussion wurde vermutlich im Jahre 1981 erreicht, dem von den Vereinten Nationen proklamierten „Internationalen Jahr der Behinderten".[3] Wiederholt wurde das Thema auch im Rahmen (einer Krititk) der staatlichen Beschäftigungspolitik aufgegriffen. In den 80er Jahren sind hier insbesondere die Kontroversen um die Verfassungsmäßigkeit der Pflichtquote und der Ausgleichsabgabe[4] sowie um die Novellierung des Schwerbehindertengesetzes (SchwbG) anzuführen.[5] Auffällig ist jedoch eine starke Zurückhaltung der Ökonomen.[6] Untersuchungen aus einer wirtschaftswissenschaftlichen Perspektive heraus beschränkten sich zumeist auf die Beschäftigungssituation (makroökonomisch-volkswirtschaftliche Perspektive) bzw. auf die betriebliche Beschäftigungspolitik (mikroökonomisch-

---

[1] *Scholler* (1981), S. 29 f.

[2] *Scholler* (1981), S. 30.

[3] Die Generalversammlung der Vereinten Nationen hatte bereits 1976 das Jahr 1981 zum „Internationalen Jahr der Behinderten" erklärt. Sie regte die Mitgliedstaaten und nichtstaatliche Organisationen in einem Aktionsplan an, ihre Maßnahmen der medizinischen, beruflichen und sozialen Eingliederung der Behinderten zu überprüfen und entsprechend den Verhältnissen, Bedürfnissen und Prioritäten eines Landes örtliche und überörtliche Aktivitäten zu mobilisieren und damit die Situation der Behinderten nachhaltig zu verbessern (vgl. *Knopp* (1981)). Siehe zur UN-Initiative auch ausführlich *Greza* (1981), S. 3 f.

[4] Siehe hierzu z.B. *Engelen-Kefer/Möller-Lücking* (1981).

[5] Ein weiterer Streitpunkt in der öffentlichen Diskussion war zu Anfang der 80er Jahre die Frage der Konsequenzen einer Ausweitung der Schwerbehinderteneigenschaft auf immer mehr Personengruppen und die damit verbundene „Antragsflut" bei den Versorgungsämtern (vgl. *Heinze/Runde* (1982), S. 1).

[6] Vgl. auch die Ausführungen bei *Knappe/Frick* (1988), S. 7.

betriebswirtschaftliche Perspektive).[1] Im Gegensatz z.B. zu den Vereinigten Staaten[2] wird in Deutschland erst neuerdings auch die Frage gestellt, wie es um das (finanzielle) Wohlergehen („*well-being*") behinderter Menschen steht,[3] und somit auch nicht nur hinterfragt, inwieweit Behinderte ihre Arbeitskraft zum Wohle der Gesellschaft einbringen können, sondern ob sie tatsächlich von staatlicher Fürsorge (heute: Sozialhilfe) unabhängig sind.

Nach wie vor läßt sich jedoch feststellen, daß es eine umfassende Wirkungsanalyse der Ziele, Instrumente und Institutionen der Schwerbehindertenpolitik lediglich in Ansätzen, eine eingehende Darstellung der ökonomischen Situation aus individueller Sicht und im Systemzusammenhang jedoch überhaupt nicht gibt.[4]

2. Problemstellung

Die Frage stellt sich nun – und das nicht nur für einen Ökonomen: Warum soll man sich mit Schwerbehinderten befassen?

Ein Blick in die aktuelle Behindertenstatistik zeigt folgendes: Am 31. Dezember 1993 waren in den alten Bundesländern nahezu 5,6 Mio. Personen behördlicherseits als schwerbehindert anerkannt.[5] Dies

---

[1] Vgl. hierzu die umfangreichen Arbeiten aus dem Institut für Arbeitsmarkt- und Berufsforschung der Bundesanstalt für Arbeit.

[2] Siehe z.B. *Packard* (1987) und *Haveman/Wolfe* (1990). Im Anschluß an verschiedene Untersuchungen zur ökonomischen Situation verschiedener Randgruppen in den USA aus den 80er Jahren kommen letztere zu folgender Einsicht: „Tracking the relative well-being of important socioeconomic groups - blacks, the aged, children, single mothers - is central to understanding the changing anatomy of economic inequality. Especially in recent years, when the nation has experienced both stagnant family incomes and a ‚surge of inequality', it is important to understand which groups have pulled apart from the rest of us; which groups have failed to share in whatever progress the economy has generated." Jedoch mußten auch Sie noch Ende der 80er Jahre feststellen: „While this research has revealed the trends experienced by several vulnerable groups, the experience of a large and significant population - the disabled - *is rarely analyzed* in these studies (*Haveman/Wolfe* (1990), S. 33 (beide Zitate; Hervorhebung vom Verfasser)."

[3] So z.B. im Rahmen des sozio-ökonomischen Panels (SOEP) (vgl. *Burkhauser/Daly* (1993)).

[4] Vgl. auch *Knappe/Frick* (1988), S. 8.

[5] Die Anerkennung der Schwerbehinderteneigenschaft ist beim örtlich zuständigen Versorgungsamt zu beantragen. Nach erfolgter Anerkennung wird ein Schwerbehindertenausweis ausgestellt.

bedeutet, daß von je tausend Einwohnern 85, d.h. etwa jeder zwölfte, schwerbehindert waren.[1] Die Schwerbehinderten stellen damit sicher eine gesellschaftliche Gruppe dar, die auch von Ökonomen nicht vernachlässigt werden sollte. Berücksichtigt man schließlich, daß die o.g. Zahl aus verschiedenen Gründen, auf die wir weiter unten noch eingehen werden, nicht die tatsächliche Zahl der schwer Behinderten darstellt, sondern eher „nach oben hin" korrigiert werden müßte, so ergeben sich Zweifel, ob man berechtigterweise noch von einer „Rand" gruppe[2] sprechen kann.[3] Zudem muß man die Schwerbehinderten als Teil einer weitaus größeren Gruppe von gesundheitlich Beeinträchtigten sehen (vgl. Abb. 1).

Abb. 1: Schwerbehinderte und andere gesundheitlich Beeinträchtigte

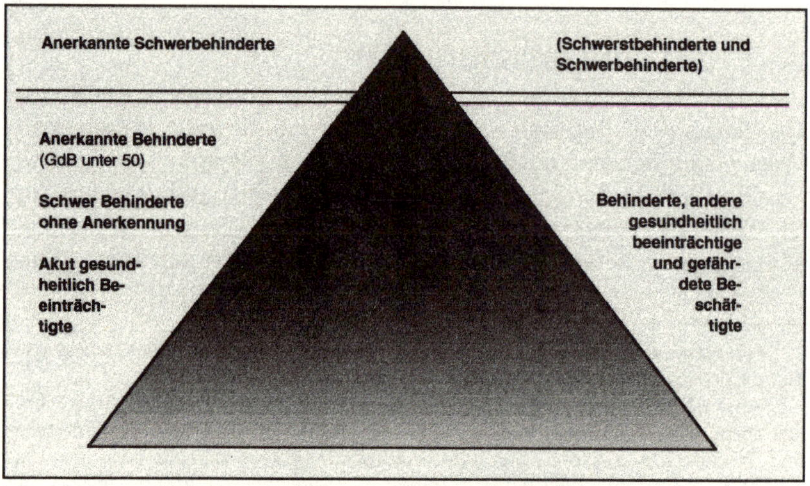

Quelle: Darstellung in Anlehnung an *Ochs* u.a. (1991b), S. 15.

Obwohl sich der relative Anteil der Schwerbehinderten an der Gesamtbevölkerung in den Jahren 1983 bis 1993 eher zurückging, dürfte damit zu rechnen sein, daß durch die Alterung der Wohnbevölkerung, d.h. durch den Anstieg des relativen Anteils der Älteren, auch der Anteil der Behinderten und Schwerbehinderten an der Gesamtbevölkerung – zumindest mittelfristig – wieder ansteigt.

---

[1]Vgl. *Statistisches Bundesamt* (Hrsg. 1995), S. 11, oder *Hein* (1995), S. 377.

[2]Zur Legitimation des Begriffes „Randgruppe" im Zusammenhang mit Schwerbehinderten siehe II.3.

[3]*Ochs* u.a. (1991, S. 4) sprechen denn auch von einem „Massenphänomen".

Die Frage nach der ökonomischen Situation der Schwerbehinderten[1] stellt sich auch nicht zuletzt im Zusammenhang mit der Ausbreitung von Armut einerseits und den steigenden Kosten einer Pflegebedürftigkeit andererseits. Es besteht durchaus Anlaß zu vermuten, daß – zumindest ohne einen gewissen Ausgleich der oftmals vorliegenden eingeschränkten Fähigkeit zur Erzielung eines eigenen (Arbeits-) Einkommens – vor allem für pflegebedürftige Schwerbehinderte die Gefahr besteht, in die Armut abgedrängt zu werden.[2] Dabei ist festzustellen, daß die in der Vergangenheit gegebene Absicherung dieser Gefahr durch die Integration der Betroffenen in ein familiales Versorgungssystem zumeist nicht mehr besteht.[3] Vielmehr brachten sozioökonomische Veränderungen in den letzten Jahrzehnten mit sich, daß gerade die Familie immer weniger bereit oder in der Lage ist, auf eine marktmäßige Verwertung ihrer Arbeitskraft sowie auf Freizeitaktivitäten zu verzichten; dies vor allem vor dem Hintergrund steigender Grenznutzen von Arbeit und Freizeitaktivitäten.[4] Denn, ist das behinderte Familienmitglied mangels eigener Einkünfte nicht in der Lage, die Opportunitätskosten der Familie zu vergüten, wird diese einer merklichen Wohlstandseinbuße – bis hin zur relativen, wenn nicht absoluten Armut – ausgesetzt.[5]

Des weiteren dürften sich auch die Lebensstile der Schwerbehinderten – zumindest derer, für die dies möglich ist und die damit nicht auf Pflege oder sonstige ständige Hilfe angewiesen sind – dahingehend verändert haben, daß ein eigenständiges, unabhängiges Leben zu führen angestrebt wird.[6] Dies umfaßt zumeist auch das Bewohnen einer eigenen Wohnung. Umso mehr stellt sich hier vor dem Hintergrund steigender Mieten die Frage, ob dies für Schwerbehinderte in finanzieller Hinsicht eine realistische Alternative darstellt.

---

[1] Mit „ökonomisch" soll hier im wesentlichen „finanziell" gemeint sein, da sich nichtpekuniäre Nutzenkomponenten des Wohlergehens in vielen Fällen nur schwierig in Geldgrößen ausdrücken (bewerten) lassen.

[2] Zur Definition des Begriffs „Armut" siehe ausführlich *Hochmuth* u.a. (1993). Vgl. zur Problematik auch Kapitel VI.1.

[3] Vgl. auch *Adam* u.a. (1993), S. 11 und 21.

[4] Anders ausgedrückt: Die Opportunitätskosten einer Betreuung und Pflege von behinderten Familienangehörigen steigen. Unterstellt man – aus ökonomischer Sicht – rationales Verhalten, so wird die Behindertenpflege im Vergleich zu den anderen Tätigkeiten (*ceteris paribus*) unattraktiv. Zur Pflegebedürftigkeit als ökonomisches Problem siehe auch *Prinz* (1987).

[5] Vgl. dazu auch *Krause* (1988), S. 62 f.

[6] Vgl. beispielsweise *Wendt* (1989b), S. 130, sowie *Adam* u.a. (1993), S. 9.

3. Arbeitshypothesen und Untersuchungsziel

Ausgehend von der Problemstellung der Arbeit lassen sich nun die folgenden Arbeitshypothesen zusammenfassend formulieren:

(1) Die Zahl derjenigen, die sich die Schwerbehinderteneigenschaft haben behördlich anerkennen lassen ist in den vergangenen Jahren stark gestiegen und wird auch in Zukunft noch weiter ansteigen. Von daher gewinnt die Gruppe der Schwerbehinderten eine stetig wachsende gesellschaftliche Bedeutung. Der oft zitierte Randgruppencharakter wird damit in quantitativer Hinsicht fragwürdig.

(2) Schwerbehinderte werden vorwiegend auf Einkünfte aus nichtselbständiger Erwerbstätigkeit angewiesen sein. Die Entwicklungen der vergangenen beiden Jahrzehnte auf dem allgemeinen Arbeitsmarkt lassen jedoch vermuten, daß Problemgruppen sinkende Beschäftigungschancen haben werden. Dies reduziert tendenziell den Erwartungswert ihres Einkommens.

(3) Schwerbehinderte, die aufgrund der Art oder Schwere ihrer Behinderung überhaupt keine (realistische) Möglichkeit haben, ihre Arbeitskraft auf dem allgemeinen Arbeitsmarkt zu verwerten, sind auf Beschäftigung in einer Werkstatt für Behinderte (WfB) oder einer ähnlichen geschützten Einrichtung angewiesen. Die Verdienstmöglichkeiten sind hier vermutlich als sehr gering einzustufen. Eine Sicherstellung der Subsistenz ohne finanzielle Unterstützung durch Dritte (Familie, Sozialhilfe usw.) erscheint fraglich.

(4) Entsprechend sind insbesondere diese Schwerbehinderten der Gefahr ausgesetzt, in Armut abgedrängt zu werden. Ob die Sozialhilfe mit ihren Hilfen für behinderungsbedingte Notlagen dies dauerhaft abzuwehren vermag, erscheint ebenfalls fraglich.

(5) Schwerbehinderte haben behinderungsbedingt in nahezu allen Lebensbereichen (jedoch je nach Art und Schwere der Behinderung in den einzelnen Lebensbereichen unterschiedlich ausgeprägt) Nachteile oder haben gar finanzielle Mehraufwendungen zu tragen. Ungewiß ist jedoch, ob die in einer Vielzahl vorhandenen Nachteilsausgleiche die jeweiligen Nachteile zu kompensieren imstande sind.

Die Untersuchung hat damit zum Ziel, auf dem Wege der Überprüfung der dargelegten Arbeitshypothesen ein möglichst umfassendes Bild der wirtschaftlichen Lage der Schwerbehinderten als einer bedeutenden Teilgruppe der Gesamtbevölkerung zu zeichnen.

4. Vorgehensweise und inhaltliche Abgrenzungen

Die Analyse der wirtschaftlichen Lage der Schwerbehinderten erfolgte in mehreren Schritten. Zunächst wurde durch eine ausführliche Literaturauswertung eine konzeptionelle Grundlage für die Studie geschaffen. Daran anschließend erfolgte eine Überprüfung der vorgesehenen Fragestellungen mit Blick auf die Relevanz und etwaiger Prioritäten. Im Ergebnis wurden folgende Bereiche als vorrangig angesehen:

- Die Beschäftigungssituation (mit Blick auf die Erwerbstätigkeit als Einkommensquelle),
- Die Einkommenssituation (Unterhaltsquellen, Einkommenshöhe und -verteilung),
- Armut, behinderungsbedingte Notlagen und Sozialhilfe sowie
- behinderungsbedingte Mehraufwendungen und das Kompensationspotential von Nachteilsausgleichen.

Für die Untersuchung der Beschäftigungssituation konnte weitgehend auf bereits vorhandene theoretische und empirische Studien zurückgegriffen werden. Die Analyse der Einkommenssituation stützte sich hauptsächlich auf die Daten aus Mikrozensus-Zusatzerhebungen des Statistischen Bundesamtes. Des weiteren wurden u.a. Daten des Sozio-ökonomischen Panels (SOEP) sowie Einkommensteuerdaten herangezogen. Bei beiden Untersuchungsschwerpunkten wurde – um den Rahmen der Arbeit nicht zu sprengen – auf geschlechtsspezifische Unterschiede nur vereinzelt eingegangen. Dennoch sollte hier auf die große Bedeutung einer solcher Differenzierung hingewiesen werden, vor allem mit Blick darauf, daß

- die Erwerbsbeteiligung von Frauen immer noch geringer, aber stark steigend ist,

- Frauen selbt eine Problemgruppe auf dem Arbeitsmarkt darstellen (s.u.) und
- die Forschung die Analyse der spezifischen Situation behinderter Frauen seither stark vernachlässigt hat.[1]

Bei der Analyse der Lage von Schwerbehinderten, die in WfB beschäftigt sind, hat es sich als sinnvoll herausgestellt, die Hilfe- und Eingliederungsleistungen der Sozialhilfe bzw. deren Entwicklung zu untersuchen, da diese die Einkommenssituation dieser Gruppe wesentlich bestimmen.

Bezüglich der die wirtschaftliche Lage weiterhin betreffenden Faktoren (zusätzliche Ausgaben, Nachteilsausgleiche) erfolgte weniger eine konzise Bestands- oder Momentaufnahme im Sinne der vielfältig vorhandenen Broschüren.[2] Es ging vielmehr darum, Entwicklungen aufzuzeigen, die sich in den 80er und frühen 90er Jahren, insbesondere mit Blick auf das 1986 novellierte Schwerbehindertengesetz, abgezeichnet haben. Eventuell dafür notwendige Erhebungen wurden bei den zuständigen Stellen durchgeführt. Leitgedanke war hier die Frage, inwiefern und in welchem Umfang diese Nachteilsausgleiche konkret gegebene behinderungsbedingte Mehraufwendungen ausgleichen. Darüber hinaus ist anzumerken, daß Aspekte der sozialen Sicherung lediglich im Zusammenhang mit den o.g. Fragestellungen aufgegriffen wurden. Ohne Zweifel hat auch die Ausgestaltung dieses Systems ihren Einfluß auf die ökonomische Situation Behinderter. Eine Einbeziehung der Analyse der Auswirkung von behindertenspezifischen Aspekten der sozialen Sicherung hätte aber – u.a. aufgrund deren Komplexität – den Rahmen gesprengt.[3]

---

[1]Ausnahmen bilden nach unserer Kenntnis lediglich *Niehaus* (1989) und *Niehaus* (1993). Auf einige für unsere Fragestellung relevante Ergebnisse letzterer Studie wird in Kapitel IV.7. eingegangen werden.

[2]Vgl. hierzu die einschlägigen „Ratgeber für Behinderte“ o.ä. (z.B. *Landschaftsverband Westfalen-Lippe - Hauptfürsorgestelle* - (Hrsg., 1991a), *Bundesminister für Arbeit und Sozialordnung* (Hrsg., 1994b) u.a.) bzw. die Studie von *Breuer/Friedrich* (1984). Nach Angaben von *Thust/Trenk-Hinterberger* (1989, S. 69) existierten 1989 rund 400 unterschiedliche rechtlich fixierte Nachteilsausgleiche, welche noch durch Leistungen privater Träger ergänzt werden, „... in einer *kaum zu überblickenden Vielfalt* von bundes-, landes- und kommunalrechtlichen Bestimmungen .. (Hervorhebung im Original).“ Hier dürfte sich seither kaum etwas geändert haben.

[3]Siehe dazu jedoch die ausführliche Studie von *Schulin* (1980).

Die aus der Auswertung der Literatur und den Datenanalysen gewonnenen Erkenntnisse wurden bei Bedarf im Rahmen von Gesprächen mit Experten (teilweise telefonisch) einer Überprüfung unterzogen.

Die wirtschaftliche Lage der Schwerbehinderten in Deutschland ließe sich weit besser beurteilen, könnte man einen direkten Vergleich zur Situation in anderen Ländern ziehen. Dies ist jedoch aus vielfältigen Gründen sehr schwierig. Einer der Hauptgründe ist in der Qualität und im Umfang der verfügbaren Datenbasen zu sehen. Weiterhin sind die Datenbasen als solche nur begrenzt vergleichbar, da der jeweils zugrundeliegende statistisch-juristische Begriff der schweren Behinderung recht unterschiedlich definiert bzw. abgegrenzt ist. Aus diesen Gründen wurde ein internationaler Vergleich nicht in Erwägung gezogen.

Aufgrund der noch mangelhaften Datenlage mit Blick auf die neuen Bundesländer wurde auch hier auf eine Aufnahme in die Analyse verzichtet.[1]

[1] Die neuen Bundesländer wurden erstmals 1993 durch die amtliche Behindertenstatistik berücksichtigt. Siehe dazu auch *Hein* (1995), S. 376.

II. SCHWERBEHINDERTE: GESELLSCHAFTLICHE BEDEUTUNG EINER RANDGRUPPE UND BESTIMMUNGSFAKTOREN IHRER WIRTSCHAFTLICHEN LAGE

1. Definition des Behinderungsbegriffs in verschiedenen Wissenschaftsbereichen

In den folgenden Abschnitten soll die Variationsvielfalt der Definitionsversuche des Begriffs von Behinderung bzw. der behinderten oder schwerbehinderten Person in verschiedenen wissenschaftlichen Bereichen verdeutlicht werden. Die Auswahl erhebt keinen Anspruch auf Vollständigkeit.[1]

1.1. Die juristische Definition

1.1.1. Die Definition im Behinderten- und Sozialhilferecht

Nach dem SchwbG[2] sind Schwerbehinderte

> ... Personen, mit einem Grad der Behinderung von wenigstens 50, sofern sie ihren Wohnsitz, ihren gewöhnlichen Aufenthalt oder ihre Beschäftigung auf einem Arbeitsplatz im Sinne des § 7 Abs. 1 rechtmäßig im Geltungsbereich dieses Gesetzes haben." (§ 1 SchwbG)

Das Gesetz sieht daneben prinzipiell – unter bestimmten Voraussetzungen – eine Gleichstellung solcher Personen mit einem Grad der Behinderung (GdB) von wenigstens 30 vor.

---

[1] Zur Problematisierung und Definition des Behinderungsbegriffs siehe auch die ausführliche Arbeit von *Bintig* (1980).

[2] SchwbG in der Fassung vom 26. August 1986, zuletzt geändert durch Art 6. des Gesetzes vom 21. Juni 1991.

§ 3 Abs. 1 SchwbG definiert nun genauer, was im Sinne dieses Gesetzes als „Behinderung“ zu verstehen ist, nämlich

> ... die Auswirkung einer nicht nur vorübergehenden Funktionsbeeinträchtigung, die auf einem regelwidrigen körperlichen, geistigen oder seelischen Zustand beruht. Regelwidrig ist der Zustand, der von dem für das Lebensalter typischen abweicht. Als nicht nur vorübergehend gilt ein Zeitraum von mehr als 6 Monaten. Bei mehreren sich gegenseitig beeinflussenden Funktionsbeeinträchtigungen ist deren Gesamtwirkung maßgeblich.

Im Gegensatz zu anderen einschlägigen behindertenrechtlichen Normen (wie z.B. Bundessozialhilfegesetz (BSHG), Sozialgesetzbuch (SGB), Arbeitsförderungsgesetz (AFG)), Rehabilitationsangleichungsgesetz (RehaAnglG) verfügt die deutsche Rechtssprechung – zumindest seit 1986 – eine, wenn auch nicht in jeder Hinsicht zufriedenstellende und allgemeingültige Abgrenzung des Begriffes der Behinderung.[1]

Teilweise wird aber auch auf die Regelungen im Sozialhilferecht zurückgegriffen. Hier heißt es in der 4. Verordnung nach § 47 des Bundessozialhilfegesetzes (Eingliederungshilfe-Verordnung; EHVO):[2]

> Körperlich wesentlich behindert ... sind Personen, bei denen infolge einer körperlichen Regelwidrigkeit die Fähigkeit zur Eingliederung in die Gesellschaft in erheblichem Umfange beeinträchtigt ist. Die Voraussetzung ... ist erfüllt bei
>
> 1. Personen, deren Bewegungsfähigkeit durch eine Beeinträchtigung des Stütz- oder Bewegungssystems in erheblichem Umfange eingeschränkt ist,
> 2. Personen mit erheblichen Spaltbildungen des Gesichts oder des Rumpfes oder mit abstoßend wirkenden Entstellungen vor allem des Gesichts,
> 3. Personen, deren körperliches Leistungsvermögen infolge Erkrankung, Schädigung oder Fehlfunktion eines inneren Organs oder der Haut in erheblichem Umfange eingeschränkt ist,
> 4. Blinden oder solchen Sehbehinderten, bei denen Gläserkorrektion ohne besondere optische Hilfsmittel a) auf dem besseren Auge oder beidäugig im Nahbereich bei einem Abstand von mindestens 30 cm oder im Fernbereich eine Sehschärfe von nicht mehr als 0,3 besteht oder b) durch Buchstabe a nicht erfaßte Störungen der Sehfunktion von entsprechendem Schweregrad vorliegen,

---

[1] Vgl. dazu *Jürgens* (1986), S. 39 ff.
[2] EHVO (1994).

5. Personen, die gehörlos sind oder denen eine sprachliche Verständigung über das Gehör nur mit Hörhilfen möglich ist,
6. Personen, die nicht sprechen können, Seelentauben und Hörstummen, Personen mit erheblichen Stimmstörungen sowie Personen, die stark stammeln, stark stottern oder deren Sprache stark unartikuliert ist (§ 1).

Geistig wesentlich behindert ... sind Personen, bei denen infolge einer Schwäche ihrer geistigen Kräfte die Fähigkeit zur Eingliederung in die Gesellschaft in erheblichem Umfange beeinträchtigt ist (§ 2).

Seelisch wesentlich behindert ... sind Personen, bei denen infolge seelischer Störungen die Fähigkeit zur Eingliederung in die Gesellschaft in erheblichem Umfange beeinträchtigt ist. Seelische Störungen, die eine Behinderung im Sinne des Satzes 1 zur Folge haben können, sind
1. körperlich nicht begründbare Psychosen,
2. seelische Störungen als Folge von Krankeiten oder Verletzungen des Gehirns, von Anfallsleiden oder von anderen Krankheiten oder körperlichen Beeinträchtigungen,
3. Suchtkrankheiten,
4. Neurosen und Persönlichkeitsstörungen (§ 3).

Ebenso wie das SchwbG geht auch das Sozialhilferecht von einer nicht nur vorübergehenden Beeinträchtigung aus. Als nicht nur vorübergehend im Sinne des Gesetzes ist hier nach § 4 EHVO auch ein Zeitraum von mehr als sechs Monaten anzusehen.

Jürgens (1986, S. 41) kritisiert jedoch auch an der sozialhilferechtlichen Regelung, daß hier lediglich eine Ausfüllung unbestimmter Rechtsbegriffe vorliege, indem Behinderungsarten angeführt werden, bei denen die Voraussetzungen einer wesentlichen Behinderung als erfüllt anzusehen sind. Eine „allgemeine definitorische Festlegung", so folgert er, sei somit dem BSHG nicht zu entnehmen.[1] Allerdings, so stellt er resümierend fest, sei ein einheitlicher juristischer Behinderungsbegriff – zumindest für die kausal orientierten Versorgungs-, Versicherungs- und Pflegeleistungen – gar nicht notwendig, da diese i.d.R. an weitere Voraussetzungen geknüpft seien. Letztend-

[1]Die Problematik eines einheitlichen juristischen Begriffes der Behinderung führt *Jürgens* (1986, S. 42) u.a. auf die von *Schulin* (1980) festgestellten zwei unterschiedlichen Begriffsverständnisse von Behinderung zurück: Auf der einen Seite stehe das SchwbG, das Versorgungsrecht und das Unfallversicherungsrecht mit seinem „abstrakt-formalen" Behinderungsbegriff (Orientierung an einer abstrakt zu berechnenden Minderung der Erwerbsfähigkeit (MdE; bzw. einem GdB), auf der anderen Seite das Sozialhilferecht mit seinem „konkret-funktionalen" Behindertenbegriff (Orientierung an die konkret-funktionale Auswirkung der Beeinträchtigung).

lich treffe dies aber auch für den final ausgerichteten Bereich des Schwerbehindertenrechts zu.[1]

1.1.2. Abgrenzung zu rentenrechtlichen Begriffen

Wichtig erscheint im Zuge einer juristischen Definition des Behindertenbegriffes die Abgrenzung der (Schwer-)Behinderteneigenschaft von derjenigen einer Berufs- oder Erwerbsunfähigkeit bzw. einer verminderten Berufsfähigkeit bei Bergleuten. Bei den letzteren handelt es sich um rentenrechtliche Begriffe, d.h. bei Bestehen dieser Eigenschaften entstehen Ansprüche auf rentenrechtliche Leistungen bis zur Vollendung des 65. Lebensjahres (§ 43 Abs. 1 Satz 1, § 44 Abs. 1 Satz 1, § 45 Abs. 1 Satz 1 SGB VI).

Als berufsunfähig sind gemäß § 43 Abs. 2 SGB VI Versicherte zu bezeichnen,

> ... deren Erwerbsfähigkeit wegen Krankheit oder Behinderung auf weniger als die Hälfte derjenigen von körperlich, geistig und seelisch gesunden Versicherten mit ähnlicher Ausbildung und gleichwertigen Kenntnissen und Fähigkeiten gesunken ist. Der Kreis der Tätigkeiten, nach denen die Erwerbsfähigkeit von Versicherten zu beurteilen ist, umfaßt alle Tätigkeiten, die ihren Kräften und Fähigkeiten entsprechen und ihnen unter Berücksichtigung der Dauer und des Umfangs ihrer Ausbildung sowie ihres bisherigen Berufs und der besonderen Anforderungen ihrer bisherigen Berufstätigkeit zugemutet werden können. Zumutbar ist stets eine Tätigkeit, für die die Versicherten durch Leistungen zur beruflichen Rehabilitation mit Erfolg ausgebildet oder umgeschult worden sind.

Als erwerbsunfähig sind gemäß § 44 Abs. 2 SGB VI solche Versicherte zu bezeichnen,

> ... die wegen Krankheit oder Behinderung auf nicht absehbare Zeit außerstande sind, eine Erwerbstätigkeit in gewisser Regelmäßigkeit auszuüben oder Arbeitsentgelt oder Arbeitseinkommen zu erzielen, das ein Siebtel der monatlichen Bezugsgröße übersteigt. Erwerbsunfähig ist nicht, wer eine selbständige Tätigkeit ausübt.

Ergänzend wird in § 45 Abs. 2 SGB VI die verminderte Berufsfähigkeit im Bergbau definiert. Hier heißt es:

---

[1]Zur Begründung ausführlich ebd., S. 60 f.

> Im Bergbau vermindert berufsfähig sind Versicherte, die wegen Krankheit oder Behinderung nicht imstande sind, .. die von ihnen bisher ausgeübte knappschaftliche Beschäftigung und .. eine andere wirtschaftlich im wesentlichen gleichwertige knappschaftliche Beschäftigung, die von Personen mit ähnlicher Ausbildung sowie gleichwertigen Kenntnissen und Fähigkeiten ausgeübt wird, auszuüben. Nicht im Bergbau vermindert berufsfähig sind Versicherte, die eine ... wirtschaftlich und qualitativ gleichwertige Beschäftigung außerhalb des Bergbaus ausüben.

Hier zeigt sich deutlich, daß – im Gegensatz zum Behindertenrecht – eine Anspruchsgrundlage (für sozialrechtliche Versicherungsleistungen) geschaffen wird, die sich ausschließlich auf das Kriterium der wirtschaftlichen Verwertbarkeit der Arbeitskraft im Beruf oder auf dem Arbeitsmarkt insgesamt bezieht. Darüber hinaus manifestiert sich hier nach wie vor die kausale Orientierung des Rentenrechts, die das Behindertenrecht mit dem SchwbG von 1974 verloren hat.[1]

1.2. Soziologische und sozialpolitische Definitionen

Auch in der Sozialwissenschaft findet sich keine einheitliche Begriffsbildung. Dies wird auf systematische Gründe zurückgeführt:[2]

> Behinderung kann nicht allein im Bezugsrahmen medizinischer, psychiatrischer oder psychologischer Kategorien definiert werden. Vielmehr ist davon auszugehen, daß ‚körperlich-geistige' und psychische ‚Integrität' sowie ‚körperlich-geistige' und psychische ‚Abnormität' die ‚Endpunkte eines Kontinuums' darstellen und daß die Behinderungsgrenze sowohl durch gesellschaftliche Vorurteile als auch durch kontextgebundene Anforderungen abgesteckt wird. Insbesondere das erhöhte Risiko von Angehörigen unterer Sozialschichten und von Arbeitnehmern über 45 Jahre, zur Gruppe der Behinderten zu gehören, bestätigt: Die Definition von Behinderung und damit die Behinderungsgrenze ist abhängig von gesellschaftlich durchgesetzten Funktionsnormen der Leistungs- und Konkurrenzfähigkeit und damit auch von der Chance, auf diese Einfluß zu nehmen und die Wahrscheinlichkeit, diese Funktionsnormen nicht oder nicht mehr erfüllen zu können, variiert mit schichtspezifisch unterschiedlichen Lebens- und Arbeitsbedingungen.

---

[1] Dieser Unterschied ist auch für die Fragestellung in II.1.5. von Bedeutung.
[2] *Heinze/Runde* (1978), S. 627 f.

Im folgenden soll kurz auf verschiedene Ansätze eingegangen werden.[1] Da die Abgrenzung nicht fest und die Zuordnung unterschiedlich erfolgt, sollen hier auch Ansätze aus dem Bereich der Sozial- und Sonderpädagogik Berücksichtigung finden.

1.2.1. Das Behinderungsmodell von *Heese* u.a.

Nach *Heese* u.a. (1976) liegt eine Behinderung dann vor, wenn aus einer Schädigung Lebenserschwerungen erwachsen und daraus ein abweichendes Verhalten hervorgeht.[2] Das zugehörige Modellkonzept läßt sich wie folgt darstellen (vgl. Abb. 2).

Abb. 2: Das Behinderungsmodell von *Heese* u.a. (1976)

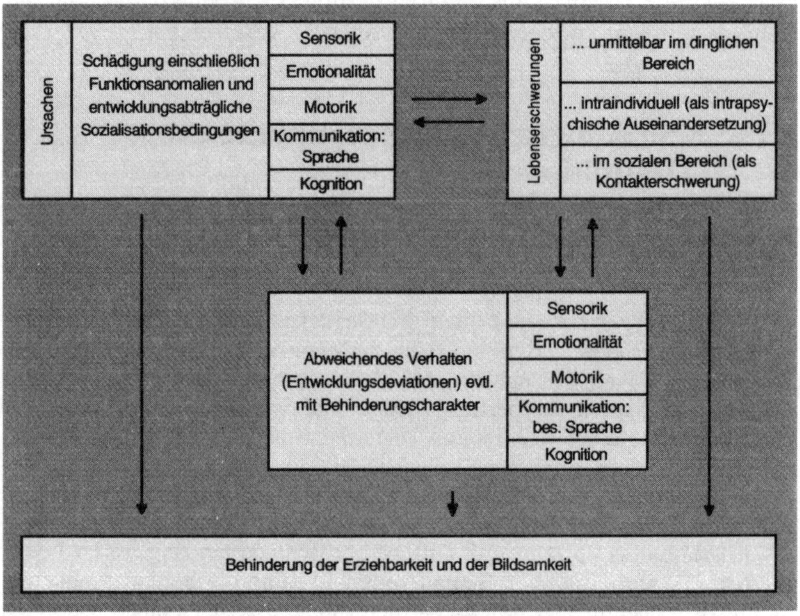

Quelle: Darstellung in Anlehnung an *Bintig* (1980), S. 15.

[1]Vgl. *Jürgens* (1986), S. 54 ff., und die dort angegebene Literatur. Auf eine ausführliche Kritik der Ansätze soll hier verzichtet werden. Siehe hierzu ebd.

[2]Vgl. *Bintig* (1980), S. 15.

1.2.2. Der Definitionsansatz von *Bleidick*

Der Definitionsansatz von *Bleidick* (1976) basiert auf einer Systematisierung mittels vierer *Paradigmata*:

(1) „Behinderung" als personenorientierter Begriff (individuelle Kategorie): Das Behindertsein erscheint als feststehender Defekt, als persönliches Schicksal, wobei die Ursachen der Behinderung in der Person selbst zu suchen seien;

(2) „Behinderung" als interaktionistischer Begriff i.S.e. Zuschreibungsprozesses von Erwartungshaltungen der Gesellschaft, einer Abweichung von den Normen der Gesellschaft;

(3) „Behinderung" als systemorientierter Begriff mit Blick auf eine Ausdifferenzierung im Rahmen des Bildungs- und Ausbildungswesens sowie

(4) „Behinderung" als gesellschaftstheoretischer Begriff: Behinderung als Produkt der Produktions- und Klassenverhältnisse der Gesellschaft und unmittelbares Resultat der kapitalistischen Ausbeutung.

1.2.3. Begriffsbestimmung durch Abgrenzung von anderen Begriffen

Vielfach wird in der soziologischen Begriffsbildung versucht, „Behinderung" durch Abgrenzung von anderen Begriffen in Anlehnung an die vor allem im anglo-amerikanischen Bereich gebräuchliche, näher zu beschreiben. Hier wird i.d.R. unterschieden zwischen

- „Schädigung" (*impairment*): Abweichung von der Norm, welche sich in einer fehlerhaften Funktion, Struktur, Organisation oder Entwicklung des Ganzen oder einer seiner Anlagen, Systeme, Organe oder Glieder oder von Teilen hiervon auswirkt;
- „Behinderung" (*disability*): objektiv feststellbare Beeinträchtigung, die das geschädigte Individuum erfährt, wenn man es mit einem nicht beschädigten Individuum des gleichen Alters, Geschlechts und gleichem kulturellen Hintergrund vergleicht und
- „Benachteiligung" (*handicap*): ungünstige Situation, die eine bestimmte Person in Folge der Schädigung oder Behinderung in

den ihm adäquaten psychosozialen, körperlichen, beruflichen oder gesellschaftlichen Aktivitäten erfährt.[1]

Ein weiterer solcher Versuch wurde im Bereich der Sonderpädagogik von *Bach* (1976) unternommen. Er unterscheidet zwischen „Behinderung" als schwere, umfängliche und langfristige Beeinträchtigung, „Störung" als weniger umfängliche, schwere und dauernde Beeinträchtigung sowie „Gefährdung" als somatische, ökonomische oder soziale Beeinträchtigung der Lernbedingungen.[2]

1.2.4. Die Begriffsbildung von *Jantzen*

Jantzen (1976) versucht, mehrere verwandte Begriffe in einen Kausalzusammenhang zu bringen:

- „Schaden", „Mangel", „Defekt": Eindeutig bestimmbarer Kausalfaktor oder eindeutig bestimmbare Kausalkomponente, der bzw. die einem pathogenen Sozialisationsprozeß zugrundeliegt;
- „Schädigung", „Beeinträchtigung": Ausdruck eines pathogenen Sozialisationsprozesses, der durch einen Defekt eingeleitet sein kann;
- „Störung": Definitorische und zusätzlich beeinflussende soziale Variable, welche jene Abschnitte des pathogenen Sozialisationsprozesses abdeckt, die bereits sozial sichtbar werden, aber noch nicht die Kennzeichnung „Behinderung" rechtfertigen sowie
- „Behinderung": soziale Variable, die den pathogenen Prozeß definitorisch abschließt und zusätzlich beeinflußt.

1.2.5. Der Ansatz der interaktionistischen Sozialpsychologie

Bei diesem Ansatz wird Behinderung vor allem als Stigma angesehen. Eine Person ist anders als es der normalen Rollenerwartung entspricht. Dies führt zu einer Diskriminierung durch die „Normalen", falls das

[1] Vgl. dazu ausführlicher *Jürgens* (1986), S. 55 f.
[2] Vgl. *Bintig* (1980), S. 14.

entsprechende Merkmal einer Person in Interaktionssituationen wiederholt von anderen als abweichendes Attribut zugeschrieben wird.[1]

1.2.6. Begriffsbestimmung aus der Sicht des historischen und dialektischen Materialismus

Aus der Sicht des historischen und dialektischen Materialismus entsteht Behinderung, wenn bestimmte individuelle Merkmale oder Merkmalskomplexe aufgrund sozialer Interaktion und Kommunikation zu bestimmten Vorstellungen der Gesellschaft über minimale individuelle und soziale Fähigkeiten in Bezug gesetzt werden. Behinderung wird dadurch zu einer sozialen, nicht aber medizinischen Kategorie. Der Behinderung wird damit ein „Doppelcharakter" zugeschrieben: Einerseits beziehe sie sich auf Ausprägungsgrade von Schädigungen in der Sozialisation, zum anderen ergebe sie sich aus gesellschaftlichen Konventionen, insbesondere aus den Produktionsverhältnissen und den Kapitalverwertungsinteressen der herrschenden Klasse. Der Ansatz[2] stützt sich auf die statistisch feststellbare schichtenspezifische Häufigkeitsverteilung aller Behinderungsarten, nach der bei sinkender sozialer Schicht der relative Anteil Behinderter steigt.

1.2.7. Die sozialpolitische Definition

Aus sozialpolitischer Sicht stellt sich der Begriff der Behinderung als ein „gesetzes- und verwaltungstechnischer Begriff zu verteilungspolitischen Zwecken"[3] dar. Er steht in der Tradition obrigkeitlicher Fürsorgegesetzgebung, welche sich einzelner Gruppen von Behinderten angenommen hatte (Krüppel-, Blinden-, Irrenfürsorge). Er abstrahiert von den besonderen Erscheinungsformen der Behinderung und vereinfacht dadurch die gesetzlichen Grundlagen und die verwaltungsmäßige Durchführung.[4] Hierbei ergibt sich allerdings eine Doppeldeutigkeit:[5] Einerseits kann „Behinderung" die Ursache bezeichnen, die eine

---

[1]Zur Kritik dieses Ansatzes siehe auch *Hohmeier* (1982), S. 15 ff.

[2]Verschiedene Autoren weisen diesen Ansatz von *Jantzen* (1973, 1976) auch als „politökonomischen" Ansatz aus. Siehe bspw. *Hohmeier* (1982), S. 18.

[3]*Von Ferber* (1976), S. 419.

[4]Vgl. ebd.

[5]Vgl. zum folgenden ausführlich *von Ferber* (1982), S. 23 ff.

sozialpolitische Hilfe auslöst. Dies kann z.B. eine angeborene Behinderung, eine Kriegsbeschädigung oder eine Behinderung aufgrund eines Arbeitsunfalles sein (*kausaler* Aspekt). Sie kann andererseits die Einschränkung benennen, also das, was die Behinderung eigentlich ausmacht, so z.B eine Seh- oder Hörbehinderung, geistige Behinderung oder Einschränkung der Erwerbsfähigkeit (*finaler* Aspekt).

1.3. Die medizinische Definition

Aus medizinischer, vor allem aus rehabilitationsmedizinischer Sicht, bedarf es für eine Definition des Begriffes „Behinderung" nach *Schopf* (1987) grundsätzlich zweier wesentlicher Betrachtungsweisen:[1]

> 1. Behindert sein ist ein *Prozeß* in der Zeit, d.h. die jeweilige Ausformung einer Behinderung ist das Ergebnis einer individuellen Geschichte, aber auch eine veränderbare, in die Zukunft gerichtete Lebensbedingung eines Menschen.
> 2. Behinderung ist ein *Strukturelement der Gesamtpersönlichkeit* sowie *des sozialen, aber auch beruflichen Umfeldes*, in dem ein Mensch lebt.

Er unterscheidet folgende Definitionen der Behinderung:[2]

(1) Behinderung als Schädigung i.S.e. Verlusts oder einer Beeinträchtigung normalerweise vorhandener psychischer, physischer oder sozialer Strukturen oder Funktionen aufgrund von angeborenen oder erworbenen Krankheiten, Leiden oder *Traumata.*

(2) Behinderung als funktionale Einschränkung infolge eines primären Schadens, die den personalen, sozialen, physischen und psychischen Bereich eines Menschen betrifft und seine persönliche, familiäre, berufliche und gesellschaftliche Entfaltung beeinträchtigt.

(3) Sekundäre Behinderung als Schäden und *Traumata*, die sich aufgrund der Primärbehinderung im Laufe des Lebens eines behinderten Menschen ergeben (z.B. Fehlbelastung oder Immobilität) und zu einer qualitativen Verschlechterung der Primärbehinderung führen.

(4) Mehrfachbehinderung als Folge mehrerer primärer Behinderungen oder einer Entwicklung, d.h. als Mischzustand primärer, sekundärer und tertiärer Behinderungselemente, oft mit Wechselwirkungen.

---

[1] *Schopf* (1987), S. 3 (Hervorhebungen z.T. im Original, z.T. vom Verfasser).
[2] Vgl. *Schopf* (1987), S. 4 ff.

(5) Dekompensierte Struktur von personalen Faktoren (Bedürfnisse, Wünsche, Vorstellungen, Werte, Ideale, Ansprüche, Neigungen usw.), funktionalen Qualifikationen (wie Wissen, Können, Erfahrungen, Anlagen, Schädigungen, Einschränkungen) und situativen Anforderungen (z.B. Normen, Grenzen, Leistungsvorgaben). Dabei unterscheidet er drei Möglichkeiten, die entweder getrennt oder zusammen auftreten:

- Qualifikations-, Leistungsdefizit: Das Leistungsvermögen entspricht nicht den situativen Anforderungen.
- Motivationsdefizit: Die situativen Anforderungen entsprechen nicht den Bedürfnissen, Wünschen und Neigungen.
- Einstellungs-/Einschätzungsdefizit: Es besteht ein Mißverhältnis zwischen individuellen Bedürfnissen, Wünschen und Neigungen sowie dem tatsächlichen Können.

(6) Behinderung i.S.e. defizitären Reifungsstruktur (Retardierung), welche dadurch gekennzeichnet ist, daß das Leistungsvermögen bzw. die Leistungsmotivation in Bezug auf die durchschnittliche Leistungserwartung in einem bestimmten Lebensalter divergieren.

Auch hier ergeben sich im Grunde genommen keine Kriterien für eine Unterscheidung zwischen einer leichten und einer schweren Behinderung. Allerdings werden in der Tat medizinische Kriterien herangezogen, um den „Grad der Behinderung" festzustellen. Die Zuordnung eines GdB zu einer konkreten Behinderungsart erfolgt gemäß den „Anhaltspunkten für die ärztliche Gutachtertätigkeit im sozialen Entschädigungsrecht und nach dem Schwerbehindertengesetz".

1.4. Die Definition der amtlichen Statistik

Gegenwärtig beschränkt sich die amtliche Behindertenstatistik darauf, solche Personen als „schwerbehindert" auszuweisen, „... denen von den Versorgungsämtern ein GdB von 50 oder mehr zuerkannt worden ist."[1] Eine Erläuterung dessen, was „Behinderung" bedeutet, erfolgt – im Gegensatz zu früher – nicht mehr. Bei Veröffentlichung der Erhebungsergebnisse 1983 erfolgte im Rahmen von begrifflichen und methodischen Erläuterungen noch folgende Definition:

[1]Vgl. *Statistisches Bundesamt* (Hrsg., 1995), S. 5. Zum Behindertenbegriff in älteren amtlichen Zählungen und Schätzungen sowie in Statistiken in speziellen Bereichen (berufliche Bildung, Rehabilitation) siehe *Bintig* (1980), S. 21 ff.

> *Behinderung* bedeutet – im Unterschied zu einer akuten Krankheit oder einer Unfallverletzung mit kurzer Heilungsdauer – eine längerfristige Beeinträchtigung des Gesundheitszustandes, die sowohl durch eine Krankheit als auch durch äußere Einflüsse, z.B. eine Kriegsverletzung oder einen Unfall, verursacht sein kann; eine Behinderung kann auch angeboren sein.[1]

Dabei erfolgte außerdem ein ausdrücklicher Bezug auf die damals gültigen rechtlichen Regelungen und Verordnungen:[2]

> Nach den ‚Anhaltspunkten für die ärztliche Gutachtertätigkeit im sozialen Entschädigungsrecht und nach dem Schwerbehindertengesetz' ist Behinderung jeder regelwidrige körperliche, geistige und seelische Zustand, der nicht nur vorübergehend besteht und eine *Minderung der Erwerbsfähigkeit (MdE)* bedingt. Regelwidrig ist der Zustand, der von dem für das Lebensalter typischen abweicht. Als nicht nur vorübergehend gilt ein Zeitraum von sechs Monaten.

Im Gegensatz hierzu erfolgt in der aktuellen amtlichen Definition nur ein Verweis auf die juristische.[3] Die Untersuchung wird im wesentlichen auf die Definition der amtlichen Statistik Bezug nehmen.[4]

1.5. „Minderung der Erwerbsfähigkeit" *vs.* „Grad der Behinderung" als Maß der Behinderung

Mit der Novellierung des Schwerbehindertengesetzes im Jahre 1986 wurde mit dem Begriff des „Grades der Behinderung" – zumindest

---

[1]*Statistisches Bundesamt* (Hrsg., 1985), S. 5 (Hervorhebung im Original unterstrichen).

[2]*Ebd.* (Hervorhebung im Original unterstrichen.)

[3]Während in den aktuelleren Veröffentlichungen bis 1993 lediglich ein impliziter Verweis erschien (vgl. beispielsweise *Statistisches Bundesamt* (Hrsg., 1993), erfolgt bei *Statistisches Bundesamt* (Hrsg., 1995), S. 5, wieder im Rahmen allgemeiner und methodischen Erläuterungen ein ausdrücklicher Verweis auf die aktuelle juristische Regelung.

[4]Da die Definition der amtlichen Statistik weitgehend identisch mit der behindertenrechtlichen ist, bedeutet dies für die Untersuchung folgendes: Nicht jeder im medizinischen Sinne schwer Behinderte ist „schwerbehindert", da letzteres auf der Entscheidung gründet, sich diese Eigenschaft behördlich bestätigen zu lassen. Da Daten jedoch im Regelfalle nur für amtlich anerkannte Schwerbehinderte vorliegen, beziehen sich unsere Aussagen, soweit nichts anderes vermerkt ist, auf diese Personengruppe.

prima facie – ein neuer Maßstab für das Ausmaß einer Behinderung eingeführt. Es löste den Begriff der „Minderung der Erwerbsfähigkeit" ab. Genaugenommen wurde jedoch nur die Bezeichnung geändert, nicht jedoch der zugrundeliegende Maßstab.

Schon vor Inkrafttreten des neuen Schwerbehindertengesetzes wurde nämlich nicht auf die eingeschränkte berufliche Verwertbarkeit der eigenen Fähigkeiten und der damit verbundenen Minderung der Erwerbsfähigkeit Bezug genommen. Vielmehr wurde auch hier schon das Ausmaß der Behinderung als sog. „Knochen-" oder „Gliedertaxe" nach festgelegten (medizinischen) Anhaltspunkten ermittelt.[1] Mit der Begriffsänderung wurde damit lediglich der geübten Praxis Rechnung getragen.[2]

Schimanski (1984a, S. 371) datiert dieses Abrücken vom eigentlichen Begriffsinhalt auf die Neufassung der „Anhaltspunkte" im Jahre 1973. Vorher galt im wesentlichen die Begriffsdefinition der Reichsversicherungsanstalt (RVA) aus dem Jahre 1888, die sich wohl auf den Entwurf eines Gesetzes über die Unfallversicherung aus dem Jahre 1881 stützte. Hiernach galt zu prüfen, „... welchen Erwerb der Verletzte unter Benutzung der ihm nach seinen gesamten Kenntnissen und körperlichen wie geistigen Fähigkeiten auf dem gesamten wirtschaftlichen Arbeitsmarkt sich bietenden Arbeitsgelegenheiten überhaupt noch erzielen kann."[3]

Die Abkehr von der Minderung der Erwerbsfähigkeit als amtlichem Anerkennungsmaßstab für das Ausmaß der Behinderung und damit Anspruchsgrundlage nicht nur für Rehabilitationsleistungen im beruflichen Bereich, sondern auch für Vergünstigungen oder Nachteilsausgleiche[4] in anderen Lebensbereichen, wirft nun folgendes Problem auf, das an einem *Extremum* verdeutlicht werden soll: Eine gemäß den Anhaltspunkten als zu 100% schwerbehindert einzuordnende

---

[1]Insofern ist der Gebrauch des neuen Begriffes gerechtfertigt. Zur Rechtfertigung dieses Begriffes siehe auch *Rauschelbach* (1982).

[2]Geht man mit *Schimanski* (1984b, S. 151), so könnte man auch argumentieren, daß eine unrechtmäßige Praxis damit legalisiert wurde.

[3]Zitiert nach *Schimanski* (1984a), S. 370 (Hervorhebung bei *Schimanski*).

[4]Aus praktischer Sicht stellte sich das Problem, einen medizinisch diagnostizierbaren Schaden – in Ermangelung einer Möglichkeit, die tatsächliche Verwertbarkeit im Arbeitsmarkt jeweils konkret feststellen zu können – in Prozentsätze der Erwerbsminderung, also versicherungsrechtliche Kategorien, zu überführen (vgl. *Thimm* (1975), S. 60, sowie die dort angegebene Literatur). Siehe dazu auch *Schimanski* (1984b), S. 152 ff.

Person (GdB von 100)[1] kann durchaus noch voll erwerbsfähig sein (MdE von 0%). In der Konsequenz genießen Schwerbehinderte, deren „Verwertbarkeit“ am Arbeitsmarkt (zumindest prinzipiell) sichergestellt ist und damit in finanzieller Hinsicht zunächst einmal kaum bedürftiger sein dürften als Nichtbehinderte, dieselben (Schutz-)Rechte und „Vergünstigungen“ bzw. „Nachteilsausgleiche“, die auch solchen Schwerbehinderten zustehen, die tatsächlich mehr oder weniger stark in ihrer Erwerbsfähigkeit gemindert sind.

Andererseits bot die Abkehr von der MdE als Maßstab die Möglichkeit, eine Kategorie zu finden, welche die Behinderung oder Benachteiligung in *allen* Lebensbereichen (im Gesamteffekt) berücksichtigen konnte.[2] Dies ist nunmehr auch die mit der Feststellung eines „Grades der Behinderung“ intendierte Leistung der „Anhaltspunkte“.[3] In der Konsequenz mußte dies allerdings zu einer Ausweitung des Kreises der amtlich anerkennbaren Behinderten führen.[4] Durch die Bindung der statistischen Kategorien an die juristische läßt sich dies demgemäß auch durch die verschiedenen Erhebungen der amtlichen Statistik nachvollziehen.

Mit Blick auf die Gesamtheit der Schwerbehinderten einerseits und die knappen kollektiven Ressourcen, die zur Unterstützung der Schwerbehinderten zur Verfügung stehen, andererseits, stellt sich hier damit jedoch das Problem, daß – aufgrund der großen Zahl der nunmehr als „schwerbehindert“ anerkannten Personen – für die vor allem in finanzieller Hinsicht wirklich Bedürftigen möglicherweise nicht genügend Mittel vorhanden sind, um deren Nachteile adäquat auszugleichen. Gleichzeitig mögen aber Nichtbedürftige von den Rechten und

---

[1]Ein GdB von 100 liegt z.B. vor bei Blindheit, bei angeborener oder in der Kindheit erworbener Taubheit, bei Verlust beider Arme oder Hände, beider Beine, eines Armes und Beines oder aller zehn Finger.

[2]Dies entspricht auch dem Wechsel von einer kausalen zu einer finalen Orientierung der Schwerbehindertengesetzgebung mit dem Schwerbehindertengesetz von 1974. Offensichtlich wird dies von *Schimanski* (1984a,b) übersehen. Insofern besteht der von ihm aufgezeigte Widerspruch (für die Zeit zwischen 1974 und 1986) möglicherweise nur im Rentenrecht (dies soll jedoch hier nicht weiter überprüft werden).

[3]Zur aktuellen Fassung dieser „Anhaltspunkte“ siehe Anhaltspunkte (1994).

[4]Vgl. hierzu den Zahlenvergleich bei *Sanmann* (1988b), S 69: Die Zahl der vom jeweiligen Gesetz erfaßten schwerbehinderten abhängig beschäftigten Erwerbspersonen hat sich, ausgehend von dem Höchstand unter dem Schwerbeschädigtengesetz im Jahr 1957 (rund 0,5 Mio. Schwerbeschädigte), auf rd. 1,1 Mio. Schwerbehinderte im Jahr 1982 mehr als verdoppelt.

Leistungen profitieren, ohne darauf wirklich angewiesen zu sein.[1] Mitnahmeeffekte bzw. eine suboptimale Allokation sind hier also nicht auszuschließen.

Das Problem kann an dieser Stelle nicht in all seinen Facetten ausdiskutiert werden.[2] Es ist durchaus das Problem zu sehen, eine „Minderung der Erwerbsfähigkeit" (im ursprünglichen Wortsinne) als Anspruchsgrundlage für Nachteilsausgleiche und die Rehabilitation von Schwerbehinderten in *allen* Lebensbereichen in Einklang zu bringen.[3] Andererseits darf jedoch die weiter unten angedeutete Problematik im Zusammenhange mit der mangelnden Einkommens- bzw. Bedürftigkeitsabhängigkeit vieler Nachteilsausgleiche nicht aus den Augen verloren werden.[4] Letztendlich handelt es sich hier um ein sozialpolitisches Problem, das aufgrund des bereits stark verhärteten Besitzstandsdenkens in weiten Teilen der Bevölkerung und insbesondere bei den bisher begünstigten Schwerbehinderten nur äußerst schwierig zu lösen wäre.[5]

1.6. Resümee

Eine allgemeingültige und praktikable Definition der Behinderung, dies hat sich gezeigt, liegt nicht vor. Besonders schwierig scheint es

---

[1]Vgl. dazu ausführlich *Piel* (1982) sowie *Leben und Weg* (1981b). Vgl. ferner auch *Gölter* (1981). Das Problem ist auch vor folgendem Hintergrund zu sehen, den *Trometer* (1983, S. 9) aufzeigt: „Von 1974 bis zum 30. September 1981 sind rd. 4,15 Mio. als Schwerbehinderte anerkannt worden. Davon stehen etwa *1,1 Mio. im Arbeitsleben*. Diesen kommen die Hilfen des Schwerbehindertengesetzes (SchwbG) ... zugute, während es bei den übrigen rd. 3 Mio. nur um die Inanspruchnahme von Vergünstigungen (...) geht (Hervorhebung im Original)."

[2]Kritisch zur bedürftigkeitsabhängigen Gewährung von Nachteilsausgleichen z.B. *Brümmendorf* (1983b), S. 12 f.

[3]Es ist in diesem Zusammenhang *Trometer* (1983, S. 11) beizupflichten, indem er davon ausgeht, daß jeder Schwerbehinderte Nachteile in allen Lebensbereichen hat.

[4]Beachtenswert ist in diesem Zusammenhang, daß es Nachteilsausgleiche gibt, die ihre Einkommensabhängigkeit im Laufe ihrer „Geschichte" verloren haben. Zum Beispiel der „Freifahrtregelung" im ÖPNV siehe *Scheel* (1985), S. 5, sowie Punkt V.2.2.3.7.

[5]Klar ersichtlich wird dieses Phänomen bei der Reaktion weiter Teile der Bevölkerung auf den von den Regierungsparteien angekündigten „Umbau des Sozialstaats" und den verstärkten Versuch, Mißbrauch von Sozialleistungen zu reduzieren oder gar zu verhindern.

zu sein, eine für alle Lebensbereiche taugliche und als Berechtigungsgrundlage für Nachteilsausgleiche geeignete Kategorisierung zu finden.[1] Eine konsensfähige Definition würde jedoch eine interdisziplinäre Zusammenarbeit voraussetzen. Im Anschluß an *Kloas* (1981) lassen sich aber durchaus Bedingungen nennen, welche den Rahmen für die Entwicklung eines bei gesellschaftlichen Veränderungen wandelbaren Begriffs von Behinderung und eine eindeutigen Bestimmung des Personenkreises der Behinderten abstecken:

- Die Dominanz der gängigen, weitgehend unbrauchbaren Behinderungsbegriffe muß durchbrochen werden.
- Behinderung ist stets als Zusammenwirken von individuell (z.B. medizinisch) feststellbaren Beeinträchtigungen und sich verändernden gesellschaftlichen Bedingungen zu begreifen.
- Wesentliche Determinante einer Behinderung sollte das Vorliegen einer relativ schweren, lang andauernden körperlichen, sinnesbezogenen, geistigen oder seelischen Schädigung gelten, die subjektiv oder objektiv zu Lebenserschwerungen führt.
- Operationalisierungen von Behinderung als quantitative und qualitative Messung von Behinderung sollen den Definitionsentwicklungen folgen. Es sollte nicht nur jeweils ein Indikator zugrundegelegt werden, sondern neben medizinischen auch sozialwissenschaftliche (soziologische, psychologische, pädagogische) Kriterien einbezogen werden. Dabei ist neben der Messung der Minderung der Fähigkeit zur Teilnahme am Erwerbs- und sozialen Leben auch die Feststellung der vorhandenen Fähigkeiten, „Aktivitäten des täglichen Lebens“ auszuführen, sinnvoll.

---

[1] Möglicherweise müßten für den rechtlichen Schutz im Arbeitsleben und für den Ausgleich von finanziellen und sozialen Nachteilen auch in anderen Lebensbereichen unterschiedliche Kriterien zugrundegelegt werden. Zu diesem Schluß kommt wohl – zumindest implizit – auch *Trometer* (1983, S. 11) bei seiner Kritik der Minderung der Erwerbsfähigkeit (im ursprünglichen Wortsinne) als Kriterium: „Bei jedem Wechsel des Arbeitsplatzes und jeder Änderung der Arbeitsbedingungen müßte die Feststellung der Schwerbehinderteneigenschaft neu überprüft werden. Schließlich wäre ein spezifisch arbeitsplatzbezogener Schwerbehindertenbegriff als Anknüpfungspunkt für notwendige Leistungen zum Ausgleich von Behinderungen bei Kindern und alten Menschen ungeeignet, die noch nicht oder nicht mehr im Arbeitleben stehen.“

- Statistiken, die Grundlage für amtliche und andere Publikationen liefern, sollten auf einem neu definierten und operationalisierten Behinderungsbegriff basieren und mit denselben Kategorien erhoben werden. Sollten wegen gesellschaftlicher Veränderungen auch Kategorien verändert werden, sind solche Änderungen explizit zu begründen.
- Die Nennung der zugrundeliegenden Behinderungsdefinition sollte bei jeder Veröffentlichung selbstverständlich sein, um Eindeutigkeit und Vergleichbarkeit sicherzustellen.

Den Einlassungen *Kloas'* ist prinzipiell zuzustimmen. Allerdings bleibt die Frage offen, wie die Ausprägungen der einzelnen Kriterien mit einem angemessenen Aufwand festgestellt werden sollen.

Die Probleme, auf der wissenschaftlichen Ebene zu einer konsensfähigen Definition des Behindertenbegriffs zu gelangen, werden – dies sei schließlich noch angeführt – durch den umgangssprachlichen Gebrauch des Begriffes weiter verschärft. Dies zeigt sich u.a. in der Diskussion um die „wirklich Behinderten" oder in der impliziten Gleichsetzung mit Rollstuhlfahrern, Blinden oder geistig Behinderten. Auffallend ist auch das Fehlen einer Erläuterung des Begriffes in vielen universalen, aber auch einschlägigen Lexika.[1]

2. Demographische Entwicklungen

2.1. Die amtliche Behindertenstatistik

2.1.1. Rechtliche Grundlage

Seit 1979 wird, jeweils zum Stichtag 31. Dezember, eine Behindertenstatistik durchgeführt. Eine rechtliche Grundlage für die amtliche Behindertenstatistik existiert seit 1980.[2] Die aktuelle Rechtsgrundlage bildet § 53 Abs. 1 SchwbG. Dort heißt es: „Über die Schwerbehinder-

---

[1]Vgl. *Brög* u.a. (1984), S. 10 ff. Bei letztgenannter Feststellung beziehen sich die Autoren auf eine bereits etwas ältere Studie von *Jantzen* (1974). Eine eingehende Überprüfung deren Aktualität konnte hier nicht erfolgen. In der Tat, allerdings, taucht der Begriff z.B. in *Meyers Großem Taschenlexikon* (1992) nicht auf.

[2]§ 51 SchwbG in der Fassung des Art. 20 des Ersten Gesetzes zur Änderung statistischer Rechtsvorschriften (1. Statistikbereinigungsgesetz) vom 14. März 1980 (vgl. *Statistisches Bundesamt* (Hrsg., 1981), S. 10).

ten wird alle 2 Jahre, erstmals zum 31. Dezember 1985, eine Bundesstatistik durchgeführt." Darüber hinaus bestimmt Abs. 2 desselben Paragraphen, daß „... über die Durchführung von Maßnahmen zur Rehabilitation ... jährlich, erstmals für 1981, eine Bundesstatistik durchgeführt (wird)."

Die Behindertenstatistik basiert auf den Datenbeständen der Versorgungsämter. Diese sind nach § 53 Abs. 3 SchwbG gegenüber der Statistik auskunftspflichtig.

2.1.2. Umfang der Statistik

Gemäß § 53 Abs. 1 SchwbG soll die Schwerbehindertenstatistik folgende Tatbestände umfassen:

- Die Zahl der Schwerbehinderten mit gültigem Ausweis,
- persönliche Merkmale der Schwerbehinderten (Alter, Geschlecht, Staatsangehörigkeit, Wohnort) sowie
- Art, Ursache und Grad der Behinderung.[1]

Im Vergleich zu den Erhebungen 1979 bis 1985 ist für die Erhebungen ab 1987 folgendes zu berücksichtigen: Bis zur Erhebung 1985 wurden neben den Schwerbehinderten auch die leichter Behinderten erfaßt (Minderung der Erwerbsfähigkeit mindestens 30%, jedoch weniger als 50%). Darüber hinaus werden gemäß der gesetzlichen Neuregelung seit 1987 nur noch solche Schwerbehinderte einbezogen, die einen gültigen Schwerbehindertenausweis besitzen.

Die Durchführung der Schwerbehindertenstatistik war bis 1991 auf das frühere Bundesgebiet beschränkt. Die erste gesamtdeutsche Erhebung erfolgte Ende 1993.

2.1.3. Erhebungen der amtlichen Behindertenstatistik im Rahmen von Mikrozensen

Erhebungen über Behinderte im Rahmen von Mikrozensen wurden als Zusatzbefragungen bereits in den Jahren 1957 bis 1962 und 1966

---

[1] Weitere Tatbestände werden von der Rehabilitationsstatistik aufgegriffen. Dazu gehören u.a. die Stellung der Behinderten im Erwerbsleben und der Beruf.

durchgeführt.[1] Weitere Mikrozensen erfolgten 1972, 1974 und 1976.[2] Schließlich erfolgten 1986, 1989 und 1992 die letzten Mikrozensuserhebungen.[3] Erhebungen im Rahmen von Volkszählungen erfolgten lediglich 1950, wobei hier nur Daten über Körperbehinderte (also vor allem Kriegsbeschädigte) erfaßt wurden.[4]

Die aktuelle gesetzliche Grundlage von Erhebungen im Rahmen von Mikrozensen bildet das Gesetz über die Durchführung einer Repräsentativstatistik über die Bevölkerung und den Arbeitsmarkt („Mikrozensusgesetz") vom 14. Juni 1985. Dieses Gesetz ordnete für die Jahre 1986 und 1989 bei jeweils 0,5% der Bevölkerung eine Erhebung an. Die Erhebungen werden nun jeweils im Abstand von drei Jahren durchgeführt.

Im Rahmen dieser Erhebungen werden u.a. Fragen zur amtlich anerkannten Behinderteneigenschaft und zum Grad der Behinderung gestellt. Ziel der Erhebungen ist es, wichtige Strukturdaten zu gewinnen, die zur Beurteilung der Lage der Behinderten notwendig sind. Die aus den Erhebungen gewonnenen Informationen ermöglichen insbesondere einen Vergleich der wirtschaftlichen und sozialen Lebenslage der behinderten Personen mit der übrigen Bevölkerung.[5]

2.2. Die Entwicklung der Schwerbehindertenzahl 1979/80 bis 1993/94

Die Zahl der von der amtlichen Statistik ausgewiesenen Schwerbehinderten hat sich zwischen 1979, der ersten Erhebung, und 1993 um mehr als 88% von knapp 3 Mio. auf etwa 5,6 Mio. erhöht. Der Anteil der Schwerbehinderten an der Gesamtbevölkerung (Schwerbehinder-

---

[1]Vgl. *Thimm* (1975), S. 42.

[2]Die Mikrozensuszusatzerhebungen 1972 und 1974 litten offenbar unter erheblichen Erhebungsmängeln. Daher wurden die Ergebnisse nicht veröffentlicht.

[3]Die Ergebnisse der Mikrozensuszusatzerhebung 1986 wurden ebenfalls nicht veröffentlicht. Eine Auswertung der Ergebnisse liegt lediglich in Form einer (bisher unveröffentlichten) Arbeitsunterlage des Statistischen Bundesamtes vor (*Seewald* (o.J.)).

[4]Siehe dazu ausführlich *Bintig* (1981), S. 149 f.

[5]Vgl. *Seewald* (1992a), S. 531.

tenquote) stieg in demselben Zeitraum von 4,8% auf 8,5%[1] (vgl. Abbn. 3 und 4 sowie Tabn. A.1 und A.2 im Anhang).[2]

Abb. 3: Schwerbehinderte 1979-1993 (jeweils am 31.12)

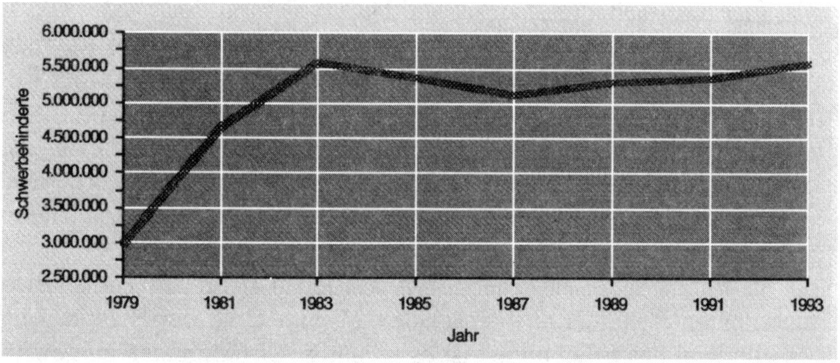

Quelle: Statistisches Bundesamt.

Abb. 4: Schwerbehindertenquote 1979-1993 (jeweils am 31.12.)

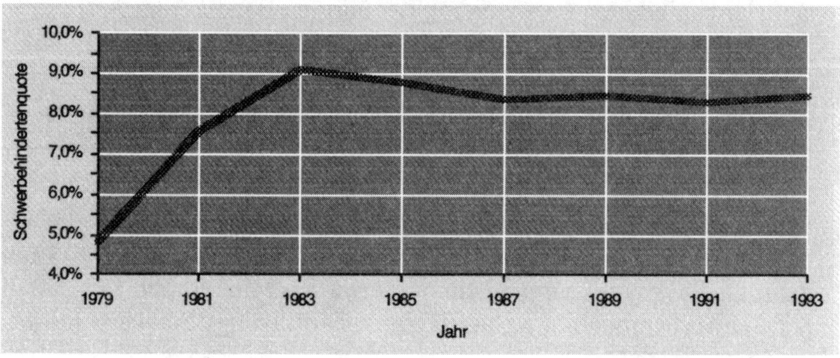

Quelle: Statistisches Bundesamt.

[1]Die Schwerbehindertenquote wird gewöhnlich als Anteil vom Hundert oder die Zahl der Schwerbehinderten je 1.000 Einwohner dargestellt. Entsprechend letzterer Darstellungsweise ergab sich eine Erhöhung der Schwerbehindertenquote von 48 auf 83 Schwerbehinderte je 1.000 Einwohner.

[2]Auf die Entwicklung in den einzelnen Bundesländern soll hier nicht eingegangen werden. Siehe hierzu dieselben Tabellen im Anhang.

2.3. Die Entwicklung der Schwerbehindertenzahl bis zum Jahr 2030

Eine Prognose der Entwicklung der Schwerbehindertenzahlen wurde von *Rendenbach* (1990) durchgeführt. Dabei kommt er unter Zugrundelegung einer Bevölkerungsprognose der Prognos AG aus dem Jahr 1987 zu folgenden Ergebnissen:[1]

In einem unteren Szenario sinkt die Gesamtbevölkerung zwischen 1987 und 2030 um 24%, die Zahl der Schwerbehinderten nimmt bis 2020 jedoch auf etwa 5,8 Mio. zu (+13,4%), um bis 2030 wieder auf etwa 5,6 Mio. abzunehmen. Die Schwerbehindertenquote steigt auf 12,1%. Diese gegenläufige Trends sind auf die Verschiebung der Altersstruktur zugunsten der Altersgruppen mit hohem Alter zurückzuführen (15–60 Jahre: -31,3%; 60 Jahre und mehr: +35,1%).

In einem oberen Szenario ist der Bevölkerungsrückgang zwar geringer (18,1%), die Zahl der Schwerbehinderten steigt jedoch bis 2020/25 auf etwa 6 Mio. (+17,1%), um dann bis 2030 wieder auf rd. 5,9 Mio. abzunehmen. Die Schwerbehindertenquote steigt aber lediglich auf 11,8%, da die alterstrukturbedingte Verschiebung im Vergleich zum unteren Szenario nicht so deutlich ausfällt (15–60 Jahre: -24,8%; 60 Jahre und mehr: +28,8%).

Eine ähnliche Prognose von *Rosenberg* (1989, S. 46 ff.) kommt, ausgehend von 1985, zu einen Anstieg der Zahl der Schwerbehinderten bis zum Jahr 2030 auf 5,9 Mio. Personen und einer Schwerbehindertenquote von 12,4%.[2]

2.4. Auswertung und kritische Interpretation

Der langfristige Vergleich suggeriert – *prima facie* – einen sehr starken Anstieg der Zahl der Schwerbehinderten in Deutschland. Bei einem langfristigen Vergleich sollten jedoch folgende Punkte nicht außer Acht gelassen werden:

---

[1]Vgl. *Rendenbach* (1990), S. 44 ff., insbes. S. 46-48. Die Berechnungen wurden unter der Annahme einer konstanten Schwerbehindertenquote durchgeführt. Vgl. zu dieser Vorgehensweise auch *Rosenberg* (1989), S. 46.

[2]Im Gegensatz zur Prognose von *Rendenbach* (1990) geht *Rosenberg* (1989) neben der Konstanz der Behindertenquoten des Basisjahrs vom Wegfall der Kriegsbeschädigten (im Zeitraum bis etwa 2010) aus.

(1) Grundsätzlich läßt sich sagen, daß die Dateien der Versorgungsämter, die zur Ermittlung der Zahl der Schwerbehinderten herangezogen werden, nur Angaben über diejenigen Behinderten enthalten, die entweder selbst einen Antrag gestellt haben oder für die ein solcher Antrag gestellt worden ist.[1] Da manche Behinderte jedoch keinen Antrag stellen, liegt eine gewisse Untererfassung vor.[2] Inwiefern hier eine gewisse Zurückhaltung, die vor allem bei älteren Behinderten anzutreffen sein dürfte, noch auf die in Kapitel I.1 genannten historische Ursachen zurückzuführen ist, ist kaum abzuschätzen.[3] Eine gewisse Furcht vor Stigmatisierung dürfte jedoch zumindest bei solchen Personen eine Rolle spielen, bei denen die Behinderung nicht offensichtlich ist.[4] Daraus folgt, daß die im Zeitverlauf festzustellende Zunahme der

---

[1]Zum Antrags- bzw. Feststellungsverfahren siehe z.B. *GW* (1988d).

[2]Vgl. *Statistisches Bundesamt* (Hrsg., 1981).

[3]Bei dieser Gruppe der Behinderten dürfte die Erinnerung an die systematische Erfassung und Vernichtung von Behinderten im Dritten Reich möglicherweise eine Scheu vor jeglicher Registrierung wach halten. Andererseits dürfte diese Gruppe altersbedingt - als Rentner oder Kriegsopfer - ohnehin schon in verschiedenen Bereichen Anspruch auf Vergünstigungen haben.

[4]Das Kriterium der Offensichtlichkeit hat insbesondere darauf einen Einfluß, ob die behinderte Person damit rechnen kann, daß seine Eigenschaft, schwerbehindert zu sein, von anderen „abgenommen" wird. Anders als bei Behinderten, bei denen z.B. durch das Fehlen von Gliedmaßen die Behinderung offensichtlich ist, wird von solchen Behinderten, insbesondere mit Blick auf die Arbeits- oder Leistungsfähigkeit, oftmals vermutet, es fehle ihnen an Motivation. *Brandt* (1984, S. 54 f.) stellt denn auch fest, daß in dieser Hinsicht durchaus zwei unterschiedliche Typen von behinderten Arbeitskräften unterschieden werden können:

(1) Arbeitskräfte mit einer relativ eindeutigen und gegebenenfalls sozial sichtbaren Behinderung aufgrund einer entweder von Geburt an bestehenden oder durch Unfall verursachte Schädigung. Diese Arten von Behinderung haben unter bestimmten Voraussetzungen nur geringe Leistungshemmnisse und -einschränkungen zur Folge, wenn auch vom Behinderten selbst u.U. ständig besondere Anpassungs- und Bewältigungsanstrengungen unternommen werden müssen. „Jedoch stellen solche Behinderte für den Betrieb häufig vollwertige, wenn nicht gar überdurchschnittlich leistungsfähige Arbeitskräfte dar – umso mehr, wenn sie ihr *Handicap* persönlich als eine Herausforderung begreifen, sich ihrer Umwelt zu stellen und sich in der Arbeit zu bewähren."

(2) Arbeitskräfte, die aufgrund einer oder mehrerer belastungs- oder verschleißbedingter, chronisch-degenerativer Erkrankungen ihren Wert als betrieblich nutzbare Arbeitskraft verlieren, sei es, daß sie den faktisch gestellten Leistungsanforderungen nicht mehr genügen können oder aufgrund ärztlicher Auflagen bestimmten Einsatzbeschränkungen unterliegen.

Schwerbehindertenzahlen keinesfalls allein auf gesundheitliche Veränderungen in der Bevölkerung zurückgeführt werden dürfen.

Der Anreiz, einen Antrag auf Anerkennung der Behinderteneigenschaft zu stellen, hängt daneben auch von Vergünstigungen bzw. Nachteilsausgleichen[1] ab, die mit dieser in kausalem Zusammenhang stehen. So werden grundsätzlich solche Anträge vor allem von Personen gestellt, die erwerbstätig sind.[2] Daraus folgt wiederum, daß Bevölkerungsteile mit niedrigen Erwerbsquoten hinsichtlich ihrer Behinderten in der Statistik unterrepräsentiert sind.[3]

(2) Bei der überaus starken Zunahme der Zahl der Schwerbehinderten zwischen 1979 und 1983 dürften u.a. folgende Faktoren eine Rolle gespielt haben:

- Viele Personen, welche die Voraussetzungen zur Anerkennung als Schwerbehinderte bereits 1979 hatten, haben diese bis zum Stichtag aber noch nicht beantragt, weil sie von (neuen) Vergünstigungen, auf die Behinderte Anspruch haben, erst später erfuhren. So wurde z.B. die kostenlose Beförderung Schwerbehinderter im öffentlichen Personennahverkehr (ÖPNV) erst im Herbst 1979 eingeführt.[4]

Während der Behindertenstatus dem ersteren Typ sowohl in der sozialen Zuschreibung als auch in der formalen Anerkennung i.d.R. vorbehaltslos zugestanden wird, sieht sich, so stellt *Brandt* (1984, S. 55) fest, letzterer Typ nicht selten Schwierigkeiten gegenüber, falls er den angesichts seines gefährdeten Arbeitnehmerstatus notwendigen Schutz durch die formelle Anerkennung erwerben will. Eine Diskriminierung oder gar eine Stigmatisierung ist in diesem Falle nicht auszuschließen.

Das Problem zeigt sich - in statistischer Hinsicht - auch dadurch, daß nur bei etwa jedem fünften Schwerbehinderten die Behinderung als offensichtlich bezeichnet werden kann (z.B. (Teil-)Verlust von Gliedmaßen, Blindheit, Sprach-/Hörbehinderungen, Kleinwuchs, Entstellungen, Querschnittlähmung, hirnorganische Schäden usw.). Vgl. auch *Ochs* u.a. (1991b), S. 3.

[1] Siehe zum Gebrauch dieser beiden Begriffe weiter unten (Abschn. V.2.1.).

[2] Wie sich mit Blick auf die Erkenntnisse aus dem III. Teil zeigen wird, ist eine Beantragung der Schwerbehinderteneigenschaft (im rechtlichen Sinne) für Arbeitslose mit Blick auf die Chance der Wiederbeschäftigung im Regelfalle ökonomisch nicht sinnvoll.

[3] Vgl. *Statistisches Bundesamt* (Hrsg., 1981), S. 9, oder *Deininger* (1981), S. 481.

[4] Vgl. VdK-Mitteilungen (1983a), S. 5, oder *Wirtschaft und Statistik* (1982), S. 689.

- Im Jahre 1981 fand das sog. „Internationale Jahr der Behinderten“ statt.[1] Dies dürfte bei vielen Behinderten verstärkt ihre Lage sowie ihre Rechte und Ansprüche ins Bewußtsein gerückt haben.

(3) Bei der Interpretation der Zahlen ist weiterhin zu berücksichtigen, daß in den Anfängen der Bundesstatistik in mehreren Bundesländern keine vollständige Erfassung der Dateien der Versorgungsämter erfolgte. Vielmehr wurden zumeist Stichproben im Umfang von 5% bis 25% der registrierten Personen gezogen.[2] Außerdem wurden 1979 Personen, die bis 1974 Ausweise aufgrund früheren Rechts erhalten hatten, nicht berücksichtigt.

(4) Bei einem Vergleich der Zahlen vor bzw. nach 1987 ist – wie oben schon erwähnt[3] – zu berücksichtigen, daß seit 1987 lediglich solche Schwerbehinderte als solche ausgewiesen werden, welche einen gültigen Schwerbehindertenausweis besitzen. Damit werden

- Schwerbehinderte, die zwar einen Feststellungsbescheid oder eine entsprechende Verwaltungsentscheidung bewirkt haben, sich aber keinen Ausweis vom Versorgungsamt haben ausstellen lassen, sowie

- solche mit einem Ausweis, dessen Gültigkeit jedoch abgelaufen ist,

nicht mehr erfaßt.[4]

Dies dürfte – zumindest zum Teil – den relativ deutlichen Rückgang der Schwerbehindertenzahlen 1985/87 erklären. Bundesweit kam es zu einem Rückgang um 4,5%. In einzelnen Bundesländern lagen die Rückgänge zwischen 11% und etwa 18%. Lediglich in Niedersachsen und Bayern sind noch leichte Zuwächse ausgewiesen.[5]

Insgesamt konnte der Aktualisierungsgrad der Dateien der Versorgungsämter erst in der zweiten Hälfte der 80er Jahre deutlich verbessert werden. So kann nun ein regelmäßiger Abgleich mit den Daten der Einwohnermeldeämter erfolgen mit der Konsequenz, daß Behin-

---

[1] Siehe Kapitel I.1.

[2] Vgl. *Deininger* (1981), S. 482.

[3] Siehe Abschn. 2.1.2.

[4] Vgl. *Statistisches Bundesamt* (Hrsg., 1993), S. 9, oder *Seewald* (1992b), S. 814.

[5] Vgl. Tab. A.1 im Anhang.

derte aus den Dateien ausgesondert werden können, die vor dem Erhebungsstichtag verstorben sind oder die ihren Wohnsitz ins Ausland bzw. in ein anderes Bundesland verlegt haben.

Darüber hinaus wurden seit etwa Mitte der 80er Jahre von den Versorgungsämtern umfangreiche Anschreibeaktionen durchgeführt, die hauptsächlich im Zusammenhang mit Änderungen im SchwbG bzw. mit Hinweisen auf die Fristabläufe der Ausweise oder Wertmarken und deren Erneuerung standen. Auf der Grundlage der Rückmeldungen konnten die Angaben überprüft und aktualisiert werden.

(5) Die Prognose der Schwerbehindertenzahlen von Prognos/*Rendenbach* ist in vielerlei Hinsicht revisionsbedürftig. So sind die Zahlen bereits für die 90er Jahre deutlich unterschätzt. Gründe dafür sind einerseits in den noch nicht vorhergesehenen Wanderungsbewegungen und der Wiedervereinigung zu sehen, andererseits dürften die Zahlen aufgrund Annahme einer konstanten (altersgruppenspezifischen) Schwerbehindertenquote verzerrt sein. Die Prognose zeigt also lediglich den isolierten partiellen Einfluß, der von der Verschiebung der Altersstruktur auf die Zahl und Quote der Schwerbehinderten ausgeht.[1] Des weiteren weist *Rendenbach* (1990, S. 48) darauf hin, daß bei Annahme eines positiven Zusammenhangs zwischen Erwerbstätigkeit und Schwerbehinderung eine steigende Erwerbsbeteiligung der Frauen zu einem weiteren Ansteigen der Schwerbehindertenquote der Frauen und dadurch auch zu einem Ansteigen der Schwerbehindertenzahl insgesamt führen würde.[2] Hingegen würde der Anstieg in den oberen Altersgruppen, insbesondere bei den Männern, etwas schwächer ausfallen, da hier die Schwerbehindertenquote noch durch Kriegsbeschädigte erhöht sei.

Trotz ihrer Schwächen zeigt die Prognose dennoch, daß

> ... die Problematik der Eingliederung von Schwerbehinderten auf dem Arbeitsmarkt c.p. aufgrund der demographischen Entwicklung keine Entlastung erfahren wird, sondern sich der Anteil der erwerbsfähigen und damit zu integrierenden Schwerbehinderten an der Gesamtzahl der Erwerbsfähigen sogar noch vergrößern wird.[3]

---

[1]Vgl. zum letzteren Punkt *Rendenbach* (1990), S. 46.

[2]Der tatsächlich erfolgte deutliche Anstieg der Erwerbsbeteiligung der Frauen ist aus Tab. A.5 im Anhang ersichtlich.

[3]*Rendenbach* (1990), S. 53. Siehe zu den Herausforderungen durch die demographische Entwicklung an die Schwerbehindertenpolitik bspw. *Brennecke* (1989), insbes. S. 20-22.

3. Schwerbehinderte als gesellschaftliche „Rand-" und „Problemgruppe"

3.1. Was heißt „Randgruppe"?

Bei der Frage, welche Kriterien eine „Randgruppe" konstituieren, weist *Heinze* (1979, S. 39) darauf hin, daß die soziologische Definition der „Randgruppe" i.S.v.

> ... innergesellschaftlichen Personenkategorien, denen gegenüber die große Mehrheit der ‚Normalen' negativ besetzte Stereotype (generelles Stigmata [*sic*!]) hält, die darüber hinaus als Objekte offizieller Kontrolle und Hilfe die Existenz bestimmter Institutionen legitimieren, und mit denen regulierungsbedürftige soziale Probleme bezeichnet sind,[1]

zu eng und handlungsorientiert sei und sozioökonomische Aspekte ausklammere:

> Wichtiger erscheint ... die Betonung gesamtgesellschaftlicher Zusammenhänge, vor allem die Erforschung der Beziehungen zwischen Deprivationen auf dem Arbeitsmarkt und der Produktion von Randgruppen und das mangelnde Machtpotential dieser Gruppen gegenüber dem politisch-administrativen System.[2]

Heinze ordnet den verschiedenen Randgruppen gemeinsame (restriktive) Lebensbedingungen zu, die in unterschiedlicher Intensität und z.T. mit kumulierenden Auswirkungen auftreten können.[3] Diese können anhand folgender Dimensionen dargestellt werden:[4]

- marginale Situation auf dem Arbeitsmarkt (u.a. größere Betroffenheit von Arbeitslosigkeit, belastende Arbeitssituationen, mangelnde berufliche Qualifikationen und Aufstiegsmöglichkeiten)
- geringes Einkommen
- schlechte Wohnsituation
- unzureichende medizinische und psychosoziale Versorgung
- geringes Konfliktniveau
- Kontrolle seitens der Sozialadministration

---

[1]Definition nach *Stallberg/Stallberg* (1976), S. 206, zitiert bei *Heinze* (1979), S. 39.

[2]*Heinze* (1979), S. 39.

[3]Siehe dazu ausführlich Kapitel III.3.

[4]*Heinze* (1979), S. 39 f.

- räumliche Segregation
- Stigmatisierung durch andere soziale Gruppen
- Isolation usw.

Obwohl als ökonomisch unterprivilegierte Gruppen bezeichnet, wird den Behinderten von einigen Soziologen der Randgruppenstatus abgesprochen bzw. der von *Bergmann u.a.* (1969) geprägte Begriff der „Situationsgruppen" zuerkannt, die horizontale Disparität von Lebensbereichen erfassend (in Ergänzung zu Klassen- und Schichtenkategorien). *Heinze* weist jedoch darauf hin, daß die Formen horizontaler Disparität von Lebensbereichen sich oftmals mit der vertikalen Ungleichheit verschränkten und so eigentlich erst die Randgruppen erzeugten. In der Konsequenz könnten also viele „Situationsgruppen" als „Randgruppen" bezeichnet werden. Trotz dieser Abgrenzungsfragen scheint jedoch die Einordnung der Gruppe der Behinderten in die Kategorie „Randgruppe" unumstritten.

3.2. Problemgruppen des Arbeitsmarkts

Neben dem Begriff der „Randgruppen" ist in diesem Zusammenhang auch auf den der „Problemgruppen auf dem Arbeitsmarkt" hinzuweisen.[1] Als Problemgruppen des Arbeitsmarkts werden solche Teile der Bevölkerung bezeichnet, die besonders stark von Arbeitslosigkeit betroffen sind[2] und zwar in der Form, daß sie

- überdurchschnittlich häufig arbeitslos werden,
- überdurchschnittlich lange arbeitslos sind,
- besondere Schwierigkeiten haben, überhaupt Beschäftigungsverhältnisse einzugehen,
- besonders häufig gekündigt werden,
- besonders geringe Arbeitseinkommen erzielen,

---

[1]Vgl. zu dieser Thematik z.B. *Hardes* (1979).

[2]Vgl. *Offe/Hinrichs* (1977), S. 3. Zur Entstehung solcher Problemgruppen siehe ebd., S. 32 ff. *Sadowski/Frick* (1992, S. 19) begründen denn auch die Zuordnung der Schwerbehinderten mit dem Argument, daß diese Gruppe verschiedenen Formen von „Diskriminierung" ausgesetzt und deshalb im Arbeitslosenbestand deutlich überrepräsentiert seien.

- auf besonders restriktiven, durch geringe Autonomie gekennzeichneten Arbeitsplätzen anzutreffen sind,
- besonderen Risiken der Zerstörung ihres physischen Arbeitsvermögens und ihrer Qualifikation (»Dequalifizierung«) ausgesetzt sind.[1]

Hierzu zählen insbesondere Frauen, Alte, Behinderte und Ausländer.[2] Auffallend ist, und dies wurde in zahlreichen empirischen Untersuchungen bestätigt, daß die zu einer Problemgruppe Zugehörigen oft gleichzeitig weiteren Problemgruppen angehören mit der Folge einer sich kumulierenden Wirkung auf die Arbeitsmarktrisiken. Darüber hinaus werden den betroffen Personen zumeist „askriptive Merkmale"[3] zugeschrieben.

3.3. Folgen der Zugehörigkeit zu anderen Problemgruppen für Schwerbehinderte

Das Ausmaß der Diskriminierung unterschiedlicher Problemgruppen am Arbeitsmarkt haben *Backes-Gellner/Frick* (1990) bereits anschaulich aufgezeigt. Sie setzen damit eine Diskussion über die Arbeitsmarktsituation Schwerbehinderter als Problemgruppe fort, die bereits Ende der 70er Jahre verstärkt eingesetzt hatte.[4] Wie sich weiter unten noch zeigt, wird die finanzielle Situation der Schwerbehinderten vor allem dadurch bestimmt sein, inwiefern es ihnen gelingt, ihre Arbeitskraft erfolgreich am Arbeitsmarkt anzubieten. Das Risiko eines Schwerbehinderten, arbeitslos zu werden oder überhaupt eine Stelle zu finden, wird jedoch oftmals zusätzlich dadurch erhöht, daß er mehreren gesellschaftlichen Rand- oder Problemgruppen gleichzeitig angehört, die jeweils ihre eigenen Arbeitsmarktrisiken aufweisen.[5]

So zeigen z.B. die amtlichen Statistiken deutlich, daß ein Großteil der Schwerbehinderten zu den älteren Bevölkerungsgruppen zählt[6] und damit auch die Zunahme der Schwerbehinderten insgesamt

[1]Ebd., S.4.

[2]*Hardes* (1979, S. 72 ff.) führt außerdem auch Jugendliche als arbeitsmarktpolitische Problemgruppe auf.

[3]Siehe dazu auch Fn. 2. S. 36.

[4]Vgl. *Herpich/Steinle* (1983), S. 149 f.; in den 70er Jahren z.B. *Leppin/Ritz* (1977), *Heinze/Runde* (1978) und dies. (1979), S. 83 f.

[5]Siehe dazu ausführlicher Teil III.

[6]Trotz dieser statistischen Tatsache ist der Hinweis von *Möller-Lücking* (1977, S. 57) wichtig: „Die biologische Tatsache Alter darf keinesfalls mit Behinderung

vor allem durch die starke Zunahme der alten Schwerbehinderten (65 und mehr Jahre) erklärt wird: Die Zahl der mindestens 65jährigen hat sich zwischen 1979 und 1993 nahezu verdreifacht (von knapp 1 Mio. (33,3%) auf etwa 2,8 Mio. (50,3%)).[1] Der Anteil der mindestens 45jährigen war stets über 80% – mit steigender Tendenz. Hier ist jedoch aufgrund der demographischen Entwicklungen der letzten Jahre zu vermuten, daß dieser Trend weiter anhält.

Damit zeigt sich, daß immer noch mehr als ein Drittel der Schwerbehinderten mit dem „fortgeschrittenen“ Alter ein zusätzliches *Handicap* mit Blick auf den Arbeitsmarkt aufweist.[2] Allerdings bleibt festzuhalten, daß die altersklassenbezogene Schwerbehindertenquote bei den Schwerbehinderten ab 45 Jahren sich nach starkem Anstieg von 104 (1979) auf 198 Schwerbehinderte je 1.000 Einwohner in dieser Altersklasse (1983) seither nicht mehr wesentlich verändert hat: Ende 1993 waren es 182. Der Anteil der jüngeren Schwerbehinderten im erwerbsfähigen Alter hat sich zwischen 1979 und 1993 leicht verringert (15–45 Jahre: von etwa 17% auf 11,5%; 45–55 Jahre: von 18,5% auf

---

gleichgesetzt werden.“ Vielmehr ist ein „.. großer Teil der älteren Arbeitnehmer ... aufgrund von Unfall, Berufskrankheit und schwerwiegenden arbeitsbedingten Verschleißerscheinungen zugleich Behinderter.“ Vgl. hierzu auch *Brandt* (1984), S. 35. Auf der anderen Seite bemerkt *Brandt* (ebd., S. 36), daß Schwerbehinderte unter den Arbeitnehmern mit solchen Verschleißerkrankungen lediglich die Spitze eines Eisbergs bildeten. Vielmehr würden sich ihre Gesundheitsprobleme und die damit zusammenhängende Einschränkung der betrieblichen Verwendbarkeit sich grundsätzlich nicht von der Masse der gesundheitlich beeinträchtigten Arbeitnehmer unterscheiden, die den sozialrechtlichen Schutz des Schwerbehindertenstatus nicht besitzen.

[1]Interessant ist jedoch, daß hier lediglich die über 65Jährigen diese Entwicklung geprägt haben, während die Zahl der 55-65jährigen Schwerbehinderten nur unterdurchschnittlich anstieg. Betrachtet man die Gruppe der Personen im erwerbsfähigen Alter insgesamt, so ist hier bei einem Anstieg der absoluten Zahl von knapp 41% ein kontinuierlicher Rückgang des Anteils zu verzeichnen (von etwa 64% auf 48%). Vergleicht man diese Veränderung mit der Entwicklung in der entsprechenden Altersklasse der Gesamtbevölkerung (Rückgang des Anteils von knapp 66% auf etwa 61%), so kann vermutet werden, daß – u.a. aufgrund der konstant schlechten Arbeitsmarktlage – immer weniger Personen bereit sind, aufgrund einer anerkannten Schwerbehinderteneigenschaft ihre Chancen auf dem Arbeitsmarkt zu verschlechtern, und damit eher auf die Nachteilsausgleiche verzichten. Ein weiterer Grund ist, daß mittlerweile ein Großteil der Kriegsbeschädigten diese Altersklasse der Erwerbsfähigen verlassen hat.

[2]Zur Arbeitsmarktproblematik älterer Arbeitnehmer siehe z.B. *Möller-Lücking* (1977), S. 58 ff.

Abb. 5: Altersstruktur der Schwerbehinderten 1979-1993

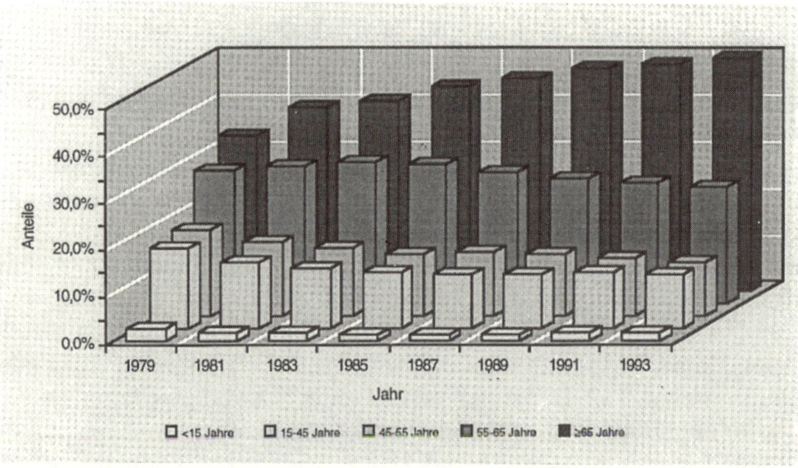

Quelle: Statistisches Bundesamt; eigene Berechnungen.

Abb. 6: Schwerbehindertenquoten in ausgewählten Altersklassen 1979-1993

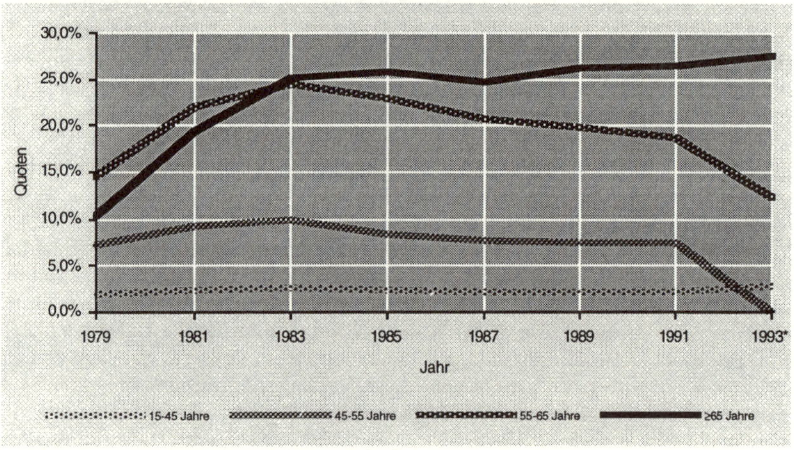

Anmerkung: *Für 1993 sind die Altersklassen „von 45 bis unter 55 Jahre" und „von 55 bis unter 65 Jahre zusammengefaßt.

Quelle: Statistisches Bundesamt; eigene Berechnungen.

rd. 11%). Die oft zitierte Veralterung der Gruppe der Schwerbehinderten bestätigt sich daher hauptsächlich in Bezug auf die gruppenspezifische Altersstruktur, weniger jedoch mit Blick auf die altersklassenspezifischen Anteile an der Gesamtbevölkerung (vgl. die Abbn. 5 und 6 sowie die Tabn. A.3 und A.4 im Anhang).

Ist das Einkommensrisiko für erwerbstätige Schwerbehinderte bereits groß genug, so verschärft sich die Lage für solche, die ihren Arbeitsplatz verloren oder noch keinen Arbeitsplatz haben, wegen der behindertenfeindlichen betrieblichen Beschäftigungspolitik. Dies gilt besonders für Schwerbehinderte, die schlecht ausgebildet sind.[1]

Die Zahl der ausländischen Schwerbehinderten zeigt sich – auch im betrachteten Zeitraum – als für unsere Überlegungen vernachlässigbar. Es ist hier u.E. zu vermuten, daß bei einem Großteil der schwerbehinderten Ausländer die Behinderungen erst während des Aufenthaltes in Deutschland – z.B. durch Unfall oder arbeitsbedingten Verschleiß – entstanden sind.[2] Denn, soweit es sich um „Gastarbeiter" handelt, dürfte der Aufenthalt mit der Erwerbstätigkeit bezweckt sein.[3] Für die schwerbehinderten Ausländer ergibt sich wahrscheinlich aber das höchste Beschäftigungsrisiko, insbesondere dann, wenn sie älter als 45 und schlecht qualifiziert sind.

4. Bestimmungsfaktoren der wirtschaftlichen Lage Schwerbehinderter

4.1. Vorbemerkungen

Bei einer Analyse der wirtschaftlichen Lage Schwerbehinderter ist zunächst – im Vergleich zur Situation Nichtbehinderter – zu prüfen, inwiefern sich signifikante Unterschiede zeigen bzgl. der Bedürfnisstruktur der Betroffenen. Es ist also die Frage zu erörtern, inwiefern Behinderte zusätzliche Bedürfnisse oder andersartige Bedürfnisstrukturen aufweisen.

[1] Siehe hierzu und zum folgenden ausführlich Teil III.

[2] Vgl. auch *Sadowski/Frick* (1992), S. 79.

[3] Die Einwanderung von Ausländern lediglich zum Zwecke des „Ausnutzens" von Vergünstigungen ist zwar nicht auszuschließen (und für den Einzelnen u.U. ökonomisch rational), dürfte sich jedoch auf seltene Einzelfälle beschränken.

Zweifellos kann davon ausgegangen werden, daß Schwerbehinderte – in Abhängigkeit von Art und Schwere der Behinderung unterschiedlich ausgeprägt – bereits bei der Befriedigung der allgemeinen Lebensbedürfnisse Schwierigkeiten haben.[1] Teils sind Schwerbehinderte ohne Hilfe nicht in der Lage, ein menschenwürdiges Leben zu führen, teils können sie sich nicht einmal – selbst bei entsprechender wirtschaftlicher Leistungsfähigkeit – die notwendige Hilfe selbst beschaffen.

Es entsteht somit das Bedürfnis nach Rehabilitation, also gezielter Maßnahmen, Instrumente und Leistungen, um die Behinderung abzubauen und zu bessern. Des weiteren gilt es zu berücksichtigen, daß im Ausmaß einer gegebenen Erwerbsminderung auch Schwerbehinderten zumindest die Subsistenz ermöglicht werden sollte.

Im Falle einer durch die Behinderung verursachten Einschränkung der Erwerbsfähigkeit besteht somit das Bedürfnis, die zu dieser Subsistenz notwendigen Ressourcen zu verschaffen. Der (relative) Wohlstand der Schwerbehinderten ist demnach abhängig vom Grad der Befriedigung dieser o.g. Bedürfnisse. Eine Bedürfnisbefriedigung ist jedoch nicht nur mit einer monetären Unterstützung zu realisieren. *Krause* (1988, S. 60 f.) unterscheidet folgende Möglichkeiten:

- Subsistenzhilfe durch Vormundschaftswesen und Sozialhilfe (monetär und nichtmonetär),
- Herstellung einer behindertengerechten Umwelt (insbesondere Wohnung und Arbeitsplatz),
- Rehabilitation (und Prävention) durch das Ausbildungssystem oder durch Maßnahmen, die den Behinderten eine Integration in das Erwerbsleben ermöglichen, sowie
- monetäre Hilfen bei Scheitern der Rehabilitation oder, wenn der Behinderte daran gehindert wird, sich die erforderlichen Ressourcen zu beschaffen.

Zusammenfassend läßt sich – auch mit Blick auf das Ziel der Untersuchung – feststellen: Die wirtschaftliche Lage Schwerbehinderter wird nicht nur durch monetäre, also finanzielle, Komponenten bestimmt. Vielmehr sind auch solche nichtmonetärer Art zu berücksichtigen. Eine Bewertung nichtmonetärer Komponenten (z.B. „behindertengerechte Umwelt“, aber auch Arbeitsfreude, Selbstwertgefühl) ist jedoch schwierig, wenn nicht unmöglich. Die Untersuchung wird sich daher

[1]Vgl. zum folgenden auch *Krause* (1988), S. 60.

weitgehend mit monetären Aspekten und solchen, die diese wiederum beeinflussen, befassen.

4.2. Ein Überblick

Die wirtschaftliche (d.h. im folgenden also im wesentlichen: finanzielle) Situation Behinderter bzw. Schwerbehinderter ist individuell sehr unterschiedlich. Sie wird wesentlich von drei Faktoren bestimmt: vom eigenen und dem Familieneinkommen, vom eigenen und dem Familienvermögen sowie vom Umfang der durch die Behinderung verursachten finanziellen Zusatzbelastungen. Sie ist sicherlich auch nicht unabhängig von der Möglichkeit zur schulischen und beruflichen (Re-)Qualifikation und damit der Möglichkeit zur erfolgreichen und dauerhaften (Wieder-)Eingliederung.

Die Lage Schwerbehinderter unterscheidet sich in ökonomischer Hinsicht von derjenigen der Nicht-Behinderten grundlegend. Ausgehend von der Annahme, daß das Einkommen zum Lebensunterhalt vor allem aufgrund selbständiger oder nichtselbständiger Arbeit (arbeitsbasierte im Gegensatz zu vermögensbasierten Einkommen) erzielt wird, ergeben sich bereits hier auf der Seite der Einkünfte Einschränkungen sowohl in der Höhe (bei vergleichbarer Tätigkeit/Qualifikation), aufgrund der niedrigeren Produktivität,[1] als auch in der Wahrscheinlichkeit, überhaupt Einkünfte in einer bestimmten Höhe erzielen zu können (größeres Arbeitslosigkeitsrisiko).

Die Möglichkeit, ein geregeltes Einkommen zu erzielen, wird hier auch davon abhängen, inwiefern der Arbeitsmarkt dahingehend reguliert ist, damit für die Arbeitgeber ein Anreiz besteht, Behinderte bzw. Schwerbehinderte einzustellen. In der Regel wird nämlich von Seiten der Arbeitgeber davon ausgegangen, daß bei einer schwerbehinderten Arbeitskraft eine Leistungsminderung (Produktivitätsminderung) vorliegt.[2] Dies führt dazu – falls dies tatsächlich der Fall wäre -, daß bei

[1]Hier ist allerdings anzumerken, daß die verringerte Produktivität nicht notwendigerweise behinderungsbedingt sein muß. Vielmehr stellt sich oftmals das Problem, daß Arbeitsplätze nicht behinderungsgerecht eingerichtet sind und damit der behinderte Arbeitnehmer sein Produktivitätspotential nicht voll ausschöpfen kann.

[2]Empirische Untersuchungen zeigen, daß auf betrieblicher Seite erhebliche Informationsdefizite vorherrschen (vgl. beispielsweise *Herpich/Steinle* (1983)). *Heinze/Runde/Treder* (1979) unterscheiden im Anschluß an die empirische Studie

gegebener Tarifentlohnung die Einstellung eines Schwerbehinderten für das einzelne Unternehmen unrentabel ist.[1]

Unter Berücksichtigung dieser Aspekte kann von folgender These ausgegangen werden: Der Erwartungswert des (Lebens-) Einkommens eines Schwerbehinderten und damit auch seine Fähigkeit, Vermögen zu bilden und eine adäquate Altersvorsorge zu treffen, sind durchaus beschränkt. Diese Begrenzung kann je nach Art der Behinderung (und auch der Kompensationsmöglichkeiten) von kaum merklich bis sehr drastisch reichen.

Ohne einen gewissen Ausgleich dieser eingeschränkten Fähigkeit zur Erzielung von Arbeitseinkommen wäre in vielen Fällen sogar das Abrutschen der Betroffenen in Armut möglich. Erfolgen kann ein solcher Ausgleich ganz oder – im Regelfall – teilweise durch

- familieninterne Unterstützung,
- caritative Fürsorge,
- kollektive Selbsthilfe,
- staatliche Transfers und
- Mischformen.

Sozioökonomische Veränderungen in den letzten Jahrzehnten brachten – wie oben bereits angedeutet – mit sich, daß gerade die Familie immer weniger bereit oder in der Lage ist, auf eine marktmäßige Verwertung ihrer Arbeitskraft zu verzichten; dies vor allem vor dem Hintergrund steigender monetärer und nicht-monetärer Opportunitätskosten. Die in den vergangenen Jahrzehnten gestiegene Lebenserwartung Behinderter vergrößert dieses Problem tendenziell. Daraus folgt, daß

---

von *Leppin/Ritz* (1977) zwei Ebenen der Zuschreibung vom askriptiven Merkmalen: Erstens der Produktionsprozeß (geringer Leistungsfähigkeit, fehlende Qualifikation, geringe Flexibilität) und zweitens die Personen-/Handlungsebene (geringe Leistungsbereitschaft, geringe Anpassungsfähigkeit, hohes Maß an persönlicher Instabilität, d.h. empfindlich, mißtrauisch, aggressiv, verbittert). Empirische Untersuchungen haben in der Vergangenheit jedoch immer wieder gezeigt, daß die Erfahrungen der Betriebe und Dienststellen mit Schwerbehinderten im Hinblick auf ihre Leistungsfähigkeit überwiegend positiv sind (vgl. vor allem *Brandt* (1984), S. 140 ff., sowie Abschn. III.3.1.).

[1]Zusätzlich geht in das Kalkül der Arbeitgeber ein Vergleich der Mehrkosten durch den Zusatzurlaub der Schwerbehinderten mit den Kosten, die durch die Ausgleichsabgabe entstehen. Hier ist i.d.R. die Zahlung der Ausgleichsabgabe günstiger (vgl. hierzu z.B. *Schettkat/Semlinger* (1982a), S. 34 f., sowie III.3.1.1.).

der Behinderte in dem Maße, in dem er nicht imstande ist, die Opportunitätskosten seiner Betreuung der Familie zu vergüten, diese einer merklichen Einkommenseinbuße bis hin zur relativen, wenn nicht absoluten Armut aussetzt.[1] Dies führt dazu, daß die anderen Formen der Hilfe immer stärker beansprucht werden müssen.

Schwerbehinderte sind jedoch nicht nur, was den Erwartungswert ihres Einkommens anbelangt, gegenüber Nichtbehinderten benachteiligt. Vielmehr ist auch in Betracht zu ziehen, daß die durch die Behinderung verursachten Ausgaben sie sehr stark belasten können. Diese zusätzlichen Ausgaben ergeben sich nahezu in allen Lebensbereichen (Wohnung, Verkehr, Freizeit, Gesundheit etc.).

Von verschiedenen Seiten werden nun, um die geschilderten Nachteile der Behinderten auszugleichen, Leistungen und sogenannte „Nachteilsausgleiche" gewährt (s.u.). Unklar ist jedoch, ob die Leistungen und Nachteilsausgleiche sowie die rechtlichen Regelungen z.B. des Schwerbehindertengesetzes tatsächlich die finanziellen Nachteile, die durch die Behinderung bedingt sind, deutlich kompensieren.

Die wirtschaftliche Lage der Schwerbehinderten wird maßgeblich auch von den rechtlichen Rahmenbedingungen bestimmt. In der Hauptsache ist hier das bereits erwähnte Schwerbehindertengesetz (SchwbG) zu nennen. Ziel des Behindertenrechts ist, den Schwerbehinderten einen geeigneten, behinderungsgerechten Ausbildungs- und Arbeitsplatz zu verschaffen und zu erhalten sowie behinderungsbedingte Nachteile im Arbeits- und Berufsleben auszugleichen. Somit zielt es auf die Gewähr von minimalen Bedingungen der Existenz, den Ausgleich von Wohlstandsunterschieden, auf Abbau und Kontrolle von Abhängigkeit sowie die Erhaltung des erworbenen Lebensstandards ab.[2]

Neben dem Schwerbehindertengesetz bestimmen u.a. das BSHG, die Reichsversicherungsordnung (RVO), das AFG, das RehaAnglG und das Versorgungsrecht die rechtlichen Rahmenbedingen der wirtschaftlichen Lage der Schwerbehinderten wesentlich.

Weiterhin entscheidend ist – mit Blick auf zukünftige Erwerbsmöglichkeiten – die Möglichkeit für Schwerbehinderte, nach Art und Schwere ihrer Behinderungen spezifische Bildungsmöglichkeiten in

---

[1]Vgl. *Krause* (1988), S. 62 f.

[2]Vgl. *Thust/Trenk-Hinterberger* (1989), S. 23, und die dort angegebene Literatur.

Anspruch nehmen zu können. Dies gilt nicht nur für die allgemeine Schulbildung, sondern auch für die Berufsausbildung, Fort- und Weiterbildung sowie Umschulung.[1]

Einen wichtigen Beitrag leisten darüber hinaus die organisierten Interessengruppen der Behinderten. Zum einen versuchen sie über die Beeinflussung der Exekutive verbesserte rechtliche Rahmenbedingungen für die Schwerbehinderten zu erreichen, die wiederum die ökonomische Situation dieser Personengruppe positiv beeinflussen soll. Daneben bieten sie für ihre Mitglieder gruppenspezifische Dienstleistungen an.[2]

[1]Dabei ist zunächst von sekundärer Bedeutung. ob die Bildungsmöglichkeiten integrativ angeboten werden, oder ob etwa spezielle Einrichtungen in Anspruch genommen werden müßten.

[2]Auf die letzten beiden Aspekte wird im Rahmen dieser Untersuchung nicht eingegangen werden.

III. Die Beschäftigungssituation Schwerbehinderter

1. Einleitende Anmerkungen

Abhängige Beschäftigung vermittelt zunächst einmal die Möglichkeit, durch Angebot der Arbeitskraft ein Erwerbseinkommen zu erzielen und damit die notwendige Subsistenz oder einen darüber hinausgehenden Wohlstand zu sichern. Nicht zu unterschätzen ist jedoch die Tatsache, daß – bei Schwerbehinderten noch mehr als bei Nichtbehinderten – die Beschäftigung als solche ihren eigenen Wert (unabhängig von der Entlohnung) mit Blick auf die Selbstverwirklichung hat. Beschäftigung ist für Schwerbehinderte vor allem eine soziale Veranstaltung, die Kontakte schafft, Möglichkeiten der Kommunikation mit sich bringt und zwischenmenschliche Begegnungen vermittelt. Sie schafft Gefühle von Gleichberechtigung und Zugehörigkeit.[1] Durch die Einkommenserzielung bietet sie aber auch gleichzeitig die notwendige Voraussetzung für ein finanziell unabhängiges und selbstbestimmtes Leben. Auch für solche Menschen, die aufgrund der Art und Schwere ihrer Behinderung (z.B. schwer geistig Behinderte) ein selbständiges Leben nicht führen können und möglicherweise dadurch den Wert eines eigenen Einkommens nicht einzuschätzen vermögen, bietet die Beschäftigung (bspw. in einer WfB) oftmals eine nicht zu unterschätzende Lebensfreude. Der Nutzen der Beschäftigung ist daher auch für solche Menschen unbestritten. Der Beitrag einer Beschäftigung zur Sicherung eines menschenwürdigen Lebens und zum Wohlstand eines behinderten Menschen kann also als essentiell bezeichnet werden.

Darüber hinaus hat die Frage der (Nicht-)Beschäftigung von Behinderten auch einen gesamtwirtschaftlichen Aspekt, welcher zudem die polit-ökonomische Rationalität einer Forderung nach nicht nur

[1] Vgl. *Seyfried/Lambert* (1988), S. 16 f. Sehr ausführlich auch *Brandt* (1984), S. 56 ff.

medizinischer, sondern auch beruflicher Rehabilitation aufzeigt. Dazu bemerkte bereits *Albert* (1956, S. 18) prägnant:

> Aufzucht von Krüppeln und jede ärztliche Behandlung ohne anschließende Führung an einen Arbeitsplatz, an dem Nützliches geschaffen wird, ist eine halbe Sache. Auf diese Weise wird dem Staat nur eine dauernd steigende Zahl Arbeitsunfähiger, die die Allgemeinheit zusätzlich belasten, erhalten. ... Eine großzügige Eingliederung Schwerbeschädigter in den Arbeitsprozeß liegt deshalb sowohl im Interesse der Beschädigten als auch der Allgemeinheit.[1]

Im folgenden soll jedoch die Frage im Fordergrund der Betrachtung stehen, wie hoch das Risiko für einen schwerbehinderten Menschen ist, durch Arbeitslosigkeit von der Einkommenserzielung aus Erwerbstätigkeit ausgeschlossen zu sein und welche Faktoren dieses Risiko beeinflussen.[2] Dabei soll auf wesentliche arbeitsmarktpolitische Kennzahlen zurückgegriffen werden, die mit Hilfe der amtlichen Statistik ermittelt werden können. Auf die Erörterung von Detailfragen der Beschäftigungssituation wird weitgehend verzichtet. Hierzu wurden seit Anfang der 70er Jahre vom Institut für Arbeitsmarkt- und Berufsforschung der Bundesanstalt für Arbeit, vom Studien- und Forschungsschwerpunkt Sozialpolitik und Sozialverwaltung (SAM)/Zentrum für Arbeit und Soziales an der Universität Trier, vom Wissenschaftszentrum Berlin (WZB) und anderen Institutionen zahlreiche einschlägige Studien erstellt.

2. Empirische Befunde zur Beschäftigungssituation Schwerbehinderter in den alten Ländern der Bundesrepublik

2.1. Datengrundlage

Die Datengrundlage zur Analyse der Beschäftigungssituation Schwerbehinderter ist nach wie vor unzureichend, um ein genaues Bild der

[1]Zitiert nach *Brandt* (1984), S. 58 und 59.

[2]Die Möglichkeit einer Einkommenserzielung aus Vermögen oder anderen Quellen wird hier natürlich nicht ausgeschlossen. Die grundsätzliche Frage der Subsistenz stellt sich aber insbesondere für solche, die ihren Lebensunterhalt gerade nicht durch Vermögenseinkommen bestreiten können, sondern ihre Arbeitskraft verwerten müssen.

Situation zeichnen zu können. So ist man z.B. bei der Bestimmung der Arbeitslosenquote für Schwerbehinderte auf Schätzungen angewiesen, da zwar „arbeitslose Schwerbehinderte“, nicht jedoch die definitionsgemäße Bezugsgröße „abhängige schwerbehinderte Erwerbspersonen“ ausgewiesen werden.[1]

Nach § 5 SchwbG sind alle Betriebe und Dienststellen mit mindestens 16 Arbeitsplätzen verpflichtet, auf mindestens 6% der Arbeitsplätze Schwerbehinderte zu beschäftigen.[2] Die Erfüllung dieser gesetzlichen Vorgabe wird jährlich von der Bundesanstalt für Arbeit (BfA) im Rahmen einer Arbeitgeberbefragung ermittelt. Das Ausmaß der Beschäftigung von Schwerbehinderten bei kleineren Betrieben (bis 15 Arbeitsplätze) wird hingegen nur alle fünf Jahre ermittelt. Darüber hinaus werden – wie schon erwähnt – von der BfA die Zahl der arbeitslosen Schwerbehinderten jährlich erhoben und ausgewiesen.[3]

Eine weitere Datengrundlage bildet das Sozio-ökonomische Panel (SOEP). Mit diesen haushaltsbezogenen Mikrodaten lassen sich erstmals die Erwerbsquote Schwerbehinderter[4] ermitteln.[5]

2.2. Die Erwerbsbeteiligung Schwerbehinderter

Im Zuge einer Analyse der Beschäftigung Schwerbehinderter soll zunächst die Frage erörtert werden, in welchem Umfang die Schwerbehinderten sich überhaupt am Erwerbsleben beteiligen. Indikator dafür ist die Erwerbsquote. Sinnvollerweise wird man die der Analyse zugrundeliegende Altersgruppe am oberen Ende etwas einschränken, da davon ausgegangen werden kann, daß Schwerbehinderte i.d.R. sich bereits mit 60 Jahren aus dem Erwerbsleben zurückziehen. Somit wird man die Zahl der erwerbstätigen Schwerbehinderten im Alter von 16

[1]Zur Ermittlung eines Näherungswertes für die Arbeitslosenquote Schwerbehinderter siehe III.2.4.2.

[2]Weitere Detailregelungen (z.B. Anrechnung von Ausbildungsplätzen, Mehrfachanrechnungen) finden sich in den §§ 8, 9 und 10 SchwbG.

[3]Auf der Grundlage dieser Erhebung lassen sich die Entwicklung verschiedener Strukturmerkmale dieser Personengruppe abbilden. Hierzu gehören Berufsausbildung, Beschäftigungssituation vor der Arbeitslosmeldung, Alter, Dauer der Arbeitslosigkeit sowie Bezieher von Arbeitslosenhilfe.

[4]Die Erwerbsquote Schwerbehinderter entspricht dem Anteil der erwerbstätigen Schwerbehinderten an den 16-60jährigen schwerbehinderten Personen insgesamt.

[5]Vgl. *Sadowski/Frick* (1992), S. 77.

bis 60 Jahren der Zahl der Schwerbehinderten dieser Altersgruppe in Relation setzen. Als Referenzgröße soll die entsprechende Quote der Nichtbehinderten dienen. Abb. 7 zeigt die Entwicklung für die Jahre 1984 bis 1988.

Abb. 7: Erwerbsquoten Schwerbehinderter und Nichtbehinderter 1984-1988

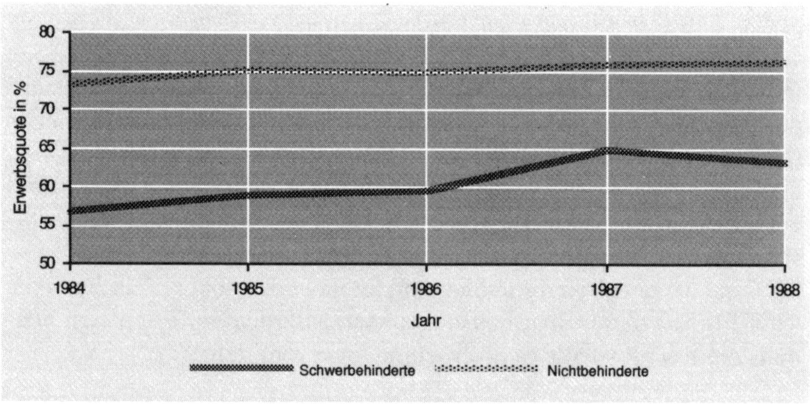

Quelle: SOEP; Berechnungen von *Sadowski/Frick* (1992).

Die Erwerbsbeteiligung Schwerbehinderter hat zwischen 1984 und 1988 mit 11,4% genau dreimal so stark zugenommen (von 57% auf etwa 63%) wie diejenige der Nichtbehinderten (3,8%; von rd. 73% auf 76%). Sie ist damit aber nach wie vor deutlich geringer.[1]

2.3. Die Beschäftigung Schwerbehinderter: Entwicklung der „Ist-Quote" 1980-1993

Die „Ist-Quote" der Zahl der tatsächlich in den beschäftigungspflichtigen Betrieben und Dienststellen beschäftigten Schwerbehinderten (und eventuell diesen Gleichgestellten) ergibt sich dadurch, daß man

[1]Betrachtet man die Entwicklung unter Berücksichtigung der Geschlechter, so läßt sich feststellen, daß die Differenz der Erwerbsquoten bei Männern größer ist als bei Frauen und daß die Erwerbsquote der Frauen sowohl bei Schwerbehinderten als auch bei Nichtbehinderten deutlich stärker anstieg als bei den Männern. Vgl. auch *Sadowski/Frick* (1992), S. 77, sowie Tab. A.5 im Anhang.

deren Zahl auf die Gesamtzahl der Stellen in diesen Betrieben und Dienststellen bezieht.[1]

Die Ist-Quote erreichte in den 80er Jahren – auf Bundesebene – nie den vom SchwbG geforderten Wert. Nur im Jahre 1982 wurde sie annähernd erfüllt (5,9%). Seither ist – abgesehen von einer leichten Verbesserung 1985/86[2] – eine kontinuierliche Verschlechterung des Umfangs der Beschäftigung Schwerbehinderter in den befragten Betrieben und Dienststellen festzustellen. Seit 1991 liegt die Ist-Quote bei etwa 4,4% (mit nach wie vor leicht sinkender Tendenz; vgl. Abb. 8 sowie Tabn. A.6.1 bis A.6.3 im Anhang)).

Abb. 8: Ist-Quote der Beschäftigung Schwerbehinderter in den alten Bundesländern 1980-1993

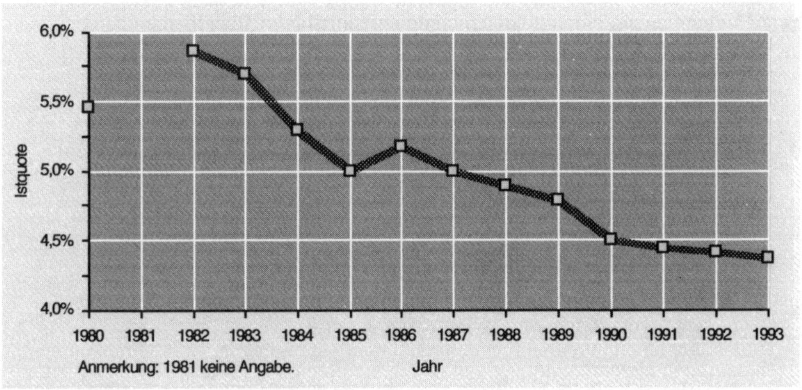

Quelle: Bundesanstalt für Arbeit.

Ein etwas differenzierteres Bild ergibt sich auf der Ebene der Bundesländer bzw. der entsprechenden regionalen Gliederung der Arbeitsverwaltung.[3] Hier ist insbesondere auffallend, daß nur wenige Bundesländer den Bundesschnitt erreichten oder gar übertrafen. Lediglich Nordrhein-Westfalen (bis einschließlich 1989) und Rheinland-Pfalz/

[1] Zu den Bestimmungsgründen des betrieblichen Schwerbehindertenanteils siehe ausführlich *Sadowski/Frick* (1992), S. 51 ff.

[2] Hier könnte sich u.a. die Änderung hinsichtlich der Anrechenbarkeit von Ausbildungsplätzen ausgewirkt haben. Mit Blick auf die Änderung der gesetzlichen Grundlage ist die Vergleichbarkeit der Zahlen vor 1986 und danach etwas eingeschränkt.

[3] Bis einschließlich 1985 wurden für Schleswig-Holstein und Hamburg, Niedersachsen und Bremen sowie Rheinland-Pfalz und das Saarland jeweils nur gemeinsame Ist-Quoten ausgewiesen.

Saarland (1982 und 1983; sonst lediglich überdurchschnittliche Werte) weisen Ist-Quoten auf, die über der Pflicht-Quote liegen. Ein Höchstwert wurde 1982 in Nordrhein-Westfalen erreicht (7,8%). Ein weiteres Land mit teilweise überdurchschnittlichen Werten ist West-Berlin.[1] Deutlich unterdurchschnittliche Werte weisen die nördlichen Bundesländer Schleswig-Holstein/Hamburg und Niedersachsen/Bremen auf.

Recht unterschiedlich ist auch die Erfüllung der Pflicht-Quote auf Branchenebene sowie in verschiedenen Betriebsgrößenklassen. Diesem Aspekt soll hier jedoch nicht weiter nachgegangen werden.[2]

Insgesamt läßt sich – mit Blick auf den Indikator „Erfüllung der Pflicht-Quote“ – feststellen, daß sich die Beschäfigungslage der Schwerbehinderten zwischen 1980 und 1993 deutlich verschlechtert hat. Diese Feststellung soll im folgenden anhand weiterer Indikatoren überprüft werden.

2.4. Arbeitslosigkeit Schwerbehinderter: Entwicklungen 1980–1994

2.4.1. Arbeitslose Schwerbehinderte

2.4.1.1. Entwicklungen 1980–1994

Die Zahl der arbeitslosen Schwerbehinderten hat sich seit 1980 (etwa 67.700 arbeitslose Schwerbehinderte im Jahresschnitt) mehr als verdoppelt.[3] Nach einem Rückgang zwischen 1984 und 1991 (von etwa 138.300 auf 116.750) stieg die Zahl seither wieder deutlich an. 1994 waren im Jahresschnitt etwa 155.500 Schwerbehinderte arbeitslos (vgl. Abb. 9 auf der folgenden Seite sowie Tab. A.7 im Anhang).

---

[1]Zum Saarland vgl. auch ausführlich *Schmidt* (1994b), S. 403 f.

[2]Von großer Bedeutung ist dieser Aspekt im Rahmen der Analyse der betrieblichen Behindertenpolitik. Hier soll jedoch lediglich die *generelle* Beschäftigungslage der Schwerbehinderten aufgezeigt werden.

[3]Für eine Analyse der längerfristigen Entwicklung siehe *Wolfin/Schmidt* (1993), S. 20 f. Vgl. auch die ausführliche Darstellung bei *Wöhrl/Nagy/Winkler* (1992). Zur zukünftigen Entwicklung der Arbeitslosigkeit Schwerbehinderter siehe *Brinkmann* (1989), insbes. S. 67 ff.

Abb. 9: Arbeitslose Schwerbehinderte 1980-1994 (Jahresdurchschnitte)

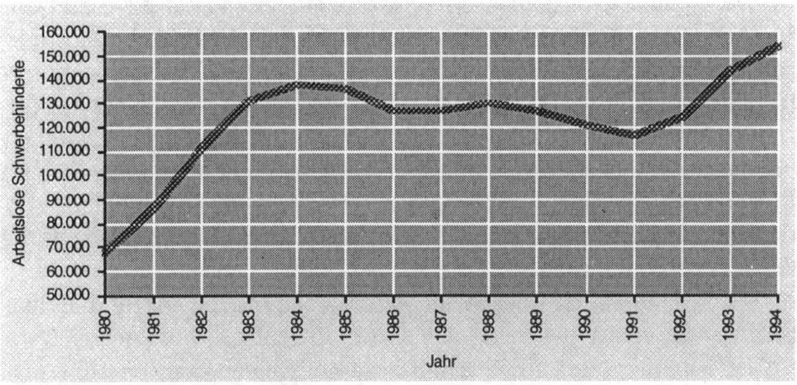

Quelle: Bundesanstalt für Arbeit.

Abb. 10: Anteil der arbeitslosen Schwerbehinderten an der Gesamtzahl der Arbeitslosen 1980-1994

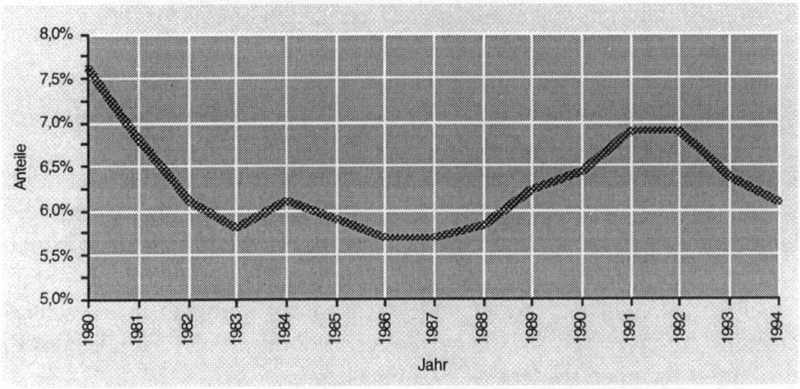

Quelle: Bundesanstalt für Arbeit.

In den einzelnen Bundesländern verlief die Entwicklung im Trend gleich.[1] Auch hier läßt sich feststellen, daß sich im Vergleich zum Anfang der 80er Jahre zu Beginn der 90er Jahre die Zahl der arbeitslosen Schwerbehinderten um den Faktor 1,5 bis 2 erhöht hat. Diese Ent-

[1]Detaillierte Untersuchungen für einzelne Bundesländer liegen seither nur vereinzelt vor. Siehe z.B. *Schmidt* (1994b).

wicklung läßt sich jedoch nur vor dem Hintergrund der Entwicklung der Arbeitslosenzahlen insgesamt sinnvoll interpretieren.

Der Anteil der arbeitslosen Schwerbehinderten an der Gesamtzahl der Arbeitslosen ging zwischen 1980 (7,6%) und 1986/87 fast kontinuierlich zurück auf 5,7%, um anschließend bis 1992 wieder stark anzusteigen (auf fast 7%). Bis 1994 ging der Anteil wieder bis auf 6% zurück (vgl. Abb. 10). Obwohl sich die Entwicklung in den einzelnen Bundesländern bestätigt, verläuft sie doch auf sehr unterschiedlichem Niveau (vgl. Tab. A.8 im Anhang). Extrem sind die Unterschiede z.B. zwischen Hamburg (zwischen 5,6% (1980) und 2,7% (1986/87)) und West-Berlin (zwischen 11% und 4,9% (1988)).

Auffallend ist, daß der Wendepunkt der Entwicklung unmittelbar nach der Novellierung des SchwbG (1986) eintritt. Inwiefern jedoch die Entwicklung ursächlich damit zusammenhängt oder ob sie lediglich andeutet, daß das neue Gesetz in seiner Wirksamkeit, insbesondere mit Blick auf die (Wieder-)Beschäftigungschancen arbeitsloser Schwerbehinderter, eingeschränkt ist, läßt sich an dieser Stelle nicht klären. Möglicherweise reflektiert sie auch z.T. die steigende Zahl der Schwerbehinderten insgesamt im letzten Drittel der 80er Jahre.[1]

2.4.1.2. Strukturmerkmale der arbeitslosen Schwerbehinderten

Das Ausmaß der Arbeitslosigkeit Schwerbehinderter wird noch klarer, wenn man der Betrachtung verschiedene Strukturmerkmale zugrundelegt, in welchen sich diese Gruppe sich grundlegend von der Gruppe solcher Arbeitslosen ohne gesundheitlichen Einschränkungen unterscheiden. *Wöhrl/Nagy/Winkler* (1992, S. 8 ff.) kommen im Anschluß an eine Analyse der Arbeitsmarktuntersuchungen der Bundesanstalt für Arbeit dabei zu folgenden Ergebnissen:[2]

(1) Die auffälligsten Unterschiede zeigen sich in der Altersstruktur. Während bei arbeitslosen Schwerbehinderten etwa drei Fünftel 50 Jahre und älter sind, sind es bei solchen ohne gesundheitliche Einschränkungen lediglich etwa ein Fünftel. Genau umgekehrt ist das Verhältnis bei den Arbeitslosen unter 40 Jahren.

---

[1]Vgl. dazu Abschn. II.2.2.

[2]Die Ergebnisse beziehen sich auf Daten vom September 1990. Die Aussagen dürften jedoch für die letzten Jahre in ihrer Tendenz weiterhin Gültigkeit besitzen.

(2) Lediglich knapp die Hälfte der jüngeren (bis 49 Jahre) schwerbehinderten Arbeitslosen hat eine abgeschlossene Ausbildung. Bei solchen ohne gesundheitliche Einschränkungen sind es dahingegen nahezu drei Fünftel. Bei den älteren Arbeitslosen (ab 50 Jahre) zeigen sich keine gravierenden Unterschiede.[1]

(3) Bei den arbeitslosen Schwerbehinderten ist etwa die Hälfte langzeitarbeitslos. Bei Arbeitslosen ohne gesundheitlichen Einschränkungen sind es dagegen nur etwa ein Viertel. Generell sind Schwerbehinderte deutlich länger arbeitslos als andere (durchschnittlich 13,7 Monate bzw. 5,9 Monate).

Christmann (1988, S. 76) stellt darüber hinaus eine ungünstige berufsfachliche Verteilung unter den arbeitslosen Schwerbehinderten fest, d.h., daß sich diese auf bestimmte Berufsgruppen konzentrieren, die oft zusätzlich von einem starken Bewerberüberhang gekennzeichnet sind.[2]

2.4.2. Arbeitslosenquote 1980–1994

Die Arbeitslosenquote der Schwerbehinderten kann lediglich für jedes fünfte Jahr einigermaßen zuverlässig geschätzt werden, da, wie oben bereits erwähnt, die Zahl der mit Schwerbehinderten besetzten Arbeitsplätze bei den kleinen Betrieben und Dienststellen (bis 15 Arbeitsplätze) nur alle fünf Jahre erhoben wird. Dazu wird die Zahl der arbeitslosen Schwerbehinderten der Summe aus dieser Zahl und der Zahl der in allen Betrieben und Dienststellen beschäftigten Schwerbehinderten (= schwerbehinderte abhängige Erwerbspersonen) in Relation gesetzt.[3]

---

[1]Insgesamt ist das durchschnittliche formale Bildungsniveau der Schwerbehinderten deutlich niedriger als das der Arbeitnehmer insgesamt (vgl. *Sadowski/Frick* (1992), S. 79 f.).

[2]*Christmann* (1988, S. 76) nennt hier Verkehrsberufe (insbes. Lager- und Transportarbeiter), Ordnungs- und Sicherheitsberufe (insbes. Wächter, Pförtner, Hauswarte), Montierer, Metallarbeiter, Warenprüfer, Versandfertigmacher sowie Hilfsarbeiter ohne nähere Tätigkeitsangabe. Anzumerken ist jedoch, daß dies größtenteils auch Bereiche sind, die einer starken (arbeits- und leistungsorganisatorischen) Rationalisierung und schlichten Einsparungen ausgesetzt sind (vgl. auch *Kotthoff* (1988), S. 107).

[3]Die „Arbeitslosenquote der Schwerbehinderten“ läßt sich demnach wie folgt ermitteln: Zahl der arbeitslosen Schwerbehinderten/(Zahl der in Betrieben und

Die Arbeitslosenquote der Schwerbehinderten war in den 80er und frühen 90er Jahren stets deutlich höher als die aller Arbeitslosen. Allerdings hat sich die „Schere" zwischen der Arbeitslosenquote der Schwerbehinderten und der Gesamtarbeitslosenquote tendenziell vergrößert (vgl. Abb. 11 sowie Tab. A.9 im Anhang). Dies dürfte vor allem auf die oben angeführte durchschnittlich höhere Arbeitslosigkeitsdauer Schwerbehinderter zurückzuführen sein, da verschiedene Untersuchungen auf eine relativ hohe Beschäftigungsstabilität Schwerbehinderter hindeuten. Damit ist die hohe Arbeitslosigkeit Schwerbehinderter hauptsächlich auf die geringen Wiedereingliederungschancen dieser Personen zurückzuführen.[1]

Abb. 11: Arbeitslosenquote der Schwerbehinderten 1980-1994

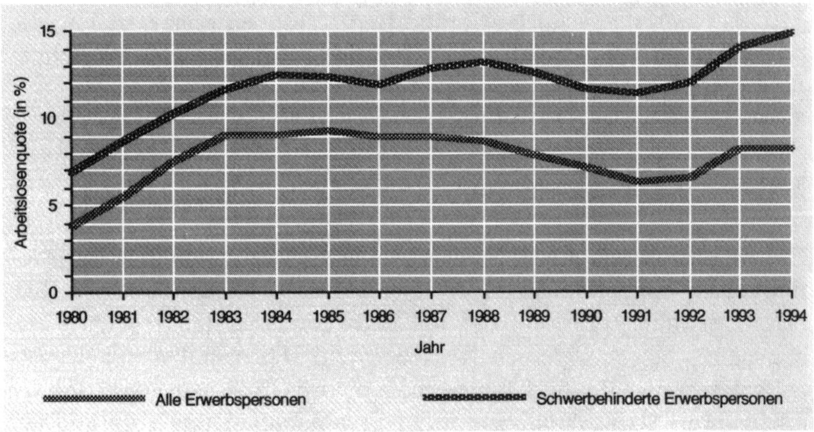

Quelle: Bundesanstalt für Arbeit.

Dienststellen mit weniger als 16 Arbeitsplätzen beschäftigten Schwerbehinderten + Zahl der in Betrieben und Dienststellen mit mehr als 16 Arbeitsplätzen beschäftigten Schwerbehinderten + Zahl der arbeitslosen Schwerbehinderten). Das BfA wählt jedoch als Bezugsgröße die Erwerbspersonenzahl des Vorjahres.

[1]Vgl. dazu auch *Brandt* (1984), S. 46, *Wöhrl/Nagy/Winkler* (1992), S. 13 f., sowie *Sadowski/Frick* (1992), S. 21. Letztere Autoren weisen (ebd.) außerdem auf die unterdurchschnittliche Zahl der Arbeitsvermittlungen als weiteren Indikator für die vergleichsweise geringen Wiedereingliederungschancen arbeitsloser Schwerbehinderter hin. Als auffallend bemerken sie, daß die Arbeitsvermittlungen insgesamt und die Vermittlungen Schwerbehinderter stark positiv korrellieren. Dies deute darauf hin, daß die betriebliche Nachfrage nach Schwerbehinderten in gleichem Maße konjunkturabhängig sei wie die Nachfrage nach Arbeitnehmern insgesamt, wenngleich auf einem sehr viel niedrigeren Niveau.

Die Ausführungen zeigen das Ausmaß der Arbeitslosigkeit Schwerbehinderter sehr deutlich. Allerdings wird – auch von seiten der Arbeitsverwaltung – immer wieder darauf hingewiesen, daß eine erhebliche Entlastung des Arbeitsmarktes in den letzten Jahren durch den Abgang arbeitsloser Schwerbehinderter in Rente herbeigeführt wird.[1] Daraus folgt:[2]

> Aus dem Steigen oder Fallen der Arbeitslosenquote ist nicht zu schließen, daß mehr oder weniger Schwerbehinderte beschäftigt werden. Es kommt letztendlich auf die effektive Zahl der Menschen an, die beschäftigt werden.

Für die Zukunft läßt sich – vor allem mit Blick auf die Strukturverschiebungen beim Arbeitskräfteangebot – kaum eine Verbesserung der Situation erwarten.[3]

3. Erklärungskomponenten der Arbeitslosigkeit Schwerbehinderter

Die Ausführungen in Abschn. III.2.3. ließen erkennen, daß sich die Beschäftigungssituation der Schwerbehinderten in den letzten Jahren deutlich verschlechtert hat. Mit Blick auf die sich gegenwärtig noch weiter verschlechternde Lage auf dem Arbeitsmarkt ist zu befürchten, daß sich der Trend bei diesen ebenfalls fortsetzt. Im folgenden sollen Bestimmungsgründe erörtert werden, warum Schwerbehinderte als „Problemgruppe" des Arbeitsmarktes anzusehen sind. Zunächst sollen einige wichtige theoretische Ansätze zur Erklärung der (Nicht-)Beschäftigung Schwerbehinderter dargelegt werden. Hierbei wird im wesentlichen auf die Auswahl der Ansätze bei *Rendenbach* (1990) rekurriert.[4] Dabei handelt es sich um arbeitsmarkttheoretische Ansätze, die unter Berücksichtigung der spezifischen Problematik der Schwerbehindertenbeschäftigung interpretiert werden.

---

[1]Vgl. auch *Bethmann* (1993), S. 51. Diesbezügliche Möglichkeiten bieten die flexible Altersgrenze für Schwerbehinderte, die arbeitsmarktbedingte Erwerbsunfähigkeitsrente sowie § 105c AFG und Vorruhestand (vgl. dazu *Brinkmann* (1989), S. 64 f.).

[2]*Bethmann* (1993), S. 51.

[3]Vgl. *Brinkmann* (1989), S. 68, 73 ff.

[4]Vgl. darüber hinaus auch *Frick* (1992), S. 101 ff. Siehe dort jeweils auch die ausführlichen Literaturangaben zu den Ansätzen.

3.1. Theoretische Ansätze zur Erklärung der (Nicht-)Beschäftigung Schwerbehinderter

Zur Erklärung der Schwerbehindertenbeschäftigung können sowohl neoklassische Ansätze bzw. solche Ansätze, die sich aus ihnen ableiten lassen, als auch die in der gegenwärtigen einschlägigen Forschung wohl dominierenden segmentationstheoretische Ansätze herangezogen werden.[1] Die Ansätze sind jeweils vor dem Hintergrund grundsätzlicher – jedoch teils komplementärer, teils widersprüchlicher – Ziele der betrieblichen Personal- und Beschäftigungspolitik zu sehen:[2]

- Minimierung der Arbeitskosten
  - aktuelle Arbeitskosten: Löhne, Gehälter, Sozialabgaben usw.[3]
  - potentielle Kosten: Rekrutierungs-, Einarbeitungs-, Umsetzungs- und Entlassungskosten;
- Maximierung der Flexibilität beim Arbeitskräfteeinsatz (Voraussetzung: eine gleichermaßen motivierte und qualifizierte Belegschaft, die zu innerbetrieblichen Umsetzungs- und Qualifizierungsmaßnahmen bereit und in der Lage ist).
- Stabilisierung eines mehr oder weniger großen Teils der Beschäftigungsverhältnisse durch Schaffung eines betriebsinternen Arbeitsmarkts, um dem Verlust betriebsspezifischen Humankapitals vorzubeugen.

3.1.1. Der traditionelle neoklassische Ansatz

Auf der Basis der traditionellen neoklassischen Arbeitsmarkttheorie lassen sich zwei Erklärungsmöglichkeiten für die Arbeitslosigkeit Schwerbehinderter unterscheiden, die jedoch genaugenommen zwei Seiten derselben Medaille darstellen. Hier wird angenommen, daß sich aus der Sicht des Arbeitgebers die Einstellung bzw. Weiterbeschäfti-

---

[1] Wie sich jedoch weiter unten zeigen wird, bauen auch diese Ansätze zum großen Teil auf neoklassischen Theoriebausteinen auf.

[2] Vgl. *Sadowski/Frick/Stengelhofen* (1988), S. 38 f., *Sadowski* u.a. (1992), S. 16 f., *Sadowski/Frick* (1992), S. 34, sowie die dort jeweils angegebene Literatur.

[3] Genaugenommen sind hier die (abdiskontierten) Arbeitskosten der gesamten Planungsperiode zu berücksichtigen.

gung eines Schwerbehinderten nur dann „lohnt", falls die Entlohnung niedriger oder höchstens gleich dem Geldwert des Grenzertrags ist, der sich aus der (zusätzlichen) Beschäftigung dieses Schwerbehinderten ergibt (vgl. auch Abb. 12 auf der folgenden Seite).[1]

Insbesondere im Falle der Neueinstellung eines Schwerbehinderten besteht jedoch Unsicherheit hinsichtlich der tatsächlichen (Grenz-) Produktivität dieser Arbeitskraft. Der diesbezügliche (subjektive) Erwartungswert bestimmt demnach die Einstellungsentscheidung. Einschlägige Studien zeigen denn auch, daß die Entscheidungsträger zwar i.d.R. gute Erfahrung mit bereits beschäftigten Schwerbehinderten bzgl. ihrer Leistungsfähigkeit gemacht haben,[2] aber tendenziell große Vorbehalte gegenüber Neueinstellungen haben.[3]

Andererseits ergibt sich bei eventuell gegebenen Mindestlohnregimes von Tariflöhnen das Problem, daß die Entlohnung nicht entsprechend einer möglicherweise tatsächlich vorhandenen Produktivitätsminderung angepaßt werden kann. Schwerbehinderte, insbesondere, soweit sie tatsächlich leistungsgemindert sind, dürften demnach besonders stark von „Mindestlohnarbeitslosigkeit" betroffen sein.

Gemäß dem neoklassischen Ansatz können also auch institutionelle Hemmnisse mitverantwortlich für die Arbeitslosigkeit Schwerbehinderter sein. Hier wird zumeist die Rolle der Gewerkschaften hervorgehoben: Orientiert sich die Gewerkschaft – gemäß dem Median-Wähler-Modell von *Berthold/Külp* (1986) – an den Lohn- und Beschäftigungspräferenzen des „Median-Wählers" im Rahmen eines Lohnabstimmungsverfahrens, so wird dieser Lohnsatz tendenziell über dem Markträumungslohnsatz liegen und ganz bestimmt über dem Lohnsatz, den Arbeitslose oder gar ältere und gesundheitlich beeinträchtigte Arbeitslose zu akzeptieren bereit wären.[4] Deshalb kommt es hier zu unfreiwilliger, zumeist lang andauernder Arbeitslosigkeit.

---

[1]Zu einem detaillierten Kostenvergleich zwischen der Beschäftigung eines Schwerbehinderten und eines Nichtbehinderten siehe *Sadowski* u.a. (1992), S. 16 ff.

[2]Hier handelt es sich jedoch zumeist um interne Rekrutierungen.

[3]Hierzu hat wohl auch die Bezeichnung „Minderung der Erwerbsfähigkeit" beigetragen. Umstritten ist jedoch, inwiefern sich durch die Substituierung des Begriffes durch die Bezeichnung „Grad der Behinderung" daran etwas geändert hat.

[4]Die Lohnpräferenz der Median-Wählers entspricht der Lohnhöhe, die dieses Gewerkschaftsmitglied gerade noch vor Arbeitslosigkeit bewahrt.

Abb. 12: Ökonomische Anreize zur Beschäftigung Schwerbehinderter für Betriebe mit mindestens 16 Arbeitnehmern

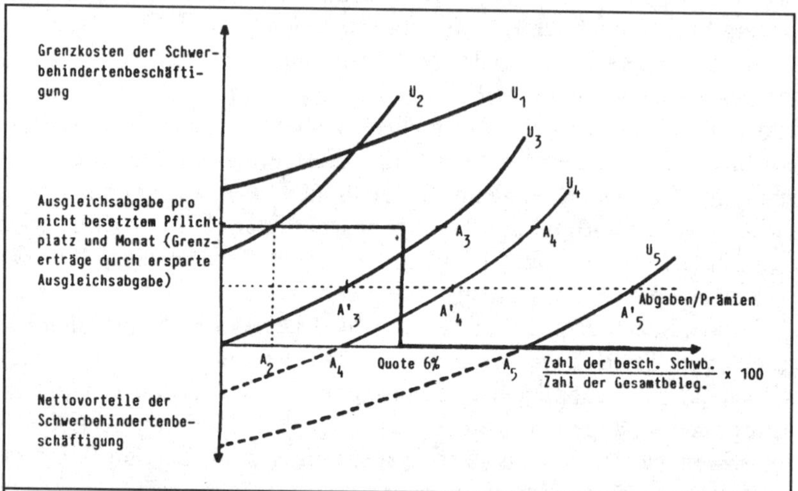

Erläuterungen:

U_1 ... U_5	Grenzkostenkurven verschiedener (beispielhafter) Unternehmen;
A_{Schwb}	Beschäftigung von Schwerbehinderten;
U_1:	Jede Beschäftigung von Schwerbehinderten ist teurer als die Ausgleichsabgabe („Nichterfüller");
U_2:	Es werden weniger Schwerbehinderte als die Pflichtquote von 6% beschäftigt („Untererfüller"), da nur bis zu einem Prozentsatz von A_2 die Beschäftigung von Schwerbehinderten kostengünstiger ist als die Zahlung der Ausgleichsabgabe;
U_3, U_4:	Die Quote wird voll erfüllt, da es für Unternehmen (U_3) bis zum Punkt (A_3) und für Unternehmen (U_4) bis zum Punkt (A_4) kostengünstiger ist, Schwerbehinderte zu beschäftigen. Da die Ausgleichsabgabe jedoch ausschließlich für eine Untererfüllung der Quote erhoben wird, entfällt ein ökonomischer Anreiz, mehr als 6% Schwerbehinderte zu beschäftigen;
U_5:	Beschäftigung von mehr als 6% Schwerbehinderten trotz fehlender Anreize.

Quelle: *Knappe* (1990), S. 107. Zu den Erläuterungen siehe ebd., S. 109 f.

Andererseits – und darauf weist *Rendenbach* (1990, S. 85) hin – ist der Einfluß der Schwerbehindertenvertrauensleute auf die Lohnpolitik der Gewerkschaft wegen fehlender gegenseitiger Abhängigkeiten nicht existent. Zudem besteht für jene behinderten Beschäftigten, die über ein überdurchschnittlich hohes betriebsspezifisches Humankapital verfügen schon, aber nicht allein, wegen des gesetzlichen Kündigungsschutzes kein Anreiz, innerhalb der Gewerkschaften auf einen vollbeschäftigungskonformen Lohnsatz hinzuwirken. Ihre Lohnpräferenzen dürften sich demnach mit denen der (nichtbehinderten) Median-Wähler decken.

Als weitere institutionelle Faktoren sind die dysfunktional wirkenden, da oft nicht kostenneutralen, sozialpolitischen Schutzmaßnahmen und sozialrechtlichen Ansprüche anzuführen.[1] Hierzu zählen

- die Kündigungsschutzbestimmungen (§§ 15-22 SchwbG),
- gesetzlich vorgeschriebene Sonderausstattungen für Arbeitsplätze, die bei der Einstellung Schwerbehinderter notwendig werden,
- höhere Entlassungskosten bei den den Kündigungsschutz umgehenden Auflösungsverträgen,
- Zusatzurlaub sowie
- Arbeitsausfall einer Arbeitskraft für die Tätigkeit als Behindertenvertrauensperson.[2]

Aus einer Analyse der arbeitsmarktpolitischen Problematik von Kündigungs- und Besitzstandsregelungen für ältere Arbeitnehmer von *Weis* (1983) kann denn auch gefolgert werden: Von Bestandsschutzregelungen begünstigte Arbeitnehmer werden nur dann eingestellt,

> ... wenn bei der erwarteten ... Beschäftigungsdauer der Nettoertragsstrom ... nicht nur eine Amortisierung der betrieblichen Einstellungs- und Ausbildungskosten erwarten läßt, sondern auch eine ausreichende Risikoprämie für die gruppenspezifisch höheren Kündigungs- und sonstigen Bestandschutzkosten enthält.[3]

Dies bestätigt sich im besonderen Maße auch für die Schwerbehinderten. Übersicht 1 zeigt zusammenfassend die wirkungsrelevanten Faktoren im Rahmen der betrieblichen Beschäftigungsentscheidung mit Blick auf die Schwerbehinderten. In der Gesamtsicht zeigt sich hier der Investitionscharakter der Entscheidung bzw., daß sich die Ent-

[1]Vgl. hierzu und zum folgenden *Rendenbach* (1990), S. 85 ff.
[2]Für empirische Befunde zu einzelnen dieser Aspekte siehe *Brandt* (1984).
[3]*Weis* (1983), S. 274.

scheidung nicht grundsätzlich von anderen betrieblichen Investitionsentscheidungen unterscheidet.

Übersicht 1: Komponenten der betrieblichen Entscheidungssituation im neoklassischen Modell der Schwerbehindertenbeschäftigung

	Entscheidungsziel: Neueinstellung eines Schwerbehinderten	**Entscheidungsziel: Weiterbeschäftigung eines Schwerbehinderten**
Positiv wirkende Faktoren	Loyalitäts- und Motivationswirkung auf die Belegschaft mit produktivitätssteigerndem Effekt oder Bereitschaft zu Lohnzugeständnissen	Hohe Transaktionskosten* im Vergleich zu den (abdiskontierten) Kosten der Weiterbeschäftigung**; hohes betriebsspezifisches Human- und Sozialkapital
Negativ wirkende Faktoren	Niedriger Erwartungswert der Produktivität in Relation zu evtl. tariflich vereinbarten Mindestlöhnen; hohe Transaktionskosten	Hohe Kosten der Weiterbeschäftigung in Relation zu den Transaktionskosten
Entscheidungsregel	Einstellung nur dann, wenn bei der erwarteten Beschäftigungsdauer der Nettoertragsstrom*** eine ausreichende Risikoprämie für die gruppenspezifisch höheren Transaktionskosten sicherstellt.	Kündigung nur dann, wenn die Wertschöpfung des Arbeitnehmers unter die laufenden Beschäftigungskosten fällt und die abdiskontierten zukünftigen Beschäftigungskosten größer als die Transaktionskosten sind.

Anmerkungen: *Kosten von Kündigungsverhandlungen, Kündigungsschutzprozessen und eventuellen Abfindungszahlungen sowie Rekrutierungs- und Ausbildungskosten bei Neueinstellungen, Auswirkungen auf das Betriebsklima und die Reputation des Unternehmens. ***Ceteris paribus* abhängig von den Kündigungsfristen. ***Wertschöpfung abzüglich laufende Lohnkosten.

Quelle: Zusammengestellt unter Bezugnahme auf die Ausführungen bei *Frick* (1992), S. 82 ff.

3.1.2. Der humankapitaltheoretische Ansatz

Der humankapitaltheoretische Ansatz berücksichtigt die Heterogenität der Arbeitsanbieter. Die Produktivität der Arbeitskräfte ist nach diesem Ansatz entscheidend von Investitionen in das „Humankapital" (i.S.v. Bildung, Gesundheitsvorsorge, aber auch Aufwendungen für die beruflichen und regionale Mobilität) abhängig.[1] Damit gilt – insbesondere für Schwerbehinderte -, daß bei gegebenen, nach unten starren Löhnen eine Anpassung der Produktivität über Investition in das Humankapital erfolgen muß. Dies umso mehr, als auch die Tätigkeiten, für die seither keine entsprechende Ausbildung notwendig war, durch Technisierungs- und Automatisierungsprozesse bereits weitgehend abgebaut wurden. Dies betrifft insbesondere einfache Anlerntätigkeiten der untersten Lohnstufen, in denen auch Schwerbehinderte seither vor allem tätig waren (Lagerhaltung und Materialwirtschaft, Qualitätskontrolle, Botentätigkeiten usw.).

Das Beschäftigungsrisiko der Schwerbehinderten hängt dem humankapitaltheoretischen Ansatz zufolge im entscheidenden Maße davon ab, inwieweit diese Gruppe befähigt ist, ausreichend in Bildung zu investieren. Anzumerken ist natürlich, daß die formale Qualifikation zwar eine notwendige, jedoch keine hinreichende Bedingung für ein geringes Arbeitsmarktrisiko darstellt.[2] Ein entscheidender Beitrag zur Verbesserung der Situation ist daher in den vielfältigen Maßnahmen zur beruflichen Rehabilitation zu sehen.

3.1.3. Der suchtheoretische Ansatz

Der suchtheoretische Ansatz ist für die Untersuchung nur von begrenzter Relevanz, vermag er lediglich den „Teil" der Arbeitslosigkeit erklären, der als friktionell und freiwillig zu bezeichnen ist. Allerdings vermag der Ansatz durchaus einen Beitrag zu leisten hinsichtlich der Erklärung der Arbeitslosigkeitsdauer, die ein (bereits arbeitsloser) Schwerbehinderter bereit ist, (weiterhin) auf sich zu nehmen.

---

[1]Dabei ist zunächst unwesentlich, ob diese Investition vom Arbeitgeber oder aber vom Arbeitnehmer getätigt wurde.

[2]*Rendenbach* (1990, S. 103) weist in diesem Zusammenhang darauf hin, daß hier Faktoren wie betriebsinterne Qualifikation und Überkapazitäten in bestimmten Ausbildungsberufen eine Rolle spielen.

Gemäß der Suchtheorie sind in einer Entscheidungssituation bzgl. der Annahme eines neuen Arbeitsplatzes folgende Komponenten von Relevanz:

- die Wahrscheinlichkeitsverteilung der erreichbaren Lohnangebote,
- ein Lohnanspruchsniveau,
- die Grenzkosten der Suche (Informationskosten) bzw.
- Kompensationszahlungen.

Demnach wird festgestellt, daß – *ceteris paribus* – ein positiver Zusammenhang zwischen der Höhe der Kompensationszahlungen[1] und der Bereitschaft bestehe, die Suche fortzusetzen.

Freiwillige Arbeitslosigkeit dürfte bei Schwerbehinderten gemäß diesem Ansatz i.d.R. kaum eine ökonomisch sinnvolle Alternative sein, da durch das – u.a. durch den bestehenden Kündigungsschutz – vorhandene hohe Anspruchsniveau bzgl. alternativer Tätigkeiten und dem gerade für Schwerbehinderte hohen Wiederbeschäftigungsrisiko relativ hohe Suchkosten (Opportunitätskosten) entstünden.

3.1.4. Der kontrakttheoretische Ansatz

Beim kontrakttheoretischen Ansatz wird davon ausgegangen, daß Arbeitnehmer bestrebt sind, ihr Einkommen zu verstetigen. Dies erfolgt dahingehend, daß einem Verzicht auf einen höheren Lohn bei günstiger Absatzlage die Erwartung entgegensteht, daß weder die Differenz zwischen dem bei schlechterer Absatzlage niedrigeren Grenzprodukt und Lohn versagt noch gekündigt wird. Der Lohnkontrakt beeinhaltet demgemäß nicht nur einen Anstellungsvertrag, sondern auch ein (nicht einklagbares) „Versicherungsgeschäft".

Dieser Versicherungskontrakt schränkt die Fluktuation erheblich ein. Dies bedeutet für arbeitslose Schwerbehinderte oder Schwerbehinderte, die erstmalig auf dem Arbeitsmarkt ihre Arbeitskraft anbieten, verminderte Einstellungschancen. Andererseits kann aus dem Ansatz die Schlußfolgerung gezogen werden, daß – selbst bei Wegfallen

[1] Im Falle der Schwerbehinderten können dies neben dem Arbeitslosengeld oder der Arbeitslosenhilfe z.B. Sozialhilfe oder Leistungen aus der Unfallversicherung sein.

des gesetzlichen Kündigungsschutzes – das Arbeitsplatzrisiko insbesondere für ältere, bereits lange beschäftigte Schwerbehinderte, sehr gering ist. Die weitgehende Interessenkonvergenz hat demnach eine kündigungsschutzähnliche Wirkung.

3.1.5. Die Filter- oder *Screening*theorie

Die *Screening*theorie stellt auf die Entscheidungssituation der Arbeitsanbieter ab. Analog zur Suchtheorie werden hier Entscheidungssituationen bei unvollständiger Information betrachtet. Gemäß der Theorie bildet der Bildungsabschluß einen Indikator für die berufliche Leistungsfähigkeit der Bewerber. Es wird also angenommen, daß für das Unternehmen bei gegebenem Mindestanspruchsniveau des Arbeitsplatznachfragers – *ceteris paribus* – umso eher positive Nettozahlungsströme erreichbar sind, je mehr das Unternehmen von der Rentabilität der getätigten Investition in Humankapital profitieren kann. Zu berücksichtigen sind allerdings auch die Suchkosten, die sich beispielsweise durch die Einstellungstests ergeben.

Bei der vorhandenen Unsicherheit über die Leistungsfähigkeit eines Bewerbers oder einer Bewerberin übt das Bildungswesen gewissermaßen eine Filter-, aber auch eine Signalfunktion aus, durch die Arbeitskräfte unterschiedlicher Qualität voneinander unterschieden werden können. Die *Screening*theorie kann so jedoch lediglich eine Teilerklärung für die Arbeitslosigkeit Schwerbehinderter mit geringer Schulbildung liefern.

Sieht man jedoch die Eigenschaft „behindert“ als den „Filter“, so kann die *Screening*theorie durchaus ein weiteres Erklärungsmuster für die Arbeitslosigkeit Schwerbehinderter darstellen. Unvollständige Information kann demnach Arbeitslosigkeit zur Folge haben, wenn allen Schwerbehinderten generell ein instabiles Erwerbsverhalten oder eine geringere bzw. unsichere Arbeitsproduktivität unterstellt wird. Hier kommt es in der Konsequenz zu einer Diskriminierung derjenigen Schwerbehinderten, die trotz ihrer Behinderung eine hohe Arbeitsproduktivität aufweisen.[1]

---

[1]Das hier angesprochene Phänomen wird auch als „statistische Diskriminierung“ bezeichnet. Das heißt, daß Arbeitnehmer auf der Grundlage empirischer Durchschnittswerte der zugehörigen Personengruppe typisiert werden. Solchermaßen übersehene Unterschiede können zu zusätzlichen Kosten führen, wenn ein

3.1.6. Die Effizienzlohntheorie

Die Effizienzlohntheorie unterstellt einen positiven Zusammenhang zwischen Entlohnungshöhe und Leistungsbereitschaft. Demnach können hohe (durchaus über dem Markträumungsniveau liegende) Löhne gemäß unterschiedlicher Effizienzlohnmodelle verschiedene Funktionen haben:

- Rekrutierungsinstrument für Arbeitskräfte mit überdurchschnittlichem Leistungsvermögen („*Adverse-Selection*-Modell“),
- Leistungsanreiz („*Shirking*“-Modelle),
- Anreiz zur Betriebstreue („*Labour-Turnover*“-Modelle) sowie
- Bedingung für gute Arbeitsmoral („*Gift-Exchange*“-Ansatz).

Diese Ansätze vermögen nur insofern einen Beitrag zur Erklärung der Arbeitslosigkeit Schwerbehinderter zu liefern, als sie einen weiteren Erklärungsansatz für die Lohnrigidität bilden. Für schwerbehinderte Bewerber, die ein geringeres Wertgrenzprodukt aufweisen, entfällt so die Möglichkeit, mit entsprechend geringeren Lohnforderungen ihre Arbeitsmarktchancen in Bereichen zu erhöhen, in denen Effizienzlöhne geboten werden.

3.1.7. Segmentationstheoretische Ansätze und das Konzept des „Organisationskapitals“

Segmentationstheoretische Ansätze unterteilen – entgegen den neoklassischen Ansätzen – den Arbeitsmarkt in durch unterschiedliche Funktionsweisen gekennzeichnete Teilmärkte. Unter den verschiedenen Ansätzen eignet sich insbesondere das Konzept der „internen Arbeitsmärkte“ für die Erklärung der Arbeitslosigkeit Schwerbehinderter.[1]

Bei diesem im wesentlichen von *Doeringer/Piore* (1971) entwickelten Konzept wird ein „externer“ und ein „interner“ Arbeitsmarkt

---

ungeeigneter Arbeitnehmer fälschlicherweise eingestellt oder eine geeignete Arbeitskraft irrtümlich abgelehnt wird (vgl. *Sadowski* u.a. (1992), S. 30 f.).

[1] Als weiterer bekannter Ansatz ist die Theorie der dualen Arbeitsmärkte zu nennen. Zum aktuellen Stand der Forschung mit Blick auf diesen Ansatz siehe *Frick* (1992), insbes. S. 101 ff.

unterschieden; wobei unterstellt wird, daß lediglich auf dem ersteren die Preis-, Allokations- und Ausbildungsentscheidungen dem Marktmechanismus unterliegen. Der interne „Markt“ wird hingegen von „*bargaining*“-Prozessen koordiniert.

Der Eintritt in den internen Markt ist stark eingeschränkt auf wenige, meist am unteren Ende der Hierarchie angesiedelte Arbeitsplätze. Die Beschäftigten werden dann, so wird unterstellt, betriebsintern entlang bestimmter Aufstiegsleitern, welche dazu beitragen, die Informations-, Kontrakt- und Ausbildungskosten zu minimieren, nach festen Regeln befördert. Der Marktzutritt erfolgt dabei gemäß dem bei der *Screening*theorie unterstellten Entscheidungsverfahren mit den dort schon geschilderten Konsequenzen für Schwerbehinderte.[1]

In einem erweiterten Ansatz wird darüber hinaus unterstellt, daß Unternehmen bestrebt sind, sich aufgrund der unsicheren gesamtwirtschaftlichen Entwicklung gewissermaßen vom Gesamtarbeitsmarkt abzukoppeln (Autonomiestreben). Dabei entsteht durch Investition in betriebsspezifisches Humankapital bei (bestimmten) Arbeitnehmern eine „Stammbelegschaft“, die durch eine hohe betriebsspezifische Qualifikation weitgehend vor Kündigung geschützt ist, da sich die Investitionen amortisieren sollen, und andererseits flexibel eingesetzt werden kann (Minimierung der Fluktuationskosten). Dies bedeutet einen weiteren Schutz bereits beschäftigter Schwerbehinderter, besonders dann, wenn sie innerhalb der Stammbelegschaft tätig sind und ihre Behinderung kausal mit arbeitsplatzspezifischen Beeinträchtigungen im Zusammenhang steht.

Gelangt ein Schwerbehinderter, so er überhaupt eingestellt wird, nicht in die Stammbelegschaft, sondern verbleibt in der „Randbelegschaft“, wird er einem erhöhten Arbeitsplatzrisiko ausgesetzt, da diese Arbeitsplätze eher konjunkturabhängig auf- und abgebaut werden. Darüber hinaus unterbleibt i.d.R. eine Investition in Humankapital. Dies erhöht das Beschäftigungsrisiko zusätzlich.

Sadowski u.a. (1992, S. 34 ff.) weisen im Zusammenhang der Existenz von internen Arbeitsmärkten auch auf die Bedeutung von expliziten und impliziten organisatorischen Vereinbarungen und Regeln („Sozial-“ oder „Organisationskapital“) hin, die eine langfristig-kontinuierliche Nutzung der Arbeitskräfte erst ermöglichten und die Loyali-

[1]Zu Kosten- und Effizienzvorteilen interner Arbeitsmärkte vgl. *Sadowski* u.a. (1992), S. 33 f.

tät und Leistungsbereitschaft der Arbeitnehmer sicherten.[1] Zu den impliziten Vereinbarungen zählen sie soziale Verhaltensnormen oder Gewohnheitsregeln, die nach ihrer Definition informeller Art sind und daher nicht als rechtliche Ansprüche durchgesetzt werden können. Als wichtigste Form von Organisationskapital nennen sie wechselseitige Erwartungen und Verpflichtungen, die wiederum von der „Vertrauenswürdigkeit" der Arbeitsbeziehungen abhingen. Die Schaffung von Kohäsion und Stabilität von Arbeitsgruppen wird damit zu einem wichtigen produktivitätssteigernden Element. In der Konsequenz erhält der interne Arbeitsmarkt eine „Doppelfunktion" als Personalallokationssystem und als System der innerbetrieblichen Konfliktregulierung. Vor diesem Hintergrund vermuten *Sadowski* u.a. (1992, S. 36), daß

> ... jüngere und neu eintretende Arbeitnehmer den Umgang mit Älteren und (Schwer-)Behinderten als Indikator dafür werten werden, was sie selbst erwarten können. Dies beschränkt Arbeitgeber in ihren Verhaltensweisen auf solche, die auch von den Jüngeren und Abwanderungsfähigen als ‚gerecht' und ‚fair' empfunden werden.

Falls nun Schwerbehinderte als eine besonders schutzwürdige Personengruppe angesehen werden soll, so folgern die Autoren, dann dienten Bestandsschutzregelungen zugunsten Schwerbehinderter der Erfüllung von Reziprozitätserwartungen und könnten damit zumindest mittelbar die Leistungsbereitschaft und Loyalität der Gesamtbelegschaft beeinflussen. Der Bestandsschutz wird hier gewissermaßen als „Anschubfinanzierung" der Prozesse gegenseitiger Vertrauensbildung gesehen. Vor diesem theoretischen Konzept zeigt sich mithin, daß die (Weiter-)Beschäftigung von Schwerbehinderten kostengünstiger und damit ökonomisch rational sein kann.

3.2. Empirische Befunde zum Beschäftigungsrisiko Schwerbehinderter

Die in III.3.3.1. dargestellten theoretischen Ansätze haben gezeigt, daß insbesondere die betrieblichen Entscheidungskalküle bei der Beschäftigung bzw. Nichtbeschäftigung Schwerbehinderter eine Rolle spielen. Es lassen sich nun aber – bei gegebener Verhaltensweise der

---

[1] Vgl. dazu auch *Frick* (1992), insbes. S. 136 ff.

Entscheidungsträger – unterschiedliche Faktoren feststellen, die teilweise unabhängig voneinander, teilweise in kumulierender Simultanwirkung das Beschäftigungsrisiko und damit die Möglichkeit, Einkommen zu erzielen, beeinflussen.

Zunächst einmal muß jedoch festgestellt werden, daß sich das Beschäftigungsrisiko von bereits oder noch beschäftigten Schwerbehinderten signifikant vom dem arbeitsloser Schwerbehinderter unterscheidet. Unabhängig von der Nachvollziehbarkeit dieser Tatsache aufgrund der oben dargestellten theoretischen Erklärungsansätze wird dies immer wieder durch empirische Untersuchungen belegt.[1]

3.2.1. Kündigungsrisiko

Der besondere, durch das SchwbG gegebene Kündigungsschutz für Schwerbehinderte vermag das Kündigungsrisiko bei weitem nicht im erwarteten Ausmaße reduzieren. *Sadowski/Frick* (1992) kommen sogar aufgrund eigener Untersuchungen zum Ergebnis, daß das Risiko, durch eine arbeitgeberseitige Kündigung den Arbeitsplatz zu verlieren, für Schwerbehinderte kaum geringer ist als für die abhängig Beschäftigten überhaupt; dies allerdings unter Berücksichtigung der Tatsache, daß Schwerbehinderte überdurchschnittlich häufig in kapitalintensiven und vergleichsweise konjunkturabhängigen (Groß-)Betrieben beschäftigt sind.[2]

Sadowski/Frick weisen jedoch auf folgende Punkte hin:

(1) Bei Kündigungen Schwerbehinderter handelt es sich bei der überwiegenden Mehrheit um betriebsbedingte und ordentliche Kündigungen. Personen- und verhaltensbedingte sowie außerordentliche Kündigungen sind selten.

[1]Vgl. auch *Frick* (1989), S. 86.

[2]Vgl. hierzu und zum folgenden *Sadowski/Frick* (1992), S. 15. Zur ausführlichen Diskussion der Ergebnisse vgl. ebendort S. 107 ff. Siehe auch die etwas ältere Arbeit von *Sadowski/Frick/Stengelhofen* (1988), S. 41 f. Mit Blick auf diese Erkenntnisse hegen *Sadowski/Frick* (1992, S. 23) Zweifel an der empirischen Relevanz der oben angesprochenen „Problemgruppen-Hypothese", da die relativ hohe Arbeitsplatzsicherheit bzw. Beschäftigungsstabilität Schwerbehinderter mit der These, diese Personengruppe würde im Erwerbsleben diskriminiert, nur schwerlich in Einklang zu bringen sei. Von daher müßte diese Hypothese zumindest modifiziert, wenn nicht gar als falsifiziert zurückgewiesen werden.

(2) Bei Kündigungen geben in der Mehrzahl der Fälle die Betroffenen kaum Stellungnahmen ab oder erklären sich mit der Kündigung einverstanden.

(3) Eine Stellungnahme des Betriebs- bzw. Personalrats und (im geringen Maße) auch die Schwerbehindertenvertretung haben einen entscheidenden Einfluß auf den Ausgang des Kündigungsverfahrens. So liegt in Fällen, in denen entweder kein Betriebsrat existiert bzw. dieser seine Zustimmung zur Kündigung gibt, die Weiterbeschäftigungsquote mit 15% bzw. 18% deutlich niedriger als in Fällen, in denen der Betriebsrat Bedenken gegen die Kündigung hat oder sogar formell Widerspruch gegen die geplante Entlassung einlegt (24% bzw. 40%).

Obwohl gewisse Zahlen auf ein insgesamt geringes Kündigungsrisiko bei Schwerbehinderten hindeuten, darf nicht übersehen werden, daß etwa 80% der (von *Sadowski/Frick* untersuchten) Kündigungsverfahren mit einem Verlust des Arbeitsplatzes endeten und nur in knapp 20% der Fälle eine Weiterbeschäftigung erreicht werden konnte. Außerdem weisen *Sadowski/Frick* darauf hin, daß im großen Umfang der Aufhebungsvertrag als Substitut genutzt wird, um die Kündigungsschutzbestimmungen zu umgehen.[1]

Prima facie weist auch die insgesamt bei Schwerbehinderten höhere durchschnittliche Dauer der Betriebszugehörigkeit auf das geringere Arbeitsplatzrisiko hin. Nach Angaben von *Sadowski/Frick* (1992, S. 14) betrug gemäß ihrer Untersuchungsergebnisse die durchschnittliche Betriebszugehörigkeit schwerbehinderter Arbeitnehmer mehr als 16 Jahre, die der Nichtbehinderten lediglich zehn Jahre. Rund 37% der Schwerbehinderten, aber nur knapp 18% der Arbeitnehmer insgesamt sind seit mindestens 20 Jahren bei ihrem derzeitigen Arbeitgeber beschäftigt. Diese Unterschiede sind jedoch – aufgrund des engen Zusammenhangs von Lebensalter und Dauer der Betriebszugehörigkeit im wesentlichen auf die unterschiedliche Altersstruktur bzw. das deutlich höhere Durchschnittsalter schwerbehinderter Arbeitnehmer zurückzuführen. Nicht übersehen werden darf hier allerdings, daß mit zunehmender Betriebszugehörigkeitsdauer auch vermehrt die inzwischen weit verbreiteten tarifvertraglichen Bestandsschutzregelungen und die entsprechenden Klauseln des allgemeinen Kündigungsschutzes wirksam werden.[2]

[1]Vgl. *Sadowski/Frick* (1992), S. 108 f.

[2]Vgl. *Frick* (1992), S. 38 f. Kritisch *Ritz* (1982), S. 213.

Da der besondere Kündigungsschutz für Schwerbehinderte aus betrieblicher Sicht oft überbewertet wird, wird häufig versucht, mit alternativen Strategien das gewünschte Ziel zu erreichen. Hierzu gehören im wesentlichen[1]

- die Überredung zur Eigenkündigung,
- Aufhebungsverträge,[2]
- die sog. „59er-Maßnahme",[3]
- das Drängen anspruchsberechtigter Arbeitskräfte, die flexiblen Altersgrenzen zum frühestmöglichen Zeitpunkt zu nutzen, und
- Arbeitskräfte mit gesundheitlichen Einschränkungen dazu zu bewegen, einen Antrag auf Erwerbsunfähigkeitsrente zu stellen.

Insgesamt kann damit die bei den theoretischen Erörterungen angesproche Dysfunktionalitäts-Hypothese in Bezug auf die besonderen Kündigungsschutzbestimmungen für Schwerbehinderte als irrelevant bezeichnet werden. Die Vermutung wird durch die Tatsache bestärkt, daß in der Folge des Beschäftigungsförderungsgesetzes (BeschFG) von 1985 und der Novellierung des SchwbG im Jahre 1986, die beide einen besonderen Kündigungsschutz erst nach Ablauf eines halben Jahres vorsehen, kaum eine positive Wirkung auf die Wiedereingliederungschancen Schwerbehinderten eintrat.[4] *Sadowski/Frick* (1992, S. 29) resümieren: „Dies bedeutet, daß selbst die Möglichkeit, den Kündigungsschutz nach dem SchwbG ‚umgehen' zu können, praktisch

[1]Vgl. dazu auch *Heinze/Hinrichs/Olk* (1982), S. 89.

[2]Empirische Untersuchungen bestätigen hier immer wieder, daß diese Form der Beendigung des Arbeitsverhältnisses bei Schwerbehinderten signifikant häufiger vorkommt als bei anderen Arbeitnehmern. *Heinze/Hinrichs/Olk* (1982, ebd.) verweisen z.B. auf eine Untersuchung des Max-Planck-Instituts für ausländisches und internationales Privatrecht aus dem Jahre 1980. Die Autoren führen den Erfolg dieser Umgehungsstrategie darauf zurück, daß die Betroffenen nicht immer in der Lage seien, dem Druck des Arbeitgebers standzuhalten und auf ihren Kündigungsrechten zu bestehen und sie darüber hinaus nicht vollständig informiert seien.

[3]Diese Maßnahme eröffnet die Möglichkeit, nach einer einjährigen Arbeitslosigkeit mit Vollendung des 60. Lebensjahres frühzeitig Rente zu beziehen. *Heinze/Hinrichs/Olk* (1982, S. 92) stellen bereits für den Anfang der 80er Jahre fest, daß die Inanspruchnahme dieser Regelung für ältere Arbeitskräfte mit gesundheitlichen Beeinträchtigungen zunehmend zum „Normalausstieg" aus dem Erwerbsleben geworden sei.

[4]Vgl. *Sadowski/Frick* (1992), S. 25 ff., insbes. S. 29.

keine Auswirkungen auf die (Wieder-) Beschäftigungschancen Schwerbehinderter hat." Berücksichtigt man dies, so läßt sich das empirisch festzustellende unterdurchschnittliche Kündigungsrisiko Schwerbehinderter lediglich durch signifikant höhere Entlassungskosten dieser Gruppe erklären.[1]

3.2.2. Der Einfluß soziodemographischer Faktoren auf das Beschäftigungsrisiko

3.2.2.1. Soziodemographische Merkmale Schwerbehinderter im Vergleich zu Nichtbehinderten

Auf verschiedene soziodemographische Merkmale Schwerbehinderter wurde bereits in Abschn. II.3.1. eingegangen. Wie auch schon in älteren Studien festgestellt wurde,[2] heben sich Schwerbehinderte in folgender Hinsicht von den Nichtbehinderten ab:[3]

(1) Das Durchschnittsalter Schwerbehinderter ist signifikant höher als das Nichtbehinderter; die altersgruppenspezifische Schwerbehindertenquote steigt bei den 45jährigen und älteren Personen stark an: War in der Vergangenheit hier der relativ hohe Anteil von Kriegsbeschädigten hauptursächlich, so sind gegenwärtig eher durch eine mit der Beschäftigungsdauer korrelierendes, häufiges Auftreten von Verschleißerscheinungen und Berufskrankheiten insbesondere in Bereichen körperlich schwerer Arbeit maßgebend.

(2) Der Frauenanteil ist bei Schwerbehinderten signifikant niedriger als bei Nichtbehinderten: Im Anschluß an *Knappe* (1992, S. 89) ist hier zu vermuten, daß zum einen die abhängig beschäftigten Männer im Durchschnitt um einige Jahre älter sind als die Frauen und zum anderen sich die Frauen mit einer amtlich attestierten Schwerbehinderteneigenschaft aufgrund der Verfügbarkeit arbeitsmarktexterner Alternativrollen eher aus dem Erwerbsleben zurückziehen als Männer. Außerdem dürfte die physische Belastung und das Unfallrisiko auf den typischen „Männerarbeitsplätzen" (Industrie, Bergbau, Baugewerbe)

[1]Vgl. ebd., S. 30 f.

[2]Vgl. z.B. *Brinkmann* (1973) und *Ritz* (1986).

[3]Das von *Frick* (1992, S. 87) angesprochene „Aktualitätsdefizit" dieser beiden Studien relativiert sich mit Blick auf die im folgenden genannten Punkte.

sehr viel höher sein als auf den typischen „Frauenarbeitsplätzen" des tertiären Sektors.

(3) Das durchschnittliche Bildungsniveau Schwerbehinderter ist signifikant niedriger als das Nichtbehinderter.

3.2.2.2. Beschäftigungsrisiko

Verschiedene Untersuchungen haben gezeigt, daß zwar bereits die gesundheitliche Beeinträchtigung bzw. die Schwerbehinderteneigenschaft einen eigenständige Faktor darstellen, die das Risiko eines Schwerbehinderten beeinflussen, seinen Arbeitsplatz zu verlieren oder keinen (neuen) Arbeitsplatz zu bekommen. Dennoch läßt sich feststellen, daß, falls weitere „Risikofaktoren" hinzutreten, hier kumulierende Effekte nachgewiesen werden können. Dabei wirken sich insbesondere die Faktoren (negativ) aus, welche selbst „Problemgruppen" konstituieren. Dazu gehören z.B. das Alter, das Geschlecht oder das Bildungsniveau. Zur Beantwortung der Frage, wie sich diese auf das Kündigungsrisiko auswirken, läßt sich wiederum auf die relativ aktuelle Studie von *Sadowski/Frick* (1992) rekurrieren. Aus den hier untersuchten Kündigungsschutzakten rheinland-pfälzischer Schwerbehinderter lassen sich folgende Ergebnisse ableiten[1] (vgl. Tab. 1):

(1) Alter und Ausgang des Kündigungsverfahrens bzw. Betriebszugehörigkeitsdauer und Verfahrensausgang sind negativ korreliert: Mit jeweils einer Ausnahme (30-39jährige Personen bzw. 15-19jährige Betriebszugehörigkeitsdauer) nimmt die Wahrscheinlichkeit des Arbeitsplatzverlustes mit dem Lebensalter bzw. mit der Betriebszugehörigkeitsdauer zu. Diese – anderen Untersuchungen widersprechenden Befunde[2] – sind im wesentlichen damit zu erklären, daß älteren bzw. lange beschäftigten Arbeitnehmern eher aus *betriebsbedingten*, jüngeren und erst seit kurzer Zeit Beschäftigten eher aus *verhaltensbedingten* Gründen gekündigt wird. Darüber hinaus erlauben personen- bzw. verhaltensbedingte Kündigungsgründe eher eine Intervention zugunsten des betroffen Schwerbehinderten, während bei betriebsbedingten

[1] Vgl. aber auch die bereits etwas ältere empirische Untersuchung von *Brandt* (1984). Zum Umfang arbeitgeberseitiger Kündigungen Schwerbehinderter Arbeitnehmer siehe auch *Frick* (1992), S. 32 ff.

[2] *Sadowski/Frick* weisen hier auf die Untersuchungen von *Falke* u.a. (1981) sowie *Büchtemann* (1984) hin.

Kündigungen der Ermessensspielraum der Hauptfürsorgestellen häufig stark eingeschränkt ist.

Tab. 1: Individualmerkmale und Ausgang von Kündigungsverfahren

Variable		**Verfahrensausgang**		χ^2	**Cramer's V**
		Verlust (in %)	**Erhalt (in %)**		**bzw. φ**
Alter	– 29 J. 30 – 39 J. 40 – 49 J. 50 – 54 J. 55 – 59 J. 60 u.m.J.	62,4 90,7 73,1 83,8 86,2 87,6	37,6 9,3 26,9 16,2 13,8 12,4	61,08*	0,22
Geschlecht	Männlich Weiblich	80,1 81,3	19,9 18,7	0,12⁺	0,01
Betriebs-zugehörig-keitsdauer	– 1 J. 2 – 4 J. 5 – 9 J. 10 – 14 J. 15 – 19 J. 20 u.m.J.	70,3 66,5 79,1 79,2 96,1 81,1	29,7 33,5 20,9 20,8 3,9 18,9	50,11*	0,21
Status	Arbeiter Angestellter	76,7 83,7	23,3 16,3	7,78**	0,08
Qualifika-tion	unqualif. qualifiziert	79,0 78,1	21,0 21,9	0,06⁺	0,01
Rekrutie-rung	intern extern	82,1 76,9	17,9 23,1	3,52⁺	0,06
*p<0,001; **p<0,01; ⁺nicht signifikant.					

Quelle: *Sadowski/Frick* (1992), S. 123.

(2) Der sozialrechtliche Status hat einen statistisch signifikanten Einfluß: Bei Arbeitern liegt die Weiterbeschäftigungsquote um rund ein Drittel höher als bei Angestellten, da Angestellten bedeutend häufiger aus betriebsbedingten Gründen gekündigt wird als Arbeitern, die ihrerseits häufiger von personen- oder verhaltensbedingten Kündigungen betroffen sind.

(3) Geschlecht und Qualifikationsniveau haben keinen Einfluß auf den Verfahrensausgang.

Die Frage nach dem Einfluß verschiedener, auch soziodemographischer Faktoren auf die Vermittlungschancen bzw. auf die Arbeitslosigkeitsdauer stellte die bereits ältere Untersuchung von *Schettkat/Semlinger* (1982a bzw. 1982b) in den Vordergrund, welche auf einer Auswertung von anonymisierten Individualdaten aller Arbeitslosen von Ende September 1980 basiert. Diese stellen insbesondere mit Blick auf die Faktoren „Alter“ und „Berufsausbildung“ fest:[1]

(1) Arbeitslose ohne die berücksichtigten vermittlungshemmenden Merkmale[2] sind nur in der Gruppe der Nichtbehinderten überrepräsentiert, wohingegen diese Ausprägung in allen Behindertengruppen unterrepräsentiert ist. Auch die Arbeitslosengruppen, die nur ein Diskriminierungsmerkmal aufweisen, sind bei den Behinderten deutlich unterrepräsentiert, mit Ausnahme des Merkmals „höheres Alter“: Dies ist bei den Behinderten – mit dem Grad der Behinderung ansteigend – überrepräsentiert (wegen der starken Korrelation zwischen Alter und Behinderung).

(2) Treten mehrere vermittlungshemmende Merkmale gleichzeitig auf, so zeigen – mit steigendem Grad der Behinderung und steigendem Maß der Merkmalskumulation – die Behindertengruppen eine zunehmend größer werdende positive Abweichung der empirischen von der theoretisch erwarteten Häufigkeit. Bei den Nichtbehinderten verhält es sich dagegen – abgesehen von einzelnen Merkmalsgruppen – eher umgekehrt.

(3) Die Merkmalskombination „fehlende bzw. länger unterbrochene vorherige Erwerbstätigkeit“ und „älter“ (45 bis unter 60 Jahre) ist bei den Nichtbehinderten deutlich unterrepräsentiert, bei Behinderten ist – mit zunehmendem Grad der MdE – eine zunehmende Überrepräsentation festzustellen.

(4) Die durchschnittliche Arbeitslosigkeitsdauer der Schwerbehinderten, sowohl insgesamt als auch in allen Merkmalskombinationen, ist

---

[1] Vgl. *Schettkat/Semlinger* (1982b), S. 437 ff. Siehe auch Tab. A.10 im Anhang.

[2] *Schettkat/Semlinger* (1982b) unterscheiden folgende vermittlungshemmende Faktoren: Wunsch nach Teilzeitarbeit, fehlende abgeschlossene Berufsausbildung, eine fehlende bzw. länger unterbrochene vorherige Erwerbstätigkeit sowie das Alter.

deutlich höher als bei den Arbeitslosen ohne gesundheitliche Einschränkungen, wobei die vermittlungshemmenden Merkmale in den MdE-Gruppen jeweils eine geringere Erklärungskraft besitzen als bei den Arbeitslosen insgesamt. Demnach wird durch die Korrelation der vermittlungshemmenden Merkmale mit der Behinderung bei allen Arbeitslosen schon über die Merkmalskombinationen implizit die Behinderung mitberücksichtigt. Es zeigt sich hier also, daß die Benachteiligung der Behinderung offenbar z.T. auch auf die Kumulation vermittlungshemmender Merkmale zurückzuführen ist, obwohl sich dennoch die Behinderung als ein eigenständiger diskriminierender Faktor darstellt.

Aktuellere Angaben über die unterschiedliche Betroffenheit Schwerbehinderter und Nichtbehinderter von Arbeitslosigkeit in Abhängigkeit – vor allem sozio-ökonomischer – Faktoren sowie der Dauer der Arbeitslosigkeit lassen sich der Sekundärdatenanalyse von *von Henninges* (1993, S. 11 ff.) entnehmen.

Alter:

Etwa die Hälfte der Zugänge von Schwerbehinderten in Arbeitslosigkeit sind älter als 45 Jahre. Damit ist diese Altersgruppe im Vergeich zu allen Zugängen stark überrepräsentiert (etwa 17%). Die jüngeren (15-45 Jahre) sind dagegen stark unterrepräsentiert (50% gegenüber 83%). Noch deutlicher ist der Unterschied zwischen Schwerbehinderten und Nichtbehinderten (vgl. Abb. 13 auf der folgenden Seite sowie Tab. A.11 im Anhang).

An der Altersstruktur der Zugänge Schwerbehinderter in Arbeitslosigkeit hat sich im Vergleichszeitraum prinzipiell wenig geändert. Auffallend ist jedoch der starke Anstieg des Anteils der 50-54jährigen insgesamt über die Jahre 1986 bis 1990 (von etwa 14,5% auf etwa 18%) und insbesondere zwischen 1989 und 1990 (zwei Prozentpunkte; vgl. Abb. 14).

Der hohe Anteil der Zugänge älterer Schwerbehinderter hängt jedoch weniger mit dem Beschäftigungsrisiko dieser Altersgruppe zusammen, sondern damit, daß diese in der Erwerbstätigkeit überrepräsentiert sind. Dies zeigt sich, wenn man die Zugänge in Arbeitslosigkeit auf die Zahl der Erwerbstätigen der betreffenden Altersgruppe bezieht. Demgemäß haben jüngere schwerbehinderte Erwerbstätige einhöheres Beschäftigungsrisiko als ältere. 1990 fielen auf je tausend

Abb. 13: Altersstruktur der Zugänge in Arbeitslosigkeit 1990

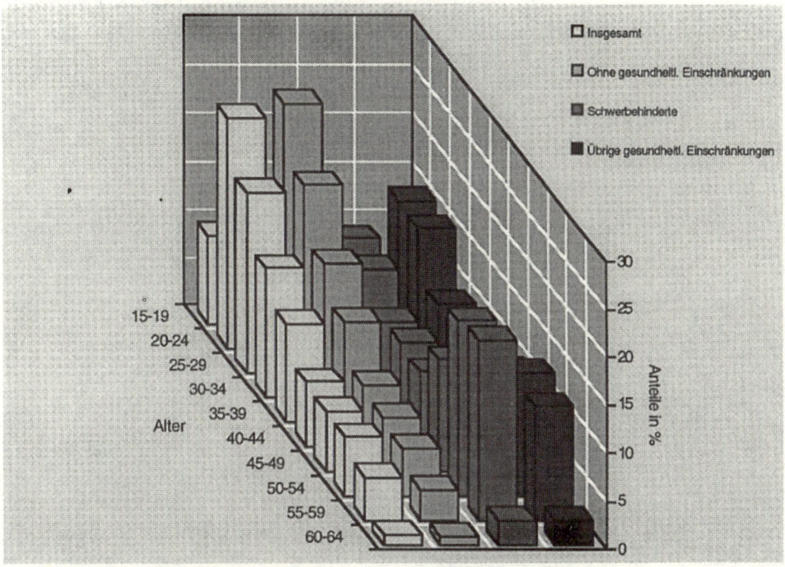

Quelle: Bundesanstalt für Arbeit.

Abb. 14: Altersstruktur der Zugänge Schwerbehinderter in Arbeitslosigkeit 1986-1990

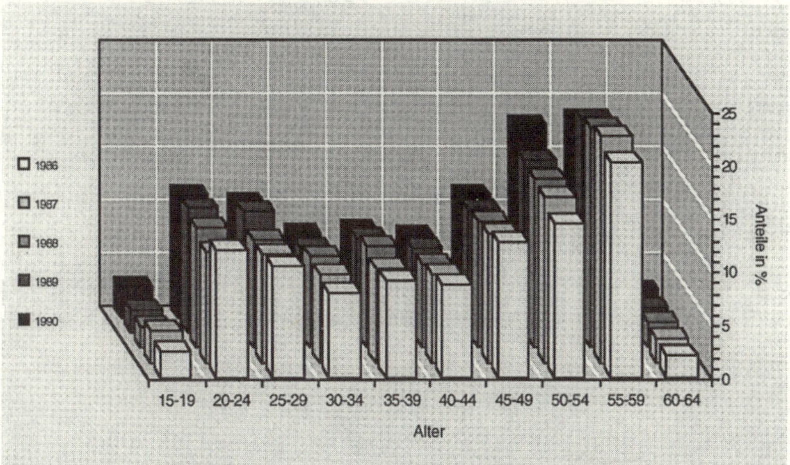

Quelle: Bundesanstalt für Arbeit.

Abb. 15: Zugänge von Schwerbehinderten in Arbeitslosigkeit je 1.000 erwerbstätige Schwerbehinderte nach Geschlecht und Alter (1990)

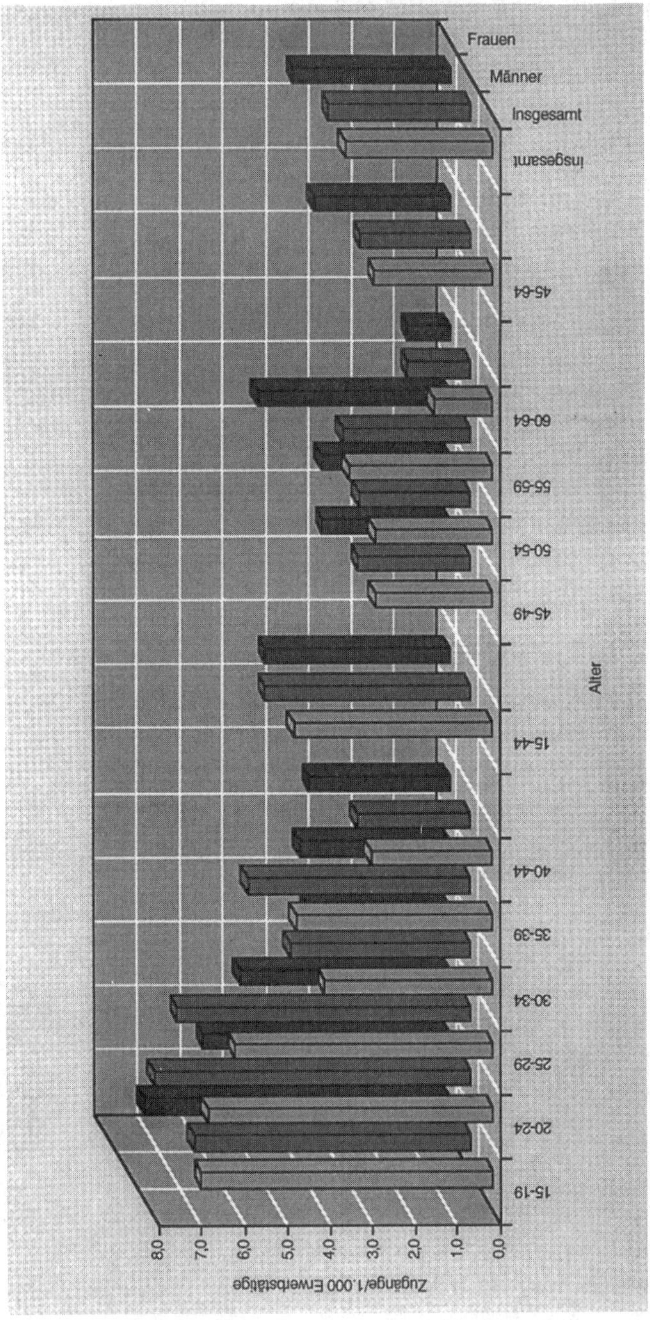

Quelle: Bundesanstalt für Arbeit.

schwerbehinderte Erwerbstätige 4,7 Zugänge in Arbeitslosigkeit bei jüngeren Schwerbehinderten, bei älteren lediglich 2,8; wobei allerdings der Unterschied bei Männern stärker ausgeprägt ist als bei Frauen (vgl. Abb. 15 sowie Tab. A.12 im Anhang).

Berufsausbildung:

Rund 85% der erwerbstätigen Schwerbehinderten hat entweder keine Ausbildung oder lediglich eine betriebliche Ausbildung. Ebendiese

Abb. 16a: Ausbildungsstruktur der Zugänge von schwerbehinderten Frauen in Arbeitslosigkeit (1990)

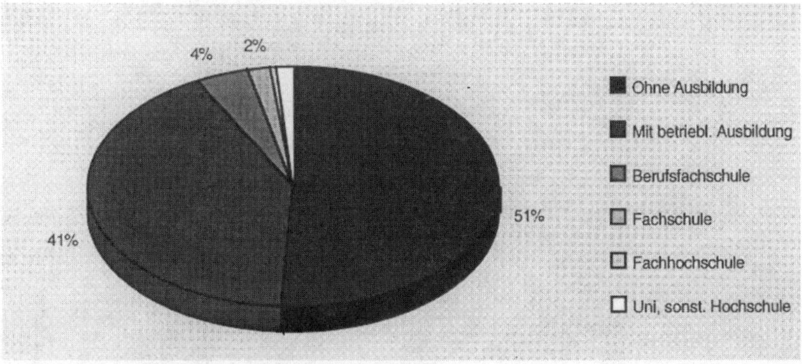

Quelle: Bundesanstalt für Arbeit.

Abb. 16b: Ausbildungsstruktur der Zugänge von schwerbehinderten Männern in Arbeitslosigkeit (1990)

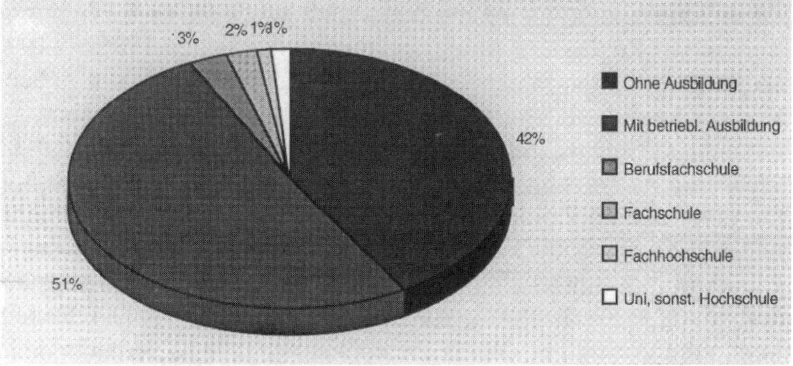

Quelle: Bundesanstalt für Arbeit.

Gruppe hat denn auch mit jeweils fast fünf (bei Männern sogar über fünf) Zugängen in Arbeitslosigkeit je 1.000 schwerbehinderten Erwerbstätigen ein überdurchschnittliches Beschäftigungsrisiko. Das Beschäftigungsrisiko von schwerbehinderten Erwerbstätigen mit Meister- oder gar Hochschulabschluß scheint demgegenüber fast vernachlässigbar zu sein (etwa ein Zugang je 1.000 schwerbehinderte Erwerbstätige). Auffallend ist jedoch, daß bei Frauen erst mit Hochschulabschlüssen ein deutlich unterdurchschnittliches Beschäftigungsrisiko gegeben ist (vgl. Abbn. 16a und 16b auf der vorangegangenen Seite sowie Tab. A.13 im Anhang).

Abb. 17: Ausbildungsstruktur der Zugänge in Arbeitslosigkeit 1990

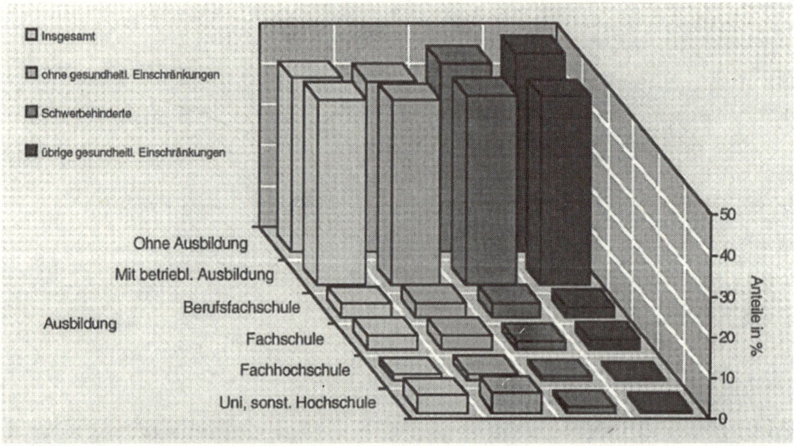

Quelle: Bundesanstalt für Arbeit.

Diese Zusammenhänge zeigen sich auch deutlich an der Ausbildungsstruktur der Zugänge in Arbeitslosigkeit in den Jahren 1986 bis 1990. So waren in diesen Jahren jeweils über 90% der Zugänge in Arbeitslosigkeit bei Schwerbehinderten, aber auch bei Personen mit sonstigen gesundheitlichen Einschränkungen, ohne Ausbildung bzw. mit betrieblicher Ausbildung. Aber auch hier zeigt sich, daß sich die Ausbildungsstruktur der Zugänge in Arbeitslosigkeit von Schwerbehinderten nur in der Detailbetrachtung unterscheidet: Lediglich bei den Zugängen ohne jede Ausbildung sowie bei den Zugängen mit Hochschulausbildung unterscheidet sich der Anteil signifikant vom Durchschnitt bzw. vom Anteil bei den Nichtbehinderten („ohne gesundheitliche

Abb. 18: Durchschnittliche Dauer der Arbeitslosigkeit nach gesundheitlicher Einschränkung und Alter (1990)

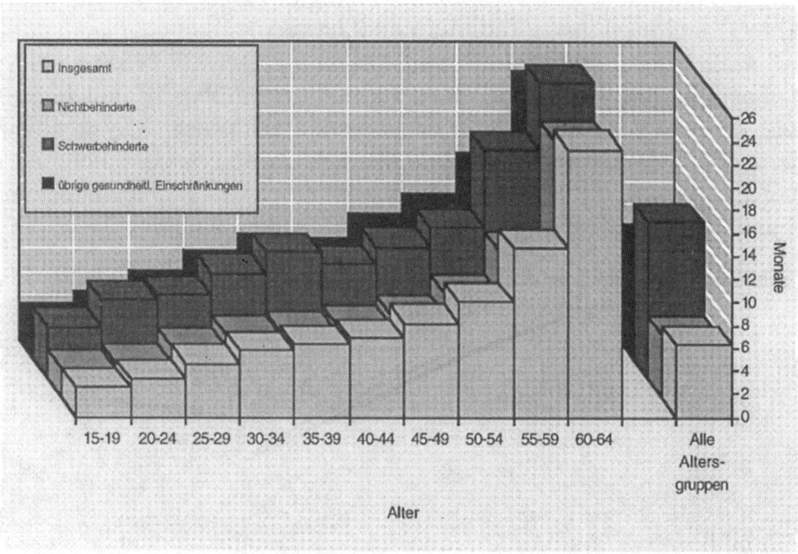

Quelle: Bundesanstalt für Arbeit.

Abb. 19: Durchschnittliche Dauer der Arbeitslosigkeit Schwerbehinderter 1986-1990

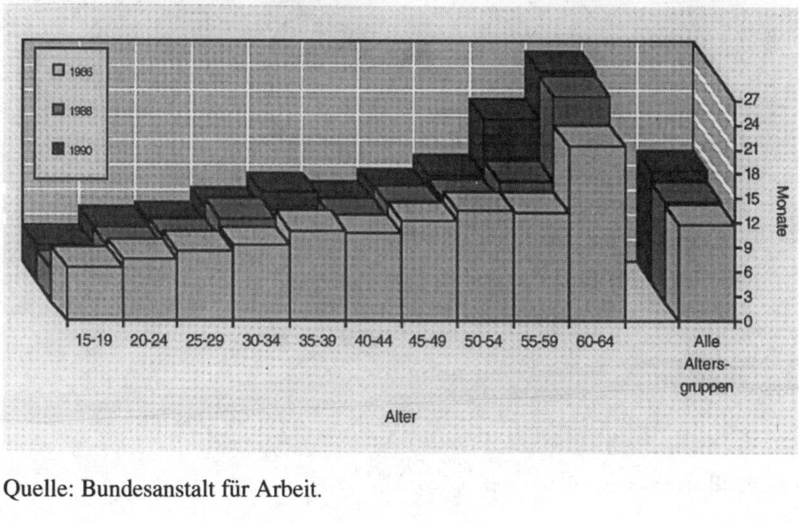

Quelle: Bundesanstalt für Arbeit.

Einschränkung"). Während bei den Zugängen ohne Ausbildung Schwerbehinderte deutlich überrepräsentiert sind, sind sie bei den Zugängen mit Hochschulausbildung deutlich unterrepräsentiert (vgl. Abb. 17 auf S. 80 sowie Tab. A.14 im Anhang).

Auch bei der Dauer der Arbeitslosigkeit zeigen die beiden soziodemographischen Merkmale ihren Einfluß (vgl. Abbn. 18 und 19 sowie Tab. A.15 im Anhang). Hier ist festzustellen, daß Schwerbehinderte über alle Altersgruppen eine deutlich überdurchschnittliche Arbeitslosigkeitsdauer aufweisen. Im Vergleich zu den Nichtbehinderten sind sie im Gesamtschnitt doppelt so lange arbeitslos.

Abb. 20: Durchschnittliche Dauer der Arbeitslosigkeit nach gesundheitlicher Einschränkung und Ausbildungsniveau (1986 und 1990)

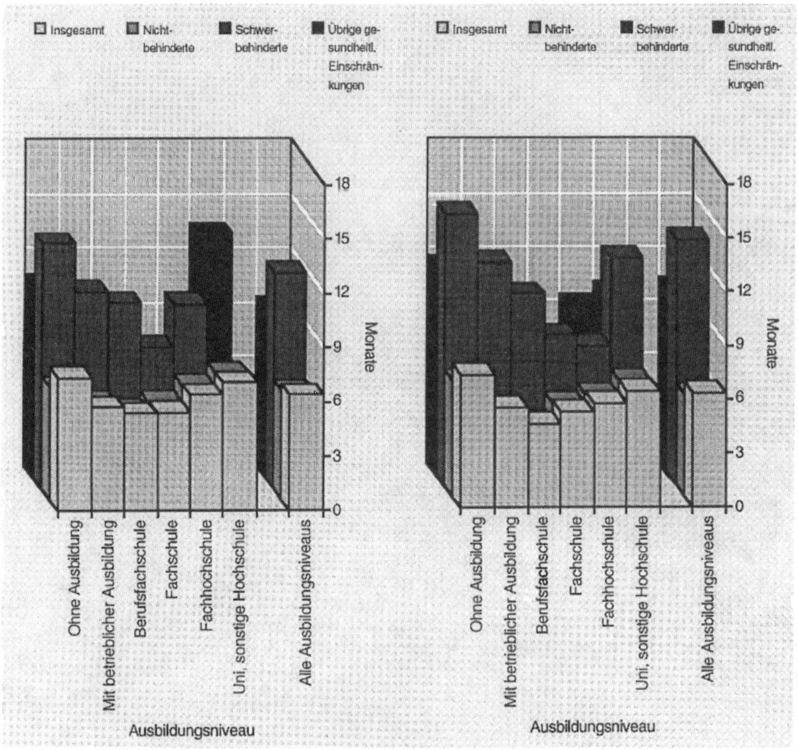

Quelle: Bundesanstalt für Arbeit.

Der Unterschied zu den Nichtbehinderten hat sich zwischen 1986 und 1990 sogar vergrößert: Waren arbeitslose Nichtbehinderte 1986 im Durchschnitt etwa sechs Monate arbeitslos, so waren in diesem Jahr arbeitslose Schwerbehinderte durchschnittlich fast zwölf Monate ohne Arbeit. 1990 war das Verhältnis etwa sechs Monate zu 13 1/2 Monate. Die Lage der arbeitslosen Schwerbehinderten hat sich in dieser Hinsicht also im betrachteten Zeitraum erheblich verschlechtert.

Ähnlich verhält es sich in Abhängigkeit vom Ausbildungsniveau (vgl. Abb. 20 sowie Tab. A.16 im Anhang). Bei einem Ausbildungsniveau bis „Fachhochschule“ ist die durchschnittliche Arbeitslosigkeitsdauer bei Schwerbehinderten deutlich höher, bis „Berufsfachschule“ i.d.R. um das Doppelte. Etwas uneinheitlicher sieht es bei Hochschulabsolventen aus. Hier liegt die durchschnittliche Dauer der Arbeitslosigkeit 1986 unter derjenigen bei Nichtbehinderten, 1990 jedoch deutlich höher.

4. Resümee

Die Ausführungen zur Beschäftigungssituation Schwerbehinderter haben deutlich gezeigt, daß sich diese im betrachteten Zeitraum in jeder Hinsicht deutlich verschlechtert hat. Die Lage kann zwar zu einem guten Teil durch die betriebliche Beschäftigungspolitik erklärt werden, entscheidend ist jedoch, daß die Schwerbehinderten in vielen Fällen außer dieser Eigenschaft noch weitere Merkmale aufweisen, die sie auf dem Arbeitsmarkt benachteiligen. Im wesentlichen sind dies ein im Schnitt relativ hohes Alter und eine unzureichende Qualifikation. Von einer gezielten Diskriminierung Schwerbehinderter kann jedoch mit Blick auf die empirischen Erkenntnisse nicht gesprochen werden. Entscheidend ist vielmehr hier – wie auch bei Nichtbehinderten – die Qualifikation. Da das Qualifikationsniveau Schwerbehinderter im Schnitt niedriger ist als das Nichtbehinderter, bedarf es hier auf politischer Ebene weiterer Maßnahmen, die Bildungsmöglichkeiten für diese Gruppe zu erweitern. Mit Blick auf Bedeutung einer Beschäftigung für die Schwerbehinderten einerseits und den mangelnden Beschäftigungsmöglichkeiten auf dem allgemeinen Arbeitsmarkt scheint es zudem angezeigt, Beschäftigungsmöglichkeiten in geschützten oder teilgeschützten Bereichen auszuweiten. Die wachsende Zahl von sog. „Sozialbetrieben“ scheint bereits in diese Richtung zu deuten. Primäres beschäftigungspolitisches Ziel muß es jedoch nach wie vor bleiben, die Schwerbehinderten (aber auch die Leichtbehinderten) so weit wie möglich in den allgemeinen Arbeitsmarkt zu integrieren, denn in geschützten Bereichen (insbes. in WfB, wie sich weiter unten noch zeigen wird) sind die Verdienstmöglichkeiten nur sehr beschränkt.[1]

[1] Siehe die Ausführungen in Kapitel IV.8., insbes. Abschn. 8.3. Dort zeigt sich, daß die behinderten Mitarbeiter einer WfB ihre Arbeitskraft im Vergleich zum allgemeinen Arbeitsmarkt oftmals „unter Wert" anbieten müssen, d.h., daß sie – unter sonst gleichen Bedingungen – auf dem allgemeinen Arbeitsmarkt höhere Arbeitsentgelte erzielen können.

IV. DIE EINKOMMENSSITUATION SCHWERBEHINDERTER

1. Statistische Erhebungen und empirische Untersuchungen zur Einkommenssituation Schwerbehinderter: Ein Überblick

In den folgenden Abschnitten soll zunächst ein Überblick über verschiedene Erhebungen und Untersuchungen zur Einkommenssituation Schwerbehinderter in den 80er und frühen 90er Jahren vermittelt werden.[1] In den Kapiteln IV.2 bis IV.6 wird sodann detaillierter auf die Ergebnisse der einzelnen Erhebungen und Untersuchungen eingegangen. Für eine Zusammenfassung der Ergebnisse sei auf den VII. Teil verwiesen.

1.1. Statistische Erhebungen im Rahmen von Mikrozensen

Historisch gesehen gab es in Deutschland – mit wohl nur einer Ausnahme – keine statistische Erhebung über die Einkommenslage Behinderter: Im Jahre 1906 wurden im Rahmen einer „Krüppelzählung" Angaben über Art und Umfang des Unterhalts erhoben. Die Amtliche Statistik der Bundesrepublik führte im Rahmen von Mikrozensen bereits in den Jahren 1957 bis 1962 sowie in den Mikrozensus-Zusatzerhebungen von 1966, 1974 und 1976 Erhebungen über Behinderte durch. 1966 wurden erstmals auch Daten zum überwiegenden Lebens-

---

[1] Auf die Aufnahme älterer Untersuchungen wurde verzichtet. Erwähnenswert ist in diesem Zusammenhang z.B. die Studie von *Gerner/Rauda/Witterstätter* (1979) zur sozialen Situation Querschnittsgelähmter, die auch eine detaillierte empirische Analyse der Auswirkungen einer Querschnittslähmung auf die Einkommenssituation der Betroffenen enthält.

unterhalt der Behinderten und ihrem Einkommen erhoben.[1] Weitere Mikrozensen mit Zusatzerhebungen fanden 1986, 1989 und 1992 auf der Grundlage des Mikrozensusgesetzes von 1985 statt. In diesen 0,5%-Stichprobenerhebungen konnten über die bereits in der zweijährig durchgeführten Behindertenstatistik erhobenen Strukturmerkmale hinaus (s.o.) Vergleichsdaten zur wirtschaftlichen und sozialen Lebenslage behinderter Personen erhoben werden.[2]

Mit der Frage nach dem überwiegenden Lebensunterhalt ermöglicht der Mikrozensus somit einen Überblick über die Einkommens- und Unterhaltssituation der Bevölkerung. Denn neben dem Einkommen aus Erwerbstätigkeit werden hier auch andere Einkommensquellen berücksichtigt. Dazu gehören u.a. Renten und Pensionen, Arbeitslosengeld bzw. Arbeitslosenhilfe, Sozialhilfe und Unterhaltsleistungen von Angehörigen.[3]

1.2. Das Sozio-ökonomische Panel

Das Sozio-ökonomische Panel (SOEP) ist eine vom Deutschen Institut für Wirtschaftsforschung (DIW) durchgeführte Wiederholungsbefragung von etwa 6.000 privaten Haushalten.[4] Die Panelbefragung wurde seit 1983 von einer Projektgruppe, die zugleich ein Teilprojekt des Sonderforschungsbereichs 3 an den Universitäten Frankfurt und Mannheim war, durchgeführt. Mittlerweile hat das DIW das Projekt ganz übernommen.

Im Rahmen von drei verschiedenen Stichproben werden Mikrodaten über Personen im Alter von 16 und mehr Jahren gewonnen. Die erste Erhebungswelle der Stichproben „A“ und „B“ umfaßte mehr als 12.000 Befragungspersonen.[5] Insgesamt lebten im Jahre 1984 in den befragten Haushalten rd. 16.000 Personen. Angaben zu den 4.000

---

[1] Vgl. hierzu auch *Bintig* (1981), insbes. S. 148 ff.

[2] Vgl. *Seewald* (o.J.), S. 1.

[3] Vgl. *Seewald* (o.J.), S. 5, und ders. (1992a), S. 536. 1992 werden erstmals auch Einkünfte aus eigenem Vermögen, Vermietung usw. getrennt ausgewiesen.

[4] Vgl. zum folgenden *Projektgruppe Sozio-ökonomisches Panel* (1993), S. 27.

[5] Stichprobe A enthält ca. 4.500 Privathaushalte in den alten Bundesländern mit deutschem Haushaltsvorstand (oder ausländischem Haushaltsvorstand, der nicht zur Stichprobe B gehört). Basisjahr ist 1984. Stichprobe B enthält ca. 1.500 Privathaushalte mit Haushaltsvorständen italienischer, griechischer, jugoslawischer, spanischer oder türkischer Nationalität. Basisjahr ist ebenfalls 1984.

Kindern, die das Befragungsalter noch nicht erreicht haben, werden bei einem erwachsenen Haushaltsmitglied erhoben. Die Stichprobe „C“ („Ost-Stichprobe“) umfaßte in der ersten Welle für das Jahr 1990 über 2.000 Privathaushalte in den neuen Bundesländern, von denen 4.500 Personen im Alter von mindestens 16 Jahren selbst befragt wurden.

Mit Hilfe eines Haushaltsfragebogens werden Daten zur Wohnung, zum Haushaltseinkommen und Vermögen sowie zu den haushaltsbezogenen Transferleistungen erhoben. Zusätzlich werden mittels eines Personenfragebogens neben sozioökonomischen Merkmalen auch subjektive Einschätzungen erfragt. Das Schwergewicht liegt hier im Bereich der Erwerbstätigkeit.[1]

Auf der Basis des SOEP wurde im Jahre 1993 von *Burkhauser/ Daly* eine Untersuchung der Einkommenssituation Behinderter durchgeführt.[2] Als „behindert“ gelten hier Personen, die aufgrund einer Selbsteinschätzung von einer durch eine gesundheitliche Einschränkung verursachten verminderten Erwerbsfähigkeit betroffen sind[3] und/ oder solche mit amtlich anerkannter Behinderung, die den Erhalt einer staatlichen Transferleistung erlauben, die ausschließlich für Behinderte bestimmt ist.[4]

Die Untersuchung umfaßt einen bundesweiten Vergleich[5] der ökonomischen Situation bzgl. der Stellung Behinderter relativ zur Gesamtbevölkerung im Jahre 1989. Der relative ökonomische Status der Behinderten wird dabei anhand einer Einkommensgröße gemessen, die sich nach Besteuerung und Erhalt von Transferleistungen ergibt, und die sämtliche Einkommensarten umfaßt. Um Verzerrungen durch die Haushaltsgröße auszuschließen, wurden schließlich die Haushaltseinkommen mittels einer Äquivalenzskala korrigiert.

---

[1]Zur Repräsentativität der Stichproben vgl. ausführlich *Projektgruppe Sozioökonomisches Panel* (1993), S. 30 ff.

[2]Vgl. *Burkhauser/Daly* (1993), insbes. S. 19 ff. Dies dürfte wohl die ausführlichste Analyse auf dieser Datenbasis sein. Weitere erfolgten durch *Sadowski* u.a. (1992) und *Frick* (1992).

[3]Kriterium: Angabe einer gesundheitlichen Einschränkung und einer Arbeitswoche unter 35 Stunden.

[4]Kriterium: Erhalt einer Berufs- oder Erwerbsunfähigkeitsrente.

[5]Altes Bundesgebiet.

1.3. Die Einkommensteuerdaten-Auswertung des IAW (IAW-Steuer-Panel)

Dem IAW Tübingen war es 1994 erstmals möglich, auf der Grundlage von Lohn- und Einkommensteuerdaten die Einkommenssituation der Bevölkerung Baden-Württembergs und deren Entwicklung zu analysieren. Grundlage der Untersuchung waren Stichproben der lohn- und einkommensteuerpflichtigen Personen in Baden-Württemberg, die von der Oberfinanzdirektion Karlsruhe durchgeführt und dem IAW zur Auswertung zur Verfügung gestellt wurden.[1] Die Stichproben zur Einkommensteuer haben *Panel*charakter.[2] Die erste Querschnittsziehung erfolgte 1983. Die Längsschnitte reichen dann in jährlicher Folge bis einschließlich 1988. Im Anschluß daran wurde in demselben Jahr eine zweite Repräsentativstichprobe gezogen. Diese wurde in vier Wellen bis einschließlich 1991 fortgeschrieben.[3]

Die Auswahl der Steuerpflichtigen erfolgte mittels einer systematischen Zufallsstichprobe. Jeder 45. Einkommensteuerpflichtige, der 1988 eine Steuernummer hatte, wurde in die Stichprobe aufgenommen.[4] Zu beachten ist allerdings, daß im Daten*file* lediglich Personen enthalten sind, deren Steuerschuld im Verfahren des Lohnsteuerjahresausgleichs bzw. der Einkommensteuererklärung ermittelt wurde. Nicht jeder, der Einkünfte erzielt, ist jedoch steuerpflichtig.[5] Nicht enthalten sind demgemäß Personen, die lediglich lohnsteuerplichtig sind bzw. die ihre Steuerunterlagen nicht vorlegen und diejenigen, deren zu versteuerndes Einkommen die gesetzlich festgelegten Grenzen nicht übersteigt (z.B. Empfänger von Transferleistungen). Darüber hinaus fehlen diejenigen Selbständigen, die nach Durchschnittssätzen oder nach Gewinnschätzung besteuert werden. Dies hat zur Folge, daß

---

[1]Vgl. hierzu und zum folgenden ausführlich *Kleimann* (1994).

[2]Aus analysetechnischen Gründen erfolgte hier zunächst – wie bei den Lohnsteuerdaten – lediglich eine Querschnittsanalyse.

[3]Der Aufbau eines Lohnsteuerpanels war aus technischen Gründen seither nicht möglich, da bisher nur im Bereich der Einkommensteuer den Steuerpflichtigen eine über den Veranlagungszeitraum hinweg gültige Bearbeitungsnummer zugeordnet wird, welche eine erhebungstechnische Verfolgung der Personen über die Laufzeit der Untersuchung erlaubt.

[4]Hierbei ist davon auszugehen, daß die Steuernummer und die erhobenen Merkmale unkorreliert sind und damit also keine systematischen Verzerrungen bei der Auswahl auftraten.

[5]Wer veranlagt wird, ist in den §§ 25, 26, 26a und 26b EStG sowie in § 46 EStG geregelt.

im Daten*file* die unteren Einkommensschichten tendenziell unterrepräsentiert sind, die oberen hingegen gut wiedergegeben werden. Die Lohnsteuerdatensätze enthalten entsprechend den Personenkreis, der nach § 46 EStG einen Lohnsteuerjahresausgleich durchführen läßt.

Die zur Einkommenssteuer erhobenen Merkmale sind die sieben Einkunftsarten (Einkünfte aus Land- und Forstwirtschaft, aus Gewerbebetrieb, aus selbständiger Tätigkeit, aus nicht selbständiger Tätigkeit, aus Kapitalvermögen, aus Vermietung und Verpachtung und sonstige Einkünfte[1]) und die damit zusammenhängenden Abzugsbeträge.[2] Die Informationen sind bei den einzelnen Einkunftsarten in sehr unterschiedlicher Tiefe vorhanden: Während bei den sonstigen Einkünften eine sehr feine Aufspaltung der Einnahmenart vorliegt, ist bei Einnahmen aus Vermietung und Verpachtung lediglich der Nettobetrag der Einkünfte aufgeführt. Werbungskosten liegen nur für drei der vier Überschußeinkunftsarten vor, die Gewinneinkunftsarten sind lediglich als Nettogrößen erfaßt. Sonderausgaben und außergewöhnliche Belastungen[3] sind tief gegliedert. Das zu versteuernde Einkommen und die Steuerschuld sind ebenfalls aufgeführt. Darüber hinaus sind eine Reihe weiterer Merkmale erhoben worden, die erkennen lassen, ob

- ein bestimmter Steuerfall nach der Grundtabelle oder nach der Splittingtabelle veranlagt wird,
- der Steuerpflichtige verheiratet ist,
- wenn nach Splitting veranlagt wird, ein oder zwei Personen verdienen,
- Kinder vorhanden sind oder
- eine Behinderung vorliegt.

Damit bietet die vorhandene Datenbasis die Möglichkeit, gerade auch die Entwicklung der Einkommenssituation Behinderter – exempla-

---

[1]Zu den sonstigen Einkünften zählen gemäß § 22 EStG Einkünfte aus wiederkehrenden Bezügen (Renten, dauernde Lasten oder sonstige wiederkehrende Bezüge), Einkünfte aus Unterhaltsleistungen, Einkünfte aus Spekulationsgeschäften, Einkünfte aus sonstigen Leistungen sowie Leistungen aufgrund des Abgeordnetengesetzes.

[2]„Einkünfte" sind demgemäß in steuerlicher Hinsicht als Nettobeträge zu sehen: Bruttoerträge (Einnahmen) ./. Werbungskosten (Ausgaben oder Aufwendungen, die mit der Erzielung dieser Bruttoerträge zusammenhängen).

[3]Geregelt in den §§ 10, 10b, 10c sowie 33a EStG.

risch für Baden-Württemberg – darzustellen. *Kleimann* (1994, S. 2) weist jedoch ausdrücklich darauf hin, daß es sich bei den OFD-Daten um Verwaltungsdaten handelt. Das heißt, daß lediglich die im Steuerverfahren interessierenden, also steuerrelevanten Merkmale erhoben werden. Sozioökonomische und soziodemographische Variablen (wie Haushaltsgröße, Alter, Geschlecht, soziale Stellung, Beruf oder Bildung) sind nicht vorhanden. Von daher ist die Anzahl möglicher Fragestellungen erheblich eingeschränkt.

1.4. Die Socialdata-Studie „Anzahl und Situation der Behinderten nach Zielgruppen“

Ziel der 1984 abgeschlossenen, vom Socialdata Institut für empirische Sozialforschung durchgeführten Untersuchung war es, ein umfangreiches, hochdifferenziertes Datenmaterial über die in der Bundesrepublik Deutschland in Privathaushalten lebenden Behinderten deutscher Nationalität vorzulegen.[1] Dabei war die Studie so angelegt, daß über die umfassende Beschreibung des Behindertenkollektivs hinaus auch spezifische „Bedarfe“ und „Defizite“ in zentralen Lebensbereichen aufgezeigt werden konnten.[2] Weiterhin wurde in der Untersuchung berücksichtigt, daß sich die individuelle Situation der Behinderten nicht nur durch objektive Gegebenheiten, sondern ebenso durch die von den Behinderten subjektiv empfundene „Bedarfslage“ bestimmt wird. Erkenntnisinteresse der Studie war somit die behinderungsabhängige Bedarfs- und Defizitausprägung der individuellen Situation in verschiedenen Lebensbereichen.[3]

---

[1]Vgl. hierzu und zum folgenden *Brög* u.a. (1984), S. 2. Die eigentliche Erhebung erfolgte im Mai 1982.

[2]Die beiden Begriffe werden in der Studie meist nebeneinander verwendet. Dabei wird „Bedarf“ „... als Summe aller *externen* materiellen und immateriellen Hilfen und Maßnahmen verstanden, die notwendig sind, um die Behinderung(en) in Form von Funktionsbeeinträchtigungen und Funktionsverlusten zu verringern oder vollständig auszugleichen“ (*Brög* u.a. (1984), S. 30; Hervorhebung im Original unterstrichen). (Behinderungsbedingte) Versorgungsdefizite werden als „... unzureichend oder gar nicht befriedigte Bedarfe, deren Deckung prinzipiell möglich ist (z.B. Straßenbahn-Benutzung ‚nur mit fremder Hilfe möglich‘)“ definiert (ebd., S. 31).

[3]Bei den betrachteten Lebensbereichen handelt es sich um Berufsausbildung und Berufsleben, Kommunikation und soziale Kontakte, Körperpflege und sonstige persönliche Versorgung, Behandlungspflege, hauswirtschaftliche Versorgung,

Die Untersuchung beschränkt sich auf Behinderte deutscher Nationalität aller Altersgruppen, welche in Privathaushalten wohnen, und berücksichtigt alle amtlich anerkannten Behinderten sowie alle Personen mit mehr oder weniger stark ausgeprägtem behinderungsbedingten Bedarf. Aus konzeptionell-methodischen Gründen sind ausschließlich psychisch Behinderte, sofern sie nicht auch amtlich anerkannt sind, nicht berücksichtigt worden.[1] Trotz methodischer Bedenken wurde in die Untersuchung auch eine Frage nach dem „monatlichen Nettoeinkommen (nach Abzug von Steuern, Sozialversicherung etc.), das dem Haushalt insgesamt zur Verfügung steht", aufgenommen.[2]

1.5. Die Einkommenssituation schwerbehinderter Frauen in Rheinland-Pfalz: Die Studie von *Niehaus*

Über die soziale und ökonomische Situation behinderter Frauen gab es bis vor kurzem kaum Forschungserkenntnisse. In einer relativ aktuellen Studie, die an der Universität Trier durchgeführt wurde, ging es u.a. auch darum, Erkenntnisse über Umfang und Struktur der sozialen Unterstützung behinderter Frauen in Rheinland-Pfalz zu gewinnen. Im Rahmen dieser Studie wurde darüber hinaus eine Erhebung zur Einkommenssituation durchgeführt.[3]

Die Erkenntnisse, die aus dieser Erhebung gewonnen wurden, basieren auf einer Stichprobe aus der Grundgesamtheit der Frauen, die bei den Versorgungsämtern in Rheinland-Pfalz im Juni 1989 als Behinderte registriert waren.[4] Folgende Kriterien fanden bei der Auswahl Beachtung:

- Grad der Behinderung von mindestens 50,

Verkehrsteilnahme bzw. aushäusige Mobilität, Wohnsituation, Freizeit und Urlaub, behinderungsrelevante Informationsquellen sowie Selbsthilfegruppen.

[1]Vgl. *Brög* u.a. (1984), S. 46. Zur Begründung ausführlich ebd., S. 35 ff.

[2]Die Autoren der Studie weisen hier auf einen bei diesbezüglichen Fragen häufig anzutreffenden hohen „Keine-Angaben-Teil" hin, welcher die Aussagekraft der Ergebnisse einschränkt. In der Untersuchung wurden alle Werte um „keine Angabe" bereinigt (vgl. *Brög* u.a. (1984), S. 77).

[3]Vgl. *Niehaus* (1993).

[4]Vgl. hierzu und zum folgenden *Niehaus* (1993), S. 58 ff.

- weder psychisch noch geistig behindert sowie
- Alter zwischen 18 und 60 Jahre.[1]

Die Grundgesamtheit umfaßte 8.585 Personen. Hieraus erfolgte eine Stichprobenziehung nach dem Zufallsprinzip. Die ausgewählten 1.260 Personen[2] (knapp 15% der Grundgesamtheit) wurden unter Berücksichtigung des Datenschutzes schriftlich um Einverständnis zur Auswertung der gespeicherten Daten gebeten. 227 Frauen wurden darüber hinaus mündlich befragt. Von 219 der befragten Frauen liegen Angaben über das monatliche Haushaltsnettoeinkommen vor.

2. Die Mikrozensus-Zusatzerhebungen von 1986, 1989 und 1992

2.1. Lebensunterhalt Schwerbehinderter

2.1.1. Einleitende Anmerkungen

Wie in Abschn. IV.1.1. bereits dargelegt, werden in den Mikrozensus-Zusatzerhebungen sowohl Daten zum überwiegenden Lebensunterhalt als auch zur Höhe des Nettoeinkommens erhoben. Die ausgewiesenen Angaben[3] bzgl. der Einkommenshöhe berücksichtigen dabei die Gesamthöhe des Nettoeinkommens, also die Summe der Einkommen aus allen Quellen, nicht nur das aus der Haupteinkommensquelle. Ausge-

[1]Dadurch sollten (in der Studie nicht näher definierte) „Konfundierungsprobleme" zwischen Alter und Bedarfslagen vermieden werden (vgl. *Niehaus* (1993), S. 60).

[2]Die Zahl variiert. Teilweise wird eine Zahl von 1.300 Frauen genannt (vgl. beispielsweise *Niehaus* (1993), S. 65).

[3]Die Ergebnisse der Mikrozensus-Erhebung von 1986 wurden seither vom Statistischen Bundesamt nicht veröffentlicht. Bei den (ebenfalls unveröffentlichten) Auswertungen der Ergebnisse des Mikrozensus von 1986 sowie denen des Mikrozensus von 1989 wurden zudem nur die Behinderten insgesamt ausgewiesen. Für unsere Fragestellung bedurfte es deshalb einer Sonderauswertung, die das Statistische Bundesamt freundlicherweise für uns durchführte. Diese Sonderauswertung ermöglicht nun zwischen „Nichtbehinderten", „Leichtbehinderten" (also Behinderten mit einem GdB von unter 50) und „Schwerbehinderten" zu unterscheiden. Analog erfolgte eine Auswertung der Mikrozensusdaten von 1992. Die Tabellen A.17 bis A.33 im Anhang enthalten die auf der Grundlage dieser Sonderauswertungen durchgeführten Berechnungen.

wiesen, aber hier nicht weiter berücksichtigt, sind die Selbständigen in der Landwirtschaft, die mithelfenden Familienangehörigen sowie Personen, welche keine Angaben über ihr Einkommen gemacht haben.[1]

2.1.2 Strukturelle Entwicklungen 1986–1992

2.1.2.1. Gesamtbevölkerung

Im Jahre 1986 bestritten 41,5%[2] der deutschen Bevölkerung ihren Lebensunterhalt hauptsächlich aus Erwerbstätigkeit, 18,5% aus Renten oder Pensionen. 36% wurden hauptsächlich von Angehörigen unterstützt. 2% bestritten ihren Lebensunterhalt vor allem von Arbeitslosengeld oder Arbeitslosenhilfe, jeweils 1% der Bevölkerung hauptsächlich aus Sozialhilfe oder sonstigen Einkommensquellen.

Die Anteile haben sich 1989 (im Vergleich zu 1986) nur unwesentlich verändert. Der Anteil derjenigen, die ihren Unterhalt vor allem aus Erwerbstätigkeit bestreiten, stieg geringfügig auf 42%. 34% wurden im wesentlichen von Angehörigen unterstützt. 19% der Bevölkerung bestritt 1989 ihren Lebensunterhalt vor allem aus Renten oder Pensionen. Die weiteren Einkommensquellen blieben unverändert als Haupteinkommensquellen vernachlässigbar (Arbeitslosengeld/-hilfe: 2%, Sozialhilfe und sonstige Einkommensquellen: jeweils 1,5%).

Auch bis 1992 sind hier in struktureller Hinsicht kaum wesentliche Änderungen eingetreten.[3] Der Anteil derjenigen, die ihren Unterhalt im wesentlichen aus Erwerbstätigkeit oder durch Angehörige bestritten, stieg jeweils nochmals geringfügig (Unterhalt aus Erwerbs-

---

[1] Vgl. dazu auch *Seewald* (1992a), S. 536.

[2] Auf die Angabe von absoluten Zahlen soll hier verzichtet werden. Aufgrund des Stichprobencharakters der Datenbasis (0,5% der Bevölkerung wurden erfaßt) ergeben sich insbesondere bei relativ geringen Fallzahlen größere Fehlermargen. So beträgt nach Angaben des Statistischen Bundesamtes der relative Standardfehler bei der Ergänzungserhebung zum Mikrozensus für hochgerechnete Fallzahlen von unter 10.000 für alle Merkmalsgruppen über ±16%. In der Konsequenz sind alle Prozentangaben (Anteilswerte) als *Circa*-Angaben zu verstehen.

[3] Beim Vergleich der ausgewiesenen Werte von 1992 und denen der beiden früheren Mikrozensen ist generell zu beachten, daß beim Mikrozensus 1992 die Angaben zur Einkommenshöhe freiwillig erfolgten. Im Unterschied dazu waren sie vorher obligatorisch. Inwieweit sich dies auf die Gesamtergebnisse ausgewirkt hat, läßt sich hier nicht feststellen. Es sei aber immerhin darauf hingewiesen, daß die Zahlen damit nicht uneingeschränkt miteinander vergleichbar sind.

tätigkeit auf 42%, Unterstützung durch Angehörige auf 35%). Der Anteil derjenigen, die ihren Lebensunterhalt hauptsächlich aus Renten oder Pensionen bestreitet, blieb unverändert unter 19%. Die Anteile bei den weiteren Einkommensquellen gingen jeweils leicht zurück (Arbeitslosengeld und -hilfe auf 1,5%, Sozialhilfe und sonstige Einkommensquellen: jeweils 1%).

2.1.2.2. Schwerbehinderte *vs.* Nichtbehinderte

Im Jahre 1986 bestritten 64% der Schwerbehinderten ihren Lebensunterhalt überwiegend aus einer Rente oder einer Pension. Der Anteil ist seit 1986 noch um zwei Prozentpunkte auf 66% (1989 und 1992) angestiegen. Damit sind Renten und Pension mit Abstand die wichtigsten Einkommensquellen der Schwerbehinderten. Der Unterschied zu Nichtbehinderten ist hier sehr markant. Bei diesen ist diese Einkommensquelle mit jeweils 14% lediglich drittrangig.

Bei Nichtbehinderten ist unverändert das Einkommen aus Erwerbstätigkeit bei jeweils 44% dieser Gruppe die hauptsächliche Einkommensquelle. Auffallend ist jedoch, daß bei Nichtbehinderten ein recht großer Teil hauptsächlich von Angehörigen unterstützt wird. Der Anteil schwankt zwischen 38,5% (1986) und 37% (1989). Bei Schwerbehinderten betragen die Anteile lediglich 13% (1986) bzw. 12% (1989). Bis 1992 stieg dieser Anteil allerdings auf 18% an.

Arbeitslosengeld und Arbeitslosenhilfe, Sozialhilfe und sonstige Unterhaltsquellen spielen sowohl bei Schwerbehinderten als auch bei Nichtbehinderten nur eine untergeordnete Rolle. Jedoch ist anzumerken, daß in allen betrachteten Jahren der Anteil derer, die ihren Unterhalt hauptsächlich aus Sozialhilfe bestritten, bei Schwerbehinderten nahezu doppelt so hoch war (2,1%:1,1% 1986, 2,7%:1,5% 1989 bzw. 2,3%:1,2% 1992).

2.1.3. Lebensunterhalt in den einzelnen Altersklassen

Nachdem in den letzten Abschnitten die generellen, strukturellen Entwicklungen aufgezeigt wurden, soll nun untersucht werden, ob es altersspezifische Unterschiede gibt. Denn bereits die Erkenntnis, daß Renten und Pensionen die Haupteinkommensquellen der Schwerbehinderten sind, läßt die Vermutung aufkommen, daß hier wiederum altersstrukturelle Komponenten das Ergebnis zumindest mitbestimmen.[1] In der folgenden Analyse der Unterschiede sollen die Nichtbehinderten als Referenzgruppe dienen.

2.1.3.1. Erwerbstätigkeit

Der Anteil derjenigen (in jeder Altersgruppe), die ihren Lebensunterhalt vor allem durch Erwerbstätigkeit bestreiten, steigt bei Schwerbehinderten – wie auch aus den Ergebnissen anderer Studien und Erhebungen zumindest indirekt erkenntlich ist – zunächst bis zur Altersgruppe „25 bis unter 50 Jahre“ an (1986 bis auf 53%, 1989 bis auf 55%, 1992 bis auf 56,5%), um dann wieder relativ rasch abzusinken.[2] Bei den 62–64jährigen liegt der Anteil derjenigen, die ihren Lebensunterhalt im wesentlichen durch Erwerbstätigkeit bestreiten, in beiden Jahren nur mehr bei 5,5%, 1992 bei den 60–64jährigen bei 6%.

Bei den Nichtbehinderten bestreiten noch bis zur Altersklasse „55 bis unter 60 Jahre“ über die Hälfte ihren Lebensunterhalt hauptsächlich durch Erwerbstätigkeit, und auch bei den 62–64jährigen sind es noch jeweils 15%. 1992 waren es bei den 55–59jährigen 57%, bei den 60–64jährigen 20%.

Hier zeigt sich demnach deutlich, daß mit zunehmendem Alter – aber deutlich früher als Nichtbehinderte – Schwerbehinderte sich in größerem Umfange aus dem Erwerbsleben zurückziehen. Bemerkenswert ist allerdings, daß bei den Leichtbehinderten, insbesondere auch in den Altersgruppen ab 50 (bzw. ab 45) Jahre, ein höherer Anteil seinen Lebensunterhalt hauptsächlich durch Erwerbstätigkeit bestreitet als bei den Nichtbehinderten. Möglicherweise ist dies dadurch zu erklären, daß die Leichtbehinderten, dadurch, daß sie keine vorzeitige Verrentung bzw. Pensionierung beanspruchen können, eher bereit oder gar finanziell dazu gezwungen sind, weiter erwerbstätig zu bleiben.

---

[1] Vgl. auch *Seewald* (o.J.), S. 5, und ders. (1992a), S. 536.

[2] Da diese 1986 und 1989 ausgewiesene Altersklasse vom Statistischen Bundesamt sehr weit gespannt wurde, läßt sich hier nicht genau erkennen, in welchem Altersbereich sich die Umkehr tatsächlich vollzieht. Zieht man die Ergebnisse anderer empirischer Studien zur Beschäftigungssituation Schwerbehinderter heran, kann vermutet werden, daß das „kritische“ Alter bereits bei etwa 45 Jahren liegen wird. Für 1992 wird vom Statistischen Bundesamt eine Altersgruppe „25 bis unter 45 Jahre“ ausgewiesen. Die Zahlen sind somit nur bedingt vergleichbar.

2.1.3.2. Arbeitslosengeld und Arbeitslosenhilfe

Arbeitslosengeld bzw. Arbeitslosenhilfe spielen bei den Schwerbehinderten in keiner Altersgruppe als wesentliche Einkommensquelle eine bedeutende Rolle. Allerdings ist hervorzuheben, daß die Anteile in den Altersgruppen des erwerbsfähigen Alters (15–64 Jahre) in den beiden betrachteten Jahren in der Tat angestiegen sind. Relativ hoch waren die Anteile im Jahre 1989 insbesondere in den Altersgruppen „25 bis unter 50 Jahre“ sowie „55 bis unter 60 Jahre“ mit jeweils 5%. Bis 1992 waren diese Anteile teilweise stark rückläufig (25–45 Jahre: 4%, 45–55 Jahre: 3%, 55–60 Jahre: 4%).

Bei den Nichtbehinderten spielt das Arbeitslosengeld und die Arbeitslosenhilfe erwartungsgemäß eine noch geringere Rolle als bei den Schwerbehinderten. Allerdings fällt auf, daß bei dieser Personengruppe die Anteile bei den Altersgruppen bis 55 Jahren leicht zurückgegangen oder zumindest konstant geblieben, bei den älteren Erwerbsfähigen aber leicht angestiegen sind.

2.1.3.3. Renten und Pensionen

Wie in IV.2.1.2. bereits angedeutet, sind Renten und Pensionen die Hauptunterhaltsquellen der Schwerbehinderten. Bei einer Betrachtung der verschiedenen Altersklassen wird jedoch sogleich deutlich, daß diese Aussage vor allem durch das hohe Gewicht der alten Schwerbehinderten in der Gesamtheit der Schwerbehinderten bestimmt wird. So zeigt sich, daß bereits bei der Altersgruppe der 55–59jährigen Schwerbehinderten der größte Anteil (1986: 44%, 1989: 46%, 1992: 43%) auf Personen fällt, die ihren Lebensunterhalt im wesentlichen aus dieser Quelle bestreiten. Bei den 60–61jährigen sind es jeweils bereits drei Viertel, bei den 62–64jährigen jeweils mehr als vier Fünftel aller Schwerbehinderten. 1992 betrug der Anteil bei den 60–64jährigen 80%. In der Altersgruppe „15 bis unter 25 Jahre“ hat sich der Anteil von 4% (1986) bis 1989 halbiert und ist bis 1992 nahezu konstant geblieben. In der Altersklasse „25 bis unter 50 Jahre“ sind die Anteile nach 1986 (20%) auf knapp 18% gesunken. 1992 betrug der Anteil bei den 25–45jährigen 13%.

Bei den Nichtbehinderten bestreiten zwar auch erst die 55–59jährigen zu einem bedeutenderen Anteil ihren Lebensunterhalt durch Renten und Pensionen. Die Anteile sind aber tendenziell rückläufig

(1986: 12%, 1989: 11%, 1992: 9%). Erst in der Altersgruppe der 60–61jährigen bestreitet die Mehrzahl der Nichtbehinderten ihren Lebensunterhalt aus diesen Quellen. Auch in der Altersklasse „62 bis unter 65 Jahre“ sind es nicht viel mehr als die Hälfte aller Nichtbehinderten (58% (1986) bzw. 56% (1989)). 1992 lag der Anteil bei den 60–64jährigen bei 50%.

2.1.3.4. Unterstützung durch Angehörige

Die Auswertung der Mikrozensen zwischen 1986 und 1992 zeigt, daß mit zunehmendem Alter, wenn auch mit abnehmender Tendenz, Angehörige im hohen Maße zum Unterhalt ihrer schwerbehinderten Familienmitglieder beitragen. Bei denjenigen, die das Erwerbsalter noch nicht erreicht haben, sind das naturgemäß annähernd 100%. Allerdings fällt auf, daß der Prozentanteil bei den Schwerbehinderten dennoch etwas niedriger ist (95% (1986), 94% (1989) bzw. 96% (1992)) als bei den Nichtbehinderten (98% (1986), 94% (1989) und 98% (1992)). Der Grund hierfür liegt darin, daß in dieser Altersklasse bereits jeweils 5% (1992: 4%) der Schwerbehinderten ihren Lebensunterhalt hauptsächlich mit Transferzahlungen aus dem Bereich der Sozialhilfe bestreiten. Bei den Nichtbehinderten ist der Anteil deutlich geringer (um 2% schwankend).

In der Altersklasse „15 bis unter 25 Jahre“ bestreiten jeweils nur noch etwa die Hälfte der Schwerbehinderten ihren Lebensunterhalt hauptsächlich aus privaten Quellen. Auffallend ist, daß ab der Altersklasse „25 bis unter 50 Jahre“ (1992: „25 bis unter 45 Jahre“) der Anteil derjenigen, die im wesentlichen von Angehörigen unterstützt werden, bei den Schwerbehinderten jeweils deutlich niedriger liegt als bei den Nichtbehinderten. Die Ursache dürfte darin liegen, daß in der Mehrzahl der Fälle für die Betroffenen der Bezug einer Rente möglich ist, die den Lebensunterhalt – zumindest weitgehend – zu sichern vermag.[1]

[1]Zu prüfen wäre hier, ob dies möglicherweise – zumindest zum Teil – auch darin begründet sein könnte, daß bei den Angehörigen eher die Bereitschaft besteht, einen Nichtbehinderten finanziell zu unterstützen als einen Behinderten oder gar Schwerbehinderten, der eventuell berechtigt ist, Leistungen aus anderen Bereichen zu beziehen (Renten, Sozialhilfe, Leistungen der Sozialversicherungen). Unter Umständen kommt es hier also auch zu Mitnahmeeffekten, insofern als die

2.1.3.5. Sozialhilfe

Die Leistungen aus dem Bereich der Sozialhilfe spielen lediglich bei jüngeren Schwerbehinderten eine wesentliche Rolle bei der Bestreitung des Lebensunterhalts – allerding mit leicht steigender Tendenz.[1] Mit zunehmendem Alter geht der Anteil derjenigen, die ihren Lebensunterhalt hauptsächlich aus der Sozialhilfe bestreiten, deutlich zurück. So liegt deren Anteil bei den bis 24jährigen 1986 bei 4,5%, 1989 bei 5% und 1992 bereits bei 6%. Den höchsten Anteil verbucht die Altersgruppe der 25–49jährigen. Hier bestritten 1986 5%, 1989 sogar über 7% ihren Lebensunterhalt vor allem aus der Sozialhilfe. 1992 waren es in der Altersklasse „25 bis unter 45 Jahre“ 9%.

In den oberen Altersklassen (ab 50 Jahre) wird die Sozialhilfe vermutlich – ähnlich wie das Arbeitslosengeld – im starken Umfange durch den Bezug von Renten oder Pensionen substituiert. Auffallend ist dennoch, daß sich in verschiedenen Altersklassen der Anteil relativ stark erhöht hat. Im Schnitt über alle Altersklassen schwankt er leicht (2,1% (1986), 2,7% (1989), 2,3% (1992)).

Im Vergleich zu den Nichtbehinderten zeigen sich sehr deutliche Unterschiede. Obwohl sich hier die Anteile in den Vergleichsjahren ebenfalls deutlich erhöht haben, liegen sie dennoch auch 1989 in allen Altersklassen signifikant unter denen bei den Schwerbehinderten. So bestritten in diesem Jahr weniger als 2,5% der unter 15jährigen und 1,5% der 15–49jährigen ihren Lebensunterhalt hauptsächlich aus der Sozialhilfe. 1992 gingen hier die Anteile jedoch (teilweise) wieder zurück. Im Schnitt über alle Altersklassen waren es nur mehr 1%.

2.1.3.6. Sonstiger Lebensunterhalt

Unter der Rubrik „Sonstiger Lebensunterhalt“ wird vom Statistischen Bundesamt ein Bündel weiterer Unterhaltsquellen zusammengefaßt. Hierzu zählen insbesondere die Einkünfte aus eigenem Vermögen, aus Vermietung usw., aber auch z.B. die finanzielle Unterstützung im Rahmen der Ausbildungsförderung (BAFöG). Insgesamt haben diese

---

Opportunitätskosten einer Unterstützung, die Angehörige eines Nichtbehinderten bereit gewesen wären, in Kauf zu nehmen, nicht mehr anfallen.

[1]Siehe hierzu auch Teil VI.

jedoch (auch in der Summe und über alle Altersklassen hinweg) lediglich eine untergeordnete Bedeutung als primäre Unterhaltsquelle.[1]

2.2. Lebensunterhalt und Einkommenshöhe

Generell (über alle Altersklassen hinweg) läßt sich sagen, daß es für Schwerbehinderte i.d.R. eher möglich ist, über den (hauptsächlichen) Bezug einer Rente oder einer Pension ein relativ „hohes" Einkommen[2] zu beziehen als durch Erwerbstätigkeit. So bezogen 1986 etwa zwei Drittel der Schwerbehinderten, die ein Nettoeinkommen von mehr als 1.800 DM monatlich bezogen, ihr Einkommen hauptsächlich aus Renten oder Pensionen, lediglich etwa ein Drittel aus Erwerbstätigkeit. 1989 verschob sich das Verhältnis weiter zugunsten der Renten (69%). Bis 1992 stieg der Anteil nochmals leicht an (auf 70%). Betrachtet man die einzelnen Altersklassen, so zeigt sich, daß bereits die 60–61jährigen Schwerbehinderten zum weit überwiegenden Teil hohe Einkommen hauptsächlich über Renten und Pensionen beziehen. Bei den Nichtbehinderten dahingegen beziehen selbst noch die 62–64jährigen fast zur Hälfte (1986) bzw. noch mehr als ein Drittel (1989) Nettoeinkommen über 2.200 DM hauptsächlich durch Erwerbstätigkeit. 1992 betrug der Anteil bei den 60–64jährigen 49%.

---

[1] Auf eine Darlegung der Entwicklungen wird deshalb hier verzichtet. Bei Bedarf können die relevanten Zahlen den o.g. Tabellen im Anhang entnommen werden.

[2] Die vom Statistischen Bundesamt für die veröffentlichten Zahlen der Mikrozensuszusatzerhebungen von 1986 und 1989 festgelegten Einkommensklassen suggerieren schon für Nettoeinkommen um 2.000 DM ein relativ hohes Einkommen. Dies dürfte jedoch schon damals nicht mehr zeitgemäß gewesen sein. Dennoch soll aber im folgenden in diesem Sinne von „hohen" Einkommen gesprochen werden. 1992 wurde die Einkommensklasse „über 2.200 DM" durch vier neue Klassen ersetzt („2.200 DM bis unter 2.500 DM", „2.500 DM bis unter 3.000 DM", „3.000 DM bis unter 3.500 DM" sowie „3.500 DM und mehr"). Damit ist nun prinzipiell in diesem Bereich der hohen Nettoeinkommen eine detailliertere und damit auch aussagekräftigere Darstellung der Einkommensverteilung möglich. Der Vergleichbarkeit halber wurden die Angaben in den entsprechenden Einkommensklassen für 1992 wieder in eine Klasse „2.200 DM und mehr" zusammengefaßt.

2.3. Einkommensverteilung

2.3.1. Einleitende Anmerkungen

Zumindest *prima facie* wäre zu erwarten, daß Schwerbehinderte wegen möglicherweise tatsächlich vorliegender geminderter Erwerbsfähigkeit - unter sonst gleichen Bedingungen - niedrigere Einkommen beziehen als Nichtbehinderte. Andererseits dürfte, wenn man die Gesamtheiten betrachtet, die Wahrscheinlichkeit für einen Schwerbehinderten, ein relativ hohes Nettoeinkommen zu beziehen, im Vergleich zu Nichtbehinderten höher sein, da der Anteil älterer Personen bei den Schwerbehinderten höher ist und die Einkommenshöhe *ceteris paribus* mit dem Alter ansteigt.

In den folgenden Abschnitten soll also auf der Grundlage der Daten aus den Mikrozensen von 1986, 1989 und 1992 des Statistischen Bundesamtes untersucht werden,

- ob signifikante Unterschiede zwischen der Einkommensverteilung Schwerbehinderter und derjenigen der Nichtbehinderten sowie
- ob sich im Vergleichszeitraum bzgl. der Einkommensverteilung signifikante Änderungen eingestellt haben.

2.3.2. Darstellung der Einkommensverteilung

Das Statistische Bundesamt weist sechs (beim Mikrozensus 1992 neun) Einkommensklassen aus (unter 600 DM, 600 DM bis unter 1.000 DM, 1.000 DM bis unter 1.400 DM, 1.400 DM bis unter 1.800 DM, 1.800 DM bis unter 2.200 DM sowie über 2.200 DM. Für 1992 wurde die obere Randeinkommensklasse weiter aufgeteilt.[1] Auf der Basis der Angaben für die Zahl der Einkommensbezieher in den jeweiligen Klassen läßt sich nun

- für die Gesamtpopulation sowie die verschiedenen Subpopulationen (Nichtbehinderte, Leichtbehinderte, Schwerbehinderte, Behinderte insgesamt),
- für die verschiedenen Altersklassen und/oder

[1] Siehe Fn. 2, vorhergehende Seite.

- für die verschiedenen Einkommensquellen

die empirische Verteilung des Einkommens darstellen. Folgende Darstellungsmöglichkeiten sind hier prinzipiell möglich:

- Histogramme (Säulen-, Balken- bzw. Stabdiagramme) der absoluten bzw. der relativen Klassenhäufigkeiten oder ein entsprechendes Häufigkeitspolygon,
- Summenhäufigkeitsfunktionen sowie
- die Lorenzkurve.

Die verfügbaren Daten ermöglichen nur die Darstellung mittels Histogrammen oder Summenhäufigkeitsfunktionen. Wir werden uns im folgenden jedoch – u.a. auch aufgrund der einfachen Interpretierbarkeit für den Leser – auf die Darstellung mittels Säulendiagrammen beschränken.[1]

2.3.3. Grundsätzliche Anmerkungen zur Interpretation des vorhandenen Datenmaterials

Wie oben bereits dargelegt, wies das Statistische Bundesamt 1986 und 1989 lediglich sechs Einkommensklassen aus. Bei der Interpretation der Entwicklung der Einkommensverteilung zeigt sich in Ansätzen bereits 1986, daß die letzte – eine offene – Einkommensklasse nicht mehr aussagekräftig ist. Die Gliederung der Einkommensklassen war daher möglicherweise schon 1986, spätestens aber 1989 nicht mehr zeitgemäß.[2] Ein einigermaßen „realistisches" Bild der Einkommensverteilung läßt sich vor dem Hintergrund dieser Gegebenheiten eigentlich erst für 1992 zeichnen. Auch noch hier, aber im besonderen Maße bei den Einkommensverteilungen 1986 und 1989 müssen die Anteile, die sich in den meisten Fällen (Ausnahme: die Schwerbehin-

[1]Vom Statistischen Bundesamt werden lediglich die Fallzahlen pro Einkommensklasse ausgewiesen, nicht jedoch auch die jeweiligen Betragssummen der Nettoeinkommen. Daher ist die Darstellung der Lorenzkurve nicht oder allenfalls unter Berücksichtigung verschiedener Annahmen möglich.

[2]Dabei soll allerdings nicht das oben bereits erwähnte Hochrechnungsproblem für kleine Fallzahlen verkannt werden, das gerade für die (sehr) hohen Einkommensbereiche gegeben ist, und das daher grundsätzlich eine nach oben offene Randklasse nahelegt.

derten 1986) – zumindest *prima facie* – als „*Modi*“ erweisen,[1] relativiert werden.

Das Grundproblem einer Darstellung der Einkommensverteilung mit festen und absoluten Klassengrenzen zeigt sich hier in einem Inflationseffekt: Durch die generelle Steigerung der Einkommen kommt es zu einer fast durchgängigen Verschiebung der Anteile zugunsten der höheren Einkommensklassen.

Eine Bereinigung der Einkommen um den Inflationseffekt kann jedoch nicht erfolgen, da – wie gesagt – nicht die exakten Einkommensbeträge erfaßt werden, sondern vielmehr die Befragten ihr monatliches Nettoeinkommen einer der vorgegebenen Einkommensklassen zuordnen. Ebenfalls kaum realisierbar dürfte eine Relativierung der Einkommensklassen sein. Die vorhandenen Daten sind deshalb vor dem Hintergrund dieser Problematik zu interpretieren.

2.3.4. Die Einkommensverteilung der Bevölkerung in den alten Bundesländern: Entwicklungen 1986–1992

2.3.4.1. Gesamtbevölkerung

Mit Blick auf die oben angesprochenen Restriktionen läßt sich feststellen, daß sich über die Jahre hinweg jeweils eine – verglichen mit den Subpopulationen, auf die wir weiter unten eingehen werden -, relativ gleichmäßige Verteilung der Einkommen ergeben hat.[2] Die *Modi* innerhalb der Verteilung[3] sind sehr schwach ausgeprägt. 1986 lag der *Modus* mit 18% in der Klasse „1.400 DM bis unter 1.800 DM“, 1989 mit 17% eine Klasse höher („1.800 DM bis unter 2.200 DM“), wo er auch bis 1992 verharrte (mit 15%). Dennoch hat sich die Verteilung aufgrund des Inflationseffektes bis zu diesem Jahr deutlich nach rechts verschoben. Alle Einkommensklassen bis unter 1.800 DM haben kontinuierlich abgenommen, die Einkommensklasse(n) ab 2.200 DM dagegen stark zugenommen. Der Anteil derjenigen, welche ein Netto-

---

[1]Ganz extrem gilt dies natürlich für 1992 bei Zugrundelegung der ursprünglichen sechs Einkommensklassen.

[2]Siehe zum folgenden und generell zur Entwicklung der Einkommensverteilung auch die Tabn. A.21, A.26, A.31 und A.32 im Anhang.

[3]Die „*Modi*“ am rechten Rand der Verteilung sollen hier gemäß dem Gesagten nicht als solche interpretiert werden.

einkommen von mehr als 2.200 DM monatlich beziehen, hat sich zwischen 1986 und 1992 in etwa verdoppelt (von 22% auf 40%). Etwa jeder achte Bundesbürger bezog 1992 sogar ein Nettoeinkommen von über 3.500 DM monatlich (vgl. Abb. 21).

Abb. 21: Einkommensverteilung der Gesamtbevölkerung 1986-1992

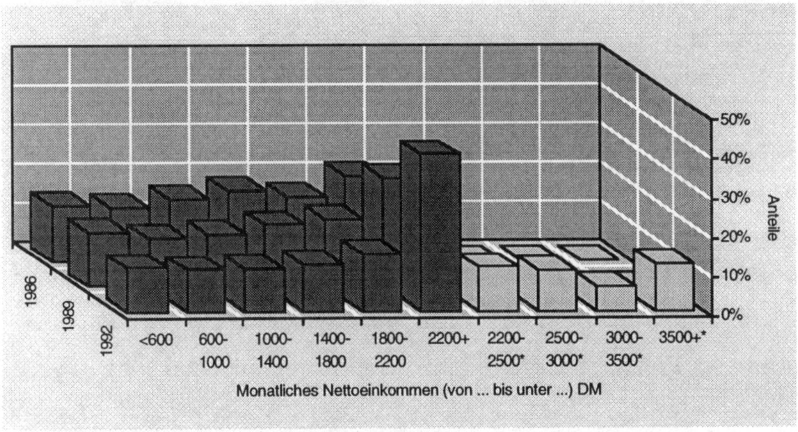

Quelle: Statistisches Bundesamt (Mikrozensen 1986, 1989 und 1989).

2.3.4.2. Nichtbehinderte

Die Einkommensverteilung bei den Nichtbehinderten deckt sich in struktureller Hinsicht erwartungsgemäß mit derjenigen der Gesamtbevölkerung weitgehend aufgrund des hohen Anteils der Nichtbehinderten an der Gesamtbevölkerung (vgl. Abb. 22 auf der folgenden Seite). Umgekehrt kann somit auch gesagt werden, daß die Einkommensverteilung der Gesamtbevölkerung hauptsächlich von derjenigen der Nichtbehinderten bestimmt wird.

2.3.4.3. Leichtbehinderte

Bei den Leichtbehinderten fällt auf, daß sie in allen betrachteten Jahren bei den unteren Einkommensklassen bis 1.400 DM im Vergleich zu den anderen Subpopulationen die niedrigsten Anteile aufweisen. Der Vergleich mit der Einkommensverteilung der Gesamtbevölke-

Abb. 22: Einkommensverteilung der Nichtbehinderten 1986-1992

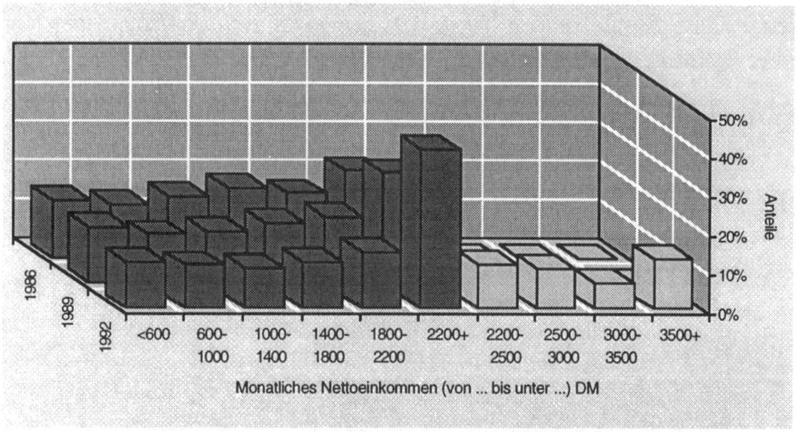

Quelle: Statistisches Bundesamt (Mikrozensen 1986, 1989 und 1989).

Abb. 23: Einkommensverteilung der Leichtbehinderten 1986-1992

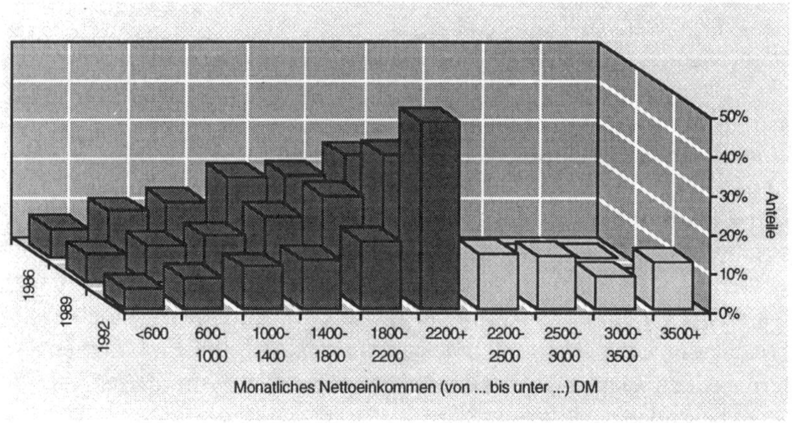

Quelle: Statistisches Bundesamt (Mikrozensen 1986, 1989 und 1989).

rung zeigt denn auch, daß die Leichtbehinderten in diesen Klassen deutlich unterrepräsentiert sind. Umgekehrt sind sie in den mittleren und oberen Einkommensklassen z.T. stark überrepräsentiert (Ausnahme: 1992 in der Klasse „3.500 DM und mehr"). Der *Modus*, der 1986 die noch in etwa gleich besetzten Klassen zwischen 1.400 DM und 2.200 DM (jeweils zwischen 20% und 21%) umfaßte, konzentrierte sich 1989 auf die Klasse „1.800 DM bis unter 2.200 DM" (mit 22%)

und verharrte dort mit einem deutlich geringeren Anteil bis 1992 (17%). Mit insgesamt etwa 47,5% sind bei den Leichtbehinderten die Einkommensklassen über 2.200 DM am stärksten besetzt (Nichtbehinderte: 41%, Schwerbehinderte: 34%; vgl. Abb. 23).

2.3.4.4. Schwerbehinderte

Bei den Schwerbehinderten zeigen sich – im Vergleich zu den Leichtbehinderten – keine so extremen Unterschiede in der anteilsmäßigen Besetzung der einzelnen Einkommensklassen. So finden sich i.d.R. auch etwa 1½mal so hohe Anteile in der untersten Klasse („unter 600 DM"). Der *Modus* liegt tendenziell eine Klasse unter derjenigen bei den Leichtbehinderten (1986: im Bereich zwischen 1.000 DM und 1.800 DM mit jeweils um die 20%; 1989: im Bereich zwischen 1.000 DM und 2.200 DM mit jeweils um die 18%; 1992: im Bereich zwischen 1.400 DM und 2.200 DM mit jeweils etwa 17%).

Abb. 24: Einkommensverteilung der Schwerbehinderten 1986-1992

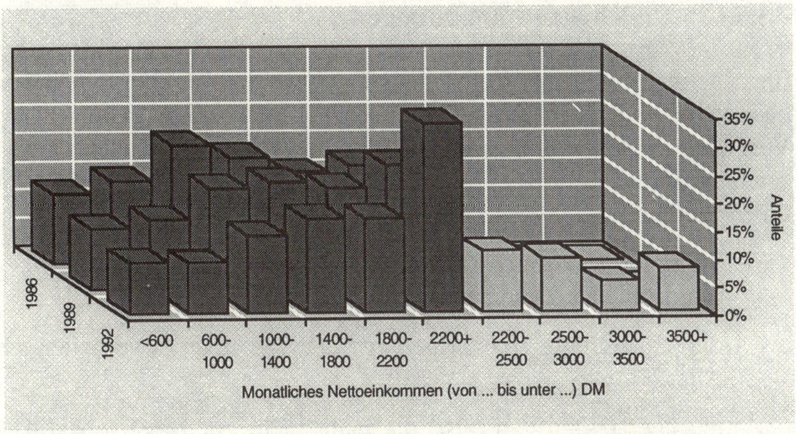

Quelle: Statistisches Bundesamt (Mikrozensen 1986, 1989 und 1989).

Im Vergleich zur Gesamtbevölkerung ist die Gruppe der Schwerbehinderten durchgehend in den mittleren Einkommensklassen (1986: zwischen 600 DM und 1.800 DM, 1989 und 1992: zwischen 1.000 DM und 2.200 DM) – z.T. deutlich – überrepräsentiert, in den Randeinkommensklassen dagegen unterrepräsentiert.

Hier scheinen sich – altersstrukturbedingt – die hohen Einkommen der älteren Schwerbehinderten bemerkbar zu machen. Da jedoch – wie oben dargelegt – ein relativ großer Teil der Gruppe aus dem aktiven Arbeitsleben ausscheidet, bevor (altersbedingt) „sehr hohe" Einkommen erzielt werden können, ist der Anteil derjenigen, die ein sehr hohes Einkommen erzielen, im Vergleich zur Gesamtbevölkerung unterdurchschnittlich hoch.

Im Vergleich zu den anderen Subpopulationen erreichte(n) die Klasse(n) über 2.200 DM bei den Schwerbehinderten denn auch nur einen Anteil von einem Drittel. Die Klasse derjenigen, die 3.500 DM oder mehr monatliches Einkommen beziehen, weist (1992) bei den Schwerbehinderten mit 8% den geringsten Anteil auf (vgl. Abb. 24 auf der vorangegangenen Seite).

2.3.5. Die Einkommensverteilung in verschiedenen Altersklassen: Schwerbehinderte *vs.* Nichtbehinderte

2.3.5.1. Einleitende Anmerkungen

Im folgenden soll der Frage nachgegangen werden, ob über die Altersklassen hinweg signifikante Unterschiede bzw. Entwicklungen im Vergleich zwischen Schwerbehinderten und Nichtbehinderten zu verzeichnen sind. Bei dieser Fragestellung werden wir drei Altersklassen unterscheiden:

- die unter 15jährigen (also die noch nicht zur Erwerbsbevölkerung zählenden Personen),
- die 15 bis unter 65jährigen (die Personen im erwerbsfähigen Alter)[1] sowie
- die über 64jährigen (also die nicht mehr zur Erwerbsbevölkerung zählenden Personen).

[1]Hier werden wir bei Bedarf eine etwas detailliertere Betrachtung auf der Basis der Altersklassen des Statistischen Bundesamtes anstellen. Etwas ungünstig erweist sich hier einerseits die (1986 und 1989) sehr weit gespannte Altersklasse „25 bis unter 50 Jahre", andererseits die nicht vollständig kompatible Altersklasseneinteilung beim Mikrozensus 1992.

2.3.5.2. Unter 15 Jahre

Während bei den Leichtbehinderten keiner, bei den Nichtbehinderten nur ein vernachlässigbar kleiner Anteil ein Einkommen von minde-

Abb. 25: Entwicklung der Einkommensverteilung: Schwerbehinderte unter 15 Jahre (1986–1992)

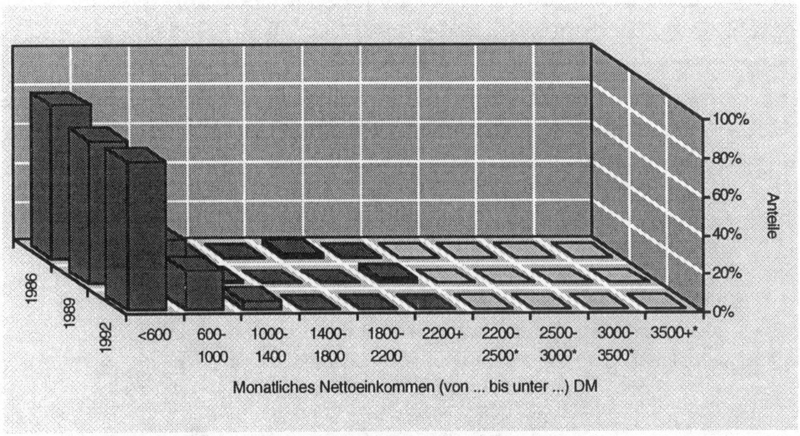

Quelle: Statistisches Bundesamt (Mikrozensen 1986, 1989 und 1989).

Abb. 26: Entwicklung der Einkommensverteilung: Nichtbehinderte unter 15 Jahre (1986–1992)

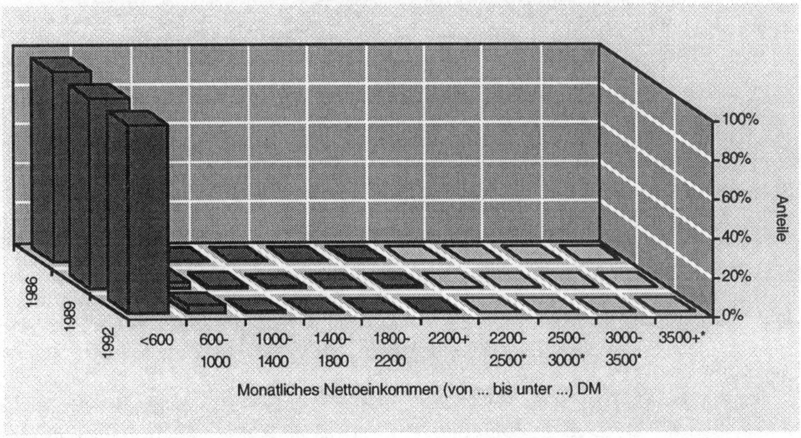

Quelle: Statistisches Bundesamt (Mikrozensen 1986, 1989 und 1989).

stens 600 DM monatlich bezieht, sind es bei den Schwerbehinderten bereits ein Fünftel (1986) bzw. ein Viertel (1989 und 1992; vgl. Abbn. 25 und 26 auf der vorangegangenen Seite).

2.3.5.3. 15 bis unter 65 Jahre

Bei der Bevölkerung im erwerbsfähigen Alter fällt auf, daß sich – abgesehen von der Altersklasse der 15–24jährigen, bei der in allen Subpopuationen eine ausgeprägt linksschiefe Verteilung vorliegt[1] – bei den Schwerbehinderten der restlichen Altersklassen durchgängig eine relativ gleichmäßige Einkommensverteilung ergibt. Eine Ausnahme bildet jedoch die Altersklasse der 25–44 (bzw. –54)jährigen. Sie hat

Abb. 27: Entwicklung der Einkommensverteilung: Schwerbehinderte 15 bis unter 65 Jahre (1986–1992)

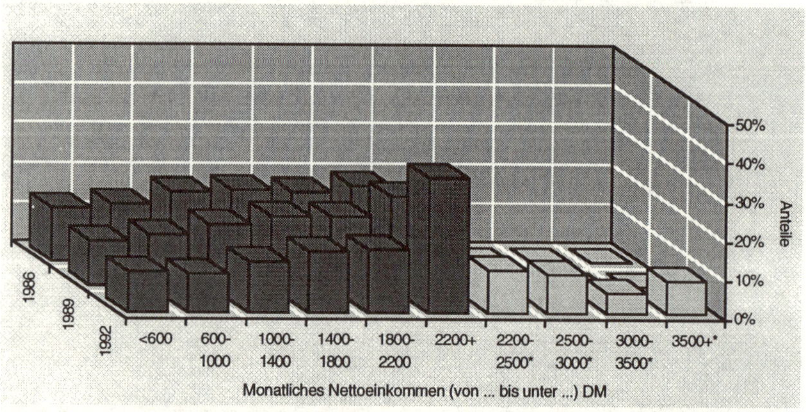

Quelle: Statistisches Bundesamt (Mikrozensen 1986, 1989 und 1989).

sich bis 1992 ebenfalls zu einer linksschiefen Verteilung entwickelt (vgl. Abbn. 27 und 28).[2]

---

[1] Bei den Schwerbehinderten ist diese Schiefe jedoch am stärksten ausgeprägt. Das Verhältnis Schwerbehinderte zu Nichtbehinderte betrug hier in der untersten Einkommensklasse (jeweils *Circa*-Angaben) 1986 48%:36%, 1989 50,5%:33% und 1992 44%:23%.

[2] Die Interpretation der Entwicklung innerhalb der Gruppe der 15–64jährigen ist durch die im Vergleich zu 1986 und 1989 etwas anders gestaltete Altersklassenbildung teilweise etwas problematisch geworden, da sich die Altersklassen nun z.T. überschneiden (s.o.). Die Altersklassen „60 bis unter 62 Jahre“ und „62 bis

Abb. 28: Entwicklung der Einkommensverteilung: Nichtbehinderte 15 bis unter 65 Jahre (1986–1992)

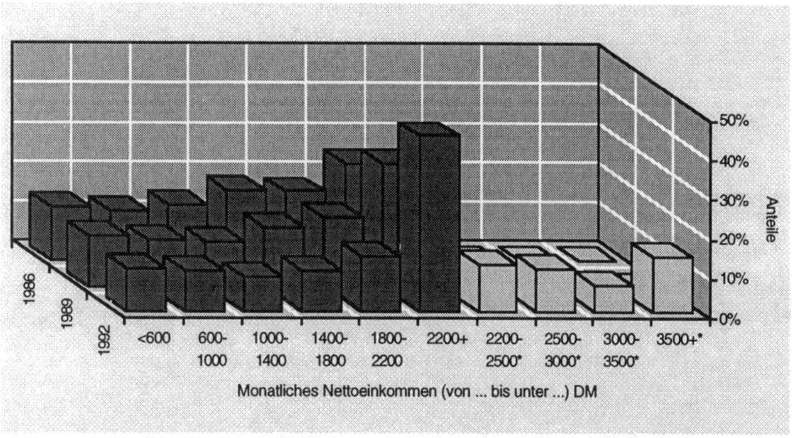

Quelle: Statistisches Bundesamt (Mikrozensen 1986, 1989 und 1989).

2.3.5.4. 65 Jahre und älter

Die Altersklassse der 65jährigen und älteren Personen bestimmt die Einkommensverteilung aller Schwerbehinderten wesentlich. Im Vergleich zur Einkommensverteilung der Nichtbehinderten fällt auf, daß sich der *Modus* bei den Schwerbehinderten deutlicher nach rechts verschoben hat als bei den Nichtbehinderten. Dies wird auch bei einem Vergleich dieser beiden Subpopulationen mit derselben Altersklasse bei der Gesamtbevölkerung deutlich: Während die Schwerbehinderten 1986 ab der Einkommensklasse „1.000 DM bis unter 1.400 DM", seit 1989 ab der Einkommensklasse „1.400 DM bis unter 1.800 DM" überrepräsentiert sind, sind die Nichtbehinderten 1986 in den untersten beiden Einkommensklassen, seit 1989 auch in der Einkommensklasse „1.000 DM bis unter 1400 DM" überrepräsentiert.

unter 65 Jahre" könnten jedoch zusammengefaßt werden, um so eine Kompatibilität herzustellen. Auf eine aufgrund einer festzulegenden Schlüsselung mögliche Umschichtung zwischen den verschiedenen von Überschneidungen betroffenen Altersklassen wurde verzichtet.

Abb. 29: Entwicklung der Einkommensverteilung: Schwerbehinderte 65 Jahre und älter (1986–1992)

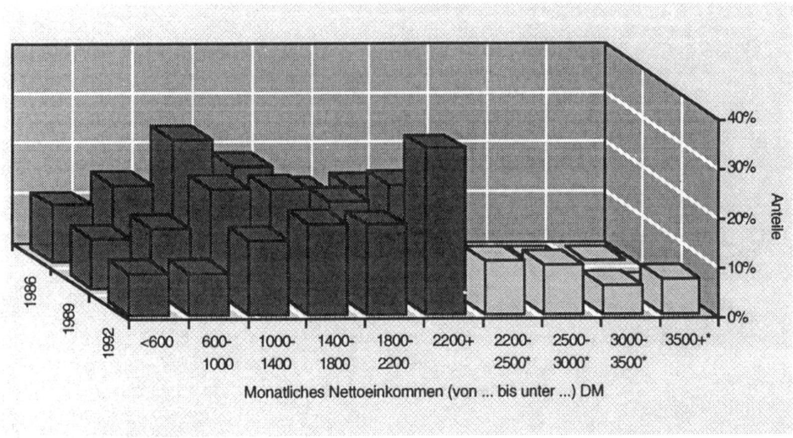

Quelle: Statistisches Bundesamt (Mikrozensen 1986, 1989 und 1989).

Abb. 30: Entwicklung der Einkommensverteilung: Nichtbehinderte 65 Jahre und älter (1986–1992)

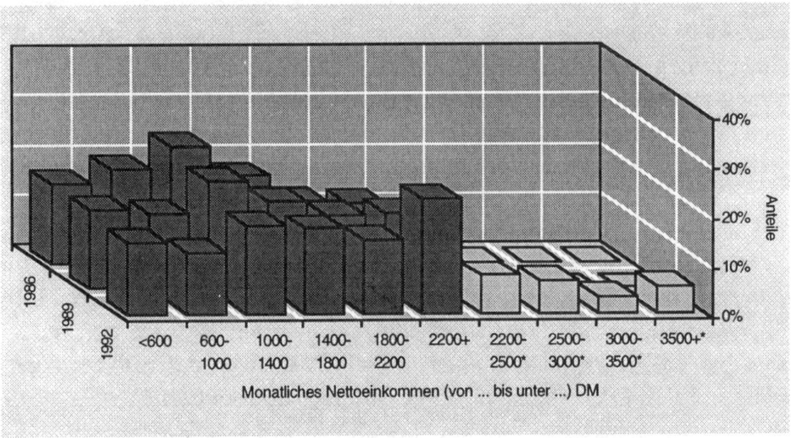

Quelle: Statistisches Bundesamt (Mikrozensen 1986, 1989 und 1989).

2.3.6. Kritische Würdigung der Ergebnisse

Die Daten aus den vom Statistischen Bundesamt durchgeführten Mikrozensen ermöglichen einen insgesamt guten Einblick in die Einkommenssituation der Schwerbehinderten und ihrer Entwicklung. Folgende Probleme sind dennoch bei der Interpretation der Ergebnisse zu berücksichtigen:

(1) Die vom Statistischen Bundesamt veröffentlichten oder zumindest veröffentlichungsreif aufbereiteten Daten[1] erlauben zwar die Zuordnung von Fallzahlen (Merkmalsträger) zu bestimmten Merkmalen (Einkommenshöhe, Alter, Unterhaltsquelle) oder Merkmalskombinationen. Exakte Einzeldaten, insbesondere über die Einkommenshöhe, liegen jedoch nicht vor.[2] Entsprechende Maßzahlen (Streuungsmaße, Mittelwerte usw.) zur detaillierteren Interpretation der Verteilungen können daher nicht – oder zumindest nur unter der Festlegung bestimmter Annahmen – ermittelt werden.[3]

(2) Die Altersklassen sind, wie schon erwähnt, z.T. zu weit gespannt, um detailliertere altersbezogene Aussagen treffen zu können. Dies betrifft insbesondere die Altersklasse „25 bis unter 50 Jahre“ für die Jahre 1986 und 1989. Hier lassen sich Entwicklungen, welche bei Schwerbehinderten schon mit etwa 45 Jahren oder gar noch früher einsetzen, nicht abbilden. Die Umstrukturierung der Altersklassen für 1992 hat jedoch zu Kompatibilitätsproblemen im Rahmen der Interpretation geführt.

(3) Die Wahl der Einkommensklassen erscheint unzeitgemäß. Sie suggeriert, daß es sich bei einem Nettoeinkommen von 2.200 DM bereits um ein sehr hohes Einkommen handelt. 1992 wurde denn auch die Einkommensklasse „2.200 DM und mehr“ durch vier neue ersetzt. Da hier wiederum eine nach oben offene Randklasse eingeführt wurde („3.500 DM und mehr“), wurde das grundsätzliche Problem zwar nicht gelöst, sondern nur „verschoben“. Einer weiteren Untergliede-

---

[1] Wie bereits oben erwähnt, wurden die Ergebnisse der Mikrozensus-Zusatzerhebung von 1986 nicht veröffentlicht.

[2] Bei der Befragung wird – wie gesagt – nicht die exakte Höhe der Einkünfte erhoben, sondern von vornherein nur eine Zuordnung der Höhe der Nettoeinkünfte zu vorgegebenen Klassen erbeten. Aufgrund der z.T. (zu) geringen Fallzahlen werden diese Klassen teilweise zu den veröffentlichten zusammengefaßt.

[3] Hier muß ersatzweise auf die Daten des Sozio-ökonomischen Panels zurückgegriffen werden. Siehe hierzu Kapitel IV.3.

rung dieser Randklasse steht jedoch das stichprobenstatistische Problem der geringen Fallzahlen entgegen.

(4) Die generelle anteilsmäßige Entwicklung zugunsten der höheren Einkommensklassen spiegelt die allgemeine Steigerung der Einkommen wider (Inflationseffekt).

Bei der Betrachtung der oben dargelegten Ergebnisse läßt sich feststellen, daß sich im großen und ganzen die Einkommenssituation in der Entwicklung nicht gravierend von derjenigen der Bevölkerung insgesamt unterscheidet, möglicherweise jedoch relativ „positiver" verlief als bei den Nichtbehinderten. Dennoch scheint den Schwerbehinderten – mit Ausnahme der älteren – das Vordringen in hohe Einkommensregionen versperrt zu sein. Insgesamt, so scheint es, wird die Struktur der Einkommensverteilung der Schwerbehinderten von drei wichtigen Faktoren bestimmt:

- Renten und andere (evtl. schwerbehindertenspezifische) Transferleistungen bewirken schon bei jungen Schwerbehinderten (unter 45 Jahre) hohe Anteile nicht nur in den unteren Einkommensklassen.

- Altersstrukturbedingt wirken sich die relativ hohen Einkommen der älteren Schwerbehinderten stark auf die Einkommensverteilung der Gesamtgruppe aus.

- Möglicherweise weniger aufgrund des besonderen Kündigungsschutzes als aufgrund der sowieso gegebenen betrieblichen Rekrutierungs- und (Weiter-)Beschäftigungsstrategien[1] haben Schwerbehinderte, die (bereits) in einem Beschäftigungsverhältnis stehen, eine realistische Chance, über Erwerbstätigkeit relativ hohe Einkommen zu erzielen. Dies gilt jedoch nur bei einer Beschäftigung auf dem allgemeinen Arbeitsmarkt. In geschützten Bereichen (WfB o.ä.) Beschäftigte sind, wie noch zu zeigen ist,[2] weitgehend auf die unterste Einkommensklasse beschränkt.

Dennoch läßt sich sagen – auch mit Blick auf die anderen betrachteten Subpopulationen und die Bevölkerung insgesamt –, daß bei den

[1]Zu denken ist hier vor allem an die betriebsinterne Rekrutierung der Schwerbehinderten und Senioritätsregelungen verbunden mit einem starken *De-facto*-Kündigungsschutz. Siehe hierzu ausführlich Kapitel III.3.

[2]Siehe dazu ausführlich Kapitel IV.7.

Schwerbehinderten (im Gegensatz zu den Leichtbehinderten) eher die „mittleren" Einkommen (im Bereich zwischen 1.000 und 2.000 DM) dominieren.

3. Ergebnisse des SOEP

3.1. Die Entwicklung der durchschnittlichen Brutto- und Nettoeinkommen Schwerbehinderter 1984–1991

Wie oben angedeutet, können aus den Daten des Statistischen Bundesamtes kaum Durchschnittswerte der Nettoeinkommen abgeleitet werden. Hier kann man jedoch auf die Mikrodaten des Sozio-ökonomischen Panels zurückgreifen, in welchem die genauen Einkommen abgefragt werden. Abb. 31 zeigt die Entwicklung der durchschnittlichen Brutto- und Nettoeinkommen Schwerbehinderter und aller Arbeitnehmer insgesamt in den alten Ländern der Bundesrepublik im Vergleich.[1]

Abb. 31: Durchschnittliche Brutto- und Nettoeinkommen Schwerbehinderter 1984–1991

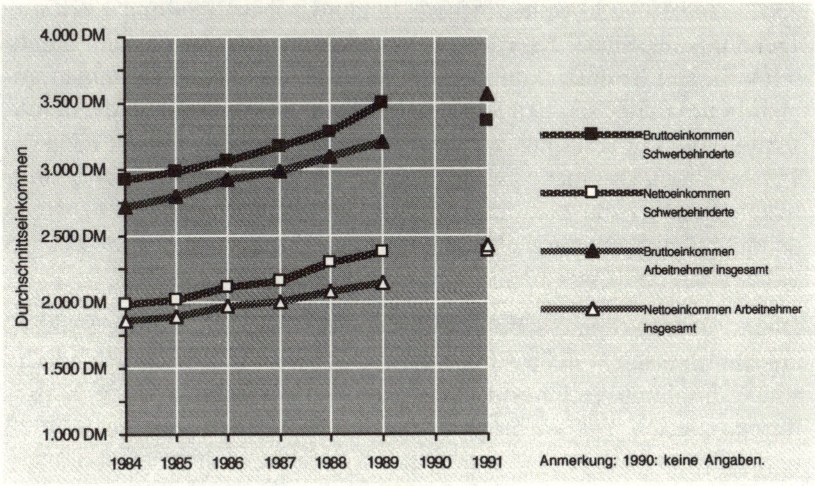

Quelle: SOEP.

[1] Vgl. auch Tabn. A.36.1.und A.36.2 im Anhang.

Das durchschnittliche Bruttoeinkommen der Schwerbehinderten stieg von 2.929 DM (1984) zunächst auf 3.494 DM (1989), um dann bis 1991 wieder leicht auf 3.358 DM zu sinken. Zwischen 1984 und 1991 ergab sich damit ein Zuwachs von etwa 15%. Das durchschnittliche Nettoeinkommen der Schwerbehinderten stieg ebenfalls deutlich von 1.994 DM (1984) auf 2.383 DM (1989) bzw. 2.372 DM (1991) an. Hier ergab sich eine Zuwachsrate von 19%.

Bei den Arbeitnehmern insgesamt erfolgte sowohl bei den Bruttoals auch bei den Nettoeinkommen eine kontinuierliche Steigerung. So stieg das durchschnittliche Bruttoeinkommen hier von 2.727 DM (1984) auf 3.557 DM (1991). Dies entspricht einem Zuwachs von über 30%. Fast genauso stark stieg auch das durchschnittliche Nettoeinkommen an. Hier ergab sich ein Zuwachs von 1.863 DM (1984) auf 2.420 DM (1991).

Aus den Daten lassen sich demnach folgende interessante Entwicklungen nachvollziehen:

(1) Sowohl Brutto- als auch Nettoeinkommen waren, was die Durchschnittswerte anbetrifft, bei den Schwerbehinderten bis 1989 – z.T. deutlich – höher als bei den Arbeitnehmern insgesamt.

(2) Obwohl sich die „Schere“ zwischen den Durchschnittseinkommen der Schwerbehinderten und derjenigen der Arbeitnehmer insgesamt in den Jahren 1988/89 weiter öffnete, fand zwischen 1989 und 1991 eine Trendumkehr statt: Bei den Schwerbehinderten fielen die durchschnittlichen Bruttoeinkommen um fast 4%, die Nettoeinkommen immerhin um 0,5%. Bei den Arbeitnehmern insgesamt stiegen die durchschnittlichen Einkommen weiter stark an (Bruttoeinkommen: mehr als 11%, Nettoeinkommen: 13%), so daß im Jahre 1991 die durchschnittlichen Brutto- und Nettoeinkommen der Schwerbehinderten bereits deutlich niedriger waren als die jeweiligen Durchschnittswerte bei den Arbeitnehmern insgesamt.

Diesen überraschenden Befund führen *Sadowski* u.a. (1992, S. 80 f.) auf die unterschiedliche Altersstruktur Schwer- und Nichtbehinderter sowie die damit verbundene Wirkung altersabhängiger Entlohnungsformen zurück. Als weiteren Grund führen sie den weit unterdurchschnittlichen Frauen- und damit auch Teilzeitbeschäftigtenanteil unter den Schwerbehinderten an. *Frick* (1992, S. 173 ff.) stellt darüber hinaus (allerdings nur auf der Grundlage der ersten Welle des SOEP) denn auch fest, daß eine Einkommensdiskriminierung Schwerbehinderter nicht nachgewiesen werden kann:[1]

> Das Einkommen schwerbehinderter Arbeitnehmer wird keineswegs durch den angegriffenen Gesundheitszustand beeinflußt. Schul- und Berufs(aus)bildung sowie allgemeine und spezifische Berufserfahrung bzw. die Länge eventueller Erwerbsunterbrechungen determinieren statt dessen die Einkommen schwer- und nichtbehinderter Arbeitnehmer gleichermaßen.

3.2. Individual- und Haushaltseinkommen von Behinderten

Die Auswertung der Daten aus dem SOEP von *Burkhauser/Daly* (1993) zur Einkommenssituation von Behinderten zeigt, daß das durchschnittliche Einkommen aus Erwerbstätigkeit eines männlichen Behinderten im Jahre 1987 mit etwa 31.500 DM[2] etwa um ein Viertel niedriger war als das eines nichtbehinderten Mannes.[3] Dieser Unterschied wird aber durch staatliche Transferzahlungen – bezogen auf die einzelne Person – mehr als ausgeglichen. Die durchschnittlich erhaltenen Transfers eines Behinderten sind etwa um den Faktor 2,2 höher als die eines Nichtbehinderten. Bezogen auf das gesamte Haushaltseinkommen der betroffenen Haushalte reichen die Transferzahlungen dennoch nicht zur vollständigen Kompensation der durch die Behin-

[1] *Frick* (1992), S. 182. Dieser auf der Basis einer Regressionsanalyse ermittelte Befund widerspricht somit demjenigen von *Brinkmann* (1973) sowie auch *Ritz* (1986). *Frick* (1992, S. 96) kritisiert jedoch deren Analysen dahingehend, daß, obgleich deren relativ großen Stichprobenumfänge die Anwendung multivariater Verfahren gestattet hätten, beide Autoren auf entsprechende Analysen (z.B. die Schätzung einer „Einkommensfunktion") verzichtet haben. *Frick* (ebd., S. 96 f.) führt als Beleg für seine Einschätzung darüber hinaus entsprechende Daten des Verbandes der Deutschen Rentenversicherungsträger an, aus denen hervorgeht, daß sowohl bei Männern als auch bei Frauen das letzte monatliche Bruttoeinkommen der Rentenzugänge bei Schwerbehinderten höher ist als der Durchschnitt aller Rentenversicherter und daß die Zahl der Beitragsjahre, der sozialrechtliche Status (Arbeiter oder Angestellter) und das Geschlecht, nicht aber der Gesundheitszustand einen signifikanten Einfluß auf die Höhe des (letzten) Bruttoeinkommens haben (vgl. dazu auch Tab. A. 35 im Anhang.

[2] DM-Angaben jeweils in Preisen von 1991.

[3] Vgl. hierzu und zum folgenden *Burkhauser/Daly* (1993), S. 20 ff.

derung bedingten Einkommensverluste aus.[1] Mit 52.300 DM beträgt das durchschnittliche Haushaltseinkommen von Haushalten mit Behinderten nur 88% des Einkommens eines Haushaltes ohne Behinderten (vgl. auch Tab. 2).

Tab. 2: Einkommenssituation der Behinderten in der Bundesrepublik Deutschland 1987

	Betrag	
	... in TDM von 1991	**... in % des Betrages der Einkünfte von Nichtbehinderten**
Einkünfte (Löhne und Gehälter, real)	31,5	74%
Transferzahlungen (real)	7,6	220%
Haushaltseinkommen (real)	52,3	88%

Quelle: *Burkhauser/Daly* (1993), S. 20.

3.3. Armut und Behinderung

Setzt man eine relative Armutsgrenze bei 50% des Medianeinkommens („brutto" bzw. „netto"[2]), so kann man feststellen, daß grundsätzlich für Behinderte eher die Wahrscheinlichkeit besteht, in (relativer) Armut zu leben, als für Nichtbehinderte, gleich, ob man Steuern oder Transferzahlungen berücksichtigt oder nicht. Tab. 3 zeigt für das Jahr 1987 deutlich, daß, insbesondere für Männer (jeden Alters), aber auch für ältere Frauen, das Risiko, in Armut leben zu müssen, i.d.R. etwa dreimal so hoch ist wie für Nichtbehinderte der entsprechenden Gruppe.

[1] Etwa drei Viertel der Behinderten erhalten staatliche Transferzahlungen (einschließlich solcher, die nicht den Behindertenstatus voraussetzen).

[2] Zur sprachlichen Vereinfachung soll für die folgenden Betrachtungen folgende Vereinbarung getroffen werden: „Brutto" soll heißen: vor Steuer und Transferzahlungen, „netto" soll heißen: nach Steuer, aber mit Transferzahlungen.

Das höchste relative Armutsrisiko[1] ist jedoch bei den älteren Männern (45 bis 59 Jahre) gegeben. Hier ist das Risiko für einen Behinderten um den Faktor 3,7 höher als für einen Nichtbehinderten.

Tab. 3: Armutsrisiko bei Behinderten und Nichtbehinderten in der Bundesrepublik Deutschland (1987)

	Cases	Before Government (percentage)	After Government (percentage)
Men			
With disabilities	378	24.3	13.7
Without disabilities	3621	7.7	4.7
Relative Risk[2])		3.2	2.9
Aged 16 to 44			
With disabilities	143	29.8	16.4
Without disabilities	2569	8.5	5.6
Relative Risk[2])		3.5	2.9
Aged 45 to 59			
With disabilities	235	21.3	12.2
Without disabilities	1052	5.8	2.8
Relative Risk[2])		3.7	4.4
Women			
With disabilities	385	31.6	13.9
Without disabilities	3488	11.6	8.3
Relative Risk[2])		2.7	1.7
Aged 16 to 44			
With disabilities	156	29.1	15.8
Without disabilities	2523	12.0	10.0
Relative Risk[2])		2.4	1.6
Aged 45 to 59			
With disabilities	229	33.1	12.8
Without disabilities	965	10.6	4.4
Relative Risk[2])		3.1	2.9

[1]) Before government poverty is defined as having pre-tax and transfer household income below 50 percent of the population median of before government income. After government poverty is equivalently defined as having post-tax, post-transfer household income below 50 percent of the median after government income. The median value defines the level below which 50 percent of the observations fall. — [2]) The relative risk equals the poverty rate of persons with disabilities divided by rate of persons without disabilities.

Quelle: *Burkhauser/Daly* (1993), S. 21.

Bleiben Steuern und Transferzahlungen unberücksichtigt, lebten 1987 fast ein Viertel der männlichen Bevölkerung und fast ein Drittel der weiblichen Bevölkerung in relativer Armut. Betrachtet man die Einkommen nach Steuern und Transferzahlungen, so erkennt man, daß die Armutsrate bei den Behinderten beträchtlich sinkt. Dies gilt jedoch auch für die Nichtbehinderten. In der Konsequenz verändert sich zwar das relative Risiko, in Armut zu leben, aber nicht so wesentlich wie

[1]Das „relative Armutsrisiko“ stellt das Verhältnis der Wahrscheinlichkeit, als Behinderter arm zu werden, zur Wahrscheinlichkeit, als Nichtbehinderter arm zu werden, dar.

vielleicht erwartet. Bei den männlichen älteren Schwerbehinderten steigt dieses Risiko sogar deutlich an (um den Faktor 4,4).

3.4. Behinderung und ihr Einfluß auf das Einkommen

Die oben dargestellten Ergebnisse vermögen noch nicht zu klären, ob z.B. ärmere Teile der Bevölkerung eher behindert werden oder ob die Behinderung selbst möglicherweise Verarmung zur Folge hat. Um dies zu klären, ist es notwendig, die Einkommenssituation vor und nach dem Eintritt des Behindertenstatus – und zwar bei denselben Personen bzw. Haushalten – zu analysieren. Dies ist durch die wiederkehrende Befragung im Rahmen des SOEP möglich.

Tab. 4 zeigt, welche Unterschiede sich bei den betroffenen Personen bzw. deren Haushalte in der Panelbevölkerung ergeben haben. Dabei sind jedoch solche Personen nicht berücksichtigt, die vor dem Befragungsalter von 16 Jahren oder nach dem 59. Lebensjahr behindert wurden. Berücksichtigt sind jedoch Personen, die (vor Eintritt der Behinderung) kein Einkommen bezogen.[1] Betrachtet werden jeweils Nettoeinkommen (also nach Steuern und Transfers).

Bei Männern zeigt sich, daß sich die Behinderung bei dieser Personengruppe auf alle Einkommensquellen auswirkt, insgesamt jedoch kaum auf das Haushaltseinkommen. Rückgänge beim Einkommen des betroffenen Familienmitgliedes können offensichtlich durch Zuwächse bei anderen Einkommensquellen kompensiert werden. Hierzu tragen vor allem die im Schnitt mehr als doppelt so hohen Transfers bei.

Es fällt allerdings auf, daß sowohl die Auswirkung auf das eigene Einkommen als auch auf die „Kompensationsstruktur" vom Alter der Betroffenen abhängt. So zeigt sich, daß bei den jüngeren Betroffenen (16–44 Jahre) offensichtlich das eigene Einkommen unterdurchschnittlich zurückgeht und die anderen Haushaltsmitglieder bemüht sind, ihr eigenes Einkommen zu erhöhen, während dies in der älteren Gruppe (45–59 Jahre), bei denen der Rückgang des eigenen Einkommens zudem überdurchschnittlich ist, kaum mehr der Fall ist. Bei den älteren Männern werden dagegen vor allem die möglichen Transfer-

[1]Diese Personen sind demnach auch bei der Ermittlung des Median-Einkommens berücksichtigt.

einkommen und andere Einkommensquellen „mobilisiert“. Erstere werden mehr als vervierfacht.

Tab. 4: Veränderung der Einkommenssituation Behinderter ein Jahr vor und ein Jahr nach Eintritt der Behinderung

	One Year Before (median)[1],[2]	One Year After (median)[1],[2]	Percentage Change
Men			
Own Wage Earnings	18,004	14,227	−21
Earnings of Other Household Members	13,424	13,768	3
Transfer Income	441	987	124
Other Income	554	582	5
Household Income	28,290	28,369	0
Aged 16-44			
Own Wage Earnings	15,877	13,294	−16
Earnings of Other Household Members	10,618	11,853	12
Transfer Income	481	820	71
Other Income	831	585	−30
Household Income	27,546	27,373	0
Aged 45-59			
Own Wage Earnings	23,546	17,859	−24
Earnings of Other Household Members	13,790	13,864	0
Transfer Income	213	949	346
Other Income	284	448	58
Household Income	30,476	29,950	−2
Women			
Own Wage Earnings	3403	1105	−68
Earnings of Other Household Members	24,801	25,660	4
Transfer Income	836	1,837	120
Other Income	757	587	−22
Household Income	26,359	27,184	3
Aged 16-44			
Own Wage Earnings	3,269	2,638	−19
Earnings of Other Household Members	22,791	25,893	14
Transfer Income	908	1,121	23
Other Income	684	510	−25
Household Income	24,537	26,228	7
Aged 45-59			
Own Wage Earnings	6,227	0	–
Earnings of Other Household Members	25,605	23,894	−7
Transfer Income	448	5,163	1052
Other Income	811	688	−15
Household Income	28,441	28,253	0

[1]) Medians include zero values and represent the median value in each income category. — [2]) Medians are unweighted.

Quelle: *Burkhauser/Daly* (1993), S. 22.

Insgesamt reicht es bei der älteren Gruppe jedoch nicht mehr ganz zur vollständigen Kompensation. Diese Gruppe muß im Schnitt mit einem Einkommensverlust von 2% rechnen.

Bei Frauen ergibt sich insgesamt ein mehr als dreimal so starker Einkommensverlust im Vergleich zu den Männern (68% bzw. 21%). Dennoch vermögen Haushalte, bei denen eine Frau behindert wird, die Ausfälle mehr als zu kompensieren. Dies geschieht – betrachtet man die Frauen insgesamt – mit einer Verdoppelung der ohnehin schon (im Vergleich zu den Männern) weit höheren Transfereinkommen.[1]

Der Verlust des eigenen Einkommens ist bei den 45-59jährigen behindert gewordenen Frauen praktisch vollständig. Dennoch ist hier überraschend, daß, obwohl sämtliche andere Einkommen auch zurückgehen, die Transferzahlungen des Staates (in der Summe mit den anderen Einkommen) eine nahezu vollständige Kompensation des durch das Eintreten der Behinderung verursachten Einkommensverlustes bewirken.

Bei den jüngeren Frauen (16-44 Jahre) ergibt sich mit 7% ein relativ deutlicher Einkommenszuwachs für den gesamten Haushalt. Hier tragen – ähnlich wie bei den Männern – neben den höheren Transfereinkommen auch die erhöhten Einkommen der anderen Haushaltsmitglieder dazu bei, den starken Verlust bei den eigenen Einkommen der Betroffenen und den anderen Einkommen zu kompensieren.

3.5. Behinderung und mittelfristiges Armutsrisiko

Die oben dargelegten Ergebnisse aus den Panelerhebungen deuten darauf hin, daß das System der Transferzahlungen eine Verarmung der Betroffenen - zumindest kurzfristig - durchaus wirksam zu verhindern vermag. Damit fragt sich jedoch, ob diese Folgerung auch für die mittelfristige Sicht Gültigkeit behält. Um diese Frage zu beantworten, ist es notwendig, diejenigen von Behinderungen betroffenen Personen, welche bei Eintritt der Behinderung noch nicht im oben dargelegten Sinne arm waren, über mehrere Jahre hinweg nach ihrem Einkommen zu befragen.

Tab. 5 zeigt die Ergebnisse einer solchen wiederholten Befragung über vier Jahre hinweg. Dabei wurde jeweils das Risiko, in jedem Folgejahr nach Eintreten der Behinderung arm zu werden, sowie die kumulierten Wahrscheinlichkeiten am jeweiligen Jahresende ermittelt. Die ermittelten Werte zeigen, daß das Risiko, als behinderte Person schließlich doch in Armut abzurutschen, weitaus höher ist als dies die oben aufgeführten Zahlen suggerieren. Vielmehr ist bei den Männern nahezu jeder dritte Behinderte nach vier Jahren arm, bei den Frauen

[1] Im Vergleich zu den Männern beziehen Frauen fast doppelt so hohe Transfereinkommen (Medianwerte von 836 DM bzw. 441 DM).

etwa jede vierte Behinderte. Dabei tragen jüngere behinderte Männer (16–44 Jahre) mit 33,3% das höchste, ältere behinderte Frauen (45–59 Jahre) dagegen das geringste Risiko, arm zu werden (etwa 24%).

Damit zeigt sich, daß das System der Transferzahlungen zwar kurzfristig durchaus imstande ist, Armut bei den Betroffenen zu verhindern. Der längerfristige Erfolg ist jedoch fragwürdig.

Tab. 5: Armutsrisiko nach Eintritt einer Behinderung

	Interval in Years (1)	Entered Interval (2)	Attrition or Censored Observations (3)	Fell into Poverty During Interval (4)	Proportion Falling into Poverty¹),²) (5)	Cumulative Proportion in Poverty in Year t³) (6)
Men	0-1	272	0	16	5.9	5.9
	1-2	256	70	21	9.5	15.6
	2-3	165	66	14	10.6	25.0
	3-4	85	33	6	8.8	30.4
Aged 16-44	0-1	130	0	11	8.5	8.5
	1-2	119	29	7	6.7	15.5
	2-3	83	29	10	14.6	27.7
	3-4	44	22	2	6.1	33.3
Aged 45-59	0-1	142	0	5	3.5	3.5
	1-2	137	41	14	12.0	15.6
	2-3	82	37	4	6.3	22.3
	3-4	41	11	4	11.3	27.7
Women	0-1	349	0	16	4.6	4.6
	1-2	333	63	26	8.6	13.2
	2-3	244	81	14	6.9	20.2
	3-4	149	81	3	2.8	24.9
Aged 16-44	0-1	180	0	8	4.4	4.4
	1-2	172	33	16	10.3	14.7
	2-3	123	40	6	5.8	20.9
	3-4	77	37	2	3.4	25.6
Aged 45-59	0-1	169	0	8	4.7	4.7
	1-2	161	30	10	6.8	11.7
	2-3	121	41	8	8.0	19.5
	3-4	72	44	1	2.0	24.2

¹) Poverty is defined as having after government income of less than 50 percent of the post-tax, post-transfer median income for the appropriate year. — ²) Column (5) = Column (4) / (Column (2) — .5(Column (3)). — ³ Column (6) = Σ (Column (4) at time t) / Column (2) at interval 0-1 — .5 Σ (Column (3) at time t).

Quelle: *Burkhauser/Daly* (1993), S. 23.

3.6. Kritische Würdigung der Ergebnisse der Untersuchung von *Burkhauser/Daly*

Die Ergebnisse der Studie von *Burkhauser/Daly* haben deutlich aufgezeigt, daß, wie eingangs der Arbeit erwähnt, für Behinderte – und damit auch für Schwerbehinderte – das Risiko, selbst in Armut abgedrängt zu werden oder möglicherweise Angehörige der Armut auszusetzen, durchaus realistisch ist. *Burkhauser/Daly* weisen jedoch zu recht darauf hin, daß aus diesen Daten noch nicht klar hervorgeht, ob das mittelfristige Risiko, doch zu verarmen, eher ein Problem des Systems der Transferzahlungen ist oder aber dem System der Beschäftigung zuzuschreiben ist.[1] Ebensowenig geht aus der Untersuchung hervor, ob innerhalb der Gruppe der Behinderten signifikante Unterschiede bzgl. des Armutsrisikos bestehen.

Weiterhin zu berücksichtigen ist, daß diese Untersuchung auf der Basis der Panelerhebungen insbesondere auf die ökonomische Situation derjenigen Behinderten abstellt, die im Laufe ihres Lebens behindert werden. Interessant wäre jedoch auch die kontrastive Analyse der Entwicklung von Individual- und Haushaltseinkommen von Personen, die von Geburt an behindert sind. Hier besteht also weiterer Forschungsbedarf.

Als weiterer Problempunkt kann die mangelnde Vergleichbarkeit mit den anderen Untersuchungen genannt werden. Eine Unterscheidung von leichter und schwer Behinderten findet nicht statt.

4. Die Einkommenssituation Schwerbehinderter in Baden-Württemberg in den Jahren 1983 und 1988: Ergebnisse aus dem IAW-Steuerpanel

4.1. Einkommensquellen

Aus den Daten des IAW-Steuerpanels läßt sich zunächst ermitteln, welche Rolle die verschiedenen Einkommensquellen bei der Gesamtpopulation der erfaßten Steuerpflichtigen spielen. Entsprechend der Angaben in Abschn. IV.1.3. lassen sich die folgenden Einkommensquellen unterscheiden:

- Land- und Forstwirtschaft,
- Gewerbebetrieb,
- selbständige Tätigkeit,
- nichtselbständige Tätigkeit,

[1] Vgl. *Burkhauser/Daly* (1993), S. 24.

- Kapitalvermögen,
- Vermietung und Verpachtung sowie
- sonstige Einkommensquellen.

Betrachtet man die jeweiligen Anteile derjenigen, die Einkünfte aus den verschieden Einkommensquellen beziehen (vgl. dazu Tabn. A.38 und A.41 im Anhang), so kann man feststellen, daß durchaus signifikante strukturelle Unterschiede zwischen den Haushalten ohne Behinderte und den Schwerbehindertenhaushalten bestehen.[1] Aus den Daten ist erkennbar, daß Schwerbehindertenhaushalte relativ häufiger als Haushalte ohne Behinderte Einkünfte aus Vermögen sowie sonstige regelmäßige Einkünfte (dies werden vor allem Renten sein) beziehen. Während die Schwerbehindertenhaushalte bei den Einkünften aus Land- und Forstwirtschaft, Gewerbebetrieb, selbständiger und nichtselbständiger Tätigkeit jeweils leicht (bei Einkünften aus nichtselbständiger Tätigkeit und aus Gewerbebetrieb jedoch deutlich) unterrepräsentiert sind, sind sie bei den Einkünften aus Kapitalvermögen leicht, bei Vermietung und Verpachtung schon deutlich, bei den sonstigen Einkünften sehr stark überrepräsentiert. Während etwa nur jeder siebte (steuerpflichtige) Haushalt ohne Behinderte solche „sonstigen Einkünfte“ aufweist, ist es bei den Schwerbehindertenhaushalten etwa jeder dritte, bei Haushalten mit Schwerstbehinderten sind es sogar zwei von drei.

Bei den Einkünften aus nichtselbständiger Tätigkeit sowie bei den sonstigen Einkünften zeigen sich weiterhin starke statistische Zusammenhänge zwischen dem Grad der Behinderung und dem Anteil derjenigen Haushalte, die aus diesen Quellen Einkünfte aufweisen, d.h. je höher der GdB, desto niedriger (oder höher) ist der Anteil. Während jeweils nahezu 90% der Haushalte mit einem GdB von 50 Einkünfte aus nichtselbständiger Tätigkeit beziehen, sind es bei den Haushalten mit einem GdB von 100 nur mehr knapp 80%. Bei den sonstigen Einkünften steigen die Anteile von etwa 34% (1983) bzw. 42% (1988) bei

[1] Die folgenden Ausführungen beziehen sich auf erste, von *Hochmuth* und *Kleimann* am IAW durchgeführten statistischen Auswertungen auf der Ebene der steuerpflichtigen *Haushalte* (vgl. auch *Hochmuth* (1994) und *Kleimann* (1994)). Weitere Auswertungen mit Blick auf diejenigen Haushalte, welche ausschließlich (zu versteuernde) Einkünfte aus nicht selbständiger Tätigkeit beziehen und daher nur einen Lohnsteuerjahresausgleich durchführen, sind seither noch nicht erfolgt. Des weiteren bleibt im Rahmen des IAW-Steuerpanels noch zu untersuchen, wie sich die *individuelle* Situation der Schwerbehinderten darstellt.

Haushalten mit einem GdB von 50% bis auf etwa 68% (1983) und etwa 72% (1988) bei Haushalten mit einem GdB von 90 oder 100 an.

Die Daten des IAW-Steuerpanels bestätigen damit die Bedeutung der Renten als Einkommensquelle der Schwerbehinderten. Hier dürfte aber, wie schon mehrmals angedeutet, der Altersstruktureffekt eine wesentliche Rolle spielen. Dieser ist mithin bei der Interpretation der Zahlen auch hier zu berücksichtigen. Die Daten weisen jedoch ferner darauf hin, daß auch für die steuerpflichtigen Schwerbehindertenhaushalte Vermögenseinkommen eine wichtige Rolle spielen.

An diesen strukturellen Verhältnissen hat sich zwischen 1983 und 1988 wenig geändert. Auffallend ist jedoch eine deutliche Verlagerung innerhalb der verschiedenen Einkommensquellen. So gingen die Anteile bei den arbeitsbasierten Einkünften generell stark zurück. Lediglich bei den Einkünften aus nichtselbständiger Tätigkeit gab es bei Betrachtung aller Haushalte noch eine leichte Zunahme (knapp 1%). Bei den Schwerbehindertenhaushalten nahm auch hier der Anteil geringfügig (um rd. 1%) ab. Noch stärker nahmen allerdings die Anteile bei den Einkünften aus Vermietung und Verpachtung ab (Schwerbehindertenhaushalte: etwa 39%, alle Haushalte: etwa 44%).[1] Andererseits nahmen die Anteile bei den Einkünften aus Kapitalvermögen sehr stark zu. Bei den Schwerbehindertenhaushalten kam es hier teilweise zu einer Verdoppelung der Anteile. Bei den Schwerbehindertenhaushalten nahm gleichzeitig auch der Anteil bei den sonstigen Einkünfte deutlich zu (+11%), während er bei den Haushalten ohne Behinderte nahezu unverändert blieb (+1,5%).

4.2. Durchschnittliche Höhe der Einkünfte 1983 und 1988

4.2.1. Summe der Einkünfte

Die durchschnittliche Summe der Jahreseinkünfte aller im Steuerpanel erfaßten Haushalte in Baden-Württemberg betrug im Jahre 1988 58.885 DM. Es war damit um knapp 22% höher als das der Schwerbehindertenhaushalte (48.342 DM). 1983 war der Unterschied mit

[1]Dies ist übrigens die einzige Einkommensquelle, bei der die absolute Zahl der Einkommensbezieher ebenfalls deutlich abnahm (Schwerbehindertenhaushalte: etwa 14%, alle Haushalte: etwa 7%).

17% deutlich geringer ausgefallen (49.532 DM:42.446 DM). Dieser Unterschied wird im wesentlichen von den Verhältnissen bei der wichtigsten Einkommensquelle, der nichtselbständigen Erwerbstätigkeit, geprägt. Entsprechend fiel der relative Anstieg der durchschnittlichen Einkünfte bei den Schwerbehindertenhaushalten mit knapp 14% deutlich geringer aus als bei den Haushalten insgesamt (19%) oder gar bei den Haushalten ohne Behinderte. Bei den letzteren stieg die Summe der Einkünfte um fast ein Fünftel an (von 50.598 DM auf 60.296 DM).[1]

4.2.2. Zu versteuerndes Einkommen

Für die Entwicklung der Höhe des zu versteuernden Einkommens lassen sich tendenziell ähnliche Aussagen treffen. Interessant ist hier jedoch ein Vergleich der Quotienten aus zu versteuerndem Einkommen und dem Bruttoeinkommen. Hier zeigen sich signifikante Unterschiede zwischen Schwerbehinderten- und Nichtbehindertenhaushalten, die – zumindest im Vergleich der beiden Jahre (1983 und 1988) – stabil sind: Während Haushalte ohne Behinderte etwa 83% ihrer Bruttoeinkünfte zu versteuern haben, werden bei den Schwerbehindertenhaushalten durchschnittlich drei Viertel der Bruttoeinkünfte versteuert. In dieser Differenz drückt sich damit – wenigstens zum Teil – auch der Nachteilsausgleich aus, der durch die Körperbehinderten-Freibeträge gemäß § 33b EStG gewährt wird.[2] Dennoch bleiben die zu versteuernden Einkommen der Schwerbehindertenhaushalte immer noch deutlich hinter denen der Haushalte ohne Behinderte zurück.

Aus den Daten läßt sich jedoch nicht weiter schließen, inwieweit diese bestehende Differenz im Bereich der zu versteuernden Einkommen in einem mangelnden Kompensationspotential der Freibeträge für Körperbehinderte begründet ist[3] oder auch andere Ursachen hier maßgeblich sein können. Hier wären noch entsprechende vergleichende Analysen im Bereich der abzugsfähigen Sonderausgaben und Werbungskosten notwendig.

---

[1]Vgl. dazu auch Tabn. A.36 und A.39 im Anhang.

[2]Siehe ausführlicher hierzu V.2.2.2.

[3]Hieraus könnte man – zumindest *prima facie* – schließen, daß die Freibeträge zu niedrig sind. Tatsächlich, so kann hier angemerkt werden, sind die Freibeträge in dem der Studie zugrundeliegenden Betrachtungszeitraum (1980-1994) unverändert geblieben (vgl.. V.2.2.2.).

4.2.3. Höhe der Einkünfte und Grad der Behinderung

Die Querschnittsanalyse der Daten aus dem IAW-Steuerpanel läßt deutlich erkennen, daß die Einkünfte insgesamt, insbesondere aber die Einkünfte aus nichtselbständiger Erwerbtsätigkeit sehr stark mit dem GdB korrelieren. Das heißt, je höher der GdB des Steuerpflichten desto niedriger sind die durchschnittlichen Einkünfte der Haushalte bei dieser Einkommensquelle (vgl. Abb. 32).

Abb. 32: Summe der Einkünfte der einkommensteuerpflichtigen Haushalte in Baden-Württemberg nach Grad der Behinderung des Steuerpflichtigen (Monatsdurchschnitte 1983 und 1988)

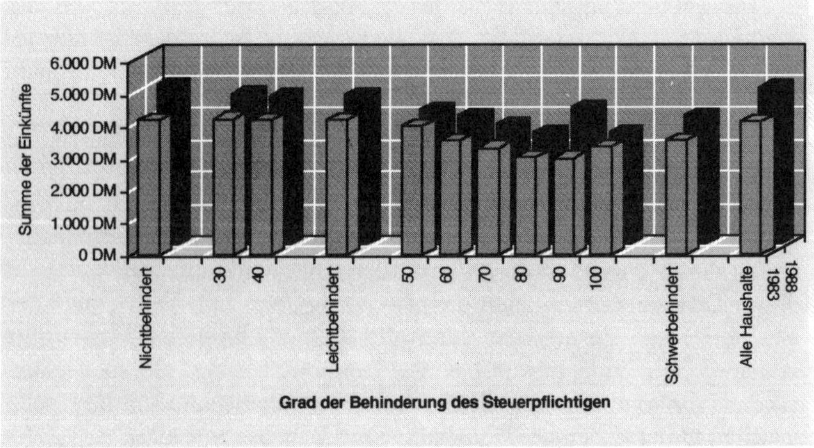

Quelle: IAW-Steuerpanel.

Auffallend ist jedoch, daß die Durchschnittseinkünfte bis zu einem GdB von 90 kontinuierlich sinken, dann jedoch bei einem GdB von 100 wieder ansteigen. Dieser Zusammenhang besteht jedoch strenggenommen nur für die Einkünfte aus nichtselbständiger Erwerbstätigkeit, die aber – wie gesagt – die Gesamteinkünfte ganz wesentlich bestimmen. Bei den anderen Einkommensquellen zeigt sich ein sehr heterogenes Bild. Hier läßt sich jedoch zumindest nachweisen, daß „schwerbehindert" – zumindest auf Haushaltsebene – nicht generell mit „niedrigem Einkommen" gleichzusetzen ist. So finden sich etliche Beispiele für Haushaltsgruppen auch mit sehr hohem GdB des Steuerpflichtigen, bei denen die durchschnittlichen Einkünfte deutlich über denen der Haushalte ohne Behinderte liegen. Im Jahre 1983 galt dies sogar für die Einkünfte aus Land- und Forstwirtschaft sowie Vermietung und Verpachtung insgesamt. Bei der ersteren Einkommensquelle lag das durchschnittliche Bruttoeinkommen bei den Schwerbehindertenhaushalten mit 17.131 DM relativ deutlich über dem der Haushalte ohne Behinderte (14.883 DM).

4.3. Einkommensverteilung

Betrachtet man die Summe der Einkünfte, so ist festzustellen, daß die Einkünfte bei den Schwerbehindertenhaushalten im Vergleich zu den Haushalten ohne Behinderte und zu allen Haushalten ihren *Modus* bei einer deutlich geringeren Summe der Einkünfte hat. Rechnet man die Jahressumen auf durchschnittliche Monatswerte um, so ist zu sehen, daß bei den Schwerbehindertenhaushalten deutlich die unteren Einkommensklassen dominieren. Der *Modus* liegt bei diesen Haushalten denn auch 1983 bei der Klasse 2.000 DM bis unter 3.000 DM. 1988 lag er sogar noch eine Einkommenklasse darunter (1.000 DM bis unter 2.000 DM). Bedenkt man, daß sich die Einkommen der anderen Haushalte (u.a. auch durch den Inflationseffekt) tendenziell zugunsten der höheren Einkommensklassen verschoben haben, so hat sich Einkommensverteilung deutlich zuungunsten der Schwerbehindertenhaushalte entwickelt (vgl. auch Abb. 33a und Abb. 33b auf der folgenden Seite). Abbn. 34a und 34b (S. 129) zeigen die entsprechenden Verteilungen auf der Ebene der zu versteuernden Einkommen für die beiden Vergleichsjahre.

Genau dieselben Verhältnisse gelten, wenn man die Nettoeinkommen, d.h. das zu versteuernde Einkommen abzüglich der (noch nicht berücksichtigten) Sozialabgaben und Vorsorgeleistungen, betrachtet.[1] Hier liegt bei den Schwerbehinderten eine extrem linksschiefe Verteilung vor (vgl. Abb. 35, S. 130).

[1]Dabei wurde davon ausgegangen, daß durchschnittlich etwa 21% des Einkommens für Sozialabgaben und Vorsorgeleistungen aufgebracht werden.

Abb. 33a: Einkommensverteilung in Baden-Württemberg 1983: Einkommensteuerpflichtige Haushalte (Summe der Einkünfte)

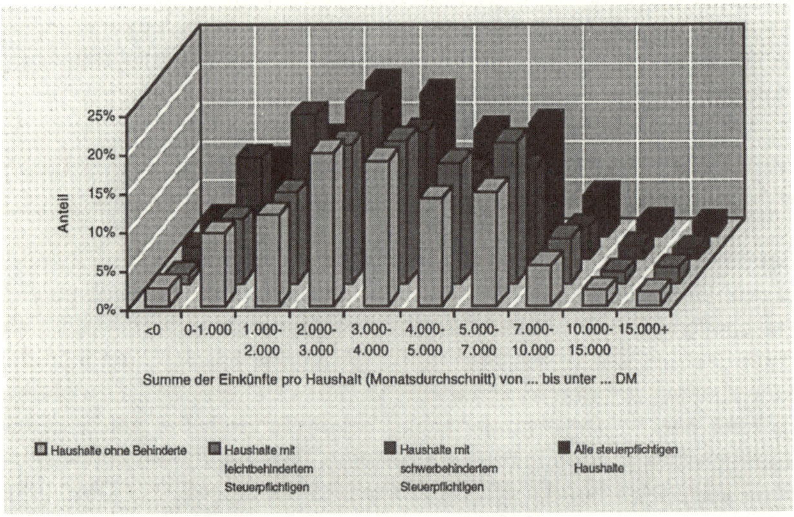

Quelle: IAW-Steuerpanel.

Abb. 33b: Einkommensverteilung in Baden-Württemberg 1988: Einkommensteuerpflichtige Haushalte (Summe der Einkünfte)

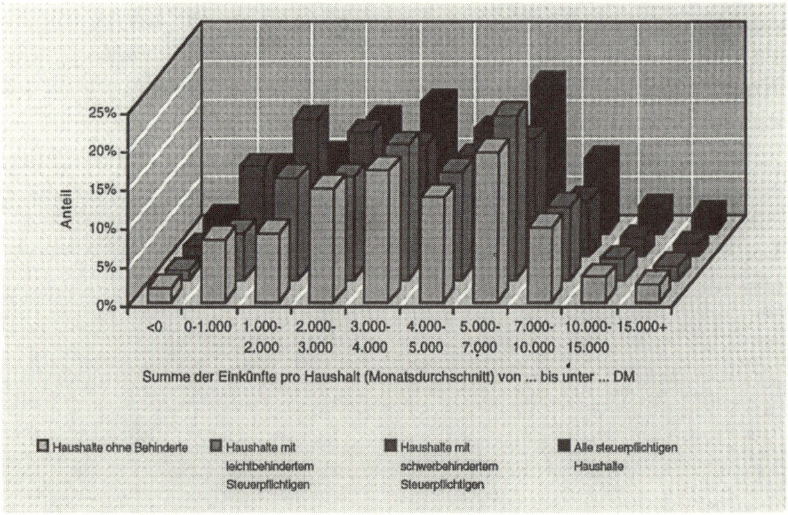

Quelle: IAW-Steuerpanel.

Abb. 34a: Einkommensverteilung in Baden-Württemberg 1983: Einkommensteuerpflichtige Haushalte (zu versteuerndes Einkommen)

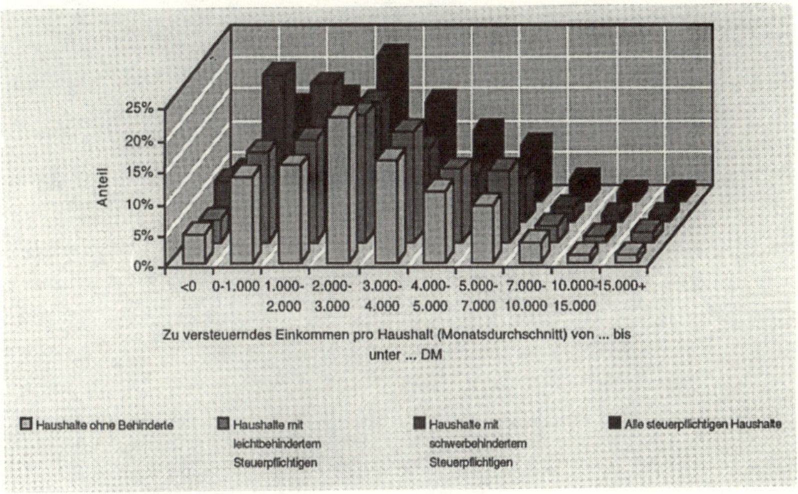

Quelle: IAW-Steuerpanel.

Abb. 34b: Einkommensverteilung in Baden-Württemberg 1988: Einkommensteuerpflichtige Haushalte (zu versteuerndes Einkommen)

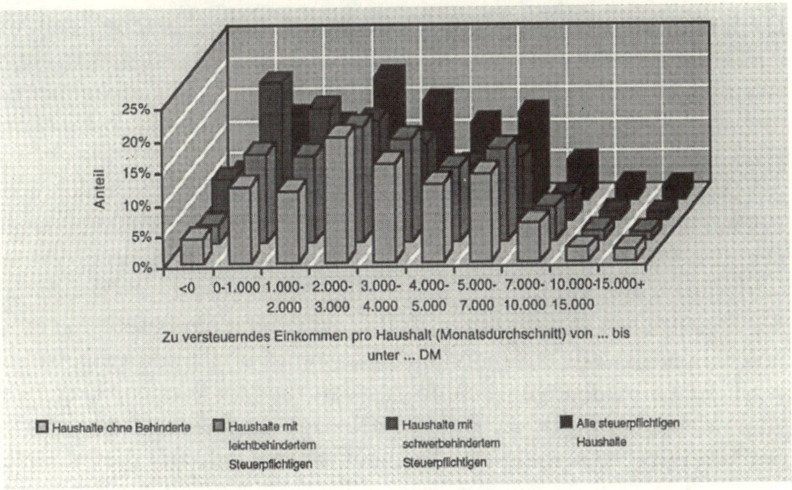

Quelle: IAW-Steuerpanel.

Abb. 35: Einkommensverteilung in Baden-Württemberg 1988: Einkommensteuerpflichtige Haushalte (Nettoeinkommen)

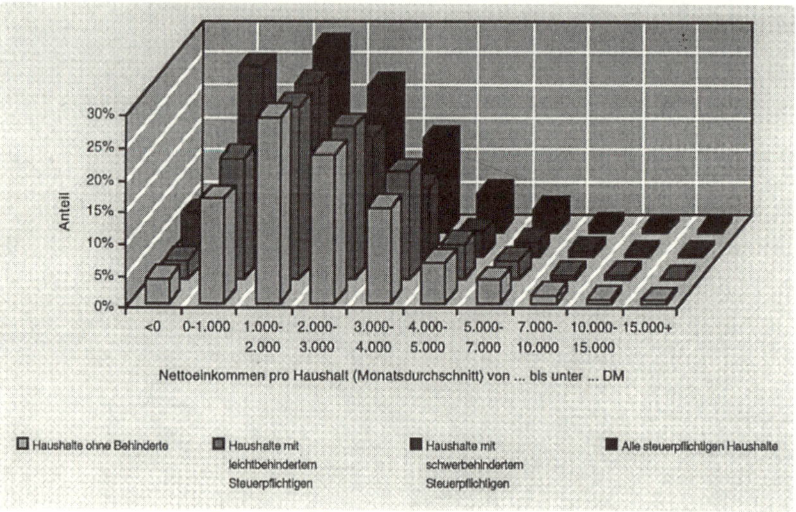

Quelle: IAW-Steuerpanel.

4.4. Kritische Würdigung der Ergebnisse

Die Auswertungen des IAW-Steuerpanels haben gezeigt, daß die durchschnittlichen Einkünfte von Schwerbehindertenhaushalten signifikant unter denen ohne Behinderte liegen und daß die Einkommenssituation entscheidend vom GdB des steuerpflichtigen behinderten Haushaltsmitglieds abhängt.

Obwohl die seither durchgeführten Auswertungen lediglich erste Erkenntnisse liefern konnten, haben die Daten die Möglichkeit eröffnet, die Einkommenslage von Behindertenhaushalten detailliert zu analysieren. Ein Vergleich mit den anderen Datenbasen (Mikrozensen des Statistischen Bundesamtes, SOEP) ist vorerst nur beschränkt möglich, da dort jeweils das Individualeinkommen erfaßt und ausgewiesen wird. Einen eindeutigen Schluß aus den (ausgewiesenen) Daten des IAW-Steuerpanels auf die Einkommenslage der Behinderten selbst ist deshalb noch nicht möglich. Dennoch lassen sich aus diesen Daten u.a. auch Hinweise bzgl. der Fragen der Bedürftigkeit der Schwerbehindertenhaushalte mit Blick auf die Kompensation von behinderungsbedingten (finanziellen) Nachteilen sowie der Sinnhaftigkeit steuerlicher Freibeträge als Kompensationsinstrumente[1] ableiten.

5. Ergebnisse der Socialdata-Studie

Die Aussagen der Socialdata-Studie zum Einkommen von Behinderten sind eher fragmentarisch und beziehen sich lediglich auf Haushalte (mit einem oder mehreren Behinderten) unterschiedlicher Größe. „Immerhin," so meinen die Autoren der Studie, „ermöglichen die ... Angaben zum Haushaltsnettoeinkommen einen Einblick in die monetäre Binnenstruktur der Behindertenpopulation."[2] Sie gelangen zu folgenden Ergebnissen:[3]

(1) Es besteht ein enger (statistischer) Zusammenhang zwischen einem höheren Einkommen, amtlicher Anerkennung und geringem Bedarf. Läßt man die Haushaltsgröße außer Betracht, so sind bei den Behinderten mit stark ausgeprägtem Bedarf bzw. Defizit die unteren Einkommen besonders stark vertreten, während die Haushalte von Behinderten mit weniger stark ausgeprägtem oder geringem Bedarf ein im Vergleich dazu höheres Einkommen beziehen.

(2) 41% der alleinstehenden Behinderten verfügen über Nettoeinkünfte zwischen 1.000 DM und 1.500 DM, jeweils etwa 22% verteilen sich auf die direkt darunter bzw. darüber liegende Einkommensklasse.[4] 15% verfügen über Nettoeinkünfte zwischen 2.000 DM und 3.500 DM.

(3) 59% der Zweipersonenhaushalte mit einem oder zwei Behinderten verfügen über Nettoeinkünfte zwischen 1.500 DM und 2.500 DM, je ein Fünftel über 1.000 DM bis 1.500 DM bzw. mehr als 3.000 DM.

(4) 47% der Dreipersonenhaushalte mit einem oder mehreren Behinderten verfügen über Nettoeinkünfte zwischen 1.500 DM und 2.500 DM, 24% über Einkünfte von mehr als 3.000 DM.

---

[1]Siehe dazu ausführlich *Hochmuth* (1994).

[2]*Brög* u.a. (1984), S. 78. Die Autoren räumen auch eine geringe Vergleichbarkeit mit anderen Daten (z.B. aus Mikrozensen) hin, da dort z.B. die Einkommensgruppen anders zugeschnitten sind (vgl. ebd., S. 77).

[3]Vgl. ebd., S. 78 f.

[4]Die untere Klassengrenze der ersteren wird allerdings nicht genannt.

(5) Der von vielen Faktoren beeinflußte Zusammenhang zwischen Alter der Behinderten und dem Nettoeinkommen der zugehörigen Haushalte bietet ein eher uneinheitliches Bild. Ab der Haushaltseinkommensklasse „2.500 DM bis unter 3.000 DM“ korreliert jedoch höheres Einkommen mit niedrigem Alter des in diesem Haushalt lebenden Behinderten.

(6) Für die Behinderten selbst ist die Altersrente bzw. die Pension mit einem Anteil von 44% die wichtigste Einkommensquelle vor Lohn oder Gehalt (26%) und Erwerbs- bzw. Berufsunfähigkeitsrente.[1]

Die Ergebnisse sind hinsichtlich der Abbildung der Einkommenssituation sehr undifferenziert. Eine Unterscheidung zwischen Leicht- und Schwerbehinderten findet hier nicht statt. Sie bietet deshalb allenfalls ergänzende Hinweise für die Fragestellung unserer Untersuchung.

6. Die Einkommenssituation schwerbehinderter Frauen in Rheinland-Pfalz im Jahre 1989: Ergebnisse der Studie von *Niehaus*

Das Ergebnis der Befragung von *Niehaus* (1993) zeigen Abbn. 35a und 35b sowie Tab. A.47 im Anhang.

Bei den 68 Frauen, die über ihr persönliches Einkommen Auskunft gaben, ergab sich eine bimodale Verteilung, wobei die beiden *Modi* zum einen in der Einkommensklasse „1.000 bis 1.500 DM“ und zum anderen in der Einkommensklasse „2.000 bis 2.500 DM“ zu liegen kommen. Das Durchschnittseinkommen liegt bei etwa 1.500 DM im Monat.[2] Insgesamt bezieht mehr als ein Drittel der Frauen ein Nettoeinkommen von 2.000 DM oder mehr im Monat. Im Vergleich zu einer zwei Jahre zuvor (1987) ebenfalls in Rheinland-Pfalz von *Braun/Niehaus*[3] auf ähnliche Weise durchgeführten Befragung ergeben sich markante Unterschiede in der Einkommensverteilung bei den

[1] *Brög* u.a. (1984, S.79) weisen hier jedoch darauf hin, daß auch bei dieser Einkommensfrage die Antwort häufig verweigert wurde (22% Verweigerungen), so daß der Aussagewert der ermittelten Anteilswerte erheblich eingeschränkt ist.

[2] Vgl. *Niehaus* (1993), S. 77.

[3] Vgl. *Braun/Niehaus* (1988).

Frauen im Vergleich zur Gesamtheit der Schwerbehinderten.[1] Während die Einkommensverteilung bei den Schwerbehinderten insgesamt in etwa normalverteilt ist, überwiegen bei den Frauen deutlich die niedrigen Einkommen.

Abb. 35a: Monatliches Nettoeinkommen der Haushalte schwerbehinderter Frauen (Einpersonenhaushalte/persönliche Einkommen)

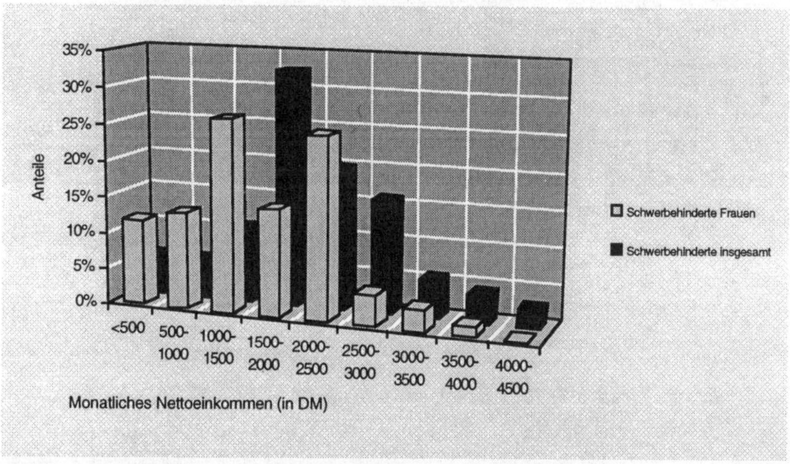

Quelle: *Braun/Niehaus* (1988), S. 49, sowie *Niehaus* (1993), S. 76.

Bei den Haushaltseinkommen ergab sich ein etwas anderes Bild: Im Gegensatz zur Verteilung bei den Schwerbehindertenhaushalten insgesamt, bei der wiederum eine – wenn auch geringfügig zu den niedrigen Einkommensklassen hin verschobene – Normalverteilung vorliegt, ist die Verteilung bei den Haushalten der 1989 befragten Frauen ohne ausgeprägten *Modus* ebenfalls in etwa normalverteilt. Insgesamt sind jedoch die Anteile bei den hohen Einkommen deutlich größer: Nahezu 50% der Haushalte beziehen Einkommen zwischen 1.500 DM und 3.000 DM, ein weiteres Drittel zwischen 3.000 DM und 5.000 DM. Acht der 151 Haushalte (= 5,3%) beziehen sogar Einkommen von über 5.000 DM im Monat. Bei den 1987 befragten Schwerbehindertenhaushalten waren die Einkommensklassen ab 4.500 DM monatli-

[1] Die Vergleichbarkeit ist jedoch – nicht nur wegen des zeitlichen Abstands der beiden Befragungen – nur bedingt gegeben. Hier soll es jedoch nur um die grundsätzlichen Charakteristika der Einkommensverteilung gehen.

ches Nettoeinkommen unbesetzt (vgl. Abb. 35b sowie Tab. A.46 im Anhang).

Abb. 35b: Monatliches Nettoeinkommen der Haushalte schwerbehinderter Frauen (Mehrpersonenhaushalte)

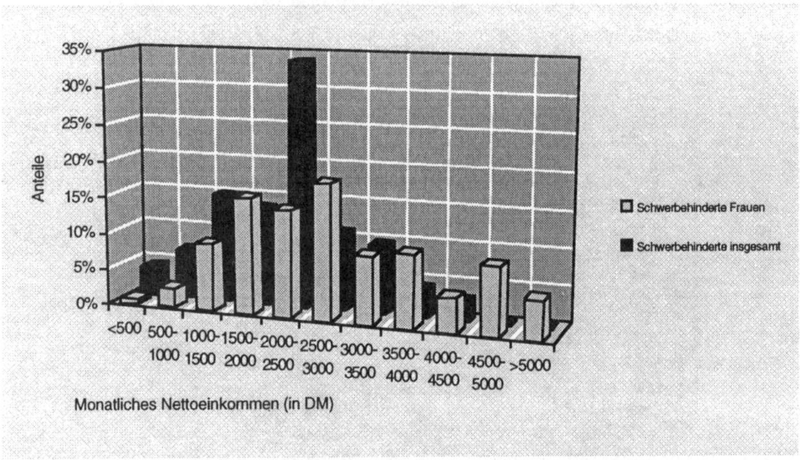

Quelle: *Braun/Niehaus* (1988), S. 49, sowie *Niehaus* (1993), S. 76.

7. Das Arbeitseinkommen Schwerbehinderter in Werkstätten für Behinderte und ähnlichen Einrichtungen

7.1. Aufgabe und organisatorische Struktur der WfB

Viele Behinderte, insbesondere geistig oder seelisch Behinderte, können aufgrund der Art und Schwere ihrer Behinderung nicht auf dem allgemeinen Arbeitsmarkt tätig sein. Sie sind praktisch unvermittelbar. Dies gilt jedoch auch für viele Körperbehinderte, Sinnesgeschädigte und schwer Mehrfachbehinderte. Erstmals wurde in der Eingliederungshilfeverordnung zu § 47 Bundessozialhilfegesetz (BSHG) die sogenannte „beschützende Werkstatt" als Einrichtung erwähnt, „in der Arbeitsmöglichkeiten für Personen geschaffen sind, die wegen ihrer Behinderung unter den üblichen Bedingungen des allgemeinen Arbeitsmarktes keine Arbeit finden können."[1] In § 54 SchwbG von 1986 ist die Aufgabe einer solchen Einrichtung, heute i.d.R. als „Werkstatt für Behinderte (WfB)" bezeichnet, beschrieben:

> (1) Die Werkstatt für Behinderte ist eine Einrichtung zur Eingliederung Behinderter in das Arbeitsleben. Sie bietet denjenigen Behinderten, die wegen Art und Schwere der Behinderung nicht, noch nicht oder noch nicht wieder auf dem allgemeinen Arbeitsmarkt tätig sein können, einen Arbeitsplatz oder Gelegenheit zur Ausübung einer geeigneten Tätigkeit.
>
> (2) Die Werkstatt muß es den Behinderten ermöglichen, ihre Leistungsfähigkeit zu entwickeln, zu erhöhen oder wiederzugewinnen und ein dem Leistungsvermögen angemessenes Arbeitsentgelt zu erreichen. Sie soll über ein möglichst breites Angebot an Arbeitsplätzen und Plätzen für Arbeitstraining sowie über eine Ausstattung mit begleitenden Diensten verfügen.
>
> (3) Die Werkstatt soll allen Behinderten unabhängig von Art oder Schwere der Behinderung offenstehen, sofern sie in der Lage sind, ein Mindestmaß wirtschaftlich verwertbarer Arbeitsleistung zu erbringen.
>
> (4) Die Betreuung und Förderung nichtwerkstattfähiger Behinderter kann in Einrichtungen und Gruppen durchgeführt werden, die der Werkstatt angegliedert sind.

Um die Rehabilitations- bzw. Eingliederungsaufgabe erfüllen zu können, ist die WfB in die folgenden drei Bereiche eingeteilt:

- Eingangsbereich,
- Arbeitstrainingsbereich sowie
- Arbeitsbereich.

Im Eingangsverfahren, das in § 3 der Werkstättenverordnung Schwerbehindertengesetz (SchwbWV)[2] genauer geregelt ist, wird festgestellt, ob die WfB die geeignete Einrichtung für den Behinderten ist. Nach diesem Verfahren, das i.d.R. vier Wochen dauert, kommt der Behinderte in den Arbeitstrainingsbereich (§ 4 SchwbWV). Hier werden berufsfördernde Einzelmaßnahmen und Lehrgänge zur Verbesserung der Eingliederungsmöglichkeiten in das Arbeitsleben durchgeführt. Das

---

[1] Vgl. *Bethmann* u.a. (1993a), S. 211.

[2] Dritte Verordnung zur Durchführung des Schwerbehindertengesetzes vom 13. August 1980.

Durchlaufen des Arbeitstrainingsbereiches geschieht üblicherweise im Zeitraum von 24 Monaten. Danach wird entschieden, ob

1. die Teilnahme an einer anderen oder weiterführenden berufsfördernden Bildungsmaßnahme oder
2. eine Wiederholung der Bildungsmaßnahme oder
3. eine Beschäftigung im Arbeitsbereich der Werkstatt oder auf dem allgemeinen Arbeitsmarkt zweckmäßig erscheint (§ 4 Abs. 5 SchwbWV).

In den §§ 5 und 6 SchwbWV ist ferner festgelegt, welche Anforderungen an die Arbeitsplätze im Arbeitsbereich zu stellen sind. Insbesondere sollen diese weitestgehend denjenigen auf dem allgemeinen Arbeitsmarkt entsprechen, wobei so weit wie möglich auf die Bedürfnisse der Behinderten Rücksicht zu nehmen ist. Die regelmäßige Arbeitszeit soll 35 bis 45 Stunden betragen (einschließlich Erholungspausen und Zeiten der Teilnahme an Maßnahmen i.S.d. § 5 Abs. 3 SchwbWV (arbeitsbegleitende Maßnahmen zur Erhaltung und Erhöhung der erworbenen Leistungsfähigkeit und zur Weiterentwicklung der Persönlichkeit des Behinderten)).[1]

7.2 Entgeltregelungen in den WfB

Kostenträger für die Rehabilitationsleistungen im Eingangs- und Arbeitstrainingsbereich ist die Bundesanstalt für Arbeit (BfA). Die Höhe des Entgelts für die Arbeitsleistungen der Behinderten im Eingangs- und im Arbeitstrainingsbereich richtet sich daher nach den in § 24 Abs. 5 der Anordnung des Verwaltungsrats der BfA über die Arbeits- und Berufsförderung Behinderter (A Reha) festgelegten Beträgen für das Ausbildungsgeld. 1994 betrug das Ausbildungsgeld in den alten Bundesländern 95 DM für das erste Jahr der Teilnahme und 115 DM für das zweite Jahr.[2] Das Ausbildungsgeld wird von der BfA jedoch nur unter der Voraussetzung gewährt, daß kein Anspruch auf Übergangsgeld nach den §§ 59 bis 59d AFG besteht. Rechtlich gesehen handelt es sich bei diesem Ausbildungsgeld um Leistungen zum Lebensunterhalt nach den §§ 56 ff. AFG.[3]

---

[1] Vgl. auch *Bethmann* u.a. (1993a), S. 181.

[2] Zur Entwicklung der Beträge s.u.

[3] *Bethmann* u.a. (1993a, S. 214) weisen darauf hin, daß durch diese Regelung behinderte Mitarbeiter in WfB wesentlich schlechter gestellt seien als andere Be-

Auch das Entgelt im Arbeitsbereich richtet sich weitgehend nach den o.g. Regelungen; dies jedoch indirekt. In § 13 Abs. 2 SchwbWV heißt es:

> Das Arbeitsentgelt (im Arbeitsbereich; Anm. d. Verf.) soll sich aus einem Grundbetrag und, soweit der zur Auszahlung zur Verfügung stehende Betrag die Zahlung eines weiteren Betrags zuläßt, einem Steigerungsbetrag zusammensetzen. Der Grundbetrag soll einheitlich sein; er soll der Höhe nach die Leistung nicht unterschreiten, die die Bundesanstalt für Arbeit Behinderten im Arbeitstrainingsbereich ... zuletzt gewährt. Der Steigerungsbetrag ist nach dem individuellen Leistungsvermögen des Behinderten zu bemessen, wie es sich in der tatsächlichen Arbeitsleistung niederschlägt, insbesondere unter Berücksichtigung von Arbeitsmenge und Arbeitsqualität.

Nach dieser Regelung bestimmt der Ausbildungsgeldsatz des zweiten Jahres im Arbeitstrainingsbereich die Höhe des Grundbetrags. Dieser stellt somit das Mindestentgelt eines in einer WfB beschäftigten Behinderten dar. 1994 lag dieses Mindestentgelt mithin bei monatlich 115 DM. Dieses Entgelt soll gewährt werden, unabhängig davon, ob es dem tatsächlichen Leistungsvermögen des Behinderten entspricht. Dementsprechend haben gerade auch diejenigen einen Anspruch auf dieses Entgelt, die lediglich ein Mindestmaß wirtschaftlich verwertbarer Arbeitsleistung erbringen (vgl. § 54 Abs. 3 SchwbG).

Zur Bestimmung des Steigerungsbetrages gibt es z.Zt. keine rechtliche Festlegung. Nach § 54 Abs. 2 SchwbG muß die Werkstatt den Behinderten jedoch ermöglichen, „... ein dem Leistungsvermögen angemessenes Arbeitsentgelt zu erreichen." In der Praxis sind diesem Anspruch jedoch enge Grenzen gesetzt. Ohne an dieser Stelle auf rechtliche Details eingehen zu können,[1] sind hier folgende Gründe zu nennen:

(1) Durch die Zahlung eines Mindestentgelts an leistungsschwache behinderte Mitarbeiter der WfB wird die zur Verfügung stehende Summe des Arbeitsergebnisses[2] der Werkstatt vorrangig für die Aus-

---

hinderte, die z.B. in Berufsförderungs- und Berufsbildungswerken Leistungen zum Lebensunterhalt nach § 24 A Reha erhalten (z.T. zwischen 480 DM und 795 DM je nach Lebensalter und Familienstand).

[1] Vgl. hierzu ausführlich *Lachwitz* (1987), sowie *Wendt* (1989b), S. 131 ff.

[2] Diese Lohnsumme ergibt sich nach folgendem Kalkulationsmuster (vgl. *Bauder/Weeber* (1988), S. 21):

zahlung des Grundbetrages verwertet. Oft verbleiben danach keine Mittel für den Steigerungsbetrag. In der Konsequenz müssen also Leistungsstärkere durch ihren Arbeitseinsatz die Leistungsschwächeren mitfinanzieren.[1]

(2) Werden mit den behinderten Mitarbeitern Verträge abgeschlossen, nach denen sich die Höhe des Arbeitsentgelts ausschließlich nach dem wirtschaftlichen Ergebnis der Werkstatt richtet, muß u.U. mit Entgeltkürzungen (unabhängig von der erbrachten Leistung) gerechnet werden, falls die Erträge der Werkstatt sinken.[2]

(3) Die Pflegesatzregelungen der Sozialhilfeträger: Die überörtlichen Träger der Sozialhilfe sind Träger der Rehabilitationsleistungen im Arbeitsbereich der WfB. Die meisten Sozialhilfeträger weigern sich jedoch, die vollen Betriebskosten einer WfB als pflegesatzwirksame Leistungen anzuerkennen. Vielmehr gewähren sie die Pflichtsätze nur anteilig und nicht in der Höhe der errechneten Betriebskosten und bestehen darauf, daß aus dem Betriebsergebnis prozentuale Anteile an den Sozialhilfeträger abgeführt werden müssen,[3] bevor der Rest nach

---

Bruttoarbeitserlöse
./. produktionsbezogene Kosten
Nettoarbeitserlös
./. Kostenbeteiligung am Pflegesatz
./. Ausgleichsrücklagen für die Entlohnung der Behinderten
(etwa in Höhe von drei Monatszahlungen)
./. Rücklagen für Investitionen im Werkstattbereich
Lohnsumme

[1]Vgl. *Bethmann* u.a. (1993a), S. 227.

[2]Vgl. *Wendt* (1989b), S. 132. *Bethmann* u.a. (1993a, S. 228) halten dies für eine rechtlich bedenkliche Abwälzung des Wirtschaftsrisikos der Werkstatt auf die behinderten Mitarbeiter. Mit Blick auf das oben dargestellte Kalkulationsschema handelt es sich strenggenommen beim Einkommen aus einer Tätigkeit in einer WfB nie um ein Kontrakteinkommen i.S.e. tarifvertraglich festgesetzten und garantierten Entlohnung, sondern weitgehend um ein Risikoeinkommen. Selbst die Zahlung eines Grundbetrages ist (rechtlich gesehen) lediglich eine Soll-Bestimmung, und kann demgemäß – durch die wirtschaftliche Lage der Werkstatt bedingt – u.U. gekürzt werden. Darüber hinaus bilden auch politische Entscheidungen einen Risikofaktor für die Höhe des Entgelts. Vgl. hierzu z.B. *Ruther* (1982).

[3]Hier bestehen in den einzelnen Bundesländern unterschiedliche Regelungen. So beziehen einige Sozialhilfeträger die produktionsbedingten Kosten voll in den Pflegesatz ein mit der Maßgabe, daß die WfB einen Teil des Nettoproduktionserlöses dem Sozialhilfeträger zu erstatten hat (dies sind i.d.R. 20-30%). Andere wiederum gliedern von vornherein Kosten, die zweifelsfrei produktionsbedingt sind, aus dem Pflegesatz aus oder setzen vom Produktionserlös absetzbare Pro-

Abzug der gemäß § 13 SchwbWV zum Ausgleich von Ertragsschwankungen zurückgestellten Mittel als Lohn an die behinderten Mitarbeiter zur Auszahlung gelangt.[1]

(4) Vielfach wird den behinderten Mitarbeitern der WfB das Entgelt dadurch gekürzt, daß die Werkstatt auf Anweisung der Sozialhilfeträger (als Kostenträger) einen Kostenbeitrag für erbrachte Rehabilitationsleistungen einfordert.[2] Allerdings darf der Sozialhilfeträger nach einem Urteil des Bundesverwaltungsgerichts[3] einen solchen Kostenbeitrag dann nicht verlangen, wenn das Einkommen des Behinderten unter der Bedarfsgrenze der Hilfe zum Lebensunterhalt liegt.[4]

(5) Die Entgeltkonzeption und die caritative Zielsetzung des Trägers:[5] Institutionelle Träger der WfB sind in den allermeisten Fällen solche der freien Wohlfahrtspflege. Diese vertreten jedoch unterschiedliche Entlohnungskonzeptionen, wie z.B.

- differenzierte Entgeltbemessungssysteme u.a. auch auf der Grundlage von Leistungskriterien (Lebenshilfe) oder
- Entgeltbemessung ohne Berücksichtigung von Leistungskriterien (verschiedene kirchliche Träger, viele anthroposophische Einrichtungen).

So geht es insbesondere den kirchlichen Trägern (Caritas und Diakonie) vorrangig um die Betreuung schwerst- und mehrfach behinderter Menschen. Dabei kann i.d.R. lediglich ein Grundbetrag in gleicher Höhe ausgezahlt werden, der wegen der Leistungsstruktur der Werkstatt dann jedoch sehr niedrig ist und den Grundbetrag nach § 13 Abs. 2 SchwbG häufig unterschreitet. Hier wird konzeptionell von einer Solidargemeinschaft ausgegangen, in welcher die Leistungsstär-

---

duktionskosten sowie Pauschalbeträge für nicht absetzbare Produktionskosten ab (bis 25% des bereinigten Arbeitserlöses; vgl. *Wendt* (1989b), S. 130).

[1]Vgl. *Lachwitz* (1987), S. 72.

[2]*Bethmann* u.a. (1993a, S. 228) nennen als Beispiel den Kostenbeitrag für ein in der Werkstatt eingenommenes Mittagessen (als Kostenbeitrag für die sog. „häusliche Ersparnis" (§ 85 Nr. 3 BSHG)) bzw. als Bestandteil der Rehabilitationsleistung in der Werkstatt gemäß § 27 Abs. 3 BSHG.

[3]Urteil vom 19.3.1992-5c20.87.

[4]Die Bedarfsgrenze lag 1994 für Behinderte, die in WfB beschäftigt sind, bei ca. 600 DM (siehe dazu auch Abschn. VI.2.2.). Bei Volljährigkeit darf auch von den Eltern des Behinderten keine Erstattung verlangt werden. Vgl. *Bethmann* u.a. (1993a, S. 228).

[5]Vgl. zum folgenden ausführlich *Wendt* (1989b), S. 128 f.

keren das Entgelt für die Schwächeren mit erwirtschaften und mit diesen teilen.

Die Lebenshilfe sieht neben der Leistung erzieherische Aspekte als gleichrangig. Ihr Entlohnungssystem enthält demnach folgende Bestandteile:

- ein „Grundanteil" als Minimalentlohnung (unabhängig von der tatsächlichen Leistung), der als pädagogisches Mittel für die aufgewendete Arbeitszeit und die Leistungsbemühungen ausgezahlt werden soll;[1]
- ein „Arbeitswertanteil" auf der Grundlage einer Arbeitsplatzbewertung;[2]
- ein „Persönlichkeitsanteil" nach Maßgabe eines Punktsystems, das den persönlichen Leistungseinsatz i.S.v. Pünktlichkeit, Sauberkeit, Initiative, Genauigkeit, Vielseitigkeit und Verwendungswilligkeit bewertet;
- soziale Zulagen, mit der die Dauer der Werkstattätigkeit belohnt wird, und die mit zunehmendem Alter abnehmende Arbeitsbelastung etwas auszugleichen.

Es zeigt sich hier unter verschiedenen Gesichtspunkten, daß – anders als auf dem allgemeinen Arbeitsmarkt – sich die Entlohnung der behinderten Beschäftigten in der WfB nicht nach tarifrechtlichen Bestimmungen oder marktüblichen Entgelten richtet, sondern nach dem Betriebsergebnis.[3] Oftmals ist es allerdings, insbesondere begründet durch Aufgabe und Struktur der WfB, nicht möglich, die Arbeitsentgelte allein aus dem Produktionsergebnis zu finanzieren. Von der Bundesarbeitsgemeinschaft der WfB werden die folgenden Gründe genannt:[4]

- die Verpflichtung, ein möglichst breites Angebot an Arbeitsplätzen und Plätzen zur Ausübung einer geeigneten Tätigkeit vorzuhalten, um den individuellen Bedürfnissen der behinderten

---

[1]Das Mindestentgelt stellt damit gewissermaßen eine Anwesenheitsprämie dar.
[2]Bewertungskriterien sind hier die Schwierigkeit bzw. die Anforderungen der auszuführenden Arbeiten. *Wendt* (1989, S. 130) sieht denn auch in dem faktischen Widerspruch zwischen dem Rehabilitationsauftrag und einer Gewinnerzielung den Hauptgrund für die niedrige Entlohnung in den WfB.
[3]Vgl. auch *Bauder/Weeber* (1988), S. 21.
[4]Vgl. *Wendt* (1989b), S. 131.

WfB-Mitarbeiter Rechnung zu tragen. Damit hat die Vielfalt Vorrang vor Spezialisierung.

- die Notwendigkeit und Verpflichtung zu arbeitsbegleitenden Diensten,
- die Verpflichtung zur Vermittlung der WfB-Mitarbeiter auf den allgemeinen Arbeitsmarkt,
- kürzere Arbeitszeiten,
- keine Rationalisierung auf Kosten von Arbeitsplätzen,
- eine geringere maschinelle Ausnutzung bei gleichzeitig höherem Verschleiß und dadurch behinderungsbedingten Wettbewerbsnachteilen,
- eine mangelnde Mobilität der Standortfestlegung und erhöhte Gütertransportkosten in strukturschwachen Gebieten,
- Sicherung der Vollbeschäftigung (unabhängig von der Auftragslage) sowie
- keine Akkordarbeit.

Wegen des niedrigen Einkommens ist eine große Zahl von Behinderten, die in WfB beschäftigt sind, auf Sozialhilfe (Hilfe zum Lebensunterhalt; im folgenden kurz: HLU) angewiesen, sofern sie nicht in häuslicher Gemeinschaft mit ihren Eltern leben und diese den Unterhalt gemäß § 16 BSHG garantieren. Die HLU wird jedoch nur dann gewährt, wenn das Einkommen im vollen Umfang eingesetzt wird (Nachrang der Sozialhilfe gemäß § 2 BSHG). Dies hat zur Folge, daß die betroffenen behinderten Mitarbeiter ihr gesamtes Arbeitsentgelt beim Sozialamt abführen müssen. Die Hilfeleistung ist dann lediglich um einen Betrag höher als derjenige von Hilfeempfängern, die keiner Arbeit nachgehen, der der Höhe des Mehrbedarfszuschlags für Erwerbstätigkeit trotz eingeschränkten Erwerbsvermögens entspricht.

Dasselbe gilt für stationär untergebrachte behinderte Mitarbeiter einer WfB. Sie müssen nach § 85 Nr. 3 BSHG ihr Einkommen ebenfalls vollständig einsetzen und erhalten lediglich einen „Barbetrag" nach § 21 Abs. 3 BSHG (früher als „Taschengeld" bezeichnet). Dieser Barbetrag wird jedoch erhöht um einen Verdienstanteil, welcher nach vom Sozialhilfeträger vorgegebenen Tabellen von der Werkstatt errechnet wird.[1]

Aufgrund der finanziellen Lage der Sozialhilfeträger wird von diesen mittlerweile auch der Einsatz von möglicherweise bei den Behinderten vorhandenen Geldvermögen erwogen. So haben z.B. die baden-württembergischen Landeswohlfahrtsverbände ihre Pflegesatzrichtlinien dahingehend geändert, daß Behinderte mit einem Vermögen ab 4.500 DM zahlungspflichtig werden. Die bisherige Praxis, grundsätzlich einen „Härtefall" zu unterstellen, fällt weg. In Bayern dagegen besteht eine Vermögensfreigrenze von 45.000 DM.[2]

7.3. Die Entwicklung der Entlohnung behinderter Mitarbeiter von WfB

Aus den Ausführungen des vorangegangen Abschnitts läßt sich bereits die berechtigte Vermutung ableiten, daß Schwerbehinderte, die in WfB Beschäftigung gefunden haben, normalerweise kaum in der Lage sein werden, allein auf der Grundlage ihres Arbeitsentgelts ein eigenständiges Leben, unabhängig von Sozialhilfe oder finanzieller Unterstützung der Angehörigen, zu führen. Die Bundesregierung weist denn auch in ihrem Dritten Behindertenbericht auf diesen Mißstand hin: „Die Höhe des derzeitigen durchschnittlichen Arbeitsentgeltes wird von allen Beteiligten als unbefriedigend empfunden."[3] Im folgenden soll nun die Entwicklung der Einkommenssituation von Behinderten, die in WfB beschäftigt sind, zwischen 1979/80 und 1994 untersucht und mit der des durchschnittlichen Einkommensbeziehers aus unselbständiger Tätigkeit verglichen werden.

Das Durchschnittsentgelt eines behinderten WfB-Mitarbeiters war zwar über die Jahre stets deutlich höher als der durch den Ausbildungsgeldsatz festgelegte Mindestlohn. Nach wie vor liegt er jedoch signifikant unter dem Existenzminimum, das betragsmäßig durch die Bedarfsgrenze der Hilfe zum Lebensunterhalt repräsentiert wird (vgl. Tab. 6).

---

[1] Vgl. *Bethmann* (1993a), S. 228 f.

[2] Vgl. dazu auch *Weible* (1994). Mittlerweile ist jedoch davon auszugehen, daß diese Vermögensfreigrenze bundesweit übernommen wird.

[3] *Bundesminister für Arbeit und Sozialordnung* (1994), S. 63.

Tab. 6: Durchschnittliche Entlohnung eines behinderten Mitarbeiters einer WfB und Existenzminimum (Bedarfsgrenze) nach BSHG (1979/80-1994)

Jahr	**Betrag**	**Bedarfsgrenze der HLU (Existenzminimum)***	**Eckregelsatz + 20 % (gerundet)****
1979	170 DM	310 DM	372 DM
1983	200 DM[1]	345 DM	414 DM
1984	150-200 DM[2]	356 DM	427 DM
1986	219 DM[3]	394 DM	473 DM
1987	<220 DM[4]	403 DM	484 DM
1989	220 DM[5]	425 DM	510 DM
1991	246 DM[6]	473 DM	568 DM
1993	230 DM[7]	514 DM	617 DM
1994	<230 DM[8]	519 DM	623 DM

*Rechnerischer Durchschnitt für das (alte) Bundesgebiet.
** Bedarfsgrenze bei Berücksichtigung der einmaligen Leistungen im Rahmen der HLU[9] bzw. Mehrbedarf für Schwerbehinderte gemäß § 23 Abs. 1 Nr. 1 und 2 BSHG.

Quelle: Siehe Fn. 1–8 sowie die Tabn. A.49 und A.50 im Anhang.

---

[1]*Anders* (1985), S. 29 (Angaben für 1979 und 1983), *AG TUWAS/Fachbereich Sozialarbeit der Fachhochschule Frankfurt am Main* (Hrsg., 1987), S. 83, sowie *Wendt* (1989b), S.128.

[2]*Bundesminister für Arbeit und Sozialordnung* (1984), S. 25, in Verbindung mit *Anders* (1985), S. 29.

[3]Angabe nach *Lachwitz* (1987), S. 69, *AG TUWAS/Fachbereich Sozialarbeit der Fachhochschule Frankfurt am Main* (Hrsg., 1987), S. 83, sowie *Wendt* (1989b), S. 128.

[4]*Möller-Lücking* (1989), S. 174.

[5]*Bundesminister für Arbeit und Sozialordnung* (1989), S. 28.

[6]*Bundesminister für Arbeit und Sozialordnung* (1994), S. 63.

[7]*Bethmann* u.a. (1993a), S. 227.

[8]Nach Angaben des Geschäftsführers der Landesarbeitsgemeinschaft der Werkstätten für Behinderte Baden-Württemberg, Paul-Friedrich *Wagner*, ist die durchschnittliche Entlohnung 1994 im Vergleich zu 1993 deutlich niedriger (Expertengespräch am 16.8.1994).

[9]In der Regel wurden seither die einmaligen Leistungen auf 20% des Regelbedarfs veranschlagt. Die in einer Auswertung des Statistischen Bundesamtes ermittelten tatsächlichen Werte liegen deutlich darunter (bei Haushaltsvorständen bei 16%); siehe dazu den Bericht der Bundesregierung in *Breuer/Engels* (1994), S. 15. Diese werden üblicherweise dem Mindestbedarf hinzugerechnet.

Die Höhe der Mindestentlohnung, also des Grundbetrags, der im Arbeitsbereich ausbezahlt werden sollte, hat sich gemäß den in Tab. 7 aufgeführten Beträgen entwickelt. Damit ist das Mindestentgelt innerhalb der letzten etwa 20 Jahre von 80 DM (1975) auf 115 DM (ab 1. Juli 1992) angestiegen. Dies entspricht einem Anstieg von knapp 44%.[1]

Tab. 7: Entwicklung der Ausbildungsgeldsätze gemäß A Reha

Gültig ab	Betrag im ersten Jahr der Maßnahme	Betrag im zweiten Jahr der Maßnahme
01.10.1975	60 DM	80 DM
01.09.1979	65 DM	85 DM
01.01.1982	70 DM	90 DM
01.07.1982*	80 DM	100 DM
01.07.1988	85 DM	105 DM
01.07.1990	90 DM	110 DM
01.07.1992**	95 DM	115 DM
*Ausbildungsgeldanspruch besteht nur, wenn kein Anspruch auf Übergangsgeld besteht. **Alte Bundesländer.		

Quelle: Bundesanstalt für Arbeit.

Der relative Einkommensstatus eines behinderten Mitarbeiters einer WfB läßt sich erst dann ermitteln, wenn man diesen dem Einkommensstatus Nichtbehinderter in vergleichbaren Arbeitnehmergruppen gegenüberstellt. Folgende modellhafte Vergleichsrechnung für das Jahr 1985 und Baden-Württemberg gibt hier Aufschlüsse:[2]

> Der durchschnittliche Bruttojahreslohn von Industriearbeitern 1985 in Baden-Württemberg betrug bei Männern rund 48 400 DM, bei Frauen rund 40 500 DM. Im Metallbereich mit durchschnittlich relativ hohem Lohnniveau betrug der Bruttojahreslohn eines Hilfsarbeiters 37 000 DM (Männer) bzw. 31 500 DM (Frauen), im Bekleidungsbereich mit durchschnittlich relativ niedrigem Lohnniveau betrug der Hilfsarbeiterlohn 27 200 DM (Männer) bzw. 23 700 DM (Frauen).
>
> Legt man ein mittleres Lohnniveau für Hilfsarbeiter und den Durchschnitt von Männern und Frauen zugrunde, so kann man als vergleichbaren Bruttojahreslohn annehmen
>
> 30 000 DM.

---

[1]Bei der 18. Änderungsanordnung zur A Reha vom 1. Januar 1994 blieben die Sätze unverändert.

[2]Entnommen aus *Bauder/Weeber* (1988), S. 22 f.

Bei einer zeitlichen Verfügbarkeit von 62% durch arbeitsbegleitende Maßnahmen und verkürzte Arbeitszeit der Behinderten ergäbe sich ein vergleichbarer Bruttojahreslohn von

18 600 DM.

Bei einem geschätzten durchschnittlichen Leistungsgrad der Behinderten von 25% ergäbe sich ein vergleichbarer Bruttojahreslohn von

4 650 DM.

Bei einem durchschnittlichen Leistungsgrad von 15% ergäbe sich ein vergleichbarer Bruttojahreslohn von

2 790 DM.

Wenn in einer Werkstatt für Behinderte z.B. ein durchschnittlicher Lohn von 250 DM pro Monat bezahlt wird, ergibt sich ein Bruttojahreslohn von

3 000 DM.

Tab. 8 auf der folgenden Seite zeigt analog zur obigen Modellrechnung die Entwicklung der relativen Einkommenslage behinderter Mitarbeiter von WfB in den alten Ländern der Bundesrepublik in den Jahren 1980 bis 1992. Sie verdeutlicht, daß die durchschnittlichen Entgelte in WfB nur in einem der Jahre, für die Angaben vorliegen, annähernd der Entlohnung eines Hilfsarbeiters mit entsprechender zeitlicher Verfügbarkeit und einem Leistungsgrad von 15% entsprechen (1983). In Expertenkreisen wird vermutet, daß die durchschnittlichen Entgelte zwischen 1993 und 1994 deutlich rückläufig waren.[1] Dies würde mit Blick auf die Entwicklung der Hilfsarbeiterlöhne bedeuten, daß sich die Relation zwischen Behindertenentgelt und vergleichbarem Hilfsarbeiterlohn weiter verschlechtert. Berücksichtigt man weiterhin, daß in der Praxis die Geringfügigkeitsgrenze den Maximalbetrag des Behindertenentgelts darstellt,[2] so kann man feststellen, daß – unter sonst gleichen Bedingungen – diese 1992 bei einem unterstellten

[1] Expertengespräch mit dem Geschäftsführer der Landesarbeitsgemeinschaft der Werkstätten für Behinderte Baden-Württemberg am 16.8.1994.

[2] So der Geschäftsführer der Landesarbeitsgemeinschaft der Werkstätten für Behinderte Baden-Württemberg beim Expertengespräch am 16.8.1994. Der Grund liegt darin, daß bei der Geringfügigkeitsgrenze auch die Sozialversicherungspflicht beginnt. Der Behinderte wäre dann, zumindest bei geringerm Bruttomehrverdienst letztendlich, was das Nettoentgelt anbetrifft, schlechter gestellt. Siehe zur Geringfügigkeitsgrenze auch die Ausführungen in Kapitel VI.2.

Leistungsgrad des Behinderten von etwa 26% bereits erreicht wurde. 1980 war hierzu noch ein Leistungsgrad von etwa 32% erforderlich.

Tab. 8: Entwicklung der Entlohnung in WfB in Relation zur durchschnittlichen Hilfsarbeiterentlohnung (in DM)

Jahr	Durchschnittlicher Bruttojahreslohn eines Hilfsarbeiters bei Berücksichtigung einer zeitlichen Verfügbarkeit von ...		Behindertenentlohnung bei einem Leistungsgrad von ...		Bruttojahresentgelt bei Zugrundelegung des durchschnittlichen Entgelts	Bruttojahresentgelt bei Zugrundelegung der Geringfügigkeitsgrenze als Maximalentgelt
	100%	62%	25%	15%		
1980	23.567 DM	14.612 DM	3.653 DM	2.192 DM	2.040 DM *	4.680 DM
1981	24.532 DM	15.210 DM	3.802 DM	2.281 DM	k.A.	4.680 DM
1982	25.444 DM	15.775 DM	3.944 DM	2.366 DM	k.A.	4.680 DM
1983	26.252 DM	16.276 DM	4.069 DM	2.441 DM	2.400 DM	4.680 DM
1984	27.139 DM	16.826 DM	4.207 DM	2.524 DM	2.100 DM **	4.680 DM
1985	28.103 DM	17.424 DM	4.356 DM	2.614 DM	k.A.	4.800 DM
1986	29.068 DM	18.022 DM	4.506 DM	2.703 DM	2.628 DM	4.920 DM
1987	30.059 DM	18.637 DM	4.659 DM	2.795 DM	2.640 DM ***	5.160 DM
1988	31.336 DM	19.428 DM	4.857 DM	2.914 DM	k.A.	5.280 DM
1989	32.535 DM	20.172 DM	5.043 DM	3.026 DM	2.640 DM	5.400 DM
1990	33.969 DM	21.061 DM	5.265 DM	3.159 DM	k.A.	5.640 DM
1991	35.742 DM	22.160 DM	5.540 DM	3.324 DM	2.952 DM	5.760 DM
1992	37.202 DM	23.065 DM	5.766 DM	3.460 DM	2.760 DM ****	6.000 DM

Anmerkungen: *1979; **Durchschnitt 150 DM-200 DM; ***tatsächlicher Wert liegt darunter; ****1993.

Quellen: Hilfsarbeiterlöhne: *Statistisches Bundesamt* (Hrsg.): Statistisches Jahrbuch (verschiedene Ausgaben); Behindertenentgelt: siehe Fn. 1-8, S. 143; Geringfügigkeitsgrenze: *Bundesversicherungsanstalt für Angestellte* (Hrsg., 1992), S. 63; eigene Berechnungen.

In Ergänzung hierzu zeigt Tab. 9 deutlich, daß die Entwicklung der Arbeitsentgelte behinderter Mitarbeiter von WfB in der Vergangenheit deutlich hinter der anderer Einkommensgrößen zurückblieb: Während z.B. Renten sowie Löhne und Gehälter sich zwischen 1980 und 1994 um mehr als die Hälfte erhöht haben, erhöhten sich die Arbeitsentgelte in WfB lediglich um etwas mehr als ein Drittel.

Tab. 9: Relative Entwicklung der Arbeitsentgelte in den WfB 1980–1994

Kategorie	Anmerkungen	Absolute Höhe		Steigerungsrate
		1980	1994	
Nettolohn- und Gehaltssumme	(a)	1.765 DM	2.703 DM	53,1%
Netto-Eckrente	(b)	1.233 DM	1.900 DM	54,1%
Bedarfsgrenze der HLU	(c)	310 DM	519 DM	67,4%
Bruttojahreslohn eines Hilfsarbeiters	(d)	23.567 DM	37.202 DM	57,9%
Mindestentgelt in WfB	(e)	85 DM	115 DM	35,3%
Durchschnittsentgelt in WfB	(f)	170 DM	230 DM	35,3%

Anmerkungen: (a) je beschäftigten Arbeitnehmer in Westdeutschland; (b) jahresdurchschnittliche Rente nach 45 Versicherungsjahren mit Durchschnittsverdienst und nach Abzug des Krankenversiche rungsbeitrags in der Rentenversicherung der Arbeiter und Angestellten in Westdeutschland; (c) durchschnittlicher Eckregelsatz; (d) Durchschnitte von 1980 und 1992; (e) Grundbetrag nach §13 Abs. 2 SchwbWV; (f) Durchschnitte von 1979 und 1993.

Quellen: *Seffen* (1994); Tabn. 7 und 8.

7.4. Übergang von Behinderten aus WfB auf den allgemeinen Arbeitsmarkt

Zu den in Abschn. 7.1. genannten Aufgaben der WfB gehört u.a., die beschäftigten Behinderten in ihrer Leistungsfähigkeit und Persönlichkeit so weit zu fördern, daß sie – soweit überhaupt möglich – auf dem allgemeinen Arbeitsmarkt eingegliedert werden können. Die Ausführungen in den vorangegangenen Abschnitten lassen folgern, daß für Schwerbehinderte ein finanziell unabhängiges Leben bei Beschäftigung in einer WfB kaum realistisch ist. In welchem Umfang es nun den Behinderten tatsächlich möglich, auf den allgemeinen Arbeitsmarkt zu wechseln, um damit – zumindest prinzipiell – ihre Einkommenslage deutlich verbessern zu können? Expertenschätzungen zufolge scheiden jährlich nicht mehr als 2–3% aus den Werkstätten aus, wobei wiederum nur ein Teil Beschäftigung auf dem allgemeinen Arbeitsmarkt findet. Lediglich bei einem sehr geringen Teil kommt es zu einer dauerhaft erfolgreichen Eingliederung.[1] Von daher besteht für behinderte WfB-Mitarbeiter nur eine äußerst geringe Chance, auf diese Weise die Einkommenslage zu verbessern.

[1]Vgl. *Cramer* (1990), S. 2.

V. Behinderungsbedingte Nachteile und Mehraufwendungen sowie Hilfen zu deren Ausgleich (Nachteilsausgleiche für Schwerbehinderte)

1. Behinderungsbedingte Nachteile und Mehraufwendungen

Die finanzielle Situation Schwerbehinderter wird – und dies trifft natürlich auch bei Nichtbehinderten zu – nicht nur vom Einkommen bestimmt, sondern gleichermaßen von den anfallenden Ausgaben, die zur Lebensführung notwendig sind. Schwerbehinderte sind hier jedoch in vielen Bereichen gegenüber Nichtbehinderten schlechter gestellt (benachteiligt), da sie möglicherweise

- vom Konsum bestimmter Sachgüter oder Leistungen gänzlich ausgeschlossen sind,
- für bestimmte Konsumgüter zusätzliche Ausgaben anfallen, da Sonderanfertigungen erstellt oder Sonderleistungen erbracht werden müssen, bevor eine zweckgemäße Nutzung möglich ist, oder
- überhaupt zusätzliche Leistungen in Anspruch nehmen müssen, um die Subsistenz oder zumindest die Erwerbsfähigkeit ganz oder teilweise zu erhalten.

Im ersteren Falle läßt sich der Nachteil für die Betroffenen nur dann in Geldeswert ausdrücken, falls Substitute verfügbar sind, die den Gebrauchszweck des Gutes auf vergleichbare Weise erfüllen. So können z.B. Gehörlose, für die der Gebrauch eines Telefons unmöglich ist, die Kommunikation über größere Entfernungen per Schreibtelefon oder Fernkopiergerät (Telefax) durchführen, wobei solche Geräte jedoch i.d.R. deutlich teurer sind als ein (einfaches) Telefon. Zumeist muß auch zusätzlich noch ein Telefon vorhanden sein, da möglicherweise andere Haushaltsmitglieder darauf angewiesen sind. Der Nachteil drückt sich hier im Anschaffungsbetrag z.B. für ein Telefaxgerät und gegebenenfalls einen zweiten Telefonanschluß aus.

Im zweiten Falle ist der finanzielle Nachteil unmittelbar an den zusätzlichen Kosten für eine Sonderanfertigung oder -leistung ablesbar. Beispielsweise wird ein stark Gehbehinderter, will oder kann er auf ein eigenes Auto nicht verzichten, zumindest auf ein Modell mit automatischem Getriebe zurückgreifen müssen. Dies gehört i.d.R. nur bei sehr teuren Luxusmodellen zur Serienausstattung. Ansonsten muß ein Aufpreis gezahlt werden. Unter Umständen sind weitere Veränderungen vorzunehmen, die nachträglich durchgeführt werden müssen.

Im dritten Falle sind z.B. eine durch die Behinderung notwendig gewordene Umschulung oder andere Rehabilitationsmaßnahmen in Betracht zu ziehen. Hier entsteht ein Nachteil, der sich wiederum direkt in den aufzubringenden Kosten ausdrückt.[1]

Die zusätzlichen Kosten, die hier jeweils anfallen, sind im Einzelfall sehr unterschiedlich hoch. Im ersten Beispiel dürften sie noch überschaubar sein und vielleicht zwischen 1.000 DM und 2.000 DM liegen, im Falle der Zusatzausstattung beim Auto (Automatikgetriebe) bei mindestens etwa 2.000 DM.[2] In anderen Bereichen, wie z.B. im Wohnungsbau, sind die Mehrkosten noch weit weniger gut (im voraus) abschätzbar. Für den Bau einer behindertengerechten Wohnung sind nach Expertenschätzungen etwa 10% Mehrkosten zu veranschlagen.[3]

---

[1]Hier werden u.U. jedoch die Kosten durch die jeweils zuständigen Sozialversicherungsträger (Bundesanstalt für Arbeit, Unfall-, Rentenversicherung) – zumindest teilweise – übernommen.

[2]Dies entspricht dem *Circa*-Betrag des Aufpreises für ein Automatikgetriebe für ein Auto der Mittelklasse (VW Golf). Die prozentualen Mehrkosten liegen, je nach Motorausstattung des Modells, bei etwa 8%. Für weitere Sonderausstattungen lassen sich kaum generelle Aussagen treffen, da diese oftmals individuell angefertigt werden müssen. Genauere Angaben über die Kosten einer behindertengerechten Zusatzausstattung lassen sich einer Erhebung der *Stiftung Warentest* (1994) entnehmen. Die dort aufgeführten Beispiele reichen von ca. 80 DM (Drehknopf für das Lenkrad) bis 16.000 DM (Verladeeinrichtung für Rollstühle im Kofferraum mit Bedienung vom Fahrersitz aus) für Limousinen. Für Kleintransporter wird außerdem noch eine Einrichtung genannt, die über einen elektrohydraulischen Lifter den Rollstuhl ins Wageninnere hebt und den Rollstuhl anschließend in einer elektromechanischen Rückhalteautomatik verankert, so daß das Fahrzeug vom Rollstuhl aus gesteuert werden kann (je nach Fahrzeugtyp etwa 20.000 DM).

[3]Vgl. *Buschmann/Giordan* (1981), S. 339. Hier sind aufgrund regional stark divergierender Baupreise die Mehraufwendungen entsprechen unterschiedlich hoch.

2. Nachteilsausgleiche für Schwerbehinderte

2.1. Begriff und Arten

Nachteilsausgleiche[1] haben zum Ziel, Behinderten einen Ausgleich für wirtschaftliche Nachteile zu gewähren, die diesen aufgrund ihrer Behinderung entstehen. Bis zur Novellierung des Schwerbehindertengesetzes im Jahre 1986 war hier noch der Gebrauch des Begriffes „Vergünstigung" üblich. Obzwar begrifflich insofern korrekt, als einer Person oder einer Gruppe von Personen eine Leistung gewährt wird, die anderen Personen nicht zuerkannt wird (positive Diskriminierung), wurde dieser Begriff oftmals eher i.S.v. „Privileg" oder „Vorteil" interpretiert.[2] Diese Fehlinterpretation ist insofern nicht ganz abwegig, als viele dieser Nachteile unabhängig davon gewährt werden, ob tatsächlich (in finanzieller Hinsicht) eine Bedürftigkeit vorliegt.[3]

Nachteilsausgleiche können sowohl als Kollektivgut als auch als Individualgut angeboten werden. Anbieter sind in den meisten Fällen staatliche bzw. kommunale Wirtschaftseinheiten, aber auch private Institutionen (z.B. Dienstleistungsunternehmen, Vereine) bieten Nachteilsausgleiche an (jedoch nur als Individualgut). Zur ersten Kategorie gehören Nachteilsausgleiche aus dem Bereich der (kommunalen) Infrastrukturpolitik wie z.B. die behindertengerechte Gestaltung öffentlicher Gebäude. Die Betrachtung wird sich auf solche Nachteilsausgleiche beschränken, die von den Begünstigten direkt und ausschließlich genutzt werden können und sich unmittelbar auf die finanzielle Situation des Betroffenen oder seines Haushaltes auswirken. Es handelt sich daher bei den Nachteilsausgleichen im hier gebrauchten Sinne um Geldleistungen (z.B. Zuschüsse), um Steuererleichterungen oder um geldwerte Leistungen (z.B. unentgeltliche Beförderung im Personennahverkehr). Keine Nachteilsausgleiche sind damit Schutzbestimmungen und Leistungen für Behinderte wie z.B. Zusatzurlaub, und vorgezogenes Altersruhegeld. Dasselbe gilt für Leistungen der medizinischen und beruflichen Rehabilitation, da Bestimmungen über

---

[1]Die ausführliche gesetzliche Formulierung lautet: „Hilfen für Behinderte zum Ausgleich behinderungsbedingter Nachteile oder Mehraufwendungen" (§ 48 Abs. 1 SchwbG).

[2]Vgl. auch *Neubert* (1986), S. 29, und *Thust/Trenk-Hinterberger* (1989), S. 68.

[3]Vgl. dazu auch *Breuer/Friedrich* (1984), S. 7 ff.

die Sozialversicherung Behinderter nicht als Nachteilsausgleich, sondern als Bestandteil des gesamten Systems der sozialen Sicherung gesehen werden können.[1]

Nachteilsausgleiche werden z.T. auch schon bei Vorliegen eines GdB von unter 50 gewährt. Wir wollen uns in der Untersuchung jedoch weitgehend auf diejenigen beschränken, die i.d.R. nur *Schwerbehinderten* gewährt werden.[2]

2.2. Entwicklungen 1980–1994

2.2.1. Einleitende Anmerkungen

In den folgenden Abschnitten soll untersucht werden, welche Entwicklungen sich auf dem Gebiet der Nachteilsausgleiche in den 80er und frühen 90er Jahren abgezeichnet haben.[3] Die Untersuchung soll dabei von der thesenartigen Vermutung geleitet werden, daß sich mit Blick auf finanzielle Engpässe in öffentlichen und privaten Kassen und der generellen sozialpolitischen Tendenzen der quantitative und qualitative Umfang der Nachteilsausgleiche reduziert hat, also Schwerbehinderte *ceteris paribus* heute schlechter gestellt sind als Anfang der 80er Jahre. Sie beschränkt sich auf Nachteilsausgleiche im oben dargelegten Sinne.[4] Diese werden in die folgenden sechs Bereiche eingeteilt:

---

[1]Die begriffliche Eingrenzung erfolgt damit in Anschluß an *Breuer/Friedrich* (1984), S. 8 f. Es ist hier allerdings anzumerken, daß in der Praxis auch die erstgenannten Bestimmungen (Zusatzurlaub und vorgezogenes Altersruhegeld) zu den Nachteilsausgleichen gezählt werden. In den einschlägigen Übersichten zu Nachteilsausgleichen werden diese jedenfalls als solche aufgeführt (vgl. z.B. *Landschaftsverband Westfalen-Lippe – Hauptfürsorgestelle* – (Hrsg., 1991a), S. 90 f. und S. 101 f.).

[2]Einerseits wäre eine detaillierte Betrachtung aller Nachteilsausgleiche zu umfangreich. Sie würde den Rahmen der Untersuchung sprengen. Andererseits sind in der Entscheidungssituation einer gesundheitlich eingeschränkten Person hinsichtlich einer Anerkennung als Schwerbehinderter gerade nur die Nachteilsausgleiche entscheidungsrelevant, welche ausschließlich Schwerbehinderten (mit entsprechendem Ausweis) gewährt werden.

[3]Die Recherchen wurden Ende 1994 abgeschlossen, so daß seither eingetretene Änderungen nur vereinzelt noch aufgenommen worden sind.

[4]Aufgrund der Komplexität des Systems der Nachteilsausgleiche kann an dieser Stelle kein Anspruch auf Vollständigkeit erhoben werden. Zweck der Analyse ist mithin auch keine konzise Bestandsaufnahme. Darüber hinaus wird weniger Wert

- Einkommensentstehung,
- Fortbewegung und Verkehr,
- Wohnen,
- Kommunikation und Medien,
- Freizeit und Fremdenverkehr sowie
- sonstige Nachteilsausgleiche.

2.2.2. Nachteilsausgleiche im Bereich der Einkommensentstehung

Da sich das deutsche Einkommensteuerrecht an der wirtschaftlichen Leistungsfähigkeit und damit an der steuerlichen Belastbarkeit der zu besteuernden Person orientiert, wirken sich hier zusätzliche Aufwendungen, die Schwerbehinderte im Vergleich zu Nichtbehinderten zu tragen haben, direkt aus. In der Tat sieht auch das Einkommensteuerrecht für Behinderte Steuervorteile in Lohn- und Einkommensteuer vor. Die zusätzlichen Aufwendungen werden steuerrechtlich i.d.R. als außergewöhnliche Belastung interpretiert (§ 33 EStG), für die verschiedene Frei- bzw. Pauschbeträge festgesetzt sind.

2.2.2.1. Freibetrag wegen der Behinderung

(1) Regelung: Schwerbehinderten (unter bestimmten Voraussetzungen auch Leichtbehinderten ab einem GdB von 25) wird bei der Einkommen- und Lohnsteuer ein zusätzlicher Pauschbetrag wegen der Behinderung (oft auch „Körperbehinderten-Freibetrag“ oder „KB-Freibe-

---

auf (z.B. rechtliche und chronologische) Details gelegt. Vielmehr geht es darum, Entwicklungstendenzen aufzuzeigen. Die Angaben stützen sich zumeist auf Veröffentlichungen einschlägiger Stellen (Vgl. die ausführlichen Quellenangaben bei Übersicht 10). Im wesentlichen sind dies von diversen Hauptfürsorgestellen herausgegebene Broschüren. Die genauen Zeitpunkte von Änderung ließen sich in einigen Fällen nur mit größerem Aufwand ermitteln, da Angaben in veröffentlichen Übersichten teilweise widersprüchlich sind. Soweit möglich, wurden die zuständigen Stellen telefonisch oder schriftlich um klärende Auskunft gebeten. Die Übersichten 3, 4 und 6 bis 10 zeigen jeweils eine Synopse der Entwicklungen in den einzelnen Bereichen.

trag“ genannt) eingeräumt. Die Höhe des Pauschbetrags richtet sich nach dem GdB gemäß Tab. 10.

Tab. 10: Körperbehindertenfreibeträge bei der Einkommensteuer

Stufe[1]	**MdE/GdB (1)**[2]	**MdE/GdB (2)**[3]	**Jährlicher KB-Freibetrag**
3	45-54	50	1.110 DM
4	55-64	60	1.410 DM
5	65-74	70	1.740 DM
6	75-84	80	2.070 DM
7	85-90	90	2.400 DM
8	91-100	100	2.760 DM

Quelle: § 33b EStG.

Für Blinde und Hilflose erhöht sich der Pauschbetrag auf 7.200 DM.

(2) Änderungen 1980–1994: Keine.

(3) Umfang des Nachteilsausgleichs: Die Auswirkung des Nachteilsausgleichs ist in jedem Falle (*ceteris paribus*) abhängig von der Höhe des Bruttoeinkommens. Infolge des progressiven Verlaufs des Einkommensteuertarifs wirkt sich die Steuerersparnis bei einem Bezieher eines höheren Einkommens stärker aus als bei einem Behinderten mit einem geringeren Einkommen.[4] Abbn. 36a und 36b veranschaulichen

---

[1]Die Stufen 1 und 2 betreffen die GdB-Klassen 25–34 bzw. 35–44 für die Leichtbehinderten, welche ebenfalls Anspruch auf die Anrechnung eines Pauschbetrags haben.

[2]Klassenbildung gemäß EStG.

[3]Gemäß den „Anhaltspunkten für die ärztliche Gutachtertätigkeit“ werden i.d.R. nur GdB-Werte, die durch zehn teilbar sind, vergeben (vgl. *Schmidt* (1994a), S. 240, und GW (1987b)). Demgemäß wurden hier die üblicherweise vergebenen GdB der rechtlichen Einteilung zugeordnet.

[4]Ob dies sozialpolitisch sinnvoll oder erwünscht ist, sei hier dahingestellt. Der dargestellte Effekt wäre dann vermeidbar, wenn die behinderungsbedingten Mehraufwendungen z.B. in der Form eines Abzugs von der Steuerschuld (gleicher Nettoeffekt unabhängig von der Höhe des zu versteuernden Einkommens) erfolgte oder aber eine steuerlich nicht abzugsfähige zumutbare Belastung (abhängig vom Einkommen) zu berücksichtigen wäre (vgl. zu diesem Problem ausführlicher *Breuer/Friedrich* (1984), S. 26 ff.).

Abb. 36a: Steuerersparnis pro Jahr bei Schwerbehinderten durch den KB-Freibetrag: Ledige

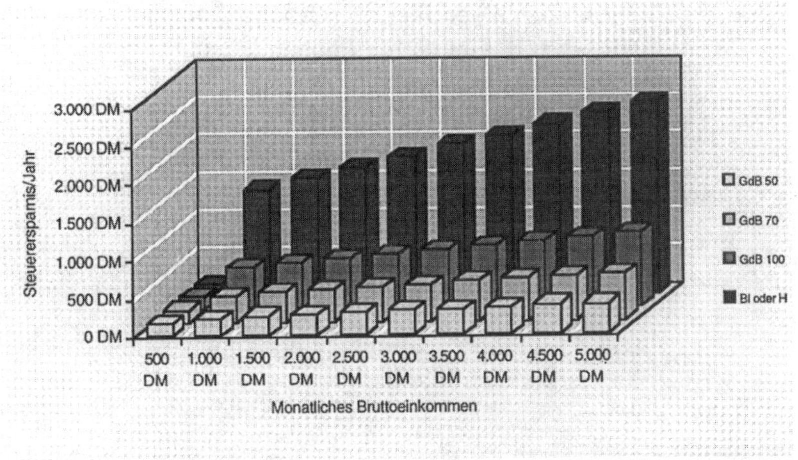

Quelle: Eigene Berechnung auf der Basis der Einkommensteuertabelle (Auszug in Stiftung Warentest (Hrsg., 1994)).

Abb. 36b: Steuerersparnis pro Jahr bei Schwerbehinderten durch den KB-Freibetrag: Verheiratete

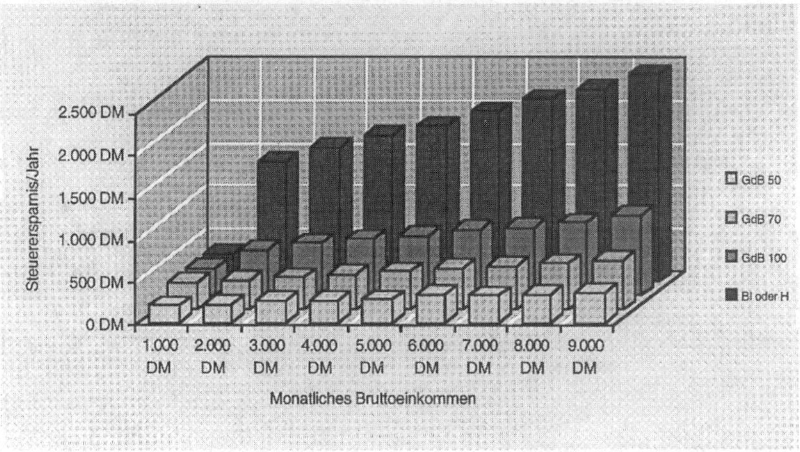

Quelle: Siehe Abb. 36a.

dies.[1] Allerdings zeigt sich, daß erst bei sehr hohen Graden der Behinderung oder gar bei Pflegebedürftigkeit sich eine erhebliche Steuerer-

Abb. 37a: Steuerersparnis pro Jahr bei pflegebedürftigen Schwerbehinderten („H“) durch KB-Freibetrag und Freibetrag für Haushaltshilfe (Ledige)

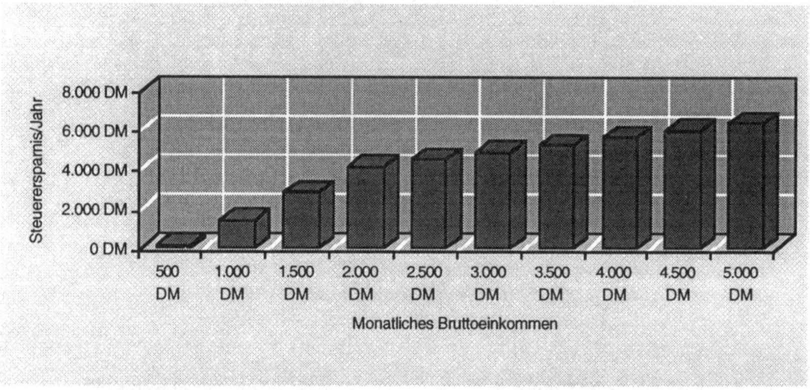

Quelle: Siehe Abb. 36a.

Abb. 37b: Steuerersparnis pro Jahr bei pflegebedürftigen Schwerbehinderten („H“) durch KB-Freibetrag und Freibetrag für Haushaltshilfe (Verheiratete)

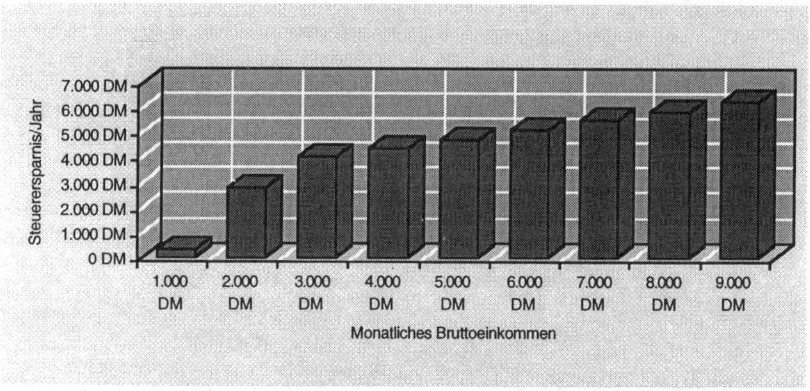

Quelle: Siehe Abb. 36a.

[1]Vgl. auch Tabn. A.47.1 und A.47.2 im Anhang. Die Berechnungen für die folgenden Schaubilder basieren auf der Annahme, daß keine sonstigen Abzüge erfolgen bzw., daß die sonstigen Abzüge (Sonderausgaben, Werbungskosten usw.) bereits erfolgten, und beziehen auf Einkommen aus dem Jahr 1993.

sparnis einstellt. Am höchsten ist die Steuerersparnis bei zusätzlicher Beanspruchung des Freibetrags für eine Haushaltshilfe (vgl. Abbn. 37a und 37b).

2.2.2.2. Freibetrag bei Beschäftigung einer Hausgehilfin oder Haushaltshilfe

(1) Regelung: Bei Beschäftigung einer Hausgehilfin oder Haushaltshilfe können die Aufwendungen hierfür bis zum Betrag von 1.800 DM jährlich als außergewöhnliche Belastungen geltend gemacht werden.[1] Für Hilflose (Merkzeichen „H") gilt ein erhöhter Pauschbetrag von 12.000 DM.

(2) Änderungen 1980–1994: Der Pauschbetrag wurde 1990 von 1.200 DM auf 1.800 DM angehoben. Der erhöhte Pauschbetrag für Hilflose wurde im selben Jahr neu eingeführt.

(3) Umfang des Nachteilsausgleiches: Die Erhöhung des Pauschbetrages von 1.200 DM auf 1.800 DM dürfte – zumal im längerfristigen Vergleich – kaum eine signifikante reale Auswirkung gehabt haben. Mit der Einführung des erhöhten Pauschbetrages für pflegebedürftige Schwerbehinderte erfolgte für diese Gruppe jedoch eine spürbare Entlastung. Besonders beachtenswert ist hier die mögliche kumulierende Wirkung mit dem Freibetrag wegen der Behinderung. Insgesamt ergibt sich hier (*ceteris paribus*) eine Minderung des zu versteuernden Jahreseinkommens um 19.200 DM. Den steuermindernden Effekt dieser Regelungen zeigen die Abbn. 37a und 37b.[2] Bereits bei einem Einkommen von 2.000 DM monatlich ergibt sich etwa eine Verdoppelung des steuermindernden Effekts.

2.2.2.3. Freibetrag bei Heim- und Pflegeunterbringung

(1) Regelung: Als Ersatz für den Freibetrag bei Beschäftigung einer Hausgehilfin oder Haushaltshilfe kann, wenn der schwerbehinderte

[1]Dabei ist ohne Belang, ob der Steuerpflichtige selbst oder aber der Ehegatte, ein zum Haushalt gehörendes Kind oder eine andere zum Haushalt gehörende unterhaltene Person, für die ein Unterhaltsfreibetrag gemäß § 33a Abs. 1 EStG gewährt wird, schwerbehindert ist.

[2]Vgl. auch Tabn. A.47.1 und A.47.2 im Anhang.

Steuerpflichtige in einem Heim dauernd zur Pflege untergebracht ist, ein Betrag in Höhe von 1.200 DM jährlich als außergewöhnliche Belastung geltend gemacht werden.[1] Im Falle der Heimunterbringung wegen Pflegebedürftigkeit erhöht sich der Betrag auf 1.800 DM.[2]

(2) Änderungen 1980–1994: Der erhöhte Pauschbetrag wurde 1990 neu eingeführt.

(3) Umfang des Nachteilsausgleiches: Wie oben. Grundsätzlich ist hier jedoch noch zu beachten, daß auch die tatsächlichen Aufwendungen geltend gemacht werden können. Allerdings schreibt das Einkommensteuergesetz in diesem Falle die Berücksichtigung einer zumutbaren Belastung vor, welche nach dem Gesamtbetrag der Einkünfte und nach dem Familienstand gestaffelt ist. Sie beträgt 1 bis 7% des Gesamtbetrages der Einkünfte.

2.2.2.4. Freibetrag für Kfz-Benutzung zwischen Wohnung und Arbeitsstelle

(1) Regelung: Schwerbehinderte mit einem GdB von mindestens 70 oder Gehbehinderung (Merkzeichen „G“ Im Schwerbehindertenausweis[3]) können für jeden gefahrenen Kilometer zwischen Wohnung und Arbeitsstätte 52 DPf (23 DPf bei Krad) oder die tatsächlichen Kosten als Werbungskosten geltend machen. Dies entspricht einem Pauschbetrag von 1,04 DM bzw. 0,46 DM je Entfernungskilometer. Können Schwerbehinderte (z.B. Blinde) das Kraftfahrzeug aufgrund ihrer Behinderung nicht selbst führen und müssen daher zur Arbeit gebracht und wieder abgeholt werden, so können auch die Leerfahrten geltend gemacht werden. Für solche Schwerbehinderte ergibt sich demnach ein Pauschbetrag von 2,08 DM je Entfernungskilometer.

(2) Änderungen 1980–1994: Die Kilometerpauschale hat sich im betrachteten Zeitraum gemäß den Angaben in Tab. 11 entwickelt.

---

[1] Dies gilt auch für den Fall, daß der schwerbehinderte Ehegatte einer Heim- oder Pflegeunterbringung bedarf.

[2] Allerdings müssen die Dienstleistungen im Heim oder der Pflegestelle mit denen einer Hausgehilfin oder Haushaltshilfe vergleichbar sein.

[3] Zur ausführlichen Erläuterung der verschiedenen „Merkzeichen“ siehe z.B. GW (1988e).

Tab. 11: Kilometerpauschale für Fahrten zwischen Wohnung und Arbeitsstätte (PKW) pro Entfernungskilometer

Jahr	Pauschbetrag für Nichtbehinderte und Behinderte mit GdB bis unter 70	Pauschbetrag für Schwerbehinderte mit GdB von mind. 70 oder Merkzeichen „G“	Betrag bei Berücksichtigung von Leerfahrten
1980	0,36 DM	0,64 DM	1,28 DM
1981	0,36 DM	0,72 DM	1,44 DM
1983	0,36 DM	0,84 DM	1,68 DM
1989	0,43 DM	0,84 DM	1,68 DM
1990	0,50 DM	0,84 DM	1,68 DM
1991	0,58 DM	1,04 DM	2,08 DM
1992	0,65 DM	1,04 DM	2,08 DM
1994	0,70 DM	1,04 DM	2,08 DM

Quelle: Siehe die Quellenangaben bei Übersicht 10; Angaben des Finanzamts Tübingen.

(3) Umfang des Nachteilsausgleichs: Der Vorteil für Schwerbehinderte liegt darin, die Fahrtkosten sowohl für die Hinfahrt zum als auch für die Rückfahrt vom Arbeitsplatz ansetzen zu können. Dies führt trotz des normalerweise bei Dienstfahrten gültigen niedrigeren Pauschbetrags von gegenwärtig 52 DPf pro Kilometer *de facto* zu einer höheren Kilometerpauschale (bezogen auf den Entfernungskilometer) als normalerweise für Fahrten zum Arbeitsplatz angesetzt werden kann. Letztere lag Ende 1994 bei 70 DPf. Die Möglichkeit, die tatsächlich angefallenen Kosten anzusetzen, besteht unabhängig vom Vorliegen einer Behinderung.

2.2.2.5. Freibetrag für Benutzung eines Kraftfahrzeuges wegen der Behinderung

(1) Regelung: Schwerbehinderte mit einem GdB von mindestens 70 und Gehbehinderung (Merkzeichen „G“) oder mit einem GdB von mindestens 80 können (neben den Fahrten von der Wohnung zum Arbeitsplatz) in angemessenem Umfang auch die Kfz-Kosten (Kilometerpauschale wie oben oder tatsächliche Kosten) oder Taxikosten für Privatfahrten geltend machen. Als angemessen gilt i.d.R. ein Aufwand für Privatfahrten von 3.000 km pro Jahr. Diese Km-Grenze gilt nicht

für außergewöhnlich Gehbehinderte (Merkzeichen „aG").[1] Schwerbehinderte mit einem GdB von 50 oder 60 können die Kosten nur dann geltend machen, wenn die Fahrten ausschließlich wegen der Behinderung notwendig waren.

(2) Änderungen 1980–1994: Die Regelung an sich blieb unverändert. Unter Berücksichtigung der Veränderungen bei den Kilometerpauschalen ergab sich jedoch folgende Entwicklung hinsichtlich des maximal anzusetzenden Betrages (siehe Tab. 12).

Tab. 12: Maximal absetzbarer Betrag unter Berücksichtigung der Km-Grenze

Jahr	Km-Pauschale	Anzusetzender Betrag bei 3.000 km
1980	0,32 DM	960 DM
1981	0,36 DM	1.080 DM
1982	0,36 DM/0,42 DM	1.095 DM*
1983	0,42 DM	1.260 DM
1991	0,42 DM/0,52 DM	1.335 DM**
1992	0,52 DM	1.560 DM

*2.750 km à 0,36 DM + 250 km à 0,42 DM; **2.250 km à 0,42 DM + 750 km à 0,52 DM

Quelle: Angaben des Finanzamts Tübingen; eigene Berechnungen.

(3) Umfang des Nachteilsausgleichs: Im Gegensatz zum Freibetrag für die Kfz-Benutzung zwischen Wohnung und Arbeitsstätte handelt es sich hier in jedem Falle uneingeschränkt um einen Ausgleich von zusätzlichen (außergewöhnlichen) Belastungen, die durch die Behinderung gegeben sind. Der Steuerermäßigungseffekt ist – *ceteris paribus* – wiederum abhängig von der Höhe des Einkommens (Progressionseffekt, s.o.).

2.2.2.6. Vermögensteuer

(1) Regelung: Bei der Veranlagung zur Vermögensteuer erhalten unbeschränkt steuerpflichtige natürliche Personen einen Freibetrag von

[1] In allen Fällen kann eine Fahrleistung über 3.000 km pro Jahr nur anerkannt werden, wenn die Fahrten durch die Behinderung verursacht sind. Eine zumutbare Belastung wird abgesetzt.

70.000 DM (bzw. 140.000 DM bei Zusammenveranlagung von Ehegatten). Schwerbehinderten mit einem voraussichtlich mindestens drei Jahre bestehenden GdB von mehr als 90 wird bei einem Gesamtvermögen bis zu 150.000 DM – unabhängig vom Alter – ein zusätzlicher Freibetrag von 10.000 DM gewährt.[1] Dieser Freibetrag erhöht sich nach Vollendung des 65. Lebensjahres auf 50.000 DM. Die Erhöhung gilt ebenso für Schwerbehinderte mit einem GdB von mehr als 90, wenn die steuerfreien Ansprüche nach § 111 Nr. 1 bis 4 und 9 des Bewertungsgesetzes (vor allem aus Rentenansprüchen) insgesamt jährlich 4.800 DM nicht überschreiten. Die Gesamtvermögensgrenze verdoppelt sich bei zusammen veranlagten Ehegatten, wenn bei einem Ehegatten die Voraussetzung für die Gewährung des Freibetrags vorliegt. Die Freibeträge werden verdoppelt, wenn bei beiden Ehegatten die Voraussetzungen für die Freibetragsgewährung gegeben sind.

(2) Änderungen 1980–1994: Keine.

(3) Umfang des Nachteilsausgleichs: Bei einem Steuersatz von 0,5% ergeben sich Ersparniseffekte gemäß Übersicht 2.

Übersicht 2: Ersparniseffekte für Schwerbehinderte bei der Vermögensteuer durch zusätzliche Freibeträge

Typ	Gesamtvermögen	Alter ...	... oder laufende Bezüge (Renten u.a.) ...	Steuerersparnis
Unverheiratet/ verheiratet und getrennt veranlagt	bis 150.000 DM	–	über 4.800 DM p.a.	50 DM
	bis 150.000 DM	über 65 Jahre	bis 4.800 DM p.a.	250 DM
Verheiratet, gemeinsame Veranlagung	bis 300.000 DM	–	über 4.800 DM p.a.	50 DM
	bis 300.000 DM	über 65 Jahre	bis 4.800 DM p.a.	250 DM

Quelle: § 6 VStG; eigene Berechnungen.

[1] Schwerbehinderten mit einem GdB bis 90 wird der Nachteilsausgleich erst ab dem vollendeten 60. Lebensjahr – wie allen anderen Personen auch – gewährt.

Übersicht 3: Nachteilsausgleiche im Bereich der Einkommensentstehung: Entwicklungen 1980–1994

Nr.	**Bereich: Einkommensentstehung**	**Jahr 1980**	**1981**	**1982**	**1983**	**1984**
1.	Freibetrag wegen der Behinderung	Pauschbetrag 1.110 DM (GdB von 50) ...				
2.	Freibetrag bei Beschäftigung einer Hausgehilfin oder Haushaltshilfe	1.200 DM				
3.	Freibetrag bei Heim- und Pflegeunterbringung (alternativ zu 2.)	1.200 DM				
4.	Freibetrag für Kfz-Benutzung zwischen Wohnung und Arbeitsstelle (G oder GdB ab 70)	Tatsächliche Kosten oder KMP/gefahrener ...				
5.	Freibetrag für Benutzung eines Kfz wegen der Behinderung (GdB ab 70 + G oder GdB ab 80)	Kfz- oder Taxikosten in angemessenem ...				
	Kilometerpauschale (jeweils pro gefahrener km)	32 DPf	36 DPf	42 DPf (ab 1.12.82)		
6.	Vermögensteuer	GdB>90: Bei Gesamtvermögen bis ... cher Freibetrag von 10.000 DM; ...				
Anmerkungen: aG = außergewöhnlich gehbehindert; Bl = blind; FB = Freibetrag; ... KMP = Km-Pauschale; MdE = Minderung der Erwerbsfähigkeit; RF = ...						

Quellen: Siehe Übersicht 10.

<table>
<tr><th colspan="10">Jahr</th></tr>
<tr><th>1985</th><th>1986</th><th>1987</th><th>1988</th><th>1989</th><th>1990</th><th>1991</th><th>1992</th><th>1993</th><th>1994</th></tr>
<tr><td colspan="10">... bis 2.760 DM (GdB von 100); 7.200 DM (Bl, H) oder Anrechnung der tatsächlichen Kosten als außergewöhnliche Belastung.</td></tr>
<tr><td colspan="5">1.200 DM</td><td colspan="5">1.800 DM; H: bis 12.000 DM</td></tr>
<tr><td colspan="5">1.200 DM</td><td colspan="5">1.200 DM ; bei Heimunterbringung wegen Pflegebedürftigkeit: 1.800 DM; bei Unterbringung in einem Pflege- oder Altenpflegeheim oder der Pflegestation eines Altenheims/Krankenhauses zusätzlich erhöhter FB wegen Behinderung von 7.200 DM</td></tr>
<tr><td colspan="10">... km; bei Schwerbehinderten, die aufgrund ihrer Behinderung nicht selbst fahren können, auch Leerfahrten (KMP: siehe unter 5.)</td></tr>
<tr><td colspan="10">Umfang (3.000 km x KMP); bei aG ohne Km-Grenze</td></tr>
<tr><td colspan="6">42 DPf</td><td colspan="4">52 DPf (ab 1.10.91)</td></tr>
<tr><td colspan="10">... 150.000 DM (bei Verheirateten mit gemeinsamer Veranlagung: 300.000 DM) zusätzli-
... von 50.000 DM (über 65 Jahre oder laufende Bezüge bis 4.800 DM p.a.)</td></tr>
<tr><td colspan="10">... G = gehbehindert; GdB = Grad der Behinderung; H = hilflos; KB = körperbehindert;
... erfüllt die Voraussetzungen für die Befreiung von Rundfunk- und Fernsprechgebühren.</td></tr>
</table>

2.2.2.7. Leistungen im Rahmen der Eingliederungshilfen nach § 31 Abs. 3 SchwbG und Schwerbehindertenausgleichsabgabeverordnung (SchwbAV)

Neben dem besonderen Kündigungsschutz (§§ 15 ff.)[1] sieht das SchwbG weitere Maßnahmen vor, die geeignet sind, Einkommensausfälle auszugleichen oder potentiell Betroffene davor zu bewahren. Dazu gehört auch eine finanzielle Unterstützung Schwerbehinderter zur Förderung der Eingliederung in das Berufsleben aus Mitteln der Ausgleichsabgabe durch die Hauptfürsorgestelle. Diese Eingliederungshilfe wird als „begleitende Hilfe im Arbeitsleben" bezeichnet und in enger Zusammenarbeit mit den Dienststellen der Bundesanstalt für Arbeit und den Trägern der Rehabilitation durchgeführt.[2]

Voraussetzung für die Leistung ist gemäß § 18 SchwbAV insbesondere, daß die Eingliederung in das Arbeits- und Berufsleben auf dem allgemeinen Arbeitsmarkt unter Berücksichtigung von Art oder Schwere der Behinderung auf besondere Schwierigkeiten stößt und durch die Leistungen ermöglicht, erleichtert oder gesichert werden kann, und wenn es dem Schwerbehinderten wegen des behinderungsbedingten Bedarfs nicht zuzumuten ist, die erforderlichen Mittel selbst aufzubringen. In den übrigen Fällen sind die Einkommensverhältnisse zu berücksichtigen. Des weiteren dürfen die Leistungen nur subsidiär gewährt werden (Aufstockungsverbot). Folgende Leistungen an Schwerbehinderte sind nach § 17 Abs. 1 Nr. 1 SchwbAV vorgesehen:[3]

- technische Arbeitshilfen,

- Hilfen zum Erreichen des Arbeitsplatzes,

---

[1]Genaugenommen handelt es sich beim besonderen Kündigungsschutz für Schwerbehinderte ebenfalls um einen Nachteilsausgleich. Dieser läßt sich jedoch in seiner Auswirkung auf die finanzielle Situation der Betroffenen kaum bewerten. Als Schätzgrößen könnten allenfalls Erwartungswerte des durch die Weiterbeschäftigung gegebenen Einkommens herangezogen werden, in welche das verbleibende Kündigungsrisiko bzw. die Wahrscheinlichkeit der Weiterbeschäftigung eingerechnet werden müßten. Diese Wahrscheinlichkeiten ließen sich mit Hilfe der Kündigungsstatistiken objektivieren.

[2]Vgl. *Schmidt* (1994a), S. 97. Vor der Novellierung des SchwbG gab es hierfür die Bezeichnung „nachgehende Hilfe im Arbeitsleben" (siehe z.B. *Breuer/Friedrich* (1984), S. 46 ff.).

[3]§ 17 Abs. 1 SchwbG sieht darüber hinaus weitere Leistungen an Arbeitgeber, an freie gemeinnützige Einrichtungen und Organisationen sowie zur Durchführung von Aufklärungs-, Schulungs- und Bildungsmaßnahmen vor.

- Hilfen zur wirtschaftlichen Selbständigkeit,
- Hilfen zur Beschaffung, Ausstattung und Erhaltung einer behinderungsgerechten Wohnung,
- Hilfen zur Erhaltung der Arbeitskraft,
- Hilfen zur Teilnahme an Maßnahmen zur Erhaltung und Erweiterung beruflicher Kenntnisse und Fertigkeiten und
- Hilfen in besonderen behinderungsbedingten Lebenslagen.

Auf diese soll im folgenden näher eingegangen werden.

Technische Arbeitshilfen

(1) Regelung:

Für die Beschaffung technischer Arbeitshilfen, ihre Wartung, Instandsetzung und die Ausbildung des Schwerbehinderten im Gebrauch können die Kosten bis zur vollen Höhe übernommen werden. Gleiches gilt für die Ersatzbeschaffung und die Beschaffung zur Anpassung an die technische Weiterentwicklung (§ 19 SchwbAV).

(2) Änderungen 1980–1994: Keine.

Abb. 38: Leistungen im Rahmen der Hilfen für die Beschaffung technischer Arbeitshilfen 1980–1992 (durchschnittliche Leistungen pro Behinderter)

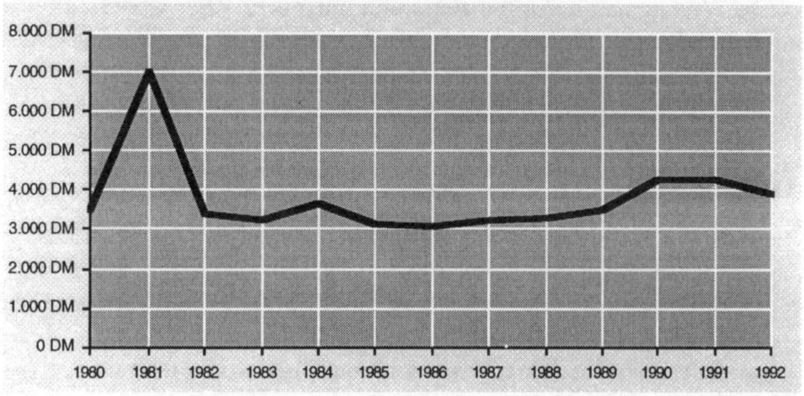

Quelle: *Arbeitsgemeinschaft der Deutschen Hauptfürsorgestellen* (Hrsg., 1981–1993).

(3) Umfang des Nachteilsausgleichs: Der Umfang des Nachteilsausgleichs ist kaum bewertbar, da keine Einkommenswirkungen eintreten. Als Anhaltspunkt für den Geldwert der Leistungen kann der durchschnittliche Leistungsbetrag herangezogen werden. Abb. 38 auf der vorangegangen Seite zeigt die Entwicklung der Leistungen der Hauptfürsorgestellen im Rahmen der technischen Arbeitshilfen im betrachteten Zeitraum (durchschnittliche Leistung pro Behinderter).

Hilfen zum Erreichen des Arbeitsplatzes

(1) Regelung: „Schwerbehinderte können Leistungen zum Erreichen des Arbeitsplatzes nach Maßgabe der Kraftfahrzeughilfe-Verordnung vom 28. September 1987 ... erhalten (§ 20 SchwbAV)."

Nach § 2 Kraftfahrzeughilfeverordnung (KfzHv) umfaßt dies Leistungen zur Beschaffung eines Kraftfahrzeugs, für eine behinderungsbedingte Zusatzausstattung sowie zur Erlangung einer Fahrerlaubnis. Sie werden als Zuschüsse und Darlehen erbracht. Voraussetzung ist u.a., daß der Behinderte infolge seiner Behinderung nicht nur vorübergehend auf die Benutzung eines Kraftfahrzeugs angewiesen ist, um seinen Arbeits- oder Ausbildungsort oder den einer sonstigen Maßnahme der beruflichen Bildung zu erreichen (§ 3 Abs. 1 Nr. 1 KfzHv).

(2) Änderungen 1980–1994: Seit 1988 bezieht sich die Regelung auf die KfzHv. Bis dahin waren die Leistungen in der SchwbAV geregelt. Der Zuschuß oder das Darlehen für die Beschaffung eines Kraftfahrzeugs war gemäß der alten Regelung auf bis zu 50% der Gesamtkosten beschränkt, wobei davon der Zuschuß 25% der Gesamtkosten nicht überschreiten durfte. Der Bemessungsbetrag für die Kostenübernahme nach den Regelungen seit 1988 wurde 1991 von 16.000 DM auf 18.000 DM angehoben. Die Kostenübernahme im Rahmen einer Ersatzbeschaffung ist nur noch alle fünf Jahre möglich.

Der Zuschuß für die behinderungsgerechte Zusatzausstattung wurden bis 1987 – im Gegensatz zur späteren Regelung – nicht grundsätzlich in voller Höhe übernommen.

Der Zuschuß für die Erlangung einer Fahrerlaubnis betrug gemäß der alten Regelung lediglich bis zu 50% der Kosten. Die neue Regelung sieht dagegen (einkommensabhängig) eine Übernahme der Kosten bis zur vollen Höhe vor (s.u.). Bezüglich der Übernahme der Kosten für behinderungsbedingte Untersuchungen und Eintragungen in einen vorhandenen Führerschein erfolgten keine Änderungen. Sie wurden durchgehend vollständig übernommen.

(3) Umfang des Nachteilsausgleichs: Der Umfang des Nachteilsausgleichs ergibt sich zum einen aus dem maximalen Bemessungsbetrag (Kaufpreis des Kraftfahrzeugs) sowie aus der Art und Höhe der Förderung. Der Bemessungsbetrag ist in § 5 Abs. 1 KfzHv festgelegt. Er betrug 1994 (einkommensabhängig) maximal 18.000 DM, wobei die

Tab. 13: Hilfe zur Beschaffung eines Kraftfahrzeugs

Jahr	Bezugsgröße nach § 18 SGB IV (in DM)	Einkommenshöhe bis zu ... v.H. der Bezugsgröße entspricht einer Einkommenshöhe von ... pro Monat (in DM)							
		40	45	50	55	60	65	70	75
1980	26.880	896	1.008	1.120	1.232	1.344	1.456	1.568	1.680
1981	27.720	924	1.040	1.155	1.271	1.386	1.502	1.617	1.733
1982	30.240	1.008	1.134	1.260	1.386	1.512	1.638	1.764	1.890
1983	31.080	1.036	1.166	1.295	1.425	1.554	1.684	1.813	1.943
1984	32.760	1.092	1.229	1.365	1.502	1.638	1.775	1.911	2.048
1985	33.600	1.120	1.260	1.400	1.540	1.680	1.820	1.960	2.100
1986	34.440	1.148	1.292	1.435	1.579	1.722	1.866	2.009	2.153
1987	36.120	1.204	1.355	1.505	1.656	1.806	1.957	2.107	2.258
1988	36.960	1.232	1.386	1.540	1.694	1.848	2.002	2.156	2.310
1989	37.800	1.260	1.418	1.575	1.733	1.890	2.048	2.205	2.363
1990	39.480	1.316	1.481	1.645	1.810	1.974	2.139	2.303	2.468
1991	40.320	1.344	1.512	1.680	1.848	2.016	2.184	2.352	2.520
1992	42.000	1.400	1.575	1.750	1.925	2.100	2.275	2.450	2.625
1993	44.520	1.484	1.670	1.855	2.041	2.226	2.412	2.597	2.783
1994	47.040	1.568	1.764	1.960	2.156	2.352	2.548	2.744	2.940

Jahr	Bemessungsbetrag (in DM)	... entspricht einem Zuschuß in Höhe von ... (... v.H. des Bemessungsbetrages (BB); in DM)							
		100	88	76	64	52	40	28	16
1980	15.000	15.000	13.200	11.400	9.600	7.800	6.000	4.200	2.400
1981	15.000	15.000	13.200	11.400	9.600	7.800	6.000	4.200	2.400
1982	15.000	15.000	13.200	11.400	9.600	7.800	6.000	4.200	2.400
1983	15.000	15.000	13.200	11.400	9.600	7.800	6.000	4.200	2.400
1984	15.000	15.000	13.200	11.400	9.600	7.800	6.000	4.200	2.400
1985	18.000	18.000	15.840	13.680	11.520	9.360	7.200	5.040	2.880
1986	18.000	18.000	15.840	13.680	11.520	9.360	7.200	5.040	2.880
1987	18.000	18.000	15.840	13.680	11.520	9.360	7.200	5.040	2.880
1988	16.000	16.000	14.080	12.160	10.240	8.320	6.400	4.480	2.560
1989	16.000	16.000	14.080	12.160	10.240	8.320	6.400	4.480	2.560
1990	16.000	16.000	14.080	12.160	10.240	8.320	6.400	4.480	2.560
1991	18.000	18.000	15.840	13.680	11.520	9.360	7.200	5.040	2.880
1992	18.000	18.000	15.840	13.680	11.520	9.360	7.200	5.040	2.880
1993	18.000	18.000	15.840	13.680	11.520	9.360	7.200	5.040	2.880
1994	18.000	18.000	15.840	13.680	11.520	9.360	7.200	5.040	2.880

Quellen: *Der Bundesminsiter für Arbeit und Sozialordnung* (Hrsg., 1984c) sowie *Bundesministerium für Arbeit und Sozialordnung* (Hrsg., 1994a); eigene Berechnungen.

Kosten einer behinderungsbedingten Zusatzausstattung hier unberücksichtigt bleiben.[1]

Die Hilfe zur Beschaffung eines Kraftfahrzeugs wird i.d.R. als Zuschuß gewährt. Dieser richtet sich gemäß § 6 KfzHv nach dem Einkommen des Behinderten und kann 16-100% des Bemessungsbetrages betragen. Die Veränderungen zwischen 1980 und 1993 zeigt Tab. 13 auf der vorangegangenen Seite.

Die Kosten für behinderungsbedingte Zusatzausstattungen, deren Einbau, ihrer technischen Überprüfung und der Wiederherstellung ihrer technischen Funktionsfähigkeit werden gemäß § 7 KfzHv voll übernommen. Daher ergibt sich ein Nachteilsausgleich in Höhe der jeweils angefallenen Kosten.

Der Zuschuß für die Erlangung einer Fahrerlaubnis ist gemäß § 8 KfzHv wiederum einkommensabhängig. Er beläuft sich

1. bis 40 v.H. der monatlichen Bezugsgröße nach § 18 des Vierten Buches Sozialgesetzbuch (monatliche Bezugsgröße) auf die volle Höhe,
2. bis zu 55 v.H. der monatlichen Bezugsgröße auf zwei Drittel,
3. bis zu 75 v.H. der monatlichen Bezugsgröße auf ein Drittel der entstehenden notwendigen Kosten.

Unabhängig von der Höhe des Einkommens werden die Kosten für behinderungsbedingte Untersuchungen, Ergänzungsprüfungen und Eintragungen in vorhandene Führerscheine in vollem Umfang übernommen (§ 8 KfzHv). Abb. 39 zeigt die Entwicklung der insgesamt im Rahmen der Hilfen zum Erreichen des Arbeitsplatzes pro Behinderten erfolgten Leistungen zwischen 1980 und 1994.

Breuer/Friedrich (1984, S. 60 f.) weisen darauf hin, daß bei der Beurteilung und Bewertung dieser Nachteilsausgleiche im Rahmen der Hilfen zur Erreichung des Arbeitsplatzes zu differenzieren ist zwischen Leistungen, die ausschließlich den behinderungsbedingten Mehraufwand abdecken, und den Zuschüssen (oder Darlehen), welche darüber hinausgehende bzw. nicht eindeutig oder nicht ausschließlich der Behinderung zuzuschreibende Mehraufwendungen abdecken.

---

[1]Obwohl in der SchwbAV in den Fassungen vom 8.8.1978 bzw. vom 13.4.1984 entsprechende Verweise fehlen, waren für die Leistungen im Rahmen der Beschaffung eines Kraftfahrzeugs auch hier Höchstbeträge vorgesehen. Die Regelungen waren in „Richtlinien für die Gewährung von Hilfen zum Erreichen des Arbeitsplatzes an Schwerbehinderte nach § 6 SchwbG“ festgelegt. Der Höchstbetrag lag 1979 bei 12.000 DM (vgl. *Breuer/Friedrich* (1984), S. 56). 1982 lag er bei 13.000 DM, wobei der Preis des Kraftfahrzeuges 15.000 DM nicht übersteigen durfte (vgl. GW 1982).

Abb. 39: Leistungen im Rahmen der Hilfen zum Erreichen des Arbeitsplatzes 1980–1992 (durchschnittliche Leistungen pro Behinderter)

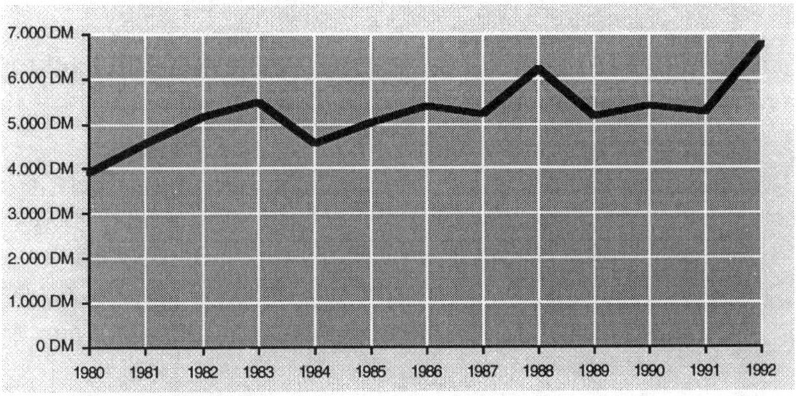

Quelle: *Arbeitsgemeinschaft der Deutschen Hauptfürsorgestellen* (Hrsg., 1981–1993).

Zwar sei zunächst lediglich die Finanzierung der behinderungsbedingten Kfz-Zusatzausstattung als Kompensation (also Nachteilsausgleich) anzusehen, die einkommens- und vermögensunabhängig allen Schwerbehinderten (und Gleichgestellten), die die persönlichen Voraussetzungen erfüllen, gewährt wird. Andererseits, so meinen sie, würden einkommensschwache Behinderte benachteiligt, falls sich die Hilfen auf die Abgeltung der reinen behinderungsbedingten Mehraufwendungen beschränken. Sie resümieren:[1]

> Treffen die beiden Merkmale ‚einkommensschwach' und ‚behinderungsbedingte Beeinträchtigung der Bewegungsfähigkeit' zusammen, resultieren hieraus für den betreffenden Behinderten (u.U. erhebliche) Nachteile hinsichtlich der Erreichbarkeit einer Arbeitsstätte und somit hinsichtlich seiner beruflichen und gesellschaftlichen Integration. Die an die Voraussetzung an das Einkommen und das Vermögen gebundene Gewährung von Leistungen zur Erlangung der Fahrerlaubnis und zur Beschaffung eines Kfz ... ist somit ebenfalls als Nachteilsausgleich zu bewerten.

[1] *Breuer/Friedrich* (1984), S. 61.

Hilfen zur wirtschaftlichen Selbständigkeit

(1) Regelung: Schwerbehinderte können unter bestimmten Voraussetzungen Darlehen oder Zuschüsse zur Gründung und zur Erhaltung einer selbständigen beruflichen Existenz erhalten (§ 21 SchbAV).

(2) Änderungen 1980–1994: Bis 1983 war die Leistung nur in der Form eines Darlehens möglich. Ab 20.3.1983 sind auch Zinszuschüsse vorgesehen.

(3) Umfang des Nachteilsausgleichs: Abhängig vom Umfang des Darlehens und den Darlehenskonditionen.[1] Abb. 40 zeigt die Entwicklung der im betrachteten Zeitraum durchschnittlich erfolgten Leistungen.

Abb. 40: Leistungen im Rahmen der Hilfen zur wirtschaftlichen Selbständigkeit 1980–1992 (durchschnittliche Leistungen pro Behinderter)

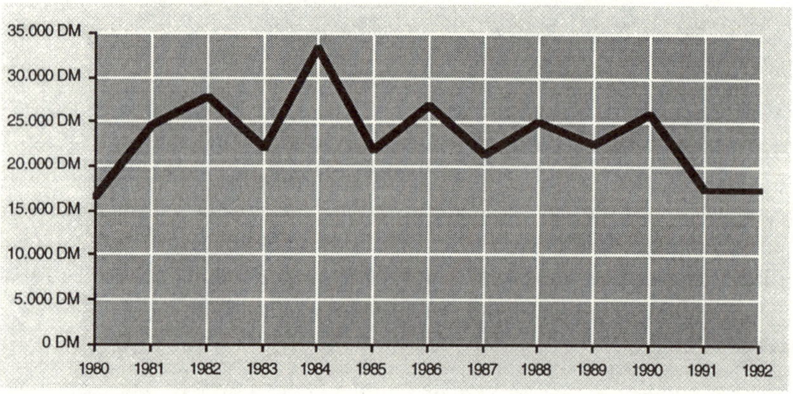

Quelle: *Arbeitsgemeinschaft der Deutschen Hauptfürsorgestellen* (Hrsg., 1981–1993).

Hilfen zur Beschaffung, Ausstattung und Erhaltung einer behinderungsgerechten Wohnung

(1) Regelung: Schwerbehinderte können gemäß § 22 SchwbAV Leistungen erhalten

1. zur Beschaffung von behinderungsgerechtem Wohnraum im Sinne des § 2 Abs. 2 des Zweiten Wohnungsbaugesetzes,

[1]Im Gesetzestext ist lediglich die Tilgung festgelegt (§ 21 Abs. 2).

2. zur Anpassung von Wohnraum und seiner Ausstattung an die besonderen behinderungsbedingten Bedürfnisse und
3. zum Umzug in eine behinderungsgerechte oder erheblich verkehrsgünstiger zum Arbeitsplatz gelegene Wohnung.

Die Leistungen können sowohl als Zuschüsse oder Zinszuschüsse als auch als Darlehen erbracht werden. Die Höhe des Zuschusses wird nach den Umständen des Einzelfalls festgelegt.

(2) Änderungen 1980–1994: Keine wesentlichen Änderungen.

(3) Umfang des Nachteilsausgleichs: Der Umfang des Nachteilsausgleichs ist abhängig von der Höhe des Zuschusses bzw. des Darlehens und den Darlehenskonditionen. Abb. 41 zeigt wiederum die Entwicklung der durchschnittlich pro Behinderten erfolgten Leistungen im betrachteten Zeitraum.

Abb. 41: Leistungen im Rahmen der Hilfen zur Beschaffung, Ausstattung und Erhaltung einer behinderungsgerechten Wohnung 1980–1992 (durchschnittliche Leistungen pro Behinderter)

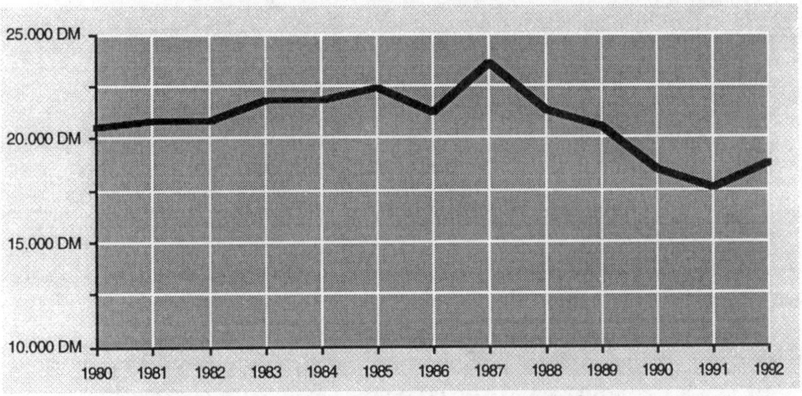

Quelle: *Arbeitsgemeinschaft der Deutschen Hauptfürsorgestellen* (Hrsg., 1981–1993).

Hilfen zur Erhaltung der Arbeitskraft (Erholung)

(1) Regelung:

Schwerbehinderte, die wegen Art und Schwere der Behinderung übliche Erholungsmöglichkeiten nicht nutzen können, sondern zur Erhaltung ihrer Arbeitskraft auf besondere, personell, räumlich und sächlich behinderungsgerecht ausgestattete Einrichtungen angewiesen sind, können Zuschüsse bis zur Höhe der ihnen durch die Inanspruchnahme dieser Einrichtungen entstehenden Aufwendungen erhalten (§ 23 SchwbAV).

(2) Änderungen 1980–1994: Keine.

(3) Umfang des Nachteilsausgleichs: Je Einzelfall unterschiedlich, abhängig u.a. von der Höhe der Aufwendungen. Abb. 42 zeigt die Entwicklung der pro Behinderten im betrachteten Zeitraum durchschnittlich erbrachten Leistungen.

Abb. 42: Leistungen im Rahmen der Hilfen zur Erhaltung der Arbeitskraft 1980–1992 (durchschnittliche Leistungen pro Behinderter)

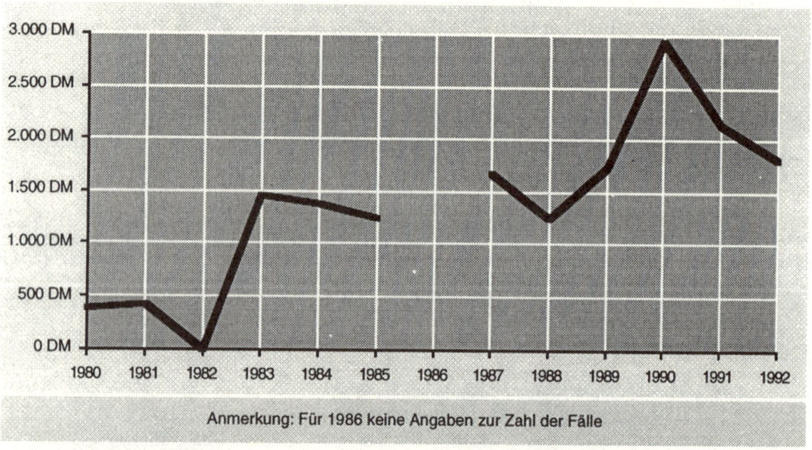

Quelle: *Arbeitsgemeinschaft der Deutschen Hauptfürsorgestellen* (Hrsg., 1981–1993).

Hilfen zur Teilnahme an Maßnahmen zur Erhaltung und Erweiterung beruflicher Kenntnisse und Fertigkeiten

(1) Regelung:

Schwerbehinderte, die an inner- oder außerbetrieblichen Maßnahmen der beruflichen Bildung zur Erhaltung und Erweiterung ihrer beruflichen Kenntnisse und Fertigkeiten oder zur Anpassung an die technische Entwicklung teilnehmen, vor allem an besonderen Fortbildungs- und Anpassungsmaßnahmen, die nach Art, Umfang und Dauer den Bedürfnissen dieser Schwerbehinderten entsprechen, können Zuschüsse bis zur Höhe der ihnen durch die Teilnahme an diesen Maßnahmen entstehenden Aufwendungen erhalten. Hilfen können auch zum beruflichen Aufstieg erbracht werden (§ 24 SchwbAV).

(2) Änderungen 1980–1994: Diese Regelung wurde 1988 neu in die SchwbAV aufgenommen.

(3) Umfang des Nachteilsausgleichs: Je Einzelfall unterschiedlich. Abb. 43 zeigt die Entwicklung der im betrachteten Zeitraum durchschnittlich erfolgten Leistungen.

Abb. 43: Leistungen im Rahmen der Hilfen zur Teilnahme an Maßnahmen zur Erhaltung und Erweiterung beruflicher Kenntnisse und Fertigkeiten 1980–1992 (durchschnittliche Leistungen pro Behinderter)

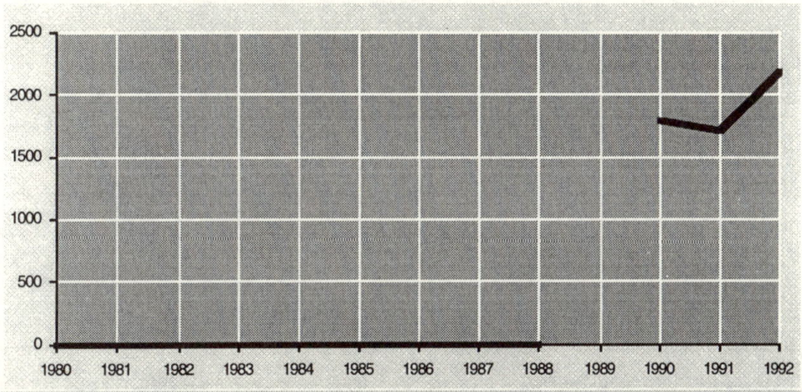

Anmerkungen: 1988 neu eingeführt. Für 1989 keine Angabe zur Zahl der Fälle.

Quelle: *Arbeitsgemeinschaft der Deutschen Hauptfürsorgestellen* (Hrsg., 1981–1993).

Hilfen in besonderen behinderungsbedingten Lebenslagen

(1) Regelung: Gemäß § 25 SchwbAV ist geregelt, daß, wenn und soweit sie unter Berücksichtigung von Art oder Schwere der Behinderung erforderlich sind, auch andere als die oben dargelegten Leistungen als begleitende Hilfen im Arbeits- und Berufsleben erbracht werden können, um die Eingliederung in das Arbeits- und Berufsleben auf dem allgemeinen Arbeitsmarkt zu ermöglichen, zu erleichtern oder zu sichern.

(2) Änderungen 1980–1994: Bis 1988 konnte die Leistung als Zuschuß und/oder Darlehen erfolgen. Seither sind nur mehr Zuschüsse vorgesehen.

Übersicht 4: Nachteilsausgleiche im Bereich der Einkommensentstehung ...

Nr.	Bereich: Einkommensentstehung (Eingliederungshilfen nach § 11 SchwbG/§ 17 SchwbAV)	Jahr				
		1980	1981	1982	1983	1984
7.	Beschaffung, Instandsetzung und Ausbildung im Gebrauch von technischen Arbeitshilfen	Zuschüsse ...				
	Zuschuß bei Beschaffung eines Kfz zur Sicherung der Eingliederung in das Arbeitsleben	Zuschuß und zinsloses Darlehen bis zu 50% ... (davon Zuschuß bis zu 25% der Gesamt- ...				
	Zuschuß für behinderungsbedingte Zusatzausstattung eines Kfz zur Sicherung der Eingliederung in das Berufsleben	Zuschuß bis zur vollen Höhe ...				
	Zuschuß zur Erlangung der Fahrerlaubnis	Zuschuß bis 50% ...				
	Hilfe zur wirtschaftlichen Selbständigkeit	Darlehen				
	Hilfen zum Bau oder Erwerb eines Eigenheimes oder einer Eigentumswohnung	Leistungen zur Beschaffung von behinde- ... Wohnraum im Sinne des § 2 des Zweiten ... setzes als Zuschüsse oder Darlehen. Höhe, ... zinsung bestimmen sich nach den Umstän- ...				
	Nachträgliche Anpassung vorhandenen Wohnraumes					
	Zuschuß zu Umzugskosten					
	Erhaltung der Arbeitskraft	Zuschuß bis zur Höhe der durch...				
	Berufliche Bildung, Fort- und Weiterbildung					
	Hilfe in besonderen behinderungsbedingten Lebenslagen	Zuschuß und/oder Darlehen je nach ...				

Quellen: Siehe Übersicht 10.

... (Eingliederungshilfen): Entwicklungen 1980–1994

Jahr									
1985	**1986**	**1987**	**1988**	**1989**	**1990**	**1991**	**1992**	**1993**	**1994**
... bis zur vollen Höhe der Kosten									
... der Gesamtkosten ... kosten)			Einkommensabhängig 16–100% bis 16.000 DM alle 5 Jahre			Einkommensabhängig 16–100% i.d.R. bis 18.000 DM alle 5 Jahre			
... der Kosten			Vollständige Kostenübernahme						
... der Kosten			Einkommensabhängig 33 1/3–100%; vollständige Kostenübernahme für behinderungsbedingte Untersuchungen und Eintragungen in vorhandene Führerscheine						
Darlehen			Darlehen oder Zinszuschüsse						
... rungsgerechtem ... Wohnungsbauge- ... Tilgung und Ver- ... den des Einelfalls.			Leistungen zur Beschaffung von behinderungsgerechtem Wohnraum im Sinne des § 2 des Zweiten Wohnungsbaugesetzes als Zuschüsse, Zinszuschüsse oder Darlehen. Höhe, Tilgung und Verzinsung bestimmen sich nach den Umständen des Einzelfalls.						
... die Inanspruchnahme der besonderen Einrichtung entstehenden Aufwendungen									
			Bis 100%						
... Einzelfall			Zuschuß je nach Einzelfall						

(3) Umfang des Nachteilsausgleichs: Unbestimmt. Abb. 44 zeigt die Entwicklung der erbrachten Leistungen in den Jahren 1980–1992.

Abb. 44: Leistungen im Rahmen der Hilfen in besonderen behinderungsbedingten Lebenslagen 1980–1992 (durchschnittliche Leistungen pro Behinderter)

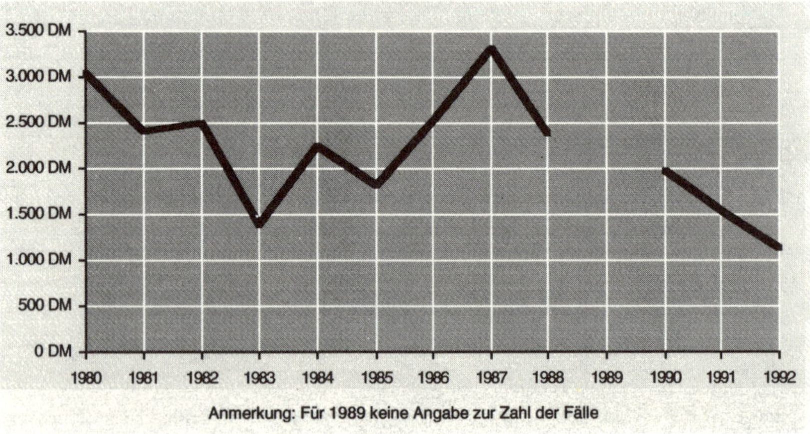

Quelle: *Arbeitsgemeinschaft der Deutschen Hauptfürsorgestellen* (Hrsg., 1981–1993).

2.2.3. Nachteilsausgleiche in den Bereichen Fortbewegung und Verkehr

Zu den Nachteilsausgleichen im Bereich Fortbewegung und Verkehr zählen zunächst solche, die auf eine Kompensation der Mehrausgaben gerichtet sind, die bei der Nutzung des privaten Pkws oder Rollstuhls entstehen. Hierzu sind zu rechnen:

- die Ermäßigung bzw. der Erlaß der Kfz-Steuer,
- Beitragsnachlässe bei den Kfz-Versicherungen,
- Beitragsermäßigungen bei Automobilclubs,
- Gebührenermäßigung bzw. -erlaß beim Technischen Überwachungsverein (TÜV) und der Straßenverkehrsbehörde,
- Befreiung von Parkgebühren sowie
- die Mitversicherung von Rollstühlen bei der privaten Haftpflichtversicherung.

Zu diesen Nachteilsausgleichen sind außerdem die Eingliederungshilfen gemäß § 31 Abs. 3 Nr. SchwbAV zu rechnen. Die ebenfalls dazugehörenden Nachteilsausgleiche im Bereich des Einkommensteuerrechts wurden oben bereits behandelt.

Die o.g. Nachteilsausgleiche, das sei hier bereits angemerkt, kompensieren nicht in allen Fällen konkret zurechenbare behinderungsbedingte Mehrausgaben. Darüber hinaus ist, gerade bei Nachteilsausgleichen des privatwirtschaftlichen Bereichs (Kfz-Versicherungen, Automobilclubs), fraglich, ob in jedem Falle das (sozialpolitische begründete) Ziel des Nachteilsausgleichs im Vordergrund steht (ein altruistisches Ziel aus der Perspektive des Anbieters) oder eher werbe- oder umsatzpolitische Ziele.[1]

Ein weiterer Teilbereich umfaßt die Nachteilsausgleiche bei der öffentlichen Personenbeförderung. Dazu gehören:

- die „Freifahrt" im öffentlichen Personennahverkehr (ÖPNV),
- Fahrpreisermäßigung, kostenlose Platzreservierung und Beförderung von Rollstühlen im Eisenbahnpersonenverkehr sowie
- die Flugpreisermäßigung im innerdeutschen Flugverkehr.

2.2.3.1. Kraftfahrzeugsteuer

(1) Regelung: Gehbehinderte Schwerbehinderte (Merkzeichen „G") und Gehörlose haben nach § 3a Kraftfahrzeugsteuergesetz (KraftStG) Anspruch auf eine Ermäßigung der Kfz-Steuer um 50% soweit sie auf die „Freifahrt" im ÖPNV (siehe Punkt V.2.2.3.7.) verzichten. Hilflose („H"), Blinde („Bl") und außergewöhnlich Gehbehinderte („aG") haben Anspruch auf völlige Kfz-Steuerbefreiung. Diese kann sogar neben der „Freifahrt" im ÖPNV beansprucht werden.

(2) Änderungen 1980–1994: Ab 1.1.1980 gab es zunächst lediglich eine vollständige Steuerbefreiung und zwar für Gehbehinderte („G") und außergewöhnlich Gehbehinderte („aG") sowie alle anderen

[1] Im Falle der Kfz-Versicherung ist jedoch anzumerken, daß der Verordnungsgeber der Tarifverordnung davon ausgeht, daß die Gewährung eines Beitragsnachlasses für Kriegsbeschädigte und Schwerbehinderte zu den Gemeinschaftsaufgaben der Kraftfahrzeughaftpflichtversicherer gehöre (vgl. dazu *HUK-Verband* (1993), S. 3).

Schwerbehinderten mit einem GdB von mindestens 80. Seit 1.4.1984 gilt die aktuelle Regelung (s.o.).

(3) Umfang des Nachteilsausgleichs: Der Umfang des Nachteilsausgleichs müßte sinnvollerweise im Zusammenhang mit der Freifahrtregelung im ÖPNV und den Ermäßigungen bei den Kfz-Versicherungen bewertet werden. Abgesehen davon ist bereits eine getrennte Bewertung schwierig genug, vor allem auch im Hinblick auf die Änderungen, die im betrachteten Zeitraum stattgefunden haben.

So ist festzustellen, daß der anspruchsberechtigte Personenkreis, zumindest derjenige, welcher Anspruch auf völlige Steuerbefreiung hat, weiter eingeschränkt wurde. Gehbehinderte („G") bspw. haben im Vergleich zu 1980 keinen Anspruch auf völlige Kfz-Steuerbefreiung mehr.

Weiterhin muß natürlich auch die Höhe der Kfz-Steuer (bzw. deren Entwicklung) in die Bewertung miteinbezogen werden. Tab. 14 zeigt exemplarisch für einen ausgewählten Kfz-Typ die Entwicklung der Kfz-Steuer sowie die Steuerersparnis in den Jahren 1980 bis 1993.[1]

Tab. 14: Steuerersparnis für Schwerbehinderte bei der Kfz-Steuer

Jahr	**Kfz-Steuer bzw. Ersparnis bei völliger Befreiung**	**Ersparnis bei 50 % Befreiung**
1980	230 DM	115 DM
ab 1986*	300 DM	150 DM
ab 1986**	345 DM	173 DM
Anmerkungen: *Für Kraftfahrzeuge, die vor 1986 zugelassen wurden; **Für Kraftfahrzeuge die ab 1986 zugelassen wurden.		

Quelle: Berechnet nach Angaben des Finanzamts Reutlingen.

2.2.3.2. Ermäßigungen bei der Kraftfahrtversicherung

(1) Regelung: Die Ermäßigungen bei der Kfz-Haftpflichtversicherung und bei der Fahrzeugvollversicherung (Vollkasko) sind an die Bestim-

[1]Die Angaben in der Tabelle beziehen sich auf einen Pkw mit einem Ottomotor mit 1.500 bis unter 1.600 cm^3 Hubraum.

mungen der Kfz-Steuerermäßigung bzw. -befreiung gekoppelt. D.h., daß Schwerbehinderte, die (aufgrund der Behinderung) von der Kfz-Steuer befreit sind, bei diesen genannten Versicherungen einen Nachlaß von 25% auf die Versicherungsprämie erhalten. Diejenigen, welche lediglich Anspruch auf eine Steuerermäßigung von 50% haben, erhalten eine Beitragsnachlaß von 12,5%.

(2) Änderungen 1980–1994: Die 1980 noch gültige Regelung hatte ihren Ursprung in einer Sonderregelung für Kriegsbeschädigte aus dem Jahre 1952 und sah (aus „sozialpolitischen Erwägungen") eine 25%ige Ermäßigung, allerdings beschränkt auf Pkws mit einer Motorenstärke von höchstens 28 PS, vor. Bis 1980 wurde der Kreis der anspruchsberechtigten Behinderten laufend erweitert und schloß schließlich neben den Kriegsbeschädigten alle Schwerbehinderten sowie unter bestimmten Voraussetzungen wesentlich körperbehinderte Personen ein.

Zum 1.1.1981 wurde die Regelung des Beitragsnachlasses auf die Voraussetzung umgestellt, daß das von Behinderten benutzte Fahrzeug von der Kfz-Steuer befreit sei. Am 1.1.1987 wurde die Regelung an die Veränderungen im KraftStG vom 22.12.1983 (Steuerentlastungsgesetz) angepaßt.[1]

Mitte 1994 wurde im Rahmen der Liberalisierung des Versicherungswesens die behördliche Tarifbindung bei Kfz-Haftpflichtversicherungen aufgehoben.[2] Seither obliegt die Tarifgestaltung und somit auch die Gewährung eines Rabattes der jeweiligen betriebswirtschaftlichen Entscheidung des Versicherungsunternehmens. Nach der Einschätzung des Verbandes der Schadenversicherer (VDS; vormals HUK-Verband) gewähren wahrscheinlich die meisten Versicherer keine Ermäßigung für Schwerbehinderte mehr für Neuverträge.[3] Bei Altverträgen wird jedoch i.d.R. der Rabatt weiter gewährt.[4]

(3) Umfang des Nachteilsausgleichs: Zunächst ist festzustellen, daß der Übergang auf eine Regelung, die den Anspruch auf Beitragsnachlaß in der Kfz-Versicherung von der Kfz-Steuerbefreiung abhängig macht, zu einer erheblichen Vermehrung der Zahl der berechtigten Personen geführt hatte. Andererseits entfiel für einen größeren Kreis Behinderter der Beitragsnachlaß in der Kfz-Versicherung als durch

[1] Vgl. *HUK-Verband* (1993), S. 3 f.
[2] Vgl. *Reischmann* (1994).
[3] Vgl. Schreiben der Pressestelle des VDS vom 28. April 1995.
[4] Vom Verband wird aber darauf hingewiesen, daß im Zuge der Tarifanpassung auch der Rabatt bei bestehenden Verträge abgeschafft würde.

Tab. 15: Ersparniseffekte von Kfz-Versicherungsermäßigung und Kfz-Steuerbefreiung (1985 und 1994)

Kategorie	1985			1994		
	Ohne Ermäßigung	25% Ermäßigung/ Steuerbefreiung	25% Ermäßigung/ 50% Steuer	Ohne Ermäßigung	25% Ermäßigung/ Steuerbefreiung	12,5% Ermäßigung/ 50% Steuer
Haftpflicht	912 DM	684 DM	684 DM	954 DM	716 DM	835 DM
Vollkasko	733 DM	550 DM	550 DM	754 DM	565 DM	660 DM
Kfz-Versicherung	1.645 DM	1.234 DM	1.234 DM	1.708 DM	1.281 DM	1.495 DM
Kfz-Steuer	230 DM	0 DM	115 DM	345 DM	0 DM	172 DM
Gesamtbetrag	1.875 DM	1.234 DM	1.349 DM	2.053 DM	1.281 DM	1.667 DM
Nachteilsausgleich (Ersparnis)	-	641 DM	526 DM	-	772 DM	386 DM

Anmerkungen: Die Beiträge für Haftpflicht und Vollkasko entsprechen in etwa den Versicherungstarifen einer in Baden-Württemberg regional begrenzt tätigen Versicherungsgesellschaft für Angehörige des öffentlichen Dienstes (Durchschnittsbeträge für unterschiedliche Regionalklassen). Eine Repräsentativität kann daher nicht unterstellt werden. Haftpflicht: Schadenfreiheitsklasse 1 (100%); Vollkasko: Selbstbeteiligung 650 DM (300 DM bei Teilkasko).

Quelle: Württembergische Gemeindeversicherung a.G., Finanzamt Tübingen; eigene Berechnungen.

das oben erwähnte Steuerentlastungsgesetz im KraftStG die Voraussetzung für die Steuerbefreiung Behinderter wesentlich eingeengt wurde.

Hieraus folgt, daß im Laufe der Zeit Schwerbehinderte je nach GdB oder Behinderungsart unterschiedlich von diesen Änderungen betroffen waren. Im Vergleich zu 1980 kann jedoch festgestellt werden, daß sich wohl für die Mehrzahl der Schwerbehinderten der Umfang des Nachteilsausgleichs (insbesondere auch mit Blick auf den Zusammenhang mit der Kfz-Steuerbefreiung) wesentlich reduziert hat. Tab. 15 zeigt auf der Grundlage der bis zur Liberalisierung des Versicherungsmarktes gültige Regelung bei Altverträgen und anhand einer vergleichenden Modellrechnung für 1985 und 1994 die finanzielle Auswirkung des Nachteilsausgleichs der Kfz-Versicherungsermäßigung sowie den Gesamteffekt unter Berücksichtigung der Kfz-Steuerbefreiung.[1]

2.2.3.3. Beitragsermäßigung bei Automobilclubs

(1) Regelung: Bei Automobilclubs wird Schwerbehinderten i.d.R. eine Beitragsermäßigung von 50% gewährt.

(2) Änderungen 1980–1994: Keine.

(3) Umfang des Nachteilsausgleiches: Da sich an der Regelung an sich über die Jahre nichts geändert hat, ist der Umfang des Nachteilsausgleiches ausschließlich abhängig von der Höhe der Mitgliedsbei-

Tab. 16: Entwicklung der Mitgliedsbeiträge beim ADAC 1980–1994

Jahr	Mitgliedsbeitrag	Mitgliedsbeitrag für Schwerbehinderte	Ersparnis
1980	48 DM	24 DM	24 DM
1981-1987	54 DM	27 DM	27 DM
1987-1991	62 DM	31 DM	31 DM
1991-(1994)	74 DM	37 DM	37 DM

Quelle: ADAC.

[1]Der Modellrechnung liegt ein „durchschnittliches Auto“ aus der „unteren Mittelklasse“ zugrunde (VW Golf, 55 kW Ottomotor).

träge bzw. deren Entwicklung. Als Beispiel sei hier die Entwicklung des Mitgliedsbeitrags beim Allgemeinen Deutschen Automobilclub (ADAC), dem mitgliederstärksten deutschen Automobilclub, dargestellt. Tab. 16 auf der vorangegangenen Seite zeigt, daß sich hier am Nachteilsausgleich – relativ gesehen – nichts geändert hat. Dennoch ergab sich auch für die Schwerbehinderten eine Erhöhung des Mitgliedsbeitrages um über 54% innerhalb von zehn Jahren.

2.2.3.4. Eintragung besonderer Bedienungseinrichtungen oder Auflagen in den Führerschein

(1) Regelung: Entstehen beim Technischen Überwachungsverein oder der Straßenverkehrsbehörde behinderungsbedingte zusätzliche Gebühren wie z.B. für Eignungsgutachten, für die Eintragung besonderer Bedienungseinrichtungen oder Auflagen im Führerschein, so kann die für die Erhebung der Gebühren zuständige Stelle eine Gebührenermäßigung oder -befreiung gewähren. Voraussetzung ist allerdings, daß für diese zusätzlichen Gebühren kein anderer Kostenträger aufkommt.

(2) Änderungen 1980–1994: Keine.

(3) Umfang des Nachteilsausgleichs: Der Umfang des Nachteilsausgleichs richtet sich nach den jeweils erhobenen Gebühren. Der Erspar-

Abb. 45: Gebühr für die Eintragung besonderer Bedienungseinrichtungen oder Auflagen in den Führerschein 1980–1994

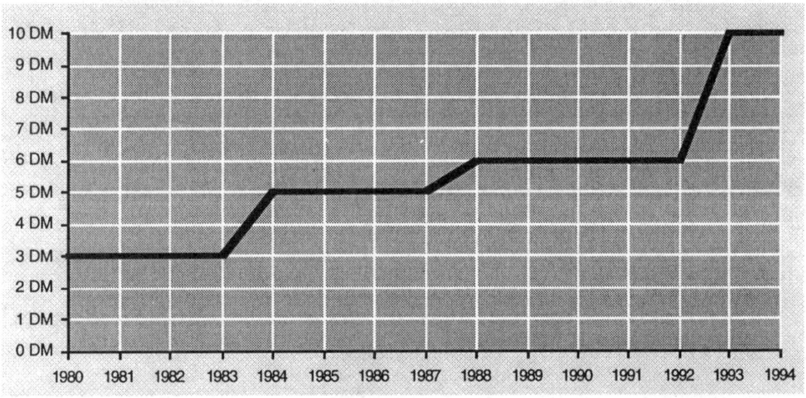

Quelle: Angaben des Landratsamts Tübingen.

niseffekt ist hier allerdings im Verhältnis zu den anderen Nachteilsausgleichen recht gering. Abb. 45 zeigt exemplarisch die Entwicklung der Gebühr für die Eintragung besonderer Bedienungseinrichtungen oder Auflagen in den Führerschein beim Landratsamt Tübingen.

2.2.3.5. Mitversicherung von Rollstühlen bei der Privathaftpflichtversicherung

(1) Regelung: Bei den meisten Versicherungsunternehmen können Rollstühle mit einer Geschwindigkeit bis ca. 6 km/h prämienfrei bei der Privathaftpflichtversicherung mitversichert werden.

(2) Änderungen 1980–1994: Keine.

(3) Umfang des Nachteilsausgleichs: Der Umfang des Nachteilsausgleichs ist abhängig von der Höhe der Prämie, die gezahlt werden müßte, falls der Rollstuhl getrennt zu versichern ist.[1]

2.2.3.6. Erlaß von Parkgebühren

(1) Regelung: Außergewöhnlich Gehbehinderten und Blinden kann gestattet werden, an Parkuhren und bei Parkscheinautomaten ohne Gebühr und ohne zeitliche Begrenzung zu parken.

(2) Änderungen 1980–1994: Keine.

(3) Umfang des Nachteilsausgleichs: Im Einzelfall ergibt sich wohl eine recht geringe Ersparnis. Ist der oder die Betroffene jedoch täglich auf eine entsprechende Parkmöglichkeit angewiesen, kumuliert der Ersparniseffekt. Bei Parkgebühren von 50 DPf pro Viertelstunde und

---

[1]Der HUK-Verband (jetzt VDS; s.o.) konnte bei einer entsprechenden Anfrage keine Versicherungsunternehmen nennen, bei denen Rollstühle mit einer Geschwindigkeit bis 6 km/h noch getrennt versicherbar sind. Insofern gestaltet sich die Ermittlung des Umfangs des Nachteilsausgleichs als schwierig. Geht man jedoch davon aus, daß eine entsprechende Versicherungsprämie nicht höher läge als diejenige in der Kfz-Haftpflicht für Rollstühle mit einer Geschwindigkeit über 6 km/h, so dürfte der Nachteilsausgleich 1980 bis 1994 wahrscheinlich (abhängig vom gewählten Versicherungsunternehmen) unter 60 DM pro Jahr betragen haben. (Der Jahresbeitrag für die Kraftfahrt-Haftpflichtversicherung eines nahmhaften Schadenversicherers schwankte in diesen Jahren zwischen 54 DM und 62 DM; vgl. HUK-Coburg (1994).)

der Notwendigkeit, einen entsprechenden Parkplatz nahezu täglich auch nur eine Stunde in Anspruch nehmen zu müssen, kann sich u.U. eine Ersparnis von mehreren Hundert Mark pro Jahr ergeben.

2.2.3.7. Öffentlicher Personennahverkehr

(1) Regelung: Die Nachteilsausgleiche im Rahmen des ÖPNV sind im SchwbG näher geregelt. In § 59 SchwbG heißt es u.a.:

> Schwerbehinderte, die infolge ihrer Behinderung in ihrer Bewegungsfähigkeit im Straßenverkehr erheblich beeinträchtigt oder hilflos oder gehörlos sind, sind von Unternehmen, die öffentlichen Personenverkehr betreiben, ... im Nahverkehr([1]) ... unentgeltlich zu befördern; das Recht zur unentgeltlichen Beförderung entbindet nicht von der Zahlung eines tarifmäßigen Zuschlags bei der Benutzung zuschlagspflichtiger D- und IR-Züge. Voraussetzung ist, daß der (entsprechend gekennzeichnete Schwerbehinderten-; Anm. d. Verf.) Ausweis mit einer gültigen Wertmarke versehen ist. Sie wird gegen Entrichtung eines Betrages von 120 Deutsche Mark für ein Jahr oder 60 Deutsche Mark für ein halbes Jahr ausgegeben. ... Auf Antrag wird eine für ein Jahr gültige Wertmarke, ohne daß der Betrag nach Satz 3 (120 DM bzw. 60 DM; Anm. d. Verf.) zu entrichten ist, (u.a. auch; Anm. d. Verf.) an Schwerbehinderte ausgegeben, .. die blind ... oder hilflos sind ... Sie wird nicht ausgegeben, solange der Ausweis mit einem gültigen Vermerk über die Inanspruchnahme von Kraftfahrzeugsteuerermäßigung trägt. ...

Übersicht 5 verdeutlicht diese rechtliche Regelung schematisch. Ergänzend ist hinzuzufügen, daß außergewöhnlich Gehbehinderte, Hilflose und Blinde neben der „Freifahrt" auch Kfz-Steuerermäßigung bzw. -befreiung in Anspruch nehmen können.[2]

(2) Änderungen 1980–1994: Die „Freifahrt"-Regelung ist in der betrachteten Zeit mehreren Änderungen unterworfen gewesen.[3] Bis 30.9.1979 galt eine Regelung, die nur bestimmte Gruppen von Schwerbehinderten aufgrund der Ursache ihrer Behinderung begünstigte (kausale Orientierung der Regelung).[4]

---

[1]Der Begriff Nahverkehr ist in § 61 Abs. 1 SchwbG näher definiert (Fußnote vom Verfasser eingefügt).

[2]Dies ist entsprechend in § 3 Kraftfahrzeugsteuergesetz geregelt. Siehe auch Punkt V.2.2.3.1.

[3]Zur Entwicklung bis 1984 vgl. auch ausführlich *Scheel* (1985).

[4]Vgl. hierzu und zum folgenden *Breuer/Friedrich* (1984), S. 79 f.

Übersicht 5: „Freifahrt" im ÖPNV und Kfz-Steuerbefreiung 1980–1994

Kategorie	Nachteilsausgleich		
	Freifahrt mit Selbstbeteiligung*	Freifahrt ohne Selbstbeteiligung	Kfz-Steuer-befreiung
Regelung ab 1.10.1979			
G, aG oder MdE ab 80%	nein	ja	100%
Regelung ab 1.4.1984			
G	ja	nein	alternativ 50%
aG	ja	nein	100%
G+H, G+Bl	nein	ja	100%
Regelung ab 1.10.1985			
G, Gehörlos	ja	nein	alternativ 50%
aG	ja	nein	100%
H, Bl	nein	ja	100%
*Die Selbstbeteiligung beträgt durchgehend 120 DM/Jahr.			

Quellen: Siehe die Quellenangaben bei Übersicht 10.

Seit 1.10.1979 gelten Regelungen, welche – unabhängig von der Ursache der Behinderung – auf deren Art und Schwere und damit auf ihre Folgen abzielen (finale Orientierung).[1] Mit dieser „Neuorientierung" entfiel eine weitere Einschränkung: Gemäß der früheren Regelung erhielten nur solche „zivile" Schwerbehinderte die Vergünstigung, die aufgrund ihrer Einkommenslage als bedürftig angesehen wurden.[2] Zusätzlich wurde der Begriff „Nahverkehr" einer neuen, etwas weiteren Definition unterworfen.

[1]Für die nach der alten Regelung begünstigten Personen sind im gegenwärtig gültigen SchwbG Besitzstandsregelungen vorgesehen.

[2]Die Einkommensgrenze wurde nach § 81 Abs. 2 und 3 bzw. 1 und 3 BSHG festgelegt.

Nach 1980 erfolgte nur noch eine wesentliche Änderung. Sie betrifft die Möglichkeit der Vergünstigungskumulation mit Blick auf die Kfz-Steuer. Mit der Neuregelung vom 1.4.1984 wurde – zumindest für bestimmte Schwerbehindertenkategorien – diese Möglichkeit ausgeschlossen. Abgesehen davon betrafen die Neuregelungen seither (weitere folgten zum 1.10.1985 und 1.1.1987) nicht mehr die wesentlichen (hier betrachteten) Punkte. Übersicht 5 zeigt die wesentlichen Entwicklungen.

(3) Umfang des Nachteilsausgleichs: Zunächst ist festzuhalten, daß die 1979 erfolgte Änderung der Regelung – wie *Breuer/Friedrich* (1984, S. 83) zurecht feststellen – „... sinnvoll und geboten (war), da die Nachteile hinichtlich der Mobilität des Behinderten aus den durch die Art und Schwere der Behinderung bedingten Folgen erwachsen und nicht von den Ursachen der Behinderung ...“ Weiterhin, so meinen *Breuer/Friedrich*, sei, wenn der Ausgleich von behinderungsbedingten Nachteilen als Richtschnur für die Bewertung einer Maßnahme genommen wird, auch die einkommensunabhängige Gewährung der Vergünstigung vertretbar, da die Nachteile hinsichtlich der Einschränkung der körperlichen Mobilität ausschließlich in der Behinderung selbst, nicht aber in der materiellen Lebenslage des Betroffenen seien.[1]

Zu einer kritischeren Einschätzung gelangen *Breuer/Friedrich* (1984, S. 83) hinsichtlich der erfolgten weiteren Definition des Nahverkehrsbereichs. Sie argumentieren dahingehend, daß als unmittelbarer Nachteil, der aus einer Behinderung erwächst, im wörtlichen Sinne nur der zusätzliche Bedarf an Personenbeförderungsleistungen gesehen werden könne, der aus der beeinträchtigten Bewegungsfähigkeit erwächst, nicht aber die Inanspruchnahme von Nahverkehrsmitteln überhaupt. Sie verweisen dabei auf eine nach wie vor auch noch im neuen SchwbG von 1986 vorhandene Ausführung über die persönlichen Voraussetzungen für die Berechtigung zur „Freifahrt“ im ÖPNV (§ 60 Abs. 1 Satz 1 SchwbG). Dort heißt es:

> In seiner Bewegungsfähigkeit im Straßenverkehr erheblich beeinträchtigt ist, wer infolge einer Einschränkung des Gehvermögens ... oder infolge von Anfällen oder von Störungen der Orientierungsfähigkeit nicht ohne Gefahren für sich oder andere *Wegstrecken im Ortsverkehr zurückzulegen vermag, die üblicherweise noch zu Fuß zurückgelegt werden* (Hervorhebung vom Verf.).

[1] Vgl. *Breuer/Friedrich* (1984), S. 83.

Nach gängiger Rechtspraxis ist davon auszugehen, daß von nicht gehbehinderten Personen üblicherweise noch Wege bis zu 2.000 m Länge bei einer Gehdauer von einer halben Stunde zurückgelegt werden.[1] In der Konsequenz müßte daher als ein Nachteilsausgleich im engen Sinne lediglich die unentgeltliche Beförderung auf Kurzstrecken anzusehen sein, die aufgrund der Behinderung nicht zu Fuß zurückgelegt werden können. *Breuer/Friedrich* (1984, S. 83 f.) stellen hier resümierend fest, daß jede über diesen engen Radius hinausgehende unentgeltliche Beförderung als eine Vergünstigung jenseits der Grenze des Nachteilsausgleichs zu werten wäre, es sei denn, man betrachte diese Leistung als Beitrag zur Kompensation anderer behinderungsbedingter Nachteile und Benachteiligungen.

Solche und andere Überlegungen mögen den Gesetzgeber veranlaßt haben, ab dem 1.4.1984 zum einen eine Selbstbeteiligung einzuführen, zum anderen die Freifahrt z.T. nur noch alternativ zur Kfz-Steuerermäßigung zuzulassen (siehe Übersicht 5).[2]

2.2.3.8. Eisenbahnpersonenverkehr

(1) Regelungen: Die Deutsche Bahn AG (vormals Deutsche Bundesbahn und Deutsche Reichsbahn) gewährt Schwerbehinderten mit einem GdB von mindestens 80 und schwerbehinderten Ruhestandsbeamten, Soldaten im Ruhestand und bestimmten anderen Personengruppen bereits vor Vollendung des 60. Lebensjahres mit einem GdB von mindestens 70 dieselben Vergünstigungen wie Senioren, d.h. diese Personengruppen haben Anspruch auf Ausstellung einer „BahnCard" für Senioren (früher: „Seniorenpaß"), die eine Fahrpreisermäßigung um 50% bewirkt.

Rollstuhlfahrer haben zusätzlich Anspruch auf kostenlose Beförderung ihrer Rollstühle. Diese Personengruppe sowie Sehbehinderte und Blinde mit Führhund haben des weiteren Anspruch auf entgeltfreie Platzreservierung (auch für Begleiter und Führhund).

(2) Änderungen 1980–1994: Zum 1. November 1994 fand eine Umstellung des Gepäckverkehrs auf eine „Haus-Haus-Beförderung" statt.

---

[1]Vgl. *Bethmann u.a.* (1993b), S. 192.

[2]Zur Verbandskritik des VdK siehe z.B. *Brümmendorf* (1983b), insbes. S. 12 f.

Seither gelten Krankenfahrstühle als Sondergepäck, für das ein Beförderungsentgelt von 46 DM zu entrichten ist.[1]

(3) Umfang der Nachteilsausgleiche: Der Umfang des Nachteilsausgleichs ergibt sich jeweils aus dem Umfang der Ersparnis. Bei der Fahrpreisreduktion ist der Gesamtspareffekt einerseits von den Fahrtstrecken und der Zahl der Fahrten pro Jahr abhängig. Andererseits muß – *quasi* als Selbstbeteiligung – der Preis der BahnCard (gegenwärtig 110 DM für die zweite Klasse bzw. 220 DM für die erste Klasse) abgezogen werden.

Bei der kostenlosen Rollstuhlbeförderung ergibt sich die Ersparnis aus der Höhe des Preises für eine Gepäckkarte, bei der kostenlosen

Tab. 17: Erspariseffekte für Schwerbehinderte im Eisenbahnpersonenverkehr

<table>
<tr><th>Jahr</th><th>Seniorenpaß*/ BahnCard (jeweils zum 1.7. d.J.)</th><th>Rollstuhl-beförderung (Gepäckkarte)</th><th>Platz-reservierung**</th></tr>
<tr><td>1980</td><td>98,- DM</td><td rowspan="3">5,50 DM</td><td rowspan="15">3,50 DM</td></tr>
<tr><td>1981</td><td>90,- DM</td></tr>
<tr><td>1982</td><td>100,- DM</td></tr>
<tr><td>1983</td><td rowspan="12">110,- DM</td><td rowspan="10">9,50 DM</td></tr>
<tr><td>1984</td></tr>
<tr><td>1985</td></tr>
<tr><td>1986</td></tr>
<tr><td>1987</td></tr>
<tr><td>1988</td></tr>
<tr><td>1989</td></tr>
<tr><td>1990</td></tr>
<tr><td>1991</td></tr>
<tr><td>1992</td></tr>
<tr><td>1993</td><td rowspan="2">21,00 DM
(0,00 DM***)</td></tr>
<tr><td>1994</td></tr>
<tr><td colspan="4">Anmerkungen: *Tarife für Seniorenpaßkategorie B (gültig für Reisen an allen Tagen); **Für ICE-Züge im Fahrpreis enthalten, für EC-/IC-Zügen in den Zuschlägen enthalten; ***Ab 1.11.1994.</td></tr>
</table>

Quelle: Deutsche Bahn AG.

[1]Angaben der Deutschen Bahn AG. *De facto* gab es im Laufe des Jahres 1983 eine weitere Änderung: Durch die Umwandlung von Eilzügen in (zuschlagsfreie) D-Züge wurden diese dem Bereich der kostenlosen Beförderung im Rahmen der „Freifahrtregelung" entzogen (vgl. *Brümmendorf* (1983b), S. 13).

Platzreservierung aus der Höhe des Preises für die Platzreservierung. Tab. 17 zeigt die relevanten Werte.

Für eine genauere Bewertung des Gesamteffekts der Nachteilsausgleiche müßte dieser den Nachteilsausgleichen beim Gebrauch eines Kraftfahrzeugs gegenübergestellt werden (Alternativkosten).

2.2.3.9. Flugverkehr

(1) Regelung: Schwerbehinderte mit einem nach dem 1.11.1981 ausgestellten Schwerbehindertenausweis und einer Zusatzbescheinigung des Versorgungsamtes erhalten im innerdeutschen Flugverkehr mit der Deutschen Lufthansa und den Regionalverkehrsgesellschaften eine Ermäßigung von 30% des Flugpreises.[1] Rollstuhlfahrer haben zusätzlich Anspruch auf kostenlose Beförderung ihres Rollstuhles.

(2) Änderungen 1980–1994: Für Schwerbehinderte im hier gebrauchten Sinne besteht der Nachteilsausgleich erst seit dem 1.11.1981. Seither hat sich an dieser Regelung nichts mehr geändert.

(3) Umfang des Nachteilsausgleichs: Die Ersparnis beträgt jeweils 30% des Flugpreises. Als Beispiel sei hier die Ersparnis bei einem Flug von Stuttgart nach Berlin (West) bzw. deren Entwicklung dargestellt (vgl. Tab. 18).

Tab. 18: Erspariseffekt im Flugverkehr 1991–1994 (Beispiel: Stuttgart – Berlin)[1]

Jahr	Normaltarif	Flugpreis für Schwerbehinderte	Ersparnis
1991	346,- DM	242,20 DM	103,80 DM
1994	426,- DM	298,20 DM	127,80 DM

Quelle: Angaben der Deutschen Lufthansa AG (Reservierungsstelle); eigene Berechnungen.

Bei Rollstuhlfahrern wirkt sich zusätzlich noch die kostenlose Beförderung des Rollstuhls aus. Der Erspariseffekt ist allerdings abhängig

[1] Bei Personen, bei denen eine MdE von wenigstens 50% vor dem 1.10.1979 festgestellt wurde, ist ein Schwerbeschädigtenausweis erforderlich.

[2] Tarife vor 1991 ließen sich bei der Deutschen Lufthansa nicht mehr ohne größeren Aufwand ermitteln.

Übersicht 6: Nachteilsausgleiche im Bereich Fortbewegung und Verkehr: ...

Nr.	Bereich: Fortbewegung und Verkehr	Jahr 1980	1981	1982	1983	1984
1.	Kfz-Steuer-Ermäßigung	G, aG, MdE>80%: Kfz-Steuer-Befreiung				G, ... neben ...
2.	Beitragsnachlaß bei der Kfz-Versicherung (Haftpflicht und Vollkasko; G, Gehörlose, H, Bl, aG)	25% für Fahrzeuge bis 28 PS	25% bei Vorliegen ... Kfz-Steuer-Befrei- ...			
3.	Beitragsermäßigung bei Automobilclubs	i.d.R. 50%				
4.	TÜV-Gebühren/Eintragungen im Führerschein	Gebührenermäßigung oder -befreiung für ... die auf die Behinderung zurückfzuführen ...				
5.	Mitversicherung von Rollstühlen bei Privathaftpflichtversicherung	Prämienfreier ...				
6.	Parkgebühren	aG, Bl: Gebührenbefreiung bei Parkschein- ... keit besteht				
7.	Öffentlicher Personennahverkehr	G, aG oder MdE ab 80%: unentgeltliche Beförderung				G: FF alternativ zu 1. (120 DM EB); aG: FF (mit EB) auch bei 1.; G+H/Bl: FF (auch bei 1.) ohne EB (ab 1.4.)
8.	Beförderung von Rollstühlen im Eisenbahnpersonenverkehr	Unentgeltlich ...				
9.	Platzreservierung im Eisenbahnpersonenverkehr	Gebührenfreie Platzreservierung (die berechtigte ... tigt, z.T. war sie eingeschränkt auf Rollstuhl fahrer, Seh- ...				
10.	Fahrpreisermäßigungen im Eisenbahnpersonenverkehr	MdE/GdB ab 75(%) (bestimmte Personen ... 50% Ermäßigung				
11.	Flugverkehr	30% Flugpreisermäßigung (mit Zusatzbe- ...				

Quellen: Siehe Übersicht 10.

... Entwicklungen 1980–1994

Jahr									
1985	**1986**	**1987**	**1988**	**1989**	**1990**	**1991**	**1992**	**1993**	**1994**
... Gehörlose: Ermäßigung um 50%, alternativ zur FF im ÖPNV; H, Bl, aG: Befreiung ... FF im ÖPNV.									
... von ... ung		25% bei KfzSt-Befreiung; 12,5% bei 50% KfzSt-Ermäßigung (Sonderregelung bei Steuerbefreiung aufgrund Schadstoffarmut)				25% bei Kfz-Steuer-Befreiung; 12,5% bei 50% Kfz-Steuer-Ermäßigung			
i.d.R. 50%									
... die Eintragung besonderer Bedienungseinrichtungen oder Auflagen im Führerschein, ... sind									
... Einschluß von Rollstühlen bis 6 km/h									
... automaten und Parkuhren, sofern in zumutbarer Entfernung keine andere Parkmöglich-									
G, Gehörlose (mit G, aG, H, Bl): FF alternativ zu 2. (120 DM EB); H, Bl: FF (auch bei 2.; ohne EB)		G, Gehörlose: FF alternativ zu 2. (120 DM EB); aG: FF auch bei 2. (120 DM EB); H, Bl: FF auch bei 2. (ohne EB)							
... (Einsparung der Gepäckkarte; bis 31.10.94)									
... Personengruppe variierte in den betrachteten Jahren. Teilweise waren Schwerbehinderte und ihre Begleiter berech- ... behinderte oder Blinde mit Führhund. Die Änderungen ließen sich nicht mehr ohne größeren Aufwand datieren.)									
mit MdE/GdB ab 70(%): Seniorenpaß mit					GdB ab 80 (bestimmte Personengruppen mit GdB ab 70): Seniorenpaß/BahnCard mit 50% Ermäßigung				
... scheinigung des Versorgungsamtes; Bl: unentgeltliche Beförderung der Begleitperson									

von der Höhe des Flugtarifs, dem Gewicht des Rollstuhls sowie dem Gewicht des sonstigen Reisegepäcks. Er entspricht 1% des Flugpreises 1. Klasse pro Kilogramm Gewicht des Rollstuhls, das über die Gewichtsfreigrenze von 20 kg hinausgeht. Der Ersparniseffekt soll wiederum exemplarisch für einen Flug von Stuttgart nach Berlin veranschaulicht werden (vgl. Tab. 19).

Tab. 19: Ersparniseffekte bei der kostenlosen Beförderung von Rollstühlen im Flugverkehr (Beispiel: Stuttgart – Berlin)[1]

Jahr	Rollstuhl ohne Antrieb (Gewicht: 20 kg)	Rollstuhl mit Batterieantrieb (Gewicht: 110 kg)
1991	90,60 DM	498,30 DM
1994	105,20 DM	578,60 DM

Quelle: Eigene Berechnungen.

2.2.4. Nachteilsausgleiche im Bereich Wohnen

2.2.4.1. Einleitende Anmerkungen

Ausgaben für das Wohnen, sei es Miete oder die finanzielle Belastung der Darlehensrückzahlung bei Bau oder Erwerb einer Wohnung, stellen nach wie vor einen der größten Anteile der monatlichen Gesamtausgaben für die Lebenshaltung dar. Das gilt für Schwerbehinderte aus den oben bereits genannten Gründen in besonderem Maße. Es besteht daher gerade für Schwerbehinderte ein ausgeprägter Bedarf an Kompensation der Benachteiligungen, die wie folgt zusammengefaßt werden können:

- Viele Schwerbehinderte benötigen aufgrund der Art und Schwere ihrer Behinderung eine besondere behinderungsgerechte bauliche Ausstattung ihrer Wohnung.
- Behindertengerechter Wohnraum ist knapp.

[1]Unter der Annahme, daß die Freigrenze bereits durch anderes Reisegepäck ausgeschöpft ist. Die Beträge stellen demnach die maximale Ersparnis bei gegebenem Gewicht des Rollstuhles dar. Die Gewichtsangaben beziehen sich auf gängige Rollstuhltypen. Sie wurden bei einem namhaften Hersteller erfragt.

- Schwerbehinderte sind aufgrund ihrer finanziellen Lage oftmals nicht in der Lage, die Mietbelastung für eine angemessene Wohnung zu tragen, geschweige denn, den Bau oder den Kauf einer eigenen Wohnung oder eines eigenen Hauses zu finanzieren.[1]

Um diese behinderungsbedingten Nachteile auszugleichen, sind vom Gesetzgeber sowohl im Bereich der Subjekt- als auch im Bereich der Objektförderung im Sozialen Wohnungsbau entsprechende Regelungen geschaffen worden. Dabei handelt es sich im wesentlichen um

- eine Erhöhung des Wohngeldes,
- eine Erhöhung der Einkommensgrenze im Rahmen der Wohnungsbauförderung sowie um
- ein Familienzusatzdarlehen beim Bau oder Erwerb von Eigenheimen oder Eigentumswohnungen.

2.2.4.2. Wohngeld

(1) Regelung: Wohngeld wird als verlorener Zuschuß (Miet- oder Lastenzuschuß) zu den Aufwendungen für Wohnraum gezahlt. Die Bewilligung ist abhängig von der Zahl der zum Haushalt gehörenden Familienmitglieder, von der Höhe des Familieneinkommens und von der Höhe der Miete oder der Belastung. Vom Familieneinkommen wird ein Freibetrag von jährlich 2.400 DM für jedes schwerbehinderte Familienmitglied im Haushalt abgezogen. Voraussetzung ist

- ein GdB ab 80 oder
- Hilflosigkeit (Merkzeichen „H“) oder
- Pflegebedürftigkeit.[2]

Bei der Ermittlung des Jahreseinkommens eines Schwerbehinderten wird ein Freibetrag von 3.000 DM abgesetzt, falls ein GdB von 100 oder von wenigstens 80 und gleichzeitig Pflegebedürftigkeit vorliegt. Bei einem GdB zwischen 80 und unter 100 oder von 50 bis unter 80 und gleichzeitiger Pflegebedürftigkeit reduziert sich der Freibetrag auf

---

[1] Vgl. auch *Breuer/Friedrich* (1984), S. 121.

[2] Bei Erhalt von Pflegegeld nach § 69 Abs. 3 Satz 1 BSHG oder Pflegezulage nach § 35 BVG.

2.400 DM. Erreichen die zu berücksichtigenden Einnahmen des Schwerbehinderten nicht die Höhe des Freibetrags, so ist der Freibetrag beim Einkommen des Familienmitgliedes abzusetzen, das die höchsten zu berücksichtigenden Einnahmen hat. Der Freibetrag kann allerdings zugunsten eines zum Haushalt rechnenden Familienmitgliedes nur einmal abgesetzt werden, auch wenn es mehreren der genannten Personengruppen angehört.

(2) Änderungen 1980–1994: Zunächst wurden bis Ende Februar 1983 Schwerbehinderte mit einer MdE um mindestens 80% und Schwerbehinderte mit einer MdE um 50% bis unter 80% und gleichzeitig vorliegender Pflegebedürftigkeit dadurch begünstigt, daß diese bei der Bestimmung der für den Höchstbetrag der zu berücksichtigenden Miete oder Belastung maßgebenden Haushaltsgröße doppelt gezählt wurden. Dadurch vergrößert sich die Zahl der anrechenbaren Haushaltsmitglieder um eine Person je schwerbehindertes Haushaltsmitglied. Zusätzlich wurden Freibeträge gewährt in Höhe von 1.500 DM für alle Schwerbehinderte generell bzw. von 2.400 DM für Schwerbehinderte mit einer MdE um mindestens 80% oder zwischen 50% und unter 80% bei gleichzeitiger Pflegebedürftigkeit.

Mit dem Haushaltsbegleitgesetz, das zum 1.3.1983 in Kraft trat, wurden die Vergünstigungen, die noch im Wohngeldgesetz vom 27.12.1982 vorgesehen waren, deutlich beschnitten. So werden Schwerbehinderte seitdem bei der Berechnung der Haushaltsgröße nicht mehr doppelt gezählt. Ein Freibetrag wird nur mehr denjenigen Haushalten gewährt, zu denen entweder ein Pflegebedürftiger oder ein Schwerbehinderter mit einer MdE um mindestens 80% zählt. Der Freibetrag beträgt 2.400 DM. Der Freibetrag in Höhe von 1.500 DM für nicht pflegebedürftige Schwerbehinderte mit einer MdE zwischen 50 und 80% entfällt.

Die 1994 gültige Regelung (siehe (1)) galt seit dem 8.1.1991. Sie sieht bei den Freibeträgen eine deutlich erhöhte Vergünstigung bei Schwerstbehinderten vor (Erhöhung des Freibetrages von 2.400 DM auf 3.000 DM). Die Veränderungen im Bereich der Freibeträge zeigt Tab. 20. Zusätzlich kann nach der Regelung des Wohngeldgesetzes von 1991 – wie in (1) dargelegt – vom Gesamtfamilieneinkommen unter den erwähnten Voraussetzungen ein weiterer Freibetrag von 2.400 DM gewährt werden.

Tab. 20: Freibeträge für Schwerbehinderte beim Wohngeld 1980–1994

Kategorie	Höhe des Freibetrags in den Jahren ...		
	1980-1982	1983-1990	1991-(1994)
Schwerbehinderte mit MdE/GdB 50-80(%)	1.500 DM	–	–
Schwerbehinderte mit MdE/GdB 50-80(%) + Pflegebedürftigkeit	2.400 DM	2.400 DM	2.400 DM
Schwerbehinderte mit MdE/GdB 80-100(%)	2.400 DM	2.400 DM	2.400 DM
Schwerbehinderte mit MdE/GdB 80-100(%) + Pflegebedürftigkeit	2.400 DM	2.400 DM	3.000 DM
Schwerbehinderte mit MdE/GdB 100(%)	2.400 DM	2.400 DM	3.000 DM

Quelle: Siehe Übersicht 10.

(3) Umfang des Nachteilsausgleichs: Der Umfang des Nachteilsausgleichs ist abhängig von

- der Haushaltsgröße,
- dem Einkommen des Schwerbehinderten bzw. dem Gesamthaushaltseinkommen sowie
- der zu berücksichtigenden Miete oder Belastung.[1]

2.2.4.3. Wohnungsbauförderung

(1) Regelung: Öffentliche Mittel zur Förderung des sozialen Wohnungsbaus sind von der Höhe des Jahreseinkommens des Wohnungssuchenden abhängig. Die Einkommensgrenze, festgelegt in § 25 Abs. 1 des 2. Wohnungsbaugesetzes (WoBauG), beträgt 21.600 DM.

---

[1]Die Bewertung der Ersparniseffekte bedarf einer Differenzierung nach den genannten Kriterien. Hierzu wäre eine Auswertung der sehr komplexen Wohngeldtabellen notwendig. Hierauf soll jedoch verzichtet werden.

Sie erhöht sich um 10.200 DM für den zweiten und weitere 8.000 DM für jeden weiteren zur Familie des Wohnungssuchenden rechnenden Angehörigen. Für Schwerbehinderte und ihnen Gleichgestellte erhöht sich die Einkommensgrenze um 4.200 DM, bei einem GdB von mindestens 80 um 9.000 DM.

(2) Änderungen 1980–1994: Keine.

(3) Umfang des Nachteilsausgleichs: Als Nachteilsausgleich erweist sich zunächst die Berechtigung, mit einem höheren Einkommen Anspruch auf zinsvergünstigte Darlehen zu erhalten. Der Nachteilsausgleich ist sodann mit der Zinsdifferenz zu bewerten, also der Differenz der Zinszahlungen zwischen dem Darlehen zu Marktkonditionen und dem Darlehen zu vergünstigten Konditionen. Der quantitative Umfang des Nachteilsausgleichs ist damit einerseits abhängig vom jeweils gültigen Marktzins für langfristige Darlehen und der Darlehensart.[1] Der absolute Betrag der Ersparnis ist darüber hinaus von der Gesamthöhe des Darlehens abhängig.

2.2.4.4. Familienzusatzdarlehen

(1) Regelung: Bauherren mit Kindern, denen zum Bau eines Eigenheimes oder zum Bau einer selbstgenutzten Eigentumswohnung öffentliche Mittel nach § 42 Abs. 1 und 2 II. WoBauG bewilligt worden sind, haben Anspruch auf ein Familienzusatzdarlehen. Gehört zum Familienhaushalt ein oder mehrere Schwerbehinderte oder Gleichgestellte, so erhöht sich das Familienzusatzdarlehen um 2.000 DM je schwerbehindertes Haushaltsmitglied.

(2) Änderungen 1980–1994: Die Erhöhung des Darlehenshöchstbetrages belief sich zunächst auf 1.500 DM bei Eigentumswohnungen und auf 2.000 DM bei Eigenheimen. Mit dem Wohnungsbauvereinfachungsgesetz vom 17.7.1985 erfolgte eine Angleichung der Beträge. Seither wird der Darlehensbetrag für Schwerbehinderte einheitlich um 2.000 DM angehoben.

(3) Umfang des Nachteilsausgleichs: Der Umfang des Nachteilsausgleichs richtet sich nach dem Marktzinssatz für entsprechende Darle-

[1] Je nach Art des Förderdarlehens kann der Zinssatz minimal 0% betragen.

hen. Bei Annahme eines Marktzinssatzes von 7,5% ergäbe sich bspw. eine Ersparnis in Höhe von etwa 3.268 DM.

2.2.4.5. Vorzeitige Verfügung über Sparbeträge

(1) Regelung: Die vorzeitige Verfügung über Sparbeträge, die aufgrund von Bausparverträgen, Wohnbau-Sparverträgen sowie Baufinanzierungsverträgen erbracht worden sind, führt regelmäßig zur Versagung der Wohnungsbauprämie und zur Rückforderung bereits gewährter Wohnungsbauprämien. Dasselbe gilt für Steuervergünstigungen.

Eine vorzeitige Verfügung ist nach den Prämiengesetzen und dem Einkommensteuergesetz jedoch prämien- und steuerunschädlich, falls nach dem Vertragsabschluß der GdB des Sparers auf mehr als 90 festgesetzt wird.[1] Ebensowenig muß in diesem Falle die Arbeitnehmersparzulage zurückgezahlt werden.

(2) Änderungen 1980–1994: Keine.

(3) Umfang des Nachteilsausgleichs: Je Einzelfall unterschiedlich.

[1]Gleiches gilt, falls der nicht dauernd getrennt lebende Ehegatte betroffen ist.

Übersicht 7: Nachteilsausgleiche im Bereich Wohnen: Entwicklungen ...

Nr.	Bereich: Wohnen	Jahr 1980	1981	1982	1983	1984
1.	Wohngeld	MdE ab 80%, H, Pflegegeld- oder Pflegezulagenbezieher: Wohngeld und evtl. Härteausgleich in Abhängigkeit u.a. vom Familieneinkommen; Berücksichtigung eines FB von 2.400 DM			MdE/GdB ab ... Wohngeld in ... Berücksichti- ...	
2.	Wohnungsbauförderung/ Berechtigung für Wohnberechtigungsschein	Erhöhung der Einkommensgrenze um ... Zuschüsse/Darlehen für steuerbegünstigten ... mehr als 40% überschritten wird				
3.	Familienzusatzdarlehen beim Bau von Familienheimen in der Form von Eigenheimen oder Eigentumswohnungen	Erhöhung um 2.000 DM bei Eigenheimen; 1.500 DM bei Eigentumswohnungen				
4.	Vorzeitige Verfügung über Sparbeträge bei Bauspar-, Wohnbau-Spar- und Baufinanzierungsverträgen	Prämien- und steuerunschädliche vorzeitige ...				

Quellen: Siehe Übersicht 10.

... 1980–1994

Jahr									
1985	**1986**	**1987**	**1988**	**1989**	**1990**	**1991**	**1992**	**1993**	**1994**
... 80(%) H, Pflegegeld- oder Pflegezulagenbezieher: ... Abhängigkeit u.a. vom Familieneinkommen ... gung eines FB von 2.400 DM						dto.; GdB von 100 oder ab 80 bei Pflegebedürftigkeit: Berücksichtigung eines FB von 3.000 DM (ab 8.1.91)			
4.200 DM; GdB ab 80: 9.000 DM; Aufwendungs- Wohnungsbau, falls Einkommensgrenze nicht um						Erhöhung der Einkommensgrenze um 4.200 DM; GdB ab 80: 9.000 DM			
Erhöhung einheitlich um 2.000 DM (ab 17.7.85)									
... Verfügung, falls nach Vertragsabschluß GdB>90 festgesetzt wird									

2.2.5. Nachteilsausgleiche in den Bereichen Kommunikation und Medien

2.2.5.1. Einleitende Anmerkungen

Die Kommunikation stellt für viele Schwerbehinderte, insbesondere für Sinnesbehinderte (Blinde, Gehörlose), ein nicht zu unterschätzendes Problem dar. Die Nachteile, die damit verbunden sind – sie wurden teilweise oben schon angesprochen – lassen sich normalerweise nur mit verhältnismäßig hohem Mehraufwand ausgleichen. Daher werden speziell für die betroffenen Gruppen von verschiedenen Einrichtungen Nachteilsausgleiche gewährt. Dazu gehören bspw. die Deutsche Post AG und die Deutsche Telekom AG sowie die öffentlich-rechtlichen Rundfunkanstalten.

2.2.5.2. Postversand

(1) Regelung: Schriftstücke in Blindenschrift werden vom Postdienst und der Frachtpost der Deutschen Post AG (vorm. Deutsche Bundespost) kostenlos befördert. Ebendies gilt für Tonaufzeichnungen, deren Absender oder Empfänger eine amtlich anerkannte Blindenanstalt ist. Das Maximalgewicht beträgt sieben Kilogramm.

(2) Änderungen 1980–1994: Keine.

(3) Umfang des Nachteilsausgleichs: Der Umfang des Nachteilsausgleichs ist abhängig von den Bezugs- bzw. Versandvolumina. Je nach Versandart und Gewicht der Sendung lag die Ersparnis 1995 bei maximal 4 DM beim Postdienst und maximal 8,90 DM bei der Frachtpost pro Sendung im Inland.[1] Entsprechend den Postversandgebühren- bzw. -entgelterhöhungen ist der Umfang des Nachteilsausgleichs im betrachteten Zeitraum deutlich angestiegen.

2.2.5.3. Hörfunk und Fernsehen

(1) Regelung: Gemäß den Länderverordnungen über die Befreiung von der Rundfunkgebührenpflicht und den Verwaltungsvorschriften

---

[1]Ermittelt unter Zugrundelegung der Preisliste (*Deutsche Post AG* (Hrsg., 1995)).

zur Befreiung von der Rundfunkgebührenpflicht aus sozialen Gründen werden Sonderfürsorgeberechtigte im Sinne des § 27e Bundesversorgungsgesetz (BVG) von der Rundfunk- und Fernsehgebührenpflicht befreit.[1] Hierzu gehören u.a. folgende Personengruppen:[2]

- Blinde oder nicht nur vorübergehend wesentlich sehbehinderte Personen mit einem länger als sechs Monate bestehenden GdB von mindestens 60 allein wegen der Sehbehinderung;
- Hörgeschädigte, die gehörlos sind oder denen eine ausreichende Verständigung über das Gehör auch mit Hörhilfen nicht möglich ist (GdB von mindestens 50 allein wegen der Hörbehinderung);
- Behinderte, deren GdB nicht nur vorübergehend wenigstens 80 beträgt und die wegen ihres Leidens an öffentlichen Veranstaltungen ständig nicht teilnehmen können (z.B. wegen Entstellung, Geruchsbelästigung, lauten Atemgeräuschen, ansteckungsfähiger Krankheiten oder häufigen Anfällen).

(2) Änderungen 1980–1994: Keine.

(3) Umfang des Nachteilsausgleichs: Da sich an der Regelung selbst nichts geändert hat, entspricht die Entwicklung des Nachteilsausgleichs der Entwicklung der Ersparnis in Höhe des jeweils gültigen Gebührensatzes (vgl. dazu Tab. 21).

Tab. 21: Rundfunkgebühren: Ersparnis pro Monat (1980–1994)

Jahr	Hörfunkgebühr	Fernsehgebühr	Hörfunk + Fernsehen
1980	3,80 DM	13,00 DM	13,00 DM
ab 1.7.1983	5,05 DM	15,25 DM	15,25 DM
ab 1.1.1988	5,16 DM	16,60 DM	16,60 DM
ab 1.1.1990	6,00 DM	19,00 DM	19,00 DM
ab 1.1.1992*	8,25 DM	23,80 DM	23,80 DM

Anmerkung: *alte Bundesländer.

Quelle: Gebühreneinzugszentrale (GEZ).

[1]Die Schwerbehindertenausweise der entsprechende Personengruppe tragen das Merkzeichen „RF“.

[2]Die hier aufgeführten Personengruppen decken sich mit denjenigen, die in den Anhaltspunkten für die ärztliche Gutachtertätigkeit im sozialen Entschädigungsrecht und dem Schwerbehindertengesetz 1983, Nr. 33, aufgeführt sind.

Tab. 22: Telefongebührenermäßigungen für Schwerbehinderte (1980–1994)

Jahr	Anschlußgebühr/-entgelt			Übernahmegebühr		
	regulär	ermäßigt	Ersparnis	regulär	ermäßigt	Ersparnis
1980	200,00 DM	120,00 DM	80,00 DM	100,00 DM	40,00 DM	60,00 DM
1985	65,00 DM	65,00 DM	0,00 DM	–	–	–
1990	65,00 DM	65,00 DM	0,00 DM	–	–	–
1992	65,00 DM	65,00 DM	0,00 DM	–	–	–
1994	65,00 DM	65,00 DM	0,00 DM	–	–	–

Quelle: Angaben der Deutschen Bundespost Telekom.

Übersicht 8: Nachteilsausgleiche im Bereich Kommunikation und Medien

Nr.	Bereich: Kommunikation und Medien	Jahr				
		1980	1981	1982	1983	1984
1.	Postversand					Kosten- ...
2.	Hörfunk und Fernsehen					RF: ...
3.	Telefongebühren/-entgelte	Anschlußgebühr ermäßigt sich um 80 DM; die Grundgebühr um 5 DM; 30 zusätzliche freie Gebühreneinheiten	Grundgebühr/-entgelt ...			

Quellen: Siehe Übersicht 10.

Grundgebühr/-preis pro Monat			**Gebührenfreie Einheiten/ freie Tarifeinheiten pro Monat**			**Gesamtersparnis bei laufender Nutzung pro Jahr**
regulär	**ermäßigt**	**Ersparnis**	**regulär**	**ermäßigt**	**Ersparnis**	
27,00 DM	22,00 DM	5,00 DM	20	50	6,90 DM	142,80 DM
27,00 DM	22,00 DM	5,00 DM	20	50	6,90 DM	142,80 DM
27,00 DM	22,00 DM	5,00 DM	20	50	6,90 DM	142,80 DM
26,70 DM	21,70 DM	5,00 DM	10	40	6,90 DM	142,80 DM
24,60 DM	19,60 DM	5,00 DM	10	40	6,90 DM	142,80 DM

Jahr									
1985	**1986**	**1987**	**1988**	**1989**	**1990**	**1991**	**1992**	**1993**	**1994**
... lose Beförderung von Blindensendungen									
... Befreiung von Rundfunkgebühren (nicht für Kabelanschluß)									
... ermäßigt sich um 5 DM; 30 zusätzliche freie Gebühreneinheiten/Tarifeinheiten									

2.2.5.4. Telefongebühren/-entgelte

(1) Regelung: Personen, die von der Rundfunkgebührenpflicht befreit sind (s.o.), erhalten folgende Gebühren- bzw. Entgeltermäßigungen:

- Grundpreis: 19,60 DM statt 24,60 DM.
- 30 zusätzliche freie Tarifeinheiten.

(2) Änderungen 1980–1994: Die ursprünglich noch zusätzlich gewährten Ermäßigungen bei der Anschluß- bzw. Übernahmegebühr (80 DM bzw. 60 DM) wurden 1982 gestrichen.[1] Die Ermäßigung der Grundgebühren blieb einheitlich bei 5 DM. Ebensowenig gab es im Bereich der gebührenfreien Einheiten Änderungen.

(3) Umfang des Nachteilsausgleichs: Die Ersparniseffekte des Nachteilsausgleichs zeigt Tab. 22 auf den vorangegangenen Seiten vergleichend für die Jahre 1980 bis 1994.

2.2.6. Nachteilsausgleiche in den Bereichen Freizeit und Fremdenverkehr

2.2.6.1. Einleitende Anmerkungen

Für viele Schwerbehinderte besteht, insbesondere, wenn sie im Arbeitsprozeß stehen, im Vergleich zu Nichtbehinderten die Notwendigkeit, häufiger Maßnahmen zur Regeneration und Erholung in Anspruch zu nehmen. Gesetzesmäßig steht ihnen auch zusätzlicher Urlaub zu.[2] Darüber hinaus besteht auch bei vielen Schwerbehinderten ein Interesse, z.B. durch den Besuch von kulturellen und sportlichen Veranstaltungen und Einrichtungen die Freizeit sinnvoll zu gestalten. Auch in diesen Bereichen haben Schwerbehinderte z.T. Anspruch auf den Ausgleich von Nachteilen, die hier jedoch zumeist wohl eher in Beschwerlichkeiten zu sehen sind (nicht behindertengerechte Zugänge zu den Einrichtungen usw.) als in finanziellen Mehrbelastungen. Dies gilt jedoch nicht für den Ausgleich der Mehrbelastung bei Kur oder Urlaub, die mit der Kurtaxe in Verbindung steht. Hier handelt es sich wiederum eindeutig um einen finanziellen Ausgleich.

---

[1]Entsprechende Angaben finden sich noch bei *Breuer/Friedrich* (1984), S. 109. Das genaue Datum ließ sich bei der Telekom nicht mehr ermitteln.

[2]Geregelt in § 47 SchwbG.

2.2.6.2. Öffentliche kulturelle Einrichtungen und Veranstaltungen

(1) Regelung: Gemeinden räumen Schwerbehinderten zumeist Ermäßigungen beim Besuch von Schwimmbädern, Theatern usw. ein. Bei Veranstaltungen, die von privaten Trägern durchgeführt werden (z.B. Sportveranstaltungen und Messen) wird Schwerbehinderten ebenfalls fast immer eine Ermäßigung gewährt. In den meisten Fällen erfolgt eine Ermäßigung auf ein Drittel bis die Hälfte des normalen Eintrittspreises.

(2) Änderungen 1980–1994: Keine.

(3) Umfang des Nachteilsausgleichs: Der Umfang des Nachteilsausgleichs ist abhängig von der Höhe des Eintrittspreises.

2.2.6.3. Kurtaxe

(1) Regelung: Die Kurorte erheben zur teilweisen Deckung ihres Aufwandes für die Herstellung und Unterhaltung der zu Kur- und Erholungszwecken bereitgestellten Einrichtungen und für die zu diesem Zweck durchgeführten Veranstaltungen eine Kurtaxe. Die Kurtaxe wird von allen ortsfremden Personen erhoben, die sich im Kurort aufhalten und denen die Möglichkeit geboten wird, die Kureinrichtungen in Anspruch zu nehmen oder an entsprechenden Veranstaltungen teilzunehmen. Schwerbehinderten wird i.d.R. eine Ermäßigung auf ein Drittel bis die Hälfte des vollen Betrages gewährt. Teilweise erfolgt eine Befreiung von der Kurtaxe für solche Schwerbehinderte, die auf eine ständige Begleitung angewiesen sind (auch für die Begleitung, soweit sie nicht selbst Kurmittel in Anspruch nimmt).

(2) Änderungen 1980–1994: Keine.

(3) Umfang des Nachteilsausgleichs: Der Umfang des Nachteilsausgleichs ist abhängig von der Höhe der Kurtaxe sowie von der Länge der Kur oder des Erholungsurlaubs. Die Kurtaxe kann örtlich verschieden und auch innerhalb der einzelnen Kurorte unterschiedlich hoch sein. Bis 1986 waren in Baden-Württemberg bspw. Kurtaxen bis zu 2,- DM pro Tag üblich, seit 1987 bis zu 2,50 DM. Damit ergeben sich folgende Ersparniseffekte bei einem einwöchigen Aufenthalt (vgl. Tab. 23):

Tab. 23: Ermäßigungen für Schwerbehinderte bei der Kurtaxe

Jahr	Gesamtkurtaxe pro Woche*				
	regulär	für Schwerbehinderte		Ersparnis	
		1/2 Tarif	1/3 Tarif	1/2 Tarif	1/3 Tarif
1980-1986	14,00 DM	7,00 DM	4,67 DM	7,00 DM	9,33 DM
1987-(1994)	17,50 DM	8,75 DM	5,83 DM	8,75 DM	11,67 DM

Anmerkung: *An- und Abreisetag zählen jeweils halb.

Quelle: Eigene Berechnungen nach Angaben der Stadtverwaltung Bad Urach.

Übersicht 9: Nachteilsausgleiche im Bereich Freizeit und Fremdenverkehr: Entwicklungen 1980–1994

Nr.	Bereich: Freizeit und Fremdenverkehr	Jahr 1980	...	1994
1.	Kurtaxe	i.d.R. Ermäßigung auf 1/3 bis 1/2 des vollen Betrages		
2.	Eintritt bei Öffentl. Sport- u. Kultureinrichtungen, Veranstaltungen	i.d.R. Ermäßigung auf 1/3 bis 1/2 des vollen Betrages		

Quellen: Siehe Übersicht 10.

2.2.7. Sonstige Nachteilsausgleiche

Über die im Detail dargelegten Nachteilsausgleiche hinaus gibt es noch weitere Nachteilsausgleiche, die keinem der aufgeführten Bereiche zuzuordnen sind. Diese sollen im folgenden noch ergänzend dargelegt werden.

2.2.7.1. Wehrdienst und Zivildienst

(1) Regelung: Schwerbehinderte sind nach § 11 Abs. 1. Nr. 4 Wehrpflichtgesetz von der Ableistung des Wehrdienstes sowie gemäß § 10 Abs. 1 Nr. 4 Zivildienstgesetz von der Ableistung des Zivildienstes befreit.

(2) Änderungen 1980–1994: Keine.

(3) Umfang des Nachteilsausgleichs: In finanzieller Hinsicht ist der Umfang des Nachteilsausgleichs abhängig von der Höhe der Opportunitätskosten, die bei der Ableistung des Wehr- bzw. des Zivildienstes anfallen. Diese fallen jedoch nur dann an, wenn der Behinderte in der betreffenden Zeit Einkommen aus Erwerbstätigkeit oder Arbeitslosengeld bzw. -hilfe beziehen würde. Ein positiver Effekt stellt sich dann ein, falls dieses Einkommen höher ist als der Wehrsold oder die Vergütung des Zivildienstes.

2.2.7.2. Hundesteuer

(1) Regelung: Bei der Hundesteuer handelt es sich um eine kommunale Abgabe, die durch Ortssatzung geregelt wird. Nach dem Hundesteuergesetzen der Länder bzw. den Kommunalabgabegesetzen, welche die Gemeinden zur Steuererhebung verpflichten oder zum Erlaß entsprechender Steuersatzungen berechtigen, können Hunde von blinden, gehörlosen und völlig hilflosen Personen von der Hundesteuer befreit werden.

(2) Änderungen 1980–1994: Keine.

Tab. 24: Ersparniseffekte für Schwerbehinderte beim Erlaß der Hundesteuer (Tübingen 1980–1994)

Jahr	Betrag pro Jahr*
(1980)-1990 1991 -(1994)	120 DM 180 DM
*Steuersatz für Ersthund	

Quelle: Angaben der Stadtverwaltung Tübingen.

(3) Umfang des Nachteilsausgleichs: Der Umfang des Nachteilsausgleichs ist abhängig von der Höhe der erhobenen Hundesteuer. Tab. 24 auf der vorangegangenen Seite zeigt die Entwicklung exemplarisch für Tübingen.

Übersicht 10: Sonstige Nachteilsausgleiche: Entwicklungen 1980–1994

Nr.	**Bereich:** **Sonstige Nachteilsausgleiche**	**Jahr**		
		1980	**...**	**1994**
1.	Wehr-/Zivildienst	Befreiung		
2.	Hundesteuer	Bl, Gehörlose: Erlaß		

Quellen: *Brümmendorf* (1980), GW (1980), *Bundesministerium für Verkehr* (1981), GW (1981), *Presse- und Informationsamt der Bundesregierung* (1981a), dass. (1981b), S. 12 f., Leben und Weg (1981a), GW (1982), Leben und Weg (1983e), S. 20 f., Leben und Weg (1984a), S. 4, GW (1985d), *Landschaftsverband Westfalen-Lippe - Hauptfürsorgestelle -* (Hrsg., 1985), GW (1986) *Presse- und Informationsamt der Bundesregierung* (1986), *Landesamt für Jugend und Soziales Rheinland-Pfalz - Hauptfürsorgestelle -* (Hrsg., 1987), *Menzel* (1987c), *Landschaftsverband Rheinland - Hauptfürsorgestelle -* (Hrsg., 1989), *Landschaftsverband Westfalen-Lippe - Hauptfürsorgestelle -* (Hrsg., 1989), *Landesamt für zentrale soziale Aufgaben Berlin - Landesversorgungsamt -* (Hrsg., 1990), *Presse- und Informationsamt der Bundesregierung* (1990), *Brümmendorf* (1991), *Landschaftsverband Westfalen-Lippe - Hauptfürsorgestelle -* (Hrsg., 1991a), *Landeswohlfahrtsverband Württemberg-Hohenzollern - Hauptfürsorgestelle* (Hrsg., 1991), Sozialrecht + Praxis (1991c), *Bundesminister für Arbeit und Sozialordnung* (Hrsg., 1992), *Hessisches Ministerium der Finanzen* (Hrsg., 1992), *Schmidt* (1994a), S. 105-142.

3. Kompensationspotential der Nachteilsausgleiche

Die Frage, inwiefern die Nachteilsausgleiche die behinderungsbedingten Nachteile tatsächlich kompensieren, läßt sich kaum verallgemeinernd beantworten. Jeder Behinderte ist aufgrund der Art oder der Schwere der Behinderung spezifisch betroffen. Des weiteren wurde deutlich, daß etliche Nachteilsausgleiche im Umfang vom Einkommen (teilweise auch vom Vermögen) des Betroffenen abhängig sind. Im Einzelfall kann sich daher für spezifische behinderungsbedingte Mehrausgaben durchaus einkommensbedingt eine unvollständige Kompensation ergeben. Allerdings dürfte in diesem Fall durch das entsprechend hohe Einkommen eine geringere Bedürftigkeit im finanziellen Sinne vorliegen. Andererseits wird immer wieder die Vermutung geäußert, die verschiedenen Nachteilsausgleiche führten in ihrer Gesamtwirkung zu einer Überkompensation der Nachteile.[1] Dies ist im Einzelfall zwar sicherlich ebensowenig auszuschließen, dennoch sind dieser Vermutung folgendes entgegenzuhalten:[2]

- In der Regel werden nur solche Kosten in voller Höhe erstattet, welche durch die behinderungsbedingten Mehraufwendungen bedingt sind.
- Leistungen, die darüber hinausgehen, berücksichtigen zumeist die Einkommens- und Vermögensverhältnisse (also die Bedürftigkeit) der behinderten Leistungsempfänger. Folglich kommen gerade solche Behinderte in größerem Maße in den Genuß dieser Leistungen, die infolge ihres geringen Einkommens (das u.U. auch behinderungsbedingt sein kann) benachteiligt sind.
- In vielen Fällen gilt das Subsidiaritätsprinzip oder ein Aufstockungsverbot.

Aufgrund von Schätzungen kommen *Breuer/Friedrich* (1984, S. 151 ff.) darüber hinaus zum Ergebnis, daß sowohl erwerbstätige als auch nicht erwerbstätige Schwerbehinderte im Durchschnitt weniger als zwei Nachteilsausgleiche in Anspruch nehmen können.[3]

---

[1]Dies wird ausführlich in der Studie von *Breuer/Friedrich* (1984) diskutiert.
[2]Vgl. ebd., S. 62.
[3]Diese Schätzungen dürften aufgrund der wenigen Änderungen im System der Nachteilsausgleiche seither nach wie vor zutreffen.

Die Frage der Kumulationsmöglichkeit dürfte schließlich auch von der Informationslage der Betroffenen abhängen. Gewisse Anzeichen deuten darauf hin, daß viele Behinderte unzureichend über Nachteilsausgleiche informiert sind. Zu befürchten ist aber, daß gerade Schwerbehinderte mit hohem Einkommen und niedrigem Bedürftigkeitsgrad eher Zugang zu relevanten Informationen haben (und auch fähig und bereit sind, gegebenenfalls Informationskosten aufzubringen) als Behinderte mit niedrigem Einkommen und entsprechend hohem Bedürftigkeitsgrad.

VI. Leistungen der Sozialhilfe für Schwerbehinderte in behinderungsbedingten Notlagen

1. Einleitende Anmerkungen

Schwerbehinderte, die aufgrund der Art oder Schwere ihrer Behinderung keine Arbeit auf dem allgemeinen Arbeitsmarkt finden, werden i.d.R. in Werkstätten, oder – soweit sie stationär untergebracht sein müssen – in Anstalten Beschäftigung finden. Die Ausführungen in Kapitel IV.7 haben gezeigt, daß die hier den Behinderten gezahlten Arbeitsentgelte normalerweise kaum ausreichen, die eigene Subsistenz zu sichern.[1]

Betrachtet man die Armutsgrenze als Referenz und vergleicht sie mit dem durchschnittlichen Arbeitsentgelt eines behinderten Mitarbeiters einer WfB, so muß man feststellen, daß dieser in (relativer) Armut lebt. Berücksichtigt man weiterhin, daß den Behinderten im Regelfalle kein Entgelt ausbezahlt wird, das über der Geringfügigkeitsgrenze liegt (s.u.), so folgt daraus, daß diese Aussage – soweit keine anderweitige Unterstützung (z.B. durch Angehörige oder die Sozialhilfe) gegeben ist – für alle in WfB beschäftigten Schwerbehinderten zutrifft (vgl. Tab. 25 auf der folgenden Seite).

Wird der betroffene Behinderte von Angehörigen gepflegt, so entstehen für diese nicht nur Mehrausgaben in Form von Unterhalts- und Pflegekosten. Vielmehr fallen für die Zeit der Pflege u.U. auch Opportunitätskosten an.[2] Bei geringem Einkommen und/oder Vermögen dieser Angehörigen ist es daher naheliegend, daß – über kurz oder lang – die Angehörigen selbst von Armut betroffen sind.

Im Gegensatz zum Anspruch auf Pflegegeld nach dem Jugendwohlfahrtsgesetz bei der Aufnahme eines Jugendlichen zur Pflege, das nicht nur den Lebensunterhalt, sondern auch die Betreuungsleistungen

---

[1]Vgl. auch *Lachwitz/Wendt* (1985), S. 38.

[2]Vgl. dazu auch *Jacobi* (1989) und *Neuer-Miesbach* (1989), insbes. S. 111–114, sowie *Brennecke* (1989), S. 17 f.

Tab. 25: Einkommen und Armutsgrenze in den alten Bundesländern 1984–1990 (in DM)

Jahr	Haushaltseinkommen* (Mean)	Äquivalenzeinkommen** (Mean)	Armutsgrenze (50%-Schwelle) (Mean)
1984	2.886	1.222	611
1985	2.967	1.246	623
1986	3.124	1.321	661
1987	3.219	1.370	685
1988	3.256	1.404	702
1989	3.355	1.467	733
1990	3.626	1.579	790

Anmerkungen: *Nettoeinkommen der privaten Haushalte laut Angaben der Auskunftsperson im Haushalt, ausgewiesen für die Gesamtheit der Haushaltsmitglieder; **Gemäß BSHG-Regelung vor 1990.[1]

Quelle: SOEP; entnommen aus *Krause* (1994), S. 5.

mit abdeckt, gibt es für das Zusammenleben mit einem behinderten (erwachsenen) Menschen keine entsprechende staatliche Unterstützung. Darüber hinaus ist im deutschen Rentenrecht – im Vergleich zum Rentenrecht in verschiedenen Ländern des europäischen Auslands oder zum Rentenrecht der ehemaligen DDR – keine Behindertenrente für von Geburt an Behinderte unbekannt, die eine Vergütung dieser Opportunitätskosten zumindest prinzipiell ermöglichen könnte.[2] *Neumann* (1989, S. 79) stellt fest:

> Hat eine Familie einen *behinderten Menschen* zu betreuen, ändert sich ihre Gesamtsituation qualitativ dramatisch: Ein Partner – meist die Frau – ist konsequent und permanent ans Haus gebunden ... Möglicherweise jedoch ist auch der den Unterhalt bestreitende Teil in seiner beruflichen Karriere behindert. Die ökonomischen Perspektiven sind zu-

[1] Das Äquivalenzeinkommen berücksichtigt Bedarfsunterschiede und Kostenvorteile bei Haushalten unterschiedlicher Größe. Es wird berechnet, indem die absoluten Einkommen durch die Summe der personellen Bedarfsgewichte dividiert werden. Als Ergebnis erhält man ein unter Bedarfsgesichtspunkten bestimmtes Pro-Kopf-Einkommen. Dieses Einkommen spiegelt das wohlstandsäquivalente Einkommensniveau aller Haushaltsmitglieder wider und ist darüber hinaus Grundlage für die Ableitung der Armutsgrenze unter Berücksichtigung der gesamten Einkommensverteilung bei unterschiedlichen Haushaltszusammensetzungen (siehe rechte Spalte; vgl. hierzu ausführlich *Krause* (1994), S. 22).

[2] Vgl. *Wendt* (1989a), S. 58 f.

> meist nicht positiv, da eine Doppelerwerbsfähigkeit in der Regel gänzlich unmöglich ist (Hervorhebung im Original fett; Anm. d. Verf.).

Im Rahmen der Sozialhilfe sind nun diverse Möglichkeiten gegeben, auch den Schwerbehinderten ein menschenwürdiges Leben zu sichern.[1] In ökonomischer Hinsicht bedeutet dies vor allem, daß den Bedürftigen ein Existenzminimum garantiert wird. Dabei ist es jedoch Intention der Sozialhilfe, die Empfänger zu befähigen, unabhängig von ihr zu leben (§ 1 BSHG). Andererseits ist festgelegt, daß sie stets zuletzt für den Unterhalt eintritt (Nachrang der Sozialhilfe; § 2 BSHG). Sie kann in Form von persönlicher Hilfe, Geld- oder Sachleistung gewährt werden (§ 8 Abs. 1 BSHG). Für Schwerbehinderte sind folgende Bereiche der Sozialhilfe besonderers relevant (vgl. Abb. 46):

Abb. 46: Sozialhilfe für Schwerbehinderte

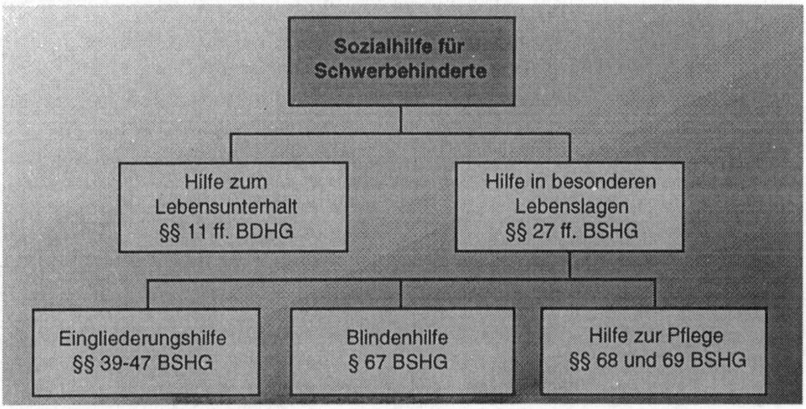

Quelle: Eigene Darstellung.

[1]Die Sozialhilfe für Schwerbehinderte findet ihre sozialstaatliche Legitimation u.a. in den §§ 9 und 10 SGB I. Dort heißt es:

> Wer nicht in der Lage ist, aus eigenen Kräften seinen Lebensunterhalt zu bestreiten oder in besonderen Lebenslagen sich selbst zu helfen, und auch von anderer Seite keine ausreichende Hilfe erhält, hat ein Recht auf persönliche und wirtschaftliche Hilfe, die seinem besonderen Bedarf entspricht, ihn zur Selbsthilfe befähigt, die Teilnahme am Leben in der Gemeinschaft ermöglicht und die Führung eines menschenwürdigen Lebens sichert (§ 9).
>
> Wer körperlich, geistig oder seelisch behindert ist oder wem eine solche Behinderung droht, hat unabhängig von der Ursache der Behinderung ein Recht auf die Hilfe, die notwendig ist, um
> 1. die Behinderung abzuwenden, zu beseitigen, zu bessern, ihre Verschlimmerung zu verhüten oder ihre Folgen zu mildern,
> 2. ihm einen seinen Neigungen und Fähigkeiten entsprechenden Platz in der Gemeinschaft, insbesondere im Arbeitsleben, zu sichern (§ 10).

2. Hilfe zum Lebensunterhalt

2.1. Regelungen

2.1.1. Laufende Leistungen allgemein

Nach § 11 Abs. 1 Satz 1 BSHG ist demjenigen Hilfe zum Lebensunterhalt (HLU) zu gewähren, „... der seinen notwendigen Lebensunterhalt nicht oder nicht ausreichend aus eigenen Kräften und Mitteln, vor allem aus seinem Einkommen und Vermögen, beschaffen kann.“[1] Dies dürfte in den allermeisten Fällen für die behinderten Beschäftigten einer WfB oder Anstaltswerkstatt der Fall sein.

Sieht man von einmaligen Leistungen einmal ab, so erfolgt die Hilfe in der Form von laufenden Leistungen, deren Höhe sich nach den in § 22 BSHG vorgesehenen Regelsätzen richtet (s.u.).[2] Die Höhe der Regelsätze wird von den einzelnen Landesregierungen gemäß § 22 Abs. 3 durch Rechtsverordnung festgelegt. Dabei ist die Möglichkeit vorgesehen, daß die Landesregierungen den (örtlichen) Träger der Sozialhilfe ermächtigen, auf der Grundlage von in der Rechtsverordnung festgelegten Mindestsätzen regionale Regelsätze festzulegen.[3]

Für Behinderte, welche das 15. Lebensjahr vollendet haben, ist nach § 23 Abs. 3 (in Verbindung mit § 23 Abs. 5) i.d.R. ein Mehrbedarf von 40% vorgesehen, falls Eingliederungshilfe nach § 40 Abs. 1 Nr. 3–5 gewährt wird.[4] Für alle anderen Behinderten ist (wie für Nichtbehinderte) folgende Regelung eingschlägig (§ 23 Abs. 1 Nr. 1 und 2 BSHG): Für Personen, die das 65. Lebensjahr vollendet haben

[1]Unter bestimmten Umständen ist jedoch auch das Einkommen und Vermögen von Angehörigen zu berücksichtigen (s.u.). Es ist auch zu beachten, daß die Zahlung der HLU i.d.R. haushaltsbezogen an die „Bedarfs-“ oder „Einsatzgemeinschaft“ erfolgt, die gemäß § 11 Abs. 1 Satz 2 BSHG neben dem Hilfesuchenden selbst den nicht getrennt lebenden Ehegatten und die minderjährigen unverheirateten Kinder umfaßt (vgl. dazu auch *Statistisches Bundesamt* (Hrsg., 1994), S. 7).

[2]Nach § 1 der Regelsatzverordnung umfassen die Regelsätze „... die laufenden Leistungen für Ernährung, hauswirtschaftlichen Bedarf einschließlich Haushaltsenergie sowie für persönliche Bedürfnisse des täglichen Lebens. Dazu gehören auch die laufenden Leistungen für die Beschaffung von Wäsche und Hausrat von geringerem Anschaffungswert, für die Instandsetzung von Kleidung, Schuhen, und Hausrat in kleinerem Umfang sowie für Körperpflege und für Reinigung.“

[3]Von dieser Regelung nimmt z.Zt. lediglich der Freistaat Bayern Gebrauch.

[4]Dabei handelt es sich um die Hilfe zu einer angemessenen Schulbildung, Berufsausbildung, Fortbildung und Umschulung.

und für Personen unter 65 Jahren, die erwerbsunfähig im Sinne der gesetzlichen Rentenversicherung (§ 1247 Abs. 2 RVO) sind, wird ein Mehrbedarf von 20% anerkannt.

Letztere Regelung ist insbesondere für die Behinderten von Relevanz, die im Arbeitsbereich einer WfB beschäftigt sind. Hier ergibt sich jedoch das Problem, daß nach § 1247 Abs. 2 RVO zwar geringfügige Einkünfte durch Erwerbstätigkeit zugelassen sind,[1] 1994 lag diese jedoch bei einem Betrag von lediglich 560 DM.[2] Die Höhe der Geringfügigkeitsgrenze ist in § 8 Abs. 1 Bst. b festgelegt. Sie beträgt ein Siebtel der monatlichen Bezugsgröße. Die Bezugsgröße ergibt sich gemäß § 18 SGB IV als durchschnittliches Bruttojahresentgelt aller Rentenversicherten des jeweils vorvergangenen Jahres, aufgerundet auf den nächsthöheren, durch 840 teilbaren Betrag.

2.1.2. Laufende Leistungen für stationär untergebrachte Behinderte

Die HLU umfaßt für stationär, also in einer Anstalt, einem Heim oder einer gleichartigen Einrichtung untergebrachte Behinderte „... auch einen angemessenen Barbetrag (früher: „Taschengeld“; Anm. d. Verf.) zur persönlichen Verfügung, es sei denn, daß dessen bestimmungsmäßige Verwendung durch den Hilfeempfänger nicht möglich ist (§ 21 Abs. 3 Satz 1).“ Die Sozialhilfe soll also dem Hilfeempfänger bei Heimaufenthalt zur Befriedigung seiner persönlichen Bedürfnisse einen angemessenen Barbetrag zur Verfügung stellen. Nur dann, wenn aus rechtlichen oder tatsächlichen Gründen eine bestimmungsgemäße Verwendung nicht möglich ist, kann seine Auszahlung ganz oder teilweise unterbleiben. Rechtlich nicht möglich ist die Verwendung bspw. dann, wenn der Hilfeempfänger nicht (oder nicht mehr) geschäftsfähig i.S.d. §§ 104 ff. BGB ist. Die Verwendung ist hier jedoch tatsächlich möglich, da z.B. ein Angehöriger das Geld für den Hilfeempfänger bestimmungsgemäß verwenden kann. Als tatsächlich unmöglich kann die zweckbestimmte Verwendung ausnahmsweise dann sein, falls der Hilfeempfänger derart debil ist, daß er Zuwendungen,

---

[1] Erwerbsunfähig nach dieser Regelung ist, wer infolge von Krankheiten oder anderen Gebrechen auf unabsehbare Zeit nicht mehr als nur geringfügige Einkünfte durch Erwerbstätigkeit erzielen kann.

[2] Vgl. auch die Ausführungen weiter unten (Abschn. 2.2.) zur Entwicklung der Geringfügigkeitsgrenze seit 1980.

die der Entfaltung seiner Persönlichkeit zu dienen bestimmt sind, nicht mehr wahrnimmt.[1]

Die Höhe des Barbetrages richtet sich grundsätzlich danach, ob

- der Hilfeempfänger das 18. Lebensjahr bereits vollendet hat oder nicht,
- der Hilfeempfänger einen Teil der Aufenthaltskosten selbst trägt oder
- Einkünfte aus Renten der gesetzlichen Rentenversicherung oder aus Versorgungsleistungen des öffentlichen Dienstes oder sonstigem regelmäßigen Einkommen bezieht.

§ 21 Abs. 1 Satz 2 regelt, daß Hilfeempfänger, welche das 18. Lebensjahr vollendet haben, den Barbetrag in Höhe von mindestens 30% des Regelsatzes eines Haushaltsvorstandes erhalten. Für jüngere Hilfeempfänger sind von den zuständigen Landesbehörden oder von den von ihnen bestimmten Stellen Beträge festzulegen. Da es sich hier um einen Mindestbetrag handelt, kann der Sozialhilfeträger auch nach oben abweichen. Dennoch bleibt es in der Praxis, so stellt *Freitag* (1993, S. 137) fest, i.d.R. bei diesem Mindestsatz.

Bestreitet der Hilfeempfänger einen Teil der Kosten der stationären Unterbringung selbst, erhöht sich der Barbetrag um 5% seines Einkommens, höchstens jedoch um 15% des Eckregelsatzes. Bei Hilfeempfängern mit Einkünften aus Renten, Versorgungsbezügen oder sonstigem regelmäßigem Einkommen kann „... anstelle des im Einzelfalle maßgebenden Barbetrages ein entsprechender Teil dieser Einkünfte unberücksichtigt bleiben (§ 21 Abs. 3 Satz 5).“ D.h., die als Barbetrag ermittelte Summe wird vorab von den Heimkosten abgezogen und an ihn ausgezahlt.[2]

2.2. Änderungen 1980–1994

Abbildung 47 zeigt zunächst die Veränderungen bei den Regelsätzen für die einzelnen (alten) Bundesländer.[3]

[1]Vgl. *Freitag* (1993), S. 136.

[2]Vgl. *Freitag* (1993) S. 137.

[3]Auf die methodischen Änderungen bei der Ermittlung der Regelsätze soll hier nicht eingegangen werden.

Abb. 47: Regelsätze für die HLU nach § 22 BSHG 1980–1994 (in DM)

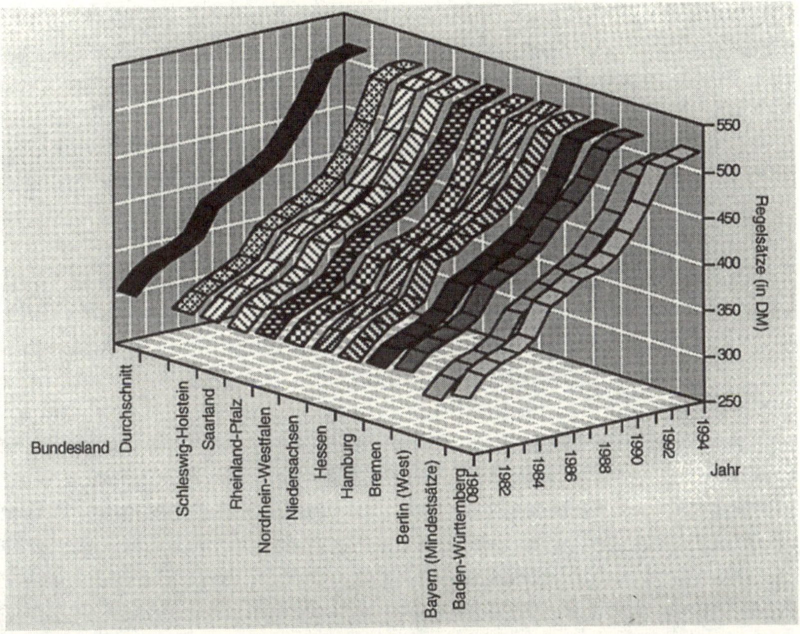

Quellen: Siehe Tab. A.51 im Anhang.

Wesentliche und grundsätzliche Änderungen bzgl. der Regelungen ergaben sich im Bereich der Mehrbedarfszuschläge. *Lachwitz/Wendt* stellen in ihrer kritischen Analyse der Hilfen für geistig Behinderte bereits 1985 fest: „Die Regelung der Mehrbedarfszuschläge für erwerbsfähige Behinderte nach §§ 23, 24 BSHG ist unbefriedigend.“[1] Diese Aussage ist vor dem Hintergrund folgender Änderungen der gesetzlichen Regelungen zu sehen, die bis dahin stattgefunden hatten.

Bereits Ende 1981 wurden die Mehrbedarfszuschläge für Personen unter 65 Jahren, die erwerbsunfähig im Sinne der gesetzlichen Rentenversicherung sind, von 30% auf 20% des Regelsatzes reduziert.[2] Zum 1.1.1985 wurde außerdem die Geringfügigkeitsgrenze endgültig

---

[1] *Lachwitz/Wendt* (1985), S. 45.

[2] 2. Haushaltsstrukturgesetz vom 22.12.1981. Vgl. hierzu und zum folgenden *Lachwitz/Wendt* (1985), S. 45 f.

auf einen dynamisierten Betrag umgestellt.[1] Dies hatte – im Zusammenhang mit der seit 1.1.1984 veränderten Berechnung der Bemessungsgrundlage (bis 1983: ein Sechstel der monatlichen Bezugsgröße, aufgerundet auf den nächsthöheren, durch 720 (1980: durch 600) teilbaren Betrag) – zur Folge, daß der Anstieg der Geringfügigkeitsgrenze von 1984 (noch Festbetrag) auf 1985 weit geringer ausfiel (von 390 DM auf 400 DM) als dies bei Beibehaltung der alten Regelung möglich gewesen wäre (auf 470 DM).[2] Abb. 48 zeigt die Entwicklung der Geringfügigkeitsgrenze und damit *de facto* auch die Obergrenzen für die WfB-Entgelte.[3] Die Geringfügigkeitsgrenze hat sich zwischen 1980 und 1994 um etwa 44% erhöht.

Einen negativen Einfluß auf die Lage der Behinderten in WfB hatte dies kaum – entgegen der Ansicht von *Lachwitz/Wendt* (1985, S. 45 f.). Sie führen an, daß vor allem Behinderte, die im Arbeitsbereich einer WfB beschäftigt sind und durch besonderen Einsatz trotz der geringen Verdienstmöglichkeiten einen Monatslohn[4] erwirtschaften, der über der Geringfügigkeitsgrenze liegt, betroffen sind: „Die besondere Leistungsbereitschaft und -fähigkeit der Behinderten wird mit Entzug des Mehrbedarfszuschlags von 20% ... ‚bestraft'."[5] Wie oben bereits angedeutet, erhalten die Behinderten nach gängiger Praxis sowieso kein höheres Entgelt,[6] daher haben diese Behinderten *de facto* immer einen Anspruch auf den Mehrbedarfszuschlag.

---

[1]Die Regelungen des § 8 SGB IV wurden vor 1984 mehrmals abgeändert. 1980 galt die Regelung des § 8 in der Fassung vom 1.1.1979. Danach betrug die entgeltliche Geringfügigkeitsgrenze 390 DM. Ab 1.1.1981 bezog sich die Geringfügigkeitsgrenze wieder auf die monatliche Bezugsgröße (ein Sechstel), blieb im Ergebnis jedoch weiterhin bei 390 DM. Zum 1.1.1982 wurde wieder ein Festbetrag eingeführt, wiederum jedoch in einer Höhe von 390 DM. Zum 1.1.1983 wurde der Rechtszustand, der vor dieser Regelung gültig war, wiederhergestellt. Die Geringfügigkeitsgrenze blieb jedoch bis Ende 1984 auf 390 DM festgeschrieben (vgl. ausführlich *Bundesversicherungsanstalt für Angestellte* (Hrsg., 1992), S. 59 ff.) Zu den Änderungen der Berechnung der Bezugsgröße nach § 18 SGB IV siehe ebd., S. 128 ff.

[2]Eine „drastische" Senkung, wie *Lachwitz/Wendt* (1985, S. 45) feststellen, erfolgte also nicht oder zumindest nur in relativer Hinsicht.

[3]Vgl. dazu auch Tab. A.50 im Anhang.

[4]Die Bezeichnung „Lohn" ist eigentlich falsch.

[5]*Lachwitz/Wendt* (1985), S. 45.

[6]So der Geschäftsführer der Landesarbeitsgemeinschaft der WfB Baden-Württemberg bei einem Expertengespräch. Der Grund liegt darin, daß bei der dieser Grenze die Sozialversicherungspflicht beginnt. Der Behinderte wäre dann, zumindest bei geringem Bruttomehrverdienst leztendlich, was das Nettoentgelt anbetrifft, schlechter gestellt.

Abb. 48: Geringfügigkeitsgrenze 1980–1994

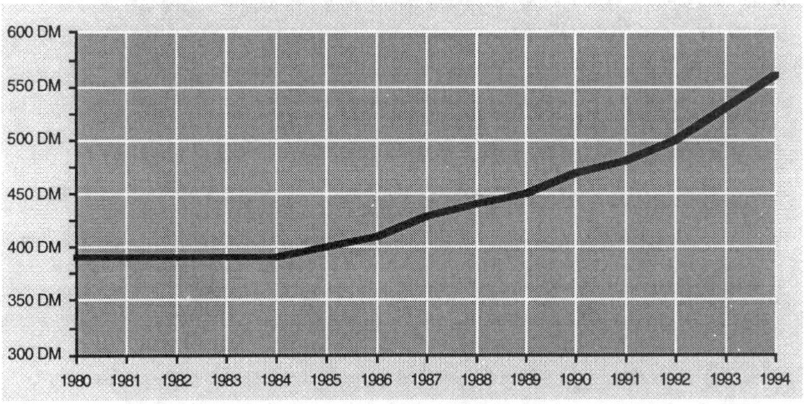

Quellen: Siehe Tab. A.49 im Anhang.

Abb. 49: Sozialhilfe bei Mehrbedarf (in DM): Personen ab 65 und Erwerbsunfähige; Entwicklungen 1980–1994

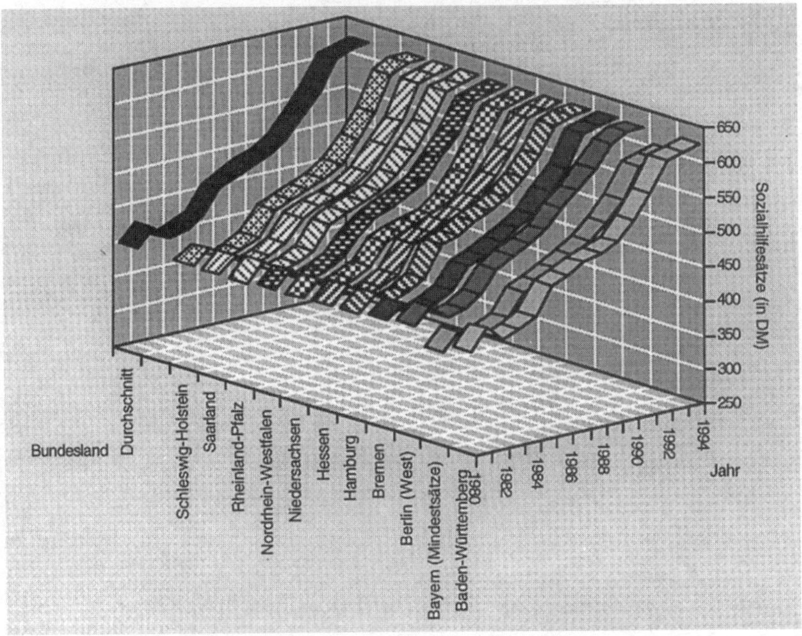

Quelle: Eigene Berechnungen (siehe Tab. A.52 im Anhang).

Insgesamt gravierender erscheint deshalb die 1981 eingeführte dauerhafte Senkung des Mehrbedarfszuschlages von 30% auf 20%. Hier ergab sich, wie Abb. 49 auf der vorangegangenen Seite zeigt, neben der dauerhaften relativen auch eine temporäre absolute Schlechterstellung der Behinderten. Dasselbe gilt für die 1982 erfolgte Streichung des Mehrbedarfszuschlages nach § 23 Abs. 1 BSHG (von 20%) für solche behinderten Werkstattmitarbeiter, die Hilfe zur Ausbildung im Rahmen der Eingliederungshilfe erhalten (geregelt in § 23 Abs. 5 Satz 1 BSHG). Sie haben seither lediglich Anspruch auf den für sie vorgesehenen (spezifischen) – jedoch ebenfalls (von 50% auf 40%) gekürzten – Mehrbedarf (§ 23 Abs. 3 BSHG). Die Auswirkung dieser Neuregelung zeigt Abb. 50.

Abb. 50: Sozialhilfe bei Mehrbedarf (in DM): Behinderte, die Hilfe zur Ausbildung im Rahmen der Eingliederungshilfe erhalten; Entwicklungen 1980–1994

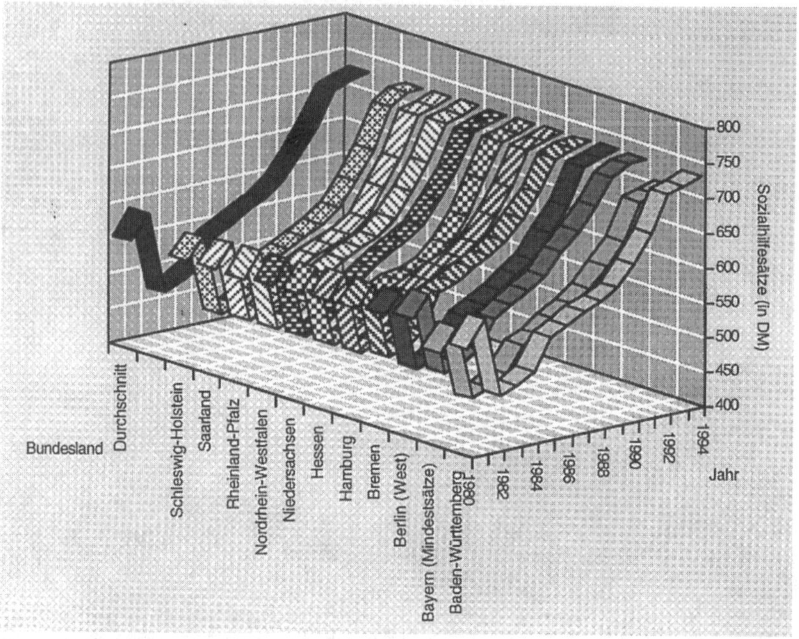

Quelle: Eigene Berechungen (siehe Tab. A53 im Anhang).

Die letzte, noch recht aktuelle Änderung betraf insbesondere Blinde: Bis 1993 wurde gemäß § 24 BSHG erwerbstätigen Blinden sowie Behinderten, deren Behinderung so schwer ist, daß sie als Beschädigte die Pflegezulage nach Stufe II bis IV gemäß § 35 Abs. 1 BVG erhielten, ein Mehrbedarfszuschlag in Höhe des Erwerbseinkommens gewährt, wenn es 50% des Regelsatzes eines Haushaltsvorstandes übersteigt. Übersteigt es diesen Betrag, so beträgt der Mehrbedarf 50% des Regelsatzes eines Haushaltsvorstandes zuzüglich 25% des diesen Betrag übersteigenden Erwerbseinkommens. Diese Regelung galt auch für Personen mit stark eingeschränktem Sehvermögen.

Abb. 51: Barbetrag („Taschengeld") für stationär untergebrachte Behinderte (Mindestsätze; in DM)

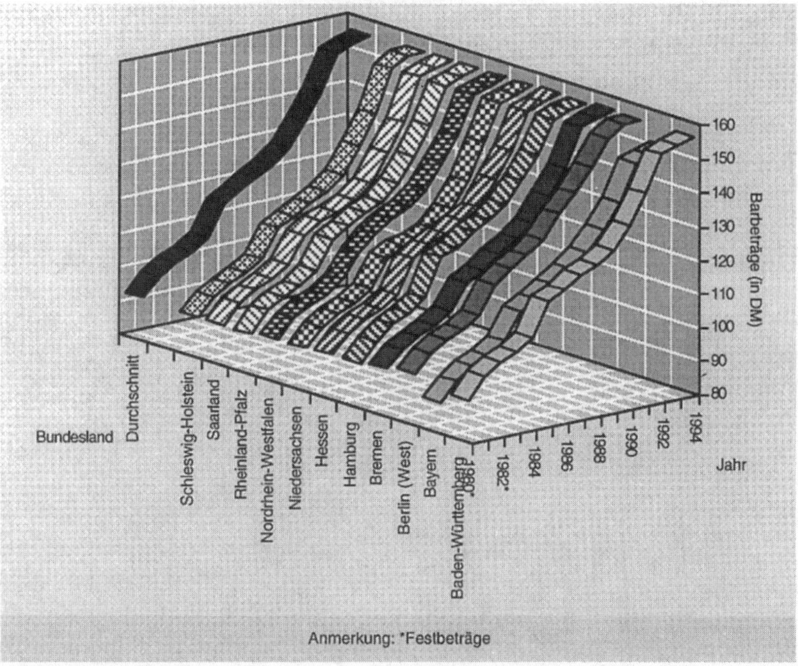

Quelle: Eigene Berechungen (siehe Tab. A.54 im Anhang).

Beim Barbetrag für stationär untergebrachte Behinderte ergab sich ebenfalls durch das 2. Haushaltsstrukturgesetz vom 22.12.1981 eine deutliche Reduzierung des Mehrbedarfszuschlags, und zwar für diejenigen Hilfeempfänger, die einen Teil der Kosten des Aufenthalts selbst tragen. Bis dahin war ein Mehrbedarfszuschlag von 25% des Einkommens vorgesehen, welcher jedoch maximal 20% des Eckregelsatzes erreichen durfte. Dabei war eine Untergrenze des eigenen Einkommens in der Höhe des doppelten Regelsatzes eines Haushaltsvorstandes zu berücksichtigen.

Mit Wirkung zum 1.1.1983 wurde die Regelung erneut geändert. Es erfolgte u.a. eine Festsetzung eines Mindestbetrages für den Barbetrag. Zugleich wurde die Einkommensuntergrenze wieder beseitigt.[1] Die Entwicklung der Mindestsätze für das Taschengeld bzw. den Barbetrag unter Berücksichtigung der jeweiligen Regelungen zeigt Abb. 51 auf der vorangegangenen Seite. Die Entwicklung der Höchstsätze des zusätzlichen Barbetrags für diejenigen Behinderten, die einen Teil der Unterkunftskosten selbst tragen, veranschaulicht Abb. 52.

Abb. 52: Zusätzlicher Barbetrag für stationär untergebrachte Behinderte, die einen Teil ihrer Unterkunftskosten selbst tragen (Höchstsätze; in DM)

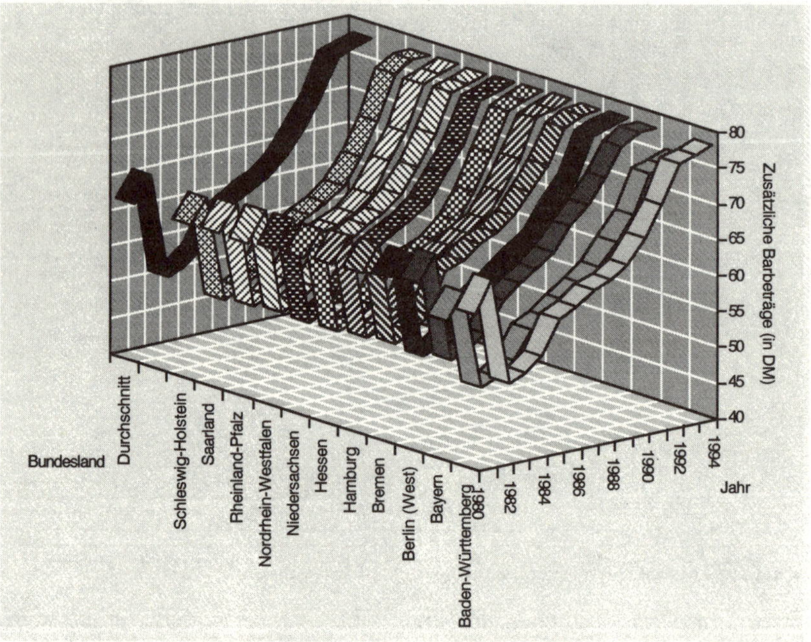

Quelle: Eigene Berechnungen (siehe Tab. A.55 im Anhang).

[1] Vgl. *Schellhorn/Jirasek/Seipp* (1994), S. 176 f.

3. Hilfe in besonderen Lebenslagen

3.1. Eingliederungshilfe für Behinderte

Gemäß § 39 Abs. 1 Satz 1 BSHG ist davon auszugehen, daß alle *Schwer*behinderten Anspruch auf Eingliederungshilfe haben.[1] Aufgabe dieser Eingliederungshilfe ist es, „... eine drohende Behinderung zu verhüten oder eine vorhandene Behinderung oder deren Folgen zu beseitigen oder zu mildern und den Behinderten in die Gesellschaft einzugliedern. Hierzu gehört vor allem, dem Behinderten die Teilnahme am Leben in der Gesellschaft zu ermöglichen oder zu erleichtern, um die Ausübung eines angemessenen Berufs oder einer sonstigen angemessenen Tätigkeit zu ermöglichen oder ihn soweit wie möglich unabhängig von Pflege zu machen (§ 39 Abs. 3 BSHG).“ Allerdings wird die Hilfe nur dann gewährt, wenn Aussicht besteht, daß die Aufgabe der Hilfe erfüllt werden kann.

Die Hilfe umfaßt gemäß § 40 BSHG ein Bündel von medizinischen, heilpädagogischen, Bildungs-, beruflichen und anderen Rehabilitationsmaßnahmen sowie insbesondere Hilfen zur Erlangung eines geeigneten Platzes im Arbeitsleben und bei der Beschaffung und Erhaltung einer behindertengerechten Wohnung. Ebenfalls zu diesen Maßnahmen zählt die Möglichkeit für diejenigen Behinderten, bei denen aufgrund von Art oder Schwere ihrer Behinderung Rehabilitationsmaßnahmen auf dem allgemeinen Arbeitsmarkt nicht in Betracht kommen, einer der Behinderung entsprechenden Beschäftigung in einer WfB nachgehen zu können. Mit anderen Worten: Schon die Beschäftigung in einer WfB selbst ist eine Leistung (Rehabilitationsmaßnahme) im Rahmen der Sozialhilfe.

Falls die Behinderung die Gewährung dieser Hilfe im Rahmen einer stationären oder teilstationären Unterbringung des Behinderten (in einer Anstalt, einem Heim oder einer gleichartigen Einrichtung sowie in einer Tageseinrichtung für Behinderte) erforderlich macht, so wird die Hilfe i.d.R. unter einer zumutbaren Kostenbeteiligung des Betroffenen gewährt (§ 43 BSHG). Für Behinderte unter 21 Jahren ist diese Kostenbeteiligung bei bestimmten, in Abs. 2 näher geregelten Maßnahmen nur für die Kosten des Lebensunterhalts zuzumuten. Die Kosten des in einer Einrichtung gewährten Lebensunterhalts sind weiter-

[1] Für die übrigen Behinderten gilt die Kann-Regel gemäß Satz 2 desselben Paragraphen.

hin nur in Höhe der für den häuslichen Unterhalt ersparten Aufwendungen anzusetzen.

3.2. Blindenhilfe

Blinden ist gemäß § 67 Abs. 1 (BSHG) zum Ausgleich der durch die Blindheit bedingten Mehraufwendungen Blindenhilfe zu gewähren.[1] Die Höhe der Blindenhilfe ist in Abs. 2 desselben Paragraphen festgelegt.[2] Befindet sich der Blinde in einer Anstalt, einem Heim oder einer gleichartigen Einrichtung und werden die Kosten ganz oder teilweise aus Mitteln öffentlich-rechtlicher Leistungsträger getragen, so verringert sich die Blindenhilfe um die aus diesen Mitteln getragenen Kosten. Sie kann jedoch maximal auf die Hälfte des Blindengeldsatzes nach Abs. 2 gekürzt werden.[3]

Die Regelung blieb im betrachteten Zeitraum unverändert. Die Blindengeldsätze für Personen über 18 Jahren sind zwischen 1980 und 1994 von 716 DM auf 1.031 DM gestiegen. Dies entspricht einer Veränderung von 44%. Abb. 53 zeigt die Entwicklung.

Eine Kumulation der Blindenhilfe mit anderen Leistungen (wie Hilfe zur Pflege wegen Blindheit für nicht stationär untergebrachte Personen und dem Barbetrag für stationär untergebrachte Personen) ist durch die Regelung in § 67 Abs. 5 BSHG ausgeschlossen. Darüber hinaus wird ein Mehrbedarf wegen Erwerbsunfähigkeit im Rahmen

---

[1]Dies ist jedoch auf den Fall beschränkt, daß die Betroffenen keine gleichartigen Leistungen nach anderen Rechtsvorschriften oder insbesondere Blindenhilfe nach den landesrechtlichen Vorschriften erhalten.

[2]Die einzelnen Bundesländer legen jeweils in den o.g. landesrechtlichen Vorschriften eigene Blindengeldsätze fest. In vielen Fällen differieren die Beträge kaum oder die Regelungen beziehen sich explizit auf die in diesem Paragraphen festgelegten Beträge. Da sich zudem die Recherche der Blindengeld- oder -hilfesätze für die einzelnen Bundesländer für die Jahre seit 1980 als sehr aufwendig herausstellte und nur lückenhaft erfolgen konnte, werden wir uns hier auf die Darlegung der Regelungen im BSHG beschränken.

[3]Der Anspruch auf Blindenhilfe erlischt jedoch, falls der Blinde sich weigert, eine ihm zumutbare Arbeit zu leisten oder sich zu einem angemessenen Beruf oder zu einer sonstigen angemessenen Tätigkeit auszubilden, fortzubilden oder umschulen zu lassen. Des weiteren kann die Hilfe versagt werden, soweit ihre bestimmungsmäßige Verwendung durch oder für den Blinden nicht möglich ist (Abs. 4).

der HLU (von 20%) nur dann anerkannt, falls der Blinde nicht allein wegen der Blindheit erwerbsunfähig ist.[1]

Abb. 53: Blindengeld nach § 67 BSHG 1980–1994

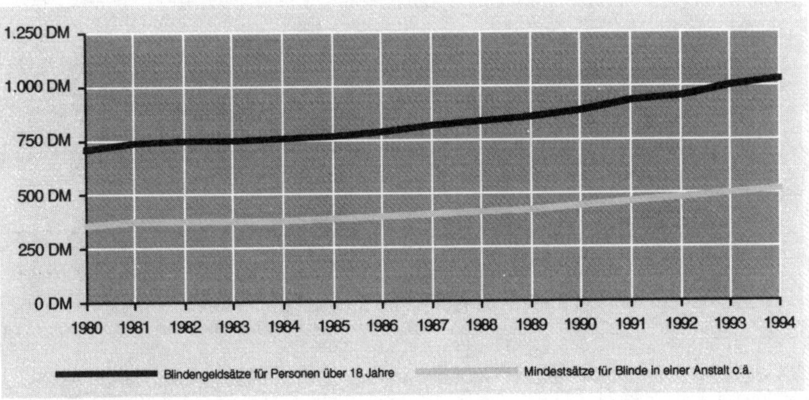

Quellen: Siehe Tab. A.56 im Anhang.

3.3. Hilfe zur Pflege

Die Hilfe zur Pflege nach § 68 BSHG wird Personen gewährt, die infolge Krankheit oder Behinderung so hilflos sind, daß sie nicht ohne Wartung und Pflege bleiben können. Sie ist nicht nur als eine finanzielle Unterstützung des Betroffenen selbst zu sehen, als vielmehr ein Beitrag zur Kompensation zumindest der tatsächlich anfallenden Aufwendungen zur Pflege, die die Pflegenden zu tragen haben, wenn auch nicht deren Opportunitätskosten. Mithin soll mit der Zahlung eines Pflegegeldes die Pflegebereitschaft von Familienangehörigen, Bekannten oder im Wege der Nachbarschaftshilfe verstärkt und unterhalten werden.[2]

Die Höhe des Pflegegeldes ist in Abs. 4 desselben Paragraphen festgelegt. Der Betrag ist dynamisiert und als Mindestsatz zu sehen. Für Erwerbstätige, deren Behinderung so schwer ist, daß sie als Beschädigte die Pflegezulage nach den Stufen III bis VI nach § 35 Abs. 1

[1]Dieses Kumulationsverbot besteht auch für Blinde, die z.B. Landesblindengeld oder andere gleichartige Leistungen nach anderen Rechtsvorschriften erhalten.

[2]Vgl. auch *Lachwitz/Wendt* (1985), S. 52.

Satz 2 BVG erhielten, gilt ein erhöhter Pflegesatz. Abb. 54 zeigt die Entwicklung der Mindestsätze zwischen 1980 und 1994.

Abb. 54: Pflegegeld nach § 69 BSHG 1980–1994

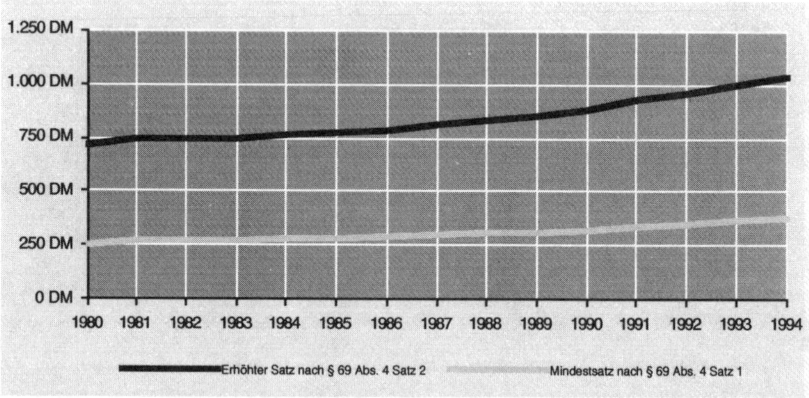

Quellen: Siehe Tab. A.56 im Anhang.

4. Einkommens- und Vermögensgrenzen für die Leistungen aus der Sozialhilfe

4.1. Einleitende Anmerkungen

Die nach § 2 BSHG geregelte Nachrangigkeit der Sozialhilfe schließt aus, daß derjenige Sozialhilfe erhält, „... wer sich selbst helfen kann oder wer die erforderliche Hilfe von anderen, besonders von Angehörigen oder von Trägern anderer Sozialleistungen erhält.“ Die Ausrichtung auf die Bedarfs- oder Einsatzgemeinschaft (Haushalt bzw. Familie) impliziert damit, daß zunächst der Hilfsbedürftige selbst zu seiner Subsistenz nach Kräften, d.h. durch den Einsatz des eigenen Einkommens und Vermögens (in zumutbarer Höhe) beizutragen hat. In zweiter Linie haben Angehörige ihr Einkommen oder Vermögen für den Unterhalt des hilfebedürftigen Haushalts- oder Familienmitglieds einzusetzen.[1] Erst in letzter Linie, wenn auch die finanziellen Ressourcen

[1]Lebt der Bedürftige in Haushaltsgemeinschaft mit den Angehörigen, so wird von Gesetzes wegen (§ 16 BSHG) vermutet, daß dies auch der Fall ist. Dies gilt sogar bei einer eheähnlichen Gemeinschaft entsprechend (§ 122 BSHG). Eine Ausnahme kann jedoch aus § 91 Abs. 2 BSHG abgeleitet werden. In dieser Härte-

des Haushalts nicht ausreichen oder gar die Subsistenz des gesamten Haushalts auf dem Spiele steht, können Leistungen von Sozialhilfeträgern in Anspruch genommen werden; wobei § 2 Abs. 1 BSHG festlegt, daß die Sozialhilfe nach BSHG wiederum nachrangig ist, soweit Anspruch auf etwaige andere Sozialleistungen[1] besteht.

Der Einsatz des Einkommens und des Vermögens ist im Rahmen der beiden Leistungsbereiche insbesondere bzgl. der Zumutbarkeit unterschiedlich geregelt. Im folgenden sollen die Regelungen mit Blick auf die besondere Situation Schwerbehinderter (vor allem solcher, die in WfB beschäftigt sind und/oder in Anstalten untergebracht sind) dargelegt werden.

4.2. Einkommensgrenzen

4.2.1. Die Legaldefinition des Einkommens nach § 76 BSHG

Zum Einkommen im Sinne des BSHG[2] zählen alle Einkünfte in Geld oder Geldeswert. Begrenzt ausgenommen sind die Leistungen der Sozialhilfe selbst sowie verschiedene Renten und Beihilfen. Vom Einkommen sind abzusetzen:

- entrichtete Lohn- bzw. Einkommensteuer,
- Pflichtbeiträge zu sämtlichen Sozialversicherungen,
- Beiträge zu Versicherungen, soweit diese Beiträge gesetzlich vorgeschrieben sind sowie
- die mit der Erzielung des Einkommens verbundenen notwendigen Ausgaben (Werbungskosten).

---

fallregelung ist festgelegt, daß die Unterhaltspflicht der Angehörigen nicht besteht, soweit einem Behinderten, einem von einer Behinderung bedrohten oder einem Pflegebedürftigen nach Vollendung des 21. Lebensjahres Eingliederungshilfe für Behinderte oder Hilfe zur Pflege gewährt wird.

[1]Dies sind die Leistungen nach §§ 18-27 SGB I (dazu gehören u.a. Leistungen der Ausbildungs- und Arbeitsförderung, Leistungen der Sozialversicherung, Versorgungsleistungen, Kinder-, Erziehungs- und Wohngeld) sowie § 29 SGB I (Rehabilitationsleistungen, soweit nicht der Sozialhilfeträger Leistungsträger ist). Vgl. dazu (etwas unpräzise) *Freitag* (1993), S. 71.

[2]Siehe die detaillierten Regelungen in § 76 BSHG in Verbindung mit der Durchführungsverordnung (DVO) zu § 76 BSHG.

Für bestimmte Personengruppen sind darüber hinaus Beträge in jeweils angemessener Höhe anzusetzen.[1] Dazu gehören

- Erwerbstätige,
- Personen, die trotz beschränkten Leistungsvermögens einem Erwerb nachgehen,
- Blinde oder stark Sehbehinderte sowie
- Personen, deren Behinderung so schwer ist, daß sie als Beschädigte die Pflegezulage nach den Stufen III–VI nach § 35 Abs. 1 Satz 2 BVG erhielten.

4.2.2. Die Einkommensgrenze für die Hilfe zum Lebensunterhalt

Die Einkommensgrenze bei der HLU bemißt sich durch die Regelsätze zuzüglich der jeweils einschlägigen Mehrbedarfszuschläge sowie zuzüglich der Aufwendungen für Unterkunft und Heizung.[2] Sie hat folgende Bedeutung und Wirkung: Liegt das Einkommen auf oder über der Grenze, besteht i.d.R. kein Anspruch auf HLU. Liegt das Einkommen unter dieser Grenze, besteht ein Anspruch, der sich betragsmäßig aus der Differenz zwischen Einkommensgrenze und der Einkommenshöhe ergibt: Anders ausgedrückt: das eigene Einkommen (bzw. das der Bedarfsgemeinschaft) ist voll einzusetzen. In der Konsequenz besteht nur dann Anspruch auf HLU in voller Höhe, falls überhaupt kein Einkommen vorliegt.

Bei Behinderten, die über 21 Jahre alt sind und Eingliederungshilfe für Behinderte oder Hilfe zur Pflege erhalten, ist jedoch zu beachten, daß das Einkommen der Eltern nach der o.g. Härteregelung unangetastet bleibt. Dies trifft z.B. für behinderte Mitarbeiter einer WfB zu. Abb. 55 zeigt die Entwicklung der Einkommensgrenze für die HLU zwischen 1980 und 1994. Da es sich hierbei jedoch lediglich um die Einkommensgrenzen auf der Basis (des rechnerischen Durchschnitts[3]) der Eckregelsätze, also den Regelsätzen für Alleinstehende

---

[1] Diese Regelung besteht seit 23.6.1993.

[2] Letzteres ergibt sich aus § 3 VO zu § 22 BSHG (Regelsatzverordnung).

[3] In den einzelnen Bundesländern werden, wie oben bereits erwähnt, unterschiedliche Regelsätze festgesetzt. Siehe hierzu auch Tab. A.51 im Anhang.

oder Haushaltsvorstände, handelt, sind diese als Mindestwerte zu interpretieren, die je nach Bundesland unterschiedlich sowie je nach Art und Größe des Haushalts entsprechend höher sein können.

Abb. 55: Einkommensgrenze für die Hilfe zum Lebensunterhalt 1980–1994

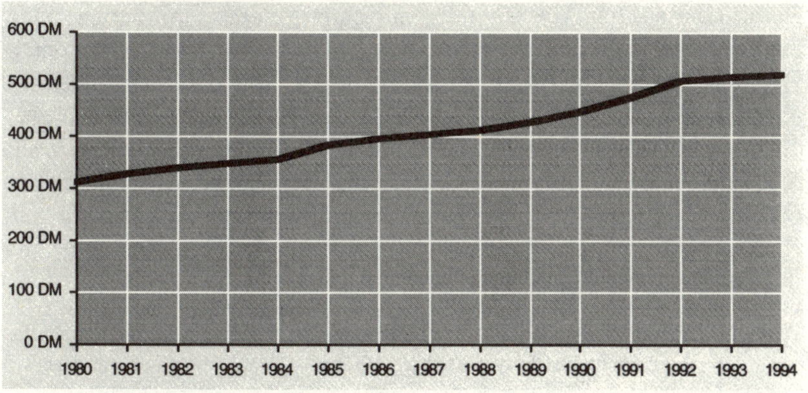

Quelle: Siehe Tab. A.57 im Anhang.

4.2.3. Die Einkommensgrenzen bei der Hilfe in besonderen Lebenslagen

Die Einkommensgrenze für die Hilfe in besonderen Lebenslagen (HbL) richtet sich zum einen nach dem Alter und Familienstand des Hilfesuchenden, zum anderen ist sie davon abhängig, welche Leistung der HLU in Anspruch genommen wird. Vom ersteren Kriterium ist abhängig, wessen Einkommen berücksichtigt wird: Ist der Hilfesuchende minderjährig und unverheiratet, wird neben dem eigenen Einkommen das der Eltern herangezogen. Ist er jedoch volljährig und verheiratet, wird das des Ehepartners herangezogen (§ 79 Abs. 2 und 1 BSHG).

Die für die HbL generell gültige Einkommensgrenze ergibt sich in beiden Fällen nach § 79 Abs. 1 bzw. 2 BSHG aus

1. einem Grundbetrag in Höhe von .. [999 (1994); Anm. d. Verf.] Deutsche Mark,
2. den Kosten der Unterkunft, soweit die Aufwendungen hierfür den der Besonderheit des Einzelfalles angemessenen Umfang nicht übersteigen, und

3. einem Familienzuschlag in Höhe des auf volle Deutsche Mark aufgerundeten Betrages von 80 vom Hundert des Regelsatzes eines Haushaltsvorstandes für den nicht getrennt lebenden Ehegatten und für jede Person, die vom Hilfesuchenden bisher überwiegend unterhalten worden ist oder der sie nach der Entscheidung über die Gewährung der Sozialhilfe unterhaltspflichtig werden.

Bei minderjährigen Unverheirateten richtet sich der Familienzuschlag entsprechend nach dem Regelsatz eines Haushaltsvorstandes für einen Elternteil, wenn die Eltern zusammenleben, sowie für den Hilfesuchenden und für jede Person, die von den Eltern oder dem Hilfesuchenden bisher überwiegend unterhalten worden ist oder der sie nach der Entscheidung über die Gewährung der Sozialhilfe unterhaltspflichtig werden.[1] Abb. 56 zeigt die Entwicklung der allgemeinen Einkommensgrenze unter Berücksichtigung des Grundbetrages und des Familienzuschlages seit 1980.

Abb. 56: Allgemeine Einkommensgrenze für die Hilfe in besonderen Lebenslagen 1980–1994

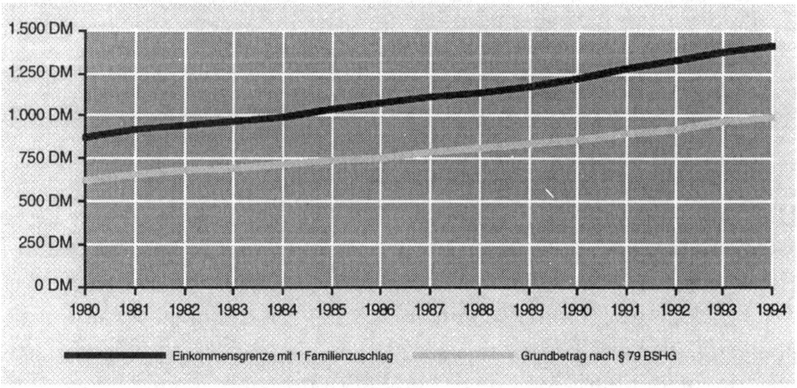

Quelle: Siehe Tab. A.57 im Anhang.

[1]Aufgrund der unterschiedlichen Regelung (dem Hilfesuchenden selbst wird hier ebenfalls ein Familienzuschlag gewährt) können sich bei numerisch gleicher Haushaltsgröße – *ceteris paribus* – unterschiedliche Einkommensgrenzen ergeben. Beispielsweise wird einem verheirateten Hilfesuchenden lediglich einmal der Familienzuschlag gewährt (für den Ehegatten), während einem unverheirateten Minderjährigen, der lediglich mit einem Elternteil zusammenlebt, der Familienzuschlag sowohl für den einen Elternteil als auch für sich selbst gewährt wird. Die Differenz beträgt dann 80% des jeweils gültigen Regelsatzes.

Unter bestimmten Bedingungen treten an die Stelle des Grundbetrages nach § 79 BSHG erhöhte Grundbeträge. Die sich dadurch ergebenden höheren Einkommensgrenzen werden als „besondere Einkommensgrenzen" bezeichnet. 1994 erhöhte sich bei stationärer Unterbringung (zwecks Rehabilitation oder Pflege) der Grundbetrag auf 1.499 DM, im Rahmen der Blindenhilfe auf 2.988 DM. Die Beträge sind jeweils gemäß § 82 BSHG dynamisiert. Abb. 57 zeigt die Entwicklung der besonderen Einkommensgrenzen (wiederum unter Berücksichtigung der jeweiligen Grundbeträge und des Familienzuschlags).

Abb. 57: Die besonderen Einkommensgrenzen der Hilfe in besonderen Lebenslagen 1980–1994

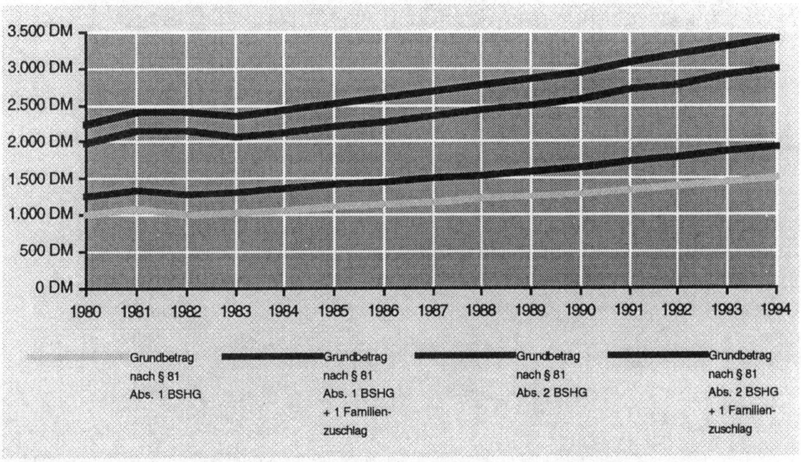

Quelle: Siehe Tab. A.57 im Anhang.

Die in § 79 BSHG geregelte Einkommensgrenze wirkt sich grundlegend anders aus als die Einkommensgrenze im Rahmen der HLU. Während letztere eher als Bedürftigkeitsgrenze anzusehen ist und das darunter liegende Einkommen voll anzurechnen ist, wird bei der HbL das unter der Einkommensgrenze liegende Einkommen grundsätzlich nicht herangezogen.[1] Sogar das über der Einkommensgrenze liegende Einkommen kann nach § 84 BSHG lediglich in zumutbarem Umfange herangezogen werden.

[1] Ausnahmen sind in § 85 BSHG geregelt.

4.2.4. Änderungen 1980–1994

Im betrachteten Zeitraum wurde zunächst zum 1.1.1984 die Regelung bzgl. der Anerkennung der Unterkunftskosten geändert: Waren vorher die Unterhaltskosten in voller Höhe bei der Ermittlung der Einkommensgrenze zu berücksichtigen, werden sie seither nur mehr anerkannt, „... soweit die Aufwendungen hierfür den der Besonderheit des Einzelfalles angemessenen Umfang nicht überschreiten ... (§ 79 Abs. 1 Satz 1 Nr. 2 bzw. Abs. 2 Satz 1 Nr. 2 BSHG).“[1] Die tatsächliche Auswirkung auf die Einkommensgrenze läßt sich hier nur einzelfallbezogen bestimmen.

Mit Wirkung zum 1.7.1985 wurde schließlich der vorher an den Eckregelsatz gekoppelte Grundbetrag für die allgemeine Einkommensgrenze[2] in einen Festbetrag umgewandelt.[3] Abb. 58 zeigt die Auswirkung der Neuregelung.

Abb. 58: Allgemeine Einkommensgrenze für die HbL: Auswirkung der Neuregelung vom 1.7.1985

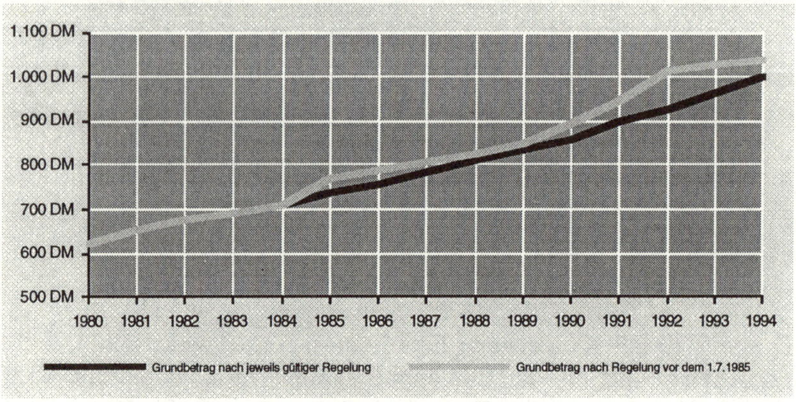

Quelle: Siehe Tab. A.57 im Anhang.

---

[1] In der Praxis ist die Interpretation des unbestimmten Rechtsbegriffs „angemessener Umfang“ in diesem Zusammenhang umstritten. Vgl. hierzu *Lachwitz/Wendt* (1985), S. 59, und *AG TUWAS/Fachbereich Sozialarbeit der Fachhochschule Frankfurt am Main* (1987), S. 10.

[2] Der Grundbetrag betrug das Doppelte des Regelsatzes eines Haushaltsvorstandes.

[3] Die Grundbeträge für die besonderen Einkommensgrenzen waren bereits vorher Festbeträge.

4.3. Vermögensgrenzen

4.3.1. Einleitende Anmerkungen

Aus dem Prinzip des Nachrangs der Sozialhilfe (§ 2 Abs. 1 BSHG) folgt, daß, wer Vermögen besitzt, sich in finanzieller Hinsicht selbst helfen kann und damit grundsätzlich keinen Anspruch auf Sozialhilfe hat. Das Vermögen ist also einzusetzen. Fraglich bleibt jedoch die Definition dessen, was als „Vermögen" legal definiert wird und ob in jedem Falle das gesamte Vermögen einzusetzen ist. Die Fragestellung soll wiederum vor allem mit Blick auf die Situation der behinderten Mitarbeiter von WfB erörtert werden.

4.3.2. Die Legaldefinition des Vermögens nach § 88 Abs. 1 BSHG

Die Definition des Vermögens bleibt in § 88 Abs. 1 BSHG unbestimmt. Hier heißt es lediglich, zum Vermögen im Sinne des Gesetzes gehöre das „gesamte verwertbare Vermögen". Rekurriert man auf die gängige Rechtsauffassung, so wird man zum Vermögen alle beweglichen und unbeweglichen Sachen sowie Forderungen und sonstige Güter von wirtschaftlichem Wert zu zählen haben. Ebenfalls dazu gehören die Erwerbschancen (z.B. Urheberrechte, soweit sie vor Einsetzen der Sozialhilfe verwertbar sind, jeder in Geld verwertbare Zuwachs sowie einmalige Ansprüche gegen Dritte). Verwertbar ist grundsätzlich Vermögen, das verbraucht, übertragen oder belastet werden kann. So sind z.B. unrealisierbare Forderungen oder solche Sachen, die nach § 811 Nr. 1 Zivilprozeßordnung (ZPO) nicht gepfändet werden dürfen (Sachen, welche dem persönlichen Gebrauch oder dem Haushalt dienen usw.) nicht verwertbar, genausowenig wie Vermögen, über das der Hilfesuchende in der Verfügung beschränkt ist.[1]

[1]Vgl. dazu ausführlich *Freitag* (1993), S. 81 f.

4.3.3. Vermögensgrenzen für das Barvermögen nach der Durchführungsverordnung zu § 88 Abs. 2 Nr. 8 BSHG

Trotz dieser Unbestimmtheit des Vermögensbegriffs im BSHG wird nun allerdings in § 88 Abs. 2 auf enumerativem Wege ein sog. Schonvermögen definiert, d.s. Vermögenswerte, die selbst wenn sie grundsätzlich verwertbar wären, unangetastet bleiben. Hier soll auf die Darlegung von Details verzichtet werden. Von besonderer Relevanz für unsere Fragestellung ist lediglich § 88 Abs. 2. Nr. 8. Hier heißt es: „Die Sozialhilfe darf nicht abhängig gemacht werden vom Einsatz oder von der Verwertung .. kleinerer Barbeträge oder sonstiger Geldwerte; dabei ist eine besondere Notlage des Hilfesuchenden zu berücksichtigen."

Die Begriffe „kleinerer Barbetrag" bzw. „sonstige Geldwerte" sind in der DVO zu § 88 Abs. 2 Nr. 8 BSHG detailliert erläutert. Im Sinne des § 1 der DVO bleiben kleinere Barbeträge oder sonstige Geldwerte in der Höhe der in Übersicht 11 aufgeführten Beträge unangetastet. Die Beträge sind jedoch vor dem Hintergrund der §§ 2 der DVO bzw. 88 Abs. 3 BSHG zu sehen, die in Härtefällen die Möglichkeit vorsehen, die Barbeträge zu erhöhen oder gar auf die Verwertung des Vermögens ganz zu verzichten.

4.3.4. Änderungen 1980–1994

Die Vermögensfreigrenzen (Barbeträge) wurden im betrachteten Zeitraum lediglich einmal (zum 1.4.1988) geändert. Die Veränderungen sind jeweils aus der Übersicht 11 ersichtlich. Neu hinzu kam allerdings durch die Änderungsverordnung vom 23.10.1991 eine besondere Regelung für ältere bzw. erwerbsunfähige Hilfesuchende. Für diese Personengruppe sind nun jeweils höhere Freibeträge vorgesehen.

Übersicht 11: Barbeträge nach § 1 DVO zu § 88 Abs. 2 Nr. 8 BSHG in DM (1980 und 1994)

Berücksichtigte Personen	Jahr	Beträge nach Hilfeart (in DM)			
		HLU		HbL	
		für Personen unter 60 Jahre	für Personen ab 60 Jahre, Erwerbsunfähige, Invalidenrentner	Allgemein	Blindenhilfe (§ 67 BSHG), Pflegegeld für Schwerbehinderte, die Pflegezulage nach BVG erhalten (§ 69 Abs. 4 Satz 2 BSHG)
Hilfesuchender	1980	2.000	2.000	4.000	7.500
	1994	2.500	2.500	4.500	8.000
Hilfesuchender + nicht getrennt lebender Ehegatte	1980	2.000 1.000 3.000	2.000 1.000 3.000	4.000 1.000 5.000	7.500 1.000 8.500
	1994	2.500 1.200 3.700	4.500 1.200 5.700	4.500 1.200 5.700	8.000 1.200 9.200
dto., wenn beide Eheleute blind oder behindert sind	1980	-	-	-	7.500 2.700 10.200
	1994	-	-	-	8.000 3.000 11.000
Minderjähriger Unverheirateter + Eltern	1980	2.400 1.000 3.400	2.400 1.000 3.400	4.400 1.000 5.400	7.900 1.000 8.900
	1994	3.000 1.200 4.200	5.000 1.200 6.200	5.000 1.200 6.200	8.500 1.200 9.700
dto., wenn beide Eltern blind oder behindert sind	1980	-	-	-	7.900 2.700 10.600
	1994	-	-	-	8.500 3.000 11.500
dto., + ein Elternteil	1980	2.400	2.400	4.400	7.900
	1994	3.000	5.000	5.000	8.500
dto., ohne Eltern	1980	2.000	2.000	4.000	7.500
	1994	2.500	4.500	4.500	8.000

*jeweils + 400 DM (1980) bzw. + 500 DM (1994) für jede Person, die vom Hilfesuchenden, dessen Ehegatten bzw. dessen Eltern überwiegend unterhalten wird.

Quelle: DVO zu § 88 Abs. 2 Nr. 2 in der Fassung vom 6.12.1979, in: *Mergler/Zink* (1981); *Schellhorn/Jirasek/Seipp* (1994), S. 821 f.

4.4. Bedeutung der Einkommens- und Vermögensgrenzen für Schwerbehinderte

Trotz der Erhöhung der Einkommens- und Vermögensgrenzen deutet sich an, daß aufgrund relativ stärker gestiegener Einkommen bei Nichtbehinderten, sich die spezifische Situation Schwerbehinderter deutlich verschlechtert hat. Bereits *Lachwitz/Wendt* (1985, S. 56 ff.) stellen Tendenzen fest, nach denen behinderte Menschen und ihre Angehörigen verstärkt zu den Kosten der Sozialhilfe, insbesondere zu den Rehabilitationsleistungen, herangezogen werden. Ein besonderes Problem stellt die Handhabung der Härtefallregelungen bzgl. der Vermögensfreigrenzen dar.

Daß die im Normalfall, also gerade auch für behinderte Mitarbeiter einer WfB, für Schwerbehinderte relevante Vermögensfreigrenze von 4.500 DM mit Blick auf die behinderungsbedingten Nachteile äußerst fragwürdig erscheint,[1] war bis vor kurzem so gut wie ohne Bedeutung, da die Härtefallregelung von den Sozialhilfeträgern relativ großzügig zugunsten der Behinderten ausgelegt wurde. Erst das Urteil des Bundesverwaltungsgerichts vom 29. April 1993 verschaffte den überörtlichen Trägern der Sozialhilfe eine – mit Blick auf deren finanzielle Lage – willkommene Rechtfertigung, von dem *Usus* abzugehen.[2] Aufgrund des öffentlichen Drucks kam es jedoch nicht zu einer Umsetzung dieser Absicht. Vielmehr wurden die Sozialhilfeträger angehalten, einer Kompromißlösung zuzustimmen, die darauf hinausläuft, lediglich Barvermögen über 45.000 DM anzugreifen.[3]

5. Kritische Würdigung

Die Ausführungen haben deutlich gemacht, daß – oberflächlich gesehen – die Leistungen der Sozialhilfe für Behinderte in behinderungsbedingten Notlagen im betrachteten Zeitraum (1980–1994) deutlich angestiegen sind. Dennoch wurden über die letzten anderthalb Jahr-

---

[1] Ob ein Betrag von 4.500 DM bei gegebener Entwicklung des Geldwertes heute überhaupt noch als „Vermögen" im landläufigen Sinne verstanden werden kann, bleibt Tatfrage.

[2] So änderten z.B. auch die baden-württembergischen Landeswohlfahrtsverbände daraufhin ihre Richtlinien (vgl. *Weible* (1994)).

[3] Diese Lösung wurde vorher bereits in Bayern praktiziert.

zehnte, insbesondere durch Kürzungen im Bereich der Mehrbedarfszuschläge und eine unzureichende Anpassung der Einkommensgrenzen, der betragsmäßige Anstieg der Leistungen so verzögert, daß Schwerbehinderte gegenwärtig relativ schlechter gestellt sind als sie es sein könnten, wenn die Änderungen nicht erfolgt wären. Möglicherweise gibt diese Analyse der Entwicklung der Leistungen der Sozialhilfe auch mit Hinweise darauf, daß die Einschätzung von *Burkhauser/Daly* (1993), das deutsche System der sozialen Sicherung könne langfristig relative Armut nicht verhindern, korrekt ist. Um detailliertere Aussagen treffen zu können, müßte hier jedoch auch ein eingehender Vergleich mit den Entwicklungen der Sozialhilfeleistungen für Nicht(schwer)behinderte durchgeführt werden.

VII. SCHLUSSBETRACHTUNG

1. Zusammenfassung der wichtigsten Ergebnisse

Die Untersuchung hatte zum Ziel, das seither nur sehr lückenhafte Bild der wirtschaftlichen Lage der Schwerbehinderten zu vervollständigen. Dazu wurde neben der Beschäftigungssituation, die bereits Gegenstand einer Vielzahl von Untersuchungen war, schwerpunktmäßig die Einkommenssituation analysiert. Darüber hinaus wurde versucht aufzuzeigen, inwiefern Nachteilsausgleiche behinderungsbedingte ökonomische Nachteile zu kompensieren und die Sozialhilfe behinderungsbedingte finanzielle Notlagen zu beheben vermögen. Die Ergebnisse sollen im folgenden kurz zusammengefaßt werden.

1.1. Beschäftigungslage

(1) Die Beschäftigungslage der Schwerbehinderten hat sich in vielerlei Hinsicht in den vergangenen fünfzehn Jahren tendenziell deutlich verschlechtert:

- Die Ist-Quote der Beschäftigung Schwerbehinderter ging bundesweit[1] von 5,5% (1980) auf 4,4% (1991-93) zurück.
- Die Zahl der arbeitslosen Schwerbehinderten hat sich seit 1980 mehr als verdoppelt (von etwa 67.700 auf etwa 155.500 im Jahresschnitt).
- Der Anteil der arbeitslosen Schwerbehinderten an der Gesamtzahl der Arbeitslosen ging zwischen 1980 und 1987 deutlich zurück (von 7,8% auf 5,7%), um bis 1991/92 wieder auf fast 7% anzusteigen. Bis 1994 ging der Anteil wieder auf 6% zurück.

[1] Jeweils alte Bundesländer.

- die Arbeitslosenquote der Schwerbehinderten war in den 80er und frühen 90er Jahren stets deutlich höher als die der gesamten Erwerbsbevölkerung (mit steigender Differenz).

(2) Theoretische Überlegungen und empirische Untersuchungen lassen deutlich erkennen, daß Schwerbehinderte

- zwar schon dadurch, daß sie diese Eigenschaft besitzen, geringere Chancen auf dem allgemeinen Arbeitsmarkt haben, oft jedoch aufgrund der Zugehörigkeit zu weiteren „Problemgruppen" (weiblich, alt, Ausländer, schlecht ausgebildet) Opfer von kumulierenden Effekten werden;
- unterschiedliche Beschäftigungsrisiken aufweisen, je nachdem, ob sie bereits oder noch in Beschäftigung sind (*De-facto-* bzw. *De-jure*-Kündigungsschutz) oder aber eine Beschäftigung suchen (Problem der Diskriminierung bei externer Rekrutierung[1]).

(3) Insgesamt zeigt sich hier, daß die Ziele, die u.a. mit der Novellierung des SchwbG im Jahre 1986 verfolgt wurden, bei weitem nicht erreicht werden konnten:[2]

- Die Anhebung der Ausgleichsabgabe war unzulänglich, um das auf einer oftmals falschen Erwartungshaltung gegenüber der Leistungsfähigkeit Schwerbehinderter basierende betriebliche Entscheidungskalkül hinsichtlich der Beschäftigung dieser Personen positiv zu beeinflussen.
- Die Informationslage der Betriebe hinsichtlich der Kündigungsmöglichkeiten ist vermutlich immer noch unzureichend. Der besondere Kündigungsschutz wird von daher oftmals „überschätzt". Darüber hinaus ist zu vermuten, daß die Transparenz der Schwerbehindertengesetzgebung für die betrieblichen Akteure ebenfalls unzureichend ist.
- Bei den finanziellen Anreizen für Betriebe, die Schwerbehinderte einstellen, sind Mitnahmeeffekte nicht auszuschließen, da es für viele Betriebe betriebsinterne Anreize für die Beschäftigung Schwerbehinderter gibt (Auswirkung auf die Produktivität und Motivation der Gesamtbelegschaft).

[1]Die Diskriminierung erfolgt i.d.R. nicht (allein) aufgrund der Schwerbehinderteneigenschaft.

[2]Vgl. auch *Schulz* (1988).

1.2. Einkommenslage

(1) Überwiegender Lebensunterhalt:

- Zwei Drittel der Schwerbehinderten bestreiten ihren Lebensunterhalt (altersstrukturbedingt) überwiegend aus Renten und Pensionen.
- Die Unterstützung durch Angehörige ist bei Schwerbehinderten weit weniger ausgeprägt als bei Nichtbehinderten: Der Anteil derjenigen, die hauptsächlich durch Angehörige unterstützt werden, entspricht bei Schwerbehinderten weniger als einem Drittel des Anteils bei Nichtbehinderten, ist jedoch bis 1992 deutlich angestiegen.
- Der Anteil derjenigen, die ihren Lebensunterhalt hauptsächlich aus Sozialhilfe bestreiten, ist auch bei Schwerbehinderten – abgesehen von den unteren Altersgruppen – sehr gering, jedoch tendenziell doppelt so hoch wie bei Nichtbehinderten.
- Die hauptsächliche Einkommensquelle wechselt bei Schwerbehinderten tendenziell früher, spätestens bei einem Alter von etwa 50 Jahren, wahrscheinlich bereits ab etwa 45 Jahren, von der Erwerbstätigkeit zur Rente oder Pension.
- Arbeitslosengeld und Arbeitslosenhilfe spielen bei den Schwerbehinderten in keiner Altersgruppe als wesentliche Einkommensquelle eine bedeutende Rolle.

(2) Lebensunterhalt und Einkommenshöhe:

Für Schwerbehinderte ist es generell eher möglich, über eine Rente oder Pension ein relativ „hohes" Einkommen zu erzielen als durch Erwerbstätigkeit. Mehr als zwei Drittel der Schwerbehinderten beziehen ein Nettoeinkommen von mehr als 1.800 DM hauptsächlich aus Renten und Pensionen.

(3) Einkommensverteilung:

- Im Vergleich zur Gesamtbevölkerung ist die Gruppe der Schwerbehinderten durchgehend bei den mittleren Einkommen – z.T. deutlich – überrepräsentiert, in den Randeinkommensklassen dagegen unterrepräsentiert.

- Die Einkommensverteilung wird im wesentlichen von der Altersklasse der 65jährigen und älteren bestimmt. Hier hat sich der *Modus* allerdings weit stärker als bei den Nichtbehinderten nach rechts verschoben.

(4) Durchschnittseinkommen:

- Das durchschnittliche Bruttoeinkommen Schwerbehinderter stieg bundesweit zwischen 1984 und 1991 um 51% (von 2.229 DM auf 3.358 DM). 1989 erreichte es allerdings fast 3.500 DM.
- Das durchschnittliche Nettoeinkommen stieg in demselben Zeitraum um 19% (von 1.994 DM auf 2.372 DM).
- Im Gegensatz zu den Schwerbehinderten stieg das Brutto- und das Nettoeinkommen bei den Arbeitnehmern insgesamt kontinuierlich an (jeweils um etwa 30%), so daß 1991 deren Durchschnittseinkommen mit 3.557 DM (brutto) bzw. 2.420 DM (netto) höher waren als diejenigen der Schwerbehinderten (bis einschließlich 1990 lagen die Durchschnittseinkommen der Schwerbehinderten durchgehend über denen der Arbeitnehmer insgesamt).
- Auswertungen im Rahmen des IAW-Steuerpanels lassen schließen, daß die Einkommenslage von *einkommensteuerpflichtigen* Haushalten mit Schwerbehinderten – zumindest in Baden-Württemberg – in den 80er Jahren deutlich schlechter war als bei *einkommensteuerpflichtigen* Haushalten ohne Behinderte. Dies betrifft sowohl die durchschnittlichen Einkünfte als auch die Einkommensverteilung.

(5) Armutsrisiko:

- Das Risiko, in (relativer) Armut zu leben, ist für Behinderte grundsätzlich höher als für Nichtbehinderte. Das höchste Risiko besteht für ältere Männer (45 bis 59 Jahre).
- Transferleistungen vermögen kurzfristig, das Armutsrisiko deutlich zu senken. Mittelfristig ist das Armutsrisiko für Behinderte dennoch höher als für Nichtbehinderte.

(6) Frauen:

- Untersuchungen in Rheinland-Pfalz ergaben, daß die Einkommen bei den Schwerbehinderten insgesamt in etwa normalverteilt ist, während bei den schwerbehinderten Frauen die niedrigen Einkommen deutlich überwiegen.
- Bei den Haushaltseinkommen sind bei den Haushalten mit schwerbehinderten Frauen hingegen die Haushalte in den oberen Einkommensklassen deutlich stärker vertreten als bei den Schwerbehindertenhaushalten insgesamt.

(7) Behinderte Mitarbeiter von WfB und Anstalten:

- Die Entlohnung behinderter Mitarbeiter von WfB und Anstaltswerkstätten hat sich zwischen 1980 und 1994 nach einer deutlichen Besserung bis etwa 1987 wieder stark verschlechtert.
- Die gesetzlich festgelegte Mindestentgeltregelung (Sollbestimmung) findet nach wie vor keine oder nur wenig Beachtung.
- Das durchschnittliche Entgelt ist bis 1994 wahrscheinlich wieder auf die Höhe von Anfang der 80er Jahre zurückgegangen (jedenfalls unter 230 DM im Monat).
- Das Arbeitsentgelt ist mit einem Anstieg zwischen 1980 und 1994 um etwa ein Drittel in seiner Entwicklung deutlich hinter der anderer Einkommensgrößen zurückgeblieben.
- Der Übergang in den allgemeinen Arbeitsmarkt erweist sich als sehr schwierig: Von den etwa 2 bis 3% der behinderten Mitarbeiter einer WfB, die diese jährlich verlassen, findet lediglich ein Teil Beschäftigung auf dem allgemeinen Arbeitsmarkt, wiederum nur ein Teil davon dauerhaft. Von daher besteht nur eine stark eingeschränkte Möglichkeit, durch einen Wechsel auf den allgemeinen Arbeitsmark die Einkommenslage zu verbessern.

1.3. Leistungen der Sozialhilfe für Schwerbehinderte

Die Sozialhilfe (als finanzielle Unterstützung in behinderungsbedingten Notlagen oder als Träger von Rehabilitationsleistungen) bietet insbesondere für solche Schwerbehinderte, die aufgrund der Art oder Schwere ihrer Behinderung auf dem allgemeinen Arbeitsmarkt nicht unterkommen können, eine minimale Sicherung ihrer Subsistenz.

Mit Blick auf die sich seit Anfang der 80er Jahre in relativer Hinsicht verschlechterten Leistungen (in einzelnen Bereichen gab es auch temporäre absolute Leistungskürzungen), sind die Schwerbehinderten im Vergleich zu damals relativ schlechter gestellt als sie es bei unveränderten Regelungen sein könnten. Es ist daher zu befürchten, daß die Sozialhilfe (zumindest langfristig) ein Abgleiten der sozialhilfeempfangsberechtigten Schwerbehinderten in relative Armut nicht zu verhindern vermag.

Die Problematik verschärft sich durch die finanzielle Situation der Sozialhilfeträger, die wahrscheinlich auch in Zukunft verstärkt Anstrengungen unternehmen werden, auf das Einkommen und das Vermögen der Hilfeempfänger oder auch deren Angehörigen zurückzugreifen.

1.4. Behinderungsbedingte Mehraufwendungen und deren Kompensation durch Nachteilsausgleiche

Schwerbehinderte sind in vielen Lebensbereichen gegenüber Nichtbehinderten benachteiligt, da sie möglicherweise vom Konsum bestimmter Güter ausgeschlossen sind oder zusätzliche Ausgaben haben, da Sonderanfertigungen erstellt oder Sonderleistungen erbracht werden müssen, bevor eine zweckmäßige Nutzung möglich ist. Möglicherweise müssen sie überhaupt zusätzliche Leistungen in Anspruch nehmen, um die Subsistenz oder zumindest die Erwerbsfähigkeit ganz oder teilweise zu erhalten.

Die zusätzlichen Aufwendungen, die hier enstehen, können sehr unterschiedlich Umfang haben. Sie können einmalig oder regelmäßig anfallen. Besonders augenscheinlich sind Mehraufwendungen in Lebensbereichen, in denen Grundbedürfnisse befriedigt werden (wie z.B. Kommunikation, Mobilität oder Wohnen).

Um diese Nachteile auszugleichen, werden den Schwerbehinderten in zahlreichen Bereichen Nachteilsausgleiche („Vergünstigungen") geboten. Am quantitativen Gesamtumfang hat sich – zumindest bis zum Ende des betrachteten Zeitraums – wenig geändert.[1] Einschränkungen der Leistungen oder Änderungen der Anspruchsgrundlagen innerhalb der Nachteilsausgleiche wurden dennoch vereinzelt vorgenommen.

Ob diese Nachteilsausgleiche in jedem Einzelfall eine Kompensation der finanziellen Nachteile erreicht oder gar eine Überkompensation eintritt, läßt sich nicht immer exakt feststellen. Es ist jedoch zu vermuten, daß letzteres im Gesamteffekt nicht eintritt, da die Schwerbehinderten nur in seltenen Fällen eine große Zahl dieser Nachteilsausgleiche in Anspruch nehmen (können). Allerdings kann festgestellt werden, daß die Nachteilsausgleiche i.d.R. die tatsächliche Bedürftigkeit des Anspruchsberechtigten außer Acht lassen.

Trotz eines vielfältigen und umfangreichen Informationsangebots einschlägiger Institutionen ist zu befürchten, daß die Informationslage der Betroffenen (oder ihrer Angehörigen) nicht zufriedenstellend ist. Im Zusammenhang mit der vorigen Feststellung ist darüber hinaus zu befürchten, daß gerade die weniger Bedürftigen eher Zugang zu einschlägigen Informationen haben oder fähig sind, Informationskosten zu tragen, als die stark Bedürftigen.

2. Ausblick und Formulierung weiteren Forschungsbedarfs

„Schwerbehindert“, dies wurde gezeigt, ist kein natürlich-biologischer Zustand. Niemand, der schwer behindert ist (im Sinne einer schweren körperlichen, geistigen, seelischen Einschränkung hinsichtlich spezifischer Anforderungen) ist automatisch schwerbehindert (im rechtlichen Sinne). Genausowenig ist die Eigenschaft gleichzusetzen mit anderen Eigenschaften wie „alt“ oder „arm“. Dennoch konnte die Untersuchung zeigen, daß gerade bzgl. der wirtschaftlichen Lage dieser Personen, die als Schwerbehinderte (behördlich) anerkannt sind, Unter-

[1]Zum Ende des betrachteten Zeitraums haben sich vor allem im privatwirtschaftlichen Bereich der Wegfall von Leistungen vereinzelt schon angedeutet. Hier sind insbesondere die Entwicklungen im Zusammenhang der Liberalisierung des Telekommunikationsmarktes (Telefonentgelte) und des Versicherungsmarktes (Behindertenrabatt bei der Kfz-Versicherung) anzuführen. Da die Recherchen Ende 1994 abgeschlossen wurden, konnten die seitherigen Entwicklungen in diesen, aber auch in anderen Bereichen nicht mehr in die Untersuchung aufgenommen werden.

schiede zur nichtschwerbehinderten, insbesondere aber zur nichtbehinderten Bevölkerung, nachgewiesen werden können.

Zunächst zeigen sich diese Unterschiede in Benachteiligungen: wenn arbeitslos, dann länger (insbesondere bei unzureichender oder inadäquater Qualifikation und/oder hohem Alter), geringeres Einkommen (insbesondere WfB-Mitarbeiter), zusätzliche finanzielle Belastungen, Diskriminierung, Stigmatisierung. Mögen die zahlreichen Nachteilsausgleiche oder „Vergünstigungen" im Einzelfall gewisse Nachteile der Schwerbehinderten auch kompensieren und das Netz der sozialen Sicherung extreme Notlagen weitgehend verhindern, so bleibt die Gesamtsituation der Schwerbehinderten doch insgesamt unbefriedigend. Eine Verbesserung der Lage in der nahen Zukunft bleibt – vor allem mit Blick auf die Entwicklungen im Bereich der Sozialpolitik – zweifelhaft.

Die Untersuchung vermochte nicht auf alle erdenklichen Determinanten der wirtschaftlichen Lage Schwerbehinderter einzugehen. Es bleibt insbesondere unbeantwortet, welche Rolle die Bildungsmöglichkeiten und das System der beruflichen Rehabilitation sowie die Interessengruppen und Selbsthilfeeinrichtungen in diesem Zusammenhang spielen.[1]

Für weitere Forschungsarbeiten auf diesem Gebiet bleiben darüber hinaus die folgenden Fragen offen:

- Inwieweit ist die Sozialpolitik, insbesondere die Behindertenpolitik, für die ökonomische Lage der Behinderten verantwortlich und ist es ihr in Zukunft möglich, eine Verbesserung herbeizuführen (Frage der Effizienz der Behindertenpolitik)? Welche marktwirtschaftlichen Instrumente können hierzu eingesetzt werden?

- Wie ist die ökonomische Situation der Schwerbehinderten in Deutschland im internationalen Vergleich, insbesondere im Vergleich zu anderen EU-Ländern, einzuordnen? Wie effizient ist

[1] Die ursprünglich beabsichtigte Aufnahme dieser Fragestellungen in die Untersuchung wurden u.a. aufgrund der sich im Laufe der Forschungsarbeiten abzeichnenden guten Datenlage im Bereich der Einkommenssituation zurückgestellt. Hier wurde eine detailliertere Analyse in diesem Bereich einer – dann möglicherweise oberflächlicheren – Analyse aller vorgesehenen Bereiche vorgezogen.

die Behindertenpolitik dort jeweils? Gibt es im Bereich der Behindertenpolitik einen Harmonisierungsbedarf?[1]

- Wie stellt sich die Lage der Schwerbehinderten in den neuen Bundesländern dar? Welche Situation hat die sozialistische Politik der ehemaligen DDR geschaffen und welche Veränderungen sind seit dem Beitritt zur Bundesrepublik eingetreten?

Im Laufe der Forschungsarbeiten hat sich ferner die Notwendigkeit gezeigt, insbesondere auch die Situation der Schwerbehinderten detaillierter zu analysieren, die wegen ihrer Behinderung keine Beschäftigung auf dem allgemeinen Arbeitsmarkt finden können und daher auf die Aufnahme in eine WfB oder eine Anstalt angewiesen sind. Hier gilt es mit Blick auf die knapper werdenden Ressourcen der Sozialhilfeträger, (sozial-, aber auch ordnungspolitisch tragbare) Lösungen zu finden, auch diesen Menschen – und ihren Angehörigen – eine sichere finanzielle Lebensgrundlage zu garantieren.

[1]Zum Schwerbehindertenrecht und zur Schwerbehindertenpolitik in den EU-Staaten siehe z.B. *Fuchs* (1988), *Thill* (1988), *Wallner* (1988), für die Schweiz *Gross* (1988).

Tabellenanhang

Tab. A.1: Schwerbehinderte nach Bundesländern 1979–1993 (alte Bundesländer)

Bundesland Bundesgebiet	Schwerbehinderte (jeweils am 31.12.)							
	1979	1981	1983	1985	1987	1989	1991	1993
Schleswig-Holstein	95.460	166.571	211.951	193.991	172.219	176.111	180.155	187.443
Hamburg	74.151	136.868	168.025	173.034	141.252	142.374	140.589	148.942
Niedersachsen	311.413	487.535	579.492	562.090	571.272	595.669	580.455	591.552
Bremen	32.432	59.487	63.653	61.775	59.783	53.694	54.442	55.278
Nordrhein-Westfalen	998.132	1.675.781	2.037.227	1.937.011	1.872.707	1.899.797	1.896.104	1.923.789
Hessen	164.165	295.911	367.481	369.895	313.790	351.359	370.714	421.054
Rheinland-Pfalz	177.062	262.743	311.269	275.774	267.159	267.570	286.157	288.067
Baden-Württemberg	374.306	557.650	678.030	677.164	601.124	645.419	643.021	674.867
Bayern	495.353	736.075	842.203	810.280	840.981	871.644	898.118	934.636
Saarland	30.079	55.323	75.639	77.174	73.826	81.345	88.979	95.369
Berlin (West)	206.895	235.722	237.573	233.446	213.181	224.552	233.226	249.034
Bundesgebiet (alt)	2.959.448	4.669.666	5.572.543	5.371.634	5.127.294	5.309.534	5.371.960	5.570.031

Quelle: *Statistisches Bundesamt* (Hrsg.; 1981, 1982, 1985, 1987, 1990, 1991a, 1993, 1995); eigene Berechnungen.

Tab. A.2: Schwerbehindertenquoten nach Bundesländern 1979–1991 (alte Bundesländer)

Bundesland Bundesgebiet	Schwerbehindertenquote (jeweils am 31.12.)							
	1979	1981	1983	1985	1987	1989	1991	1993
Schleswig-Holstein	3,7%	6,4%	8,1%	7,4%	6,7%	6,8%	6,8%	7,0%
Hamburg	4,5%	8,4%	10,4%	11,0%	8,9%	8,8%	8,4%	8,7%
Niedersachsen	4,3%	6,7%	8,0%	7,8%	8,0%	8,2%	7,8%	7,7%
Bremen	4,7%	8,6%	9,4%	9,4%	9,1%	8,0%	8,0%	8,1%
Nordrhein-Westfalen	5,9%	9,8%	12,1%	11,6%	11,2%	11,1%	10,8%	10,8%
Hessen	2,9%	5,3%	6,6%	6,7%	5,7%	6,2%	6,4%	7,1%
Rheinland-Pfalz	4,9%	7,2%	8,6%	7,6%	7,4%	7,2%	7,5%	7,3%
Baden-Württemberg	4,1%	6,0%	7,3%	7,3%	6,4%	6,7%	6,4%	6,6%
Bayern	4,6%	6,7%	7,7%	7,4%	7,7%	7,8%	7,7%	7,9%
Saarland	2,8%	5,2%	7,2%	7,4%	7,0%	7,6%	8,3%	8,8%
Berlin (West)	10,9%	12,5%	12,8%	12,6%	10,5%	10,5%	10,8%	11,4%
Bundesgebiet	4,8%	7,6%	9,1%	8,8%	8,4%	8,5%	8,3%	8,5%

Quelle: *Statistisches Bundesamt* (Hrsg.; 1981, 1982, 1985, 1987, 1990, 1991a, 1993, 1995); eigene Berechnungen.

Tab. A.3: Altersstruktur Schwerbehinderter 1979–1993 (alte Bundesländer)

Altersklassen	Schwerbehinderte (jeweils am 31.12.)															
	1979		1981		1983		1985		1987		1989		1991		1993	
	absolut	Anteil	absolut	Anteil	absolut	Anteil	absolut	Anteil	absolut	Anteil	absolut	Anteil	absolut	Anteil	absolut	Anteil
Schwerbehinderte insges.	2.959.448	100,0%	4.669.666	100,0%	5.572.543	100,0%	5.371.634	100,0%	5.127.294	100,0%	5.309.534	100,0%	5.371.960	100,0%	5.570.031	100,0%
davon ...																
... -15	72.416	2,4%	90.987	1,9%	99.438	1,8%	81.157	1,5%	76.488	1,5%	80.261	1,5%	86.358	1,6%	92.367	1,7%
... 15-45	511.614	17,3%	647.175	13,9%	716.895	12,9%	630.098	11,7%	590.739	11,5%	600.585	11,3%	623.803	11,6%	642.432	11,5%
... 45-55	547.123	18,5%	726.048	15,5%	816.238	14,6%	712.686	13,3%	688.437	13,4%	697.364	13,1%	662.977	12,3%	635.950	11,4%
... 55-65	842.337	28,5%	1.376.021	29,5%	1.679.696	30,1%	1.596.739	29,7%	1.436.592	28,0%	1.407.719	26,5%	1.383.872	25,8%	1.396.728	25,1%
... 65+	985.958	33,3%	1.829.435	39,2%	2.260.276	40,6%	2.350.954	43,8%	2.335.038	45,5%	2.523.605	47,5%	2.614.950	48,7%	2.802.554	50,3%
... im erwerbsfähigen Alter*	1.901.074	64,2%	2.749.244	58,9%	3.212.829	57,7%	2.939.523	54,7%	2.715.768	53,0%	2.705.668	51,0%	2.670.652	49,7%	2.675.110	48,0%
... ältere + alte Schwerbehinderte**	2.375.418	80,3%	3.931.504	84,2%	4.756.210	85,4%	4.660.379	86,8%	4.460.067	87,0%	4.628.688	87,2%	4.661.799	86,8%	4.835.232	86,8%

Anmerkungen: *Schwerbehinderte von 15 bis unter 65 Jahre; ** Schwerbehinderte ab 45 Jahre.

Quelle: *Statistisches Bundesamt* (Hrsg.; 1981, 1982, 1985, 1987, 1990, 1991a, 1993, 1995); eigene Berechnungen.

Tab. A.4: Schwerbehindertenquoten in ausgewählten Altersklassen 1979–1993

Bevölkerung/ Altersklassen	Jahr							
	1979	1981	1983	1985	1987	1989	1991	1993*
Gesamtbevölkerung	4,8%	7,6%	9,1%	8,8%	8,4%	8,5%	8,3%	8,5%
von 15 bis unter 45	1,9%	2,3%	2,6%	2,3%	2,2%	2,2%	2,2%	2,7%
von 45 bis unter 55	7,3%	9,3%	10,0%	8,3%	7,6%	7,6%	7,5%	-*
von 55 bis unter 65	14,4%	22,0%	24,5%	22,9%	20,8%	20,0%	18,7%	12,4%
65 und mehr	10,3%	19,5%	25,2%	25,8%	24,8%	26,2%	26,5%	27,6%
im erwerbsf. Alter	4,7%	6,6%	7,5%	6,9%	6,3%	6,2%	6,0%	6,7%
Ältere + alte Personen**	10,4%	16,8%	19,8%	18,9%	17,6%	17,9%	17,9%	18,2%

Anmerkungen: *Für 1993 sind die Altersklassen "von 45 bis unter 55 Jahre" und "von 55 bis unter 65 Jahre" zusammengefaßt. **Personen ab 45 Jahre.

Quellen: *Statistisches Bundesamt* (Hrsg.; 1981, 1982, 1985, 1987, 1990, 1991a, 1993, 1995); eigene Berechnungen.

Tab. A.5: Erwerbsbeteiligung Schwer- und Nichtbehinderter 1984–1988

Jahr	Erwerbsquoten (in %)					
	Schwerbehinderte			Nichtbehinderte		
	Insgesamt	Männer	Frauen	Insgesamt	Männer	Frauen
1984	56,9	61,1	40,0	73,4	89,9	57,2
1985	59,1	67,1	47,2	75,3	98,7	61,1
1986	59,6	67,9	48,3	75,0	88,7	61,4
1987	65,1	74,6	50,9	76,0	89,5	62,5
1988	63,4	72,4	50,7	76,2	89,8	63,0
1984/88	11,4	18,5	26,8	3,8	-0,1	10,1

Quelle: SOEP, Wellen 1–5; Berechnungen von *Sadowski/Frick* (1992).

Tab. A.6.1: Istquote der Beschäftigung Schwerbehinderter 1980–1985 (alte Bundesländer)[1]

Bundesland Bund	Jahr														
	1980			1982			1983			1984			1985		
	Pflichtzahl (Quote 6%)	Mit Schwerbehinderten besetzte Stellen	Ist-Quote	Pflichtzahl (Quote 6%)	Mit Schwerbehinderten besetzte Stellen	Ist-Quote	Pflichtzahl (Quote 6%)	Mit Schwerbehinderten besetzte Stellen	Ist-Quote	Pflichtzahl (Quote 6%)	Mit Schwerbehinderten besetzte Stellen	Ist-Quote	Pflichtzahl (Quote 6%)	Mit Schwerbehinderten besetzte Stellen	Ist-Quote
Schleswig-Holstein*	76.396	55.739	4,4%	72.024	59.240	4,9%	71.602	57.521	4,8%	67.854	51.650	4,6%	67.962	50.245	4,4%
Hamburg	-	-	-	-	-	-	-	-	-	-	-	-	-	-	-
Niedersachsen**	119.432	106.854	5,4%	121.415	113.260	5,6%	115.207	104.610	5,4%	112.917	98.268	5,2%	115.725	92.671	4,8%
Bremen	-	-	-	-	-	-	-	-	-	-	-	-	-	-	-
Nordrhein-Westfalen	297.016	351.551	7,1%	277.040	359.409	7,8%	272.358	339.549	7,5%	276.234	317.667	6,9%	278.455	302.828	6,5%
Hessen	103.910	71.473	4,1%	97.287	73.889	4,6%	92.979	67.077	4,3%	97.304	65.511	4,0%	100.366	65.206	3,9%
Rheinland-Pfalz***	69.510	68.225	5,9%	68.094	69.571	6,1%	67.320	69.109	6,2%	66.615	63.363	5,7%	67.020	60.424	5,4%
Saarland	-	-	-	-	-	-	-	-	-	-	-	-	-	-	-
Baden-Württemberg	174.022	134.556	4,6%	167.964	138.760	5,0%	162.511	132.040	4,9%	171.549	127.898	4,5%	172.908	120.759	4,2%
Bayern	185.710	141.493	4,6%	181.146	147.757	4,9%	179.528	140.514	4,7%	183.656	134.878	4,4%	184.959	127.715	4,1%
Berlin (West)	38.934	38.626	6,0%	38.183	37.555	5,9%	34.405	32.895	5,7%	37.967	34.454	5,4%	38.538	33.956	5,3%
Bundesgebiet West	1.064.931	968.517	5,5%	1.023.153	999.441	5,9%	995.910	943.315	5,7%	1.014.097	893.689	5,3%	1.025.933	853.804	5,0%

Anmerkungen: *Bis 1985 einschließlich Hamburg; **bis 1985 einschließlich Bremen; ***bis 1985 einschließlich Saarland.

Quelle: Amtliche Nachrichten der Bundesanstalt für Arbeit (ANBA), verschiedene Ausgaben.

[1]Zahl der mit Schwerbehinderten besetzten Stellen bezogen auf die Gesamtzahl der Arbeitsplätze bei Betrieben mit mindestens 16 Arbeitsplätzen (jeweils im Oktober; 1981: keine Angaben).

Tab. A.6.2: Istquote der Beschäftigung Schwerbehinderter 1986–1990 (alte Bundesländer)

Bundesland Bund	Jahr														
	1986			1987			1988			1989			1990		
	Pflichtzahl (Quote 6%)	Mit Schwerbehinderten besetzte Stellen	Ist-Quote	Pflichtzahl (Quote 6%)	Mit Schwerbehinderten besetzte Stellen	Ist-Quote	Pflichtzahl (Quote 6%)	Mit Schwerbehinderten besetzte Stellen	Ist-Quote	Pflichtzahl (Quote 6%)	Mit Schwerbehinderten besetzte Stellen	Ist-Quote	Pflichtzahl (Quote 6%)	Mit Schwerbehinderten besetzte Stellen	Ist-Quote
Schleswig-Holstein	30.509	25.435	5,0%	31.074	22.981	4,4%	31.194	22.240	4,3%	31.957	22.569	4,2%	34.188	22.885	4,0%
Hamburg	36.022	27.111	4,5%	36.318	26.822	4,4%	37.420	27.146	4,4%	37.585	26.488	4,2%	38.832	25.959	4,0%
Niedersachsen	93.269	77.949	5,0%	96.674	77.267	4,8%	97.132	76.171	4,7%	96.661	72.603	4,5%	104.947	74.530	4,3%
Bremen	15.470	11.949	4,6%	15.149	11.566	4,6%	15.683	11.396	4,4%	16.128	11.085	4,1%	16.943	11.055	3,9%
Nordrhein-Westfalen	258.492	293.123	6,8%	262.827	286.558	6,5%	266.516	281.785	6,3%	269.159	281.612	6,3%	284.920	271.869	5,7%
Hessen	94.856	63.945	4,0%	96.862	67.272	4,2%	98.796	68.989	4,2%	99.918	68.699	4,1%	105.437	70.181	4,0%
Rheinland-Pfalz	47.316	44.219	5,6%	47.245	41.891	5,3%	48.851	41.231	5,1%	48.905	39.667	4,9%	50.531	40.514	4,8%
Saarland	16.252	15.513	5,7%	15.921	15.134	5,7%	16.223	14.929	5,5%	16.786	14.998	5,4%	17.371	15.987	5,5%
Baden-Württemberg	166.078	120.801	4,4%	168.703	117.180	4,2%	170.181	119.355	4,2%	174.836	115.637	4,0%	181.884	116.486	3,8%
Bayern	178.806	127.299	4,3%	177.859	119.998	4,0%	183.362	120.121	3,9%	184.666	123.232	4,0%	195.056	121.456	3,7%
Berlin (West)	37.197	33.277	5,4%	37.838	34.437	5,5%	38.246	33.643	5,3%	38.608	33.186	5,2%	41.412	34.048	4,9%
Bundesgebiet West	974.268	840.621	5,2%	986.469	821.106	5,0%	1.003.603	817.006	4,9%	1.015.209	809.776	4,8%	1.071.521	804.970	4,5%

Quelle: Amtliche Nachrichten der Bundesanstalt für Arbeit (ANBA), verschiedene Ausgaben.

Tab. A.6.3: Istquote der Beschäftigung Schwerbehinderter 1991–1993 (alte Bundesländer)

Bundesland Bund	Jahr								
	1991			1992			1993		
	Pflichtzahl (Quote 6%)	Mit Schwerbehinderten besetzte Stellen	Ist-Quote	Pflichtzahl (Quote 6%)	Mit Schwerbehinderten besetzte Stellen	Ist-Quote	Pflichtzahl (Quote 6%)	Mit Schwerbehinderten besetzte Stellen	Ist-Quote
Schleswig-Holstein	35.415	23.874	4,0%	35.211	24.270	4,1%	35.670	24.291	4,1%
Hamburg	40.547	26.456	3,9%	40.919	26.152	3,8%	40.678	25.681	3,8%
Niedersachsen	109.413	77.655	4,3%	110.786	78.818	4,3%	108.070	75.283	4,2%
Bremen	17.537	11.629	4,0%	17.203	11.681	4,1%	17.083	11.466	4,0%
Nordrhein-Westfalen	294.938	273.532	5,6%	292.048	264.409	5,4%	284.427	249.362	5,3%
Hessen	108.488	72.419	4,0%	109.253	74.778	4,1%	106.042	74.812	4,2%
Rheinland-Pfalz	52.645	45.104	5,1%	53.522	41.726	4,7%	52.422	41.517	4,8%
Saarland	17.330	16.289	5,6%	16.139	15.695	5,8%	15.966	14.451	5,4%
Baden-Württemberg	188.278	120.216	3,8%	186.511	119.481	3,8%	184.305	119.254	3,9%
Bayern	203.712	123.068	3,6%	203.427	124.922	3,7%	197.454	119.309	3,6%
Berlin (West)	50.777	39.159	4,6%	51.024	39.705	4,7%	52.209	41.105	4,7%
Bundesgebiet West	1.119.078	829.401	4,4%	1.116.043	821.637	4,4%	1.094.326	796.531	4,4%

Quelle: Amtliche Nachrichten der Bundesanstalt für Arbeit (ANBA), verschiedene Ausgaben.

Tab. A.7: Arbeitslose Schwerbehinderte nach Bundesländern 1980–1994 (Jahresdurchschnitte; alte Bundesländer)

Bundesland Bund	Anmerkungen	Jahr														
		1980	1981	1982	1983	1984	1985	1986	1987	1988	1989	1990	1991	1992	1993	1994
Schleswig-Holstein		2.083	2.905	4.029	4.729	4.901	4.865	4.690	4.574	4.608	4.489	4.395	4.184	4.387	4.915	5.163
Hamburg		1.304	1.408	1.891	2.205	2.452	2.544	2.521	2.681	2.805	2.843	2.813	2.498	2.421	2.628	2.911
Niedersachsen	(a)	9.709	12.260	15.169	17.564	18.923	16.844	15.024	14.612	14.988	14.803	14.271	13.556	14.196	16.641	17.875
Bremen	(b)	-	-	-	-	-	1.731	1.570	1.453	1.418	1.431	1.256	1.183	1.226	1.421	1.537
Nordrhein-Westfalen		28.437	36.505	46.905	55.185	59.352	59.081	55.142	55.738	57.504	55.562	53.338	51.310	52.966	58.204	60.735
Hessen		3.056	4.102	5.458	6.214	6.432	6.455	5.940	6.022	6.481	6.480	6.361	6.314	7.280	9.350	11.061
Rheinland-Pfalz	(c)	4.991	6.313	6.244	7.330	7.252	7.008	6.793	6.682	6.538	6.504	6.170	5.924	6.454	7.924	8.953
Saarland	(d)	-	-	1.931	2.551	3.181	3.427	3.308	3.529	3.808	3.747	3.491	3.421	3.767	4.566	4.578
Baden-Württemberg		4.944	6.853	9.333	11.224	11.245	10.685	10.082	10.167	10.570	10.434	9.636	9.353	10.828	13.948	16.128
Bayern		9.409	12.215	16.329	19.031	19.482	18.797	17.143	16.843	17.099	15.869	14.414	13.815	15.312	18.229	19.733
Berlin (West)		3.753	3.993	4.675	5.127	5.096	4.571	4.372	4.501	4.747	4.720	4.865	5.191	5.989	6.584	6.850
Bundesgebiet West	(e)	67.686	86.554	111.964	131.160	138.316	136.008	126.585	126.802	130.567	126.881	121.010	116.750	124.825	144.410	155.525

Anmerkungen:
(a) Bis 1984 einschließlich Bremen
(b) Bis 1984 einschließlich kein Nachweis vorhand
(c) Bis 1981 einschließlich Saarland
(d) Bis 1981 kein Nachweis vorhanden
(e) Abweichungen in den Summen ergeben sich durch Runden der Zahlen

Quellen: Amtliche Nachrichten der Bundesanstalt für Arbeit, Arbeitsstatistik – Jahreszahlen, versch. Jge.; Bundesanstalt für Arbeit (Hrsg., 1995), S. 114.

Tab. A.8: Anteil der arbeitslosen Schwerbehinderten an der Gesamtzahl der Arbeitslosen 1980–1994 (alte Bundesländer)

Bundesland Bund	Anmerkungen	Jahr														
		1980	1981	1982	1983	1984	1985	1986	1987	1988	1989	1990	1991	1992	1993	1994
Schleswig-Holstein		5,3%	4,8%	4,4%	4,4%	4,5%	4,1%	4,1%	4,1%	4,2%	4,4%	4,7%	5,2%	5,4%	5,3%	5,0%
Hamburg		5,6%	4,1%	3,6%	3,0%	3,1%	2,9%	2,7%	2,7%	2,9%	3,4%	3,7%	4,0%	4,2%	4,2%	4,1%
Niedersachsen	(a)	7,9%	6,9%	5,9%	5,5%	5,7%	4,9%	4,6%	4,6%	4,7%	5,0%	5,2%	5,5%	5,7%	5,4%	5,2%
Bremen	(b)	-	-	-	-	-	4,3%	3,8%	3,5%	3,4%	3,5%	3,2%	3,7%	3,9%	3,9%	3,8%
Nordrhein-Westfalen		9,8%	9,1%	8,3%	7,8%	8,3%	8,1%	7,6%	7,6%	7,6%	8,1%	8,5%	9,1%	9,1%	8,3%	7,7%
Hessen		5,0%	4,4%	3,9%	3,6%	3,8%	3,9%	3,8%	3,9%	4,2%	4,5%	4,7%	5,1%	5,3%	5,3%	5,3%
Rheinland-Pfalz	(c)	10,0%	8,7%	6,2%	6,0%	6,0%	5,6%	5,7%	5,7%	5,8%	6,4%	6,6%	7,2%	7,3%	6,7%	6,7%
Saarland	(d)	-	-	5,1%	5,4%	6,2%	6,4%	6,2%	6,7%	7,6%	8,1%	8,7%	9,5%	9,8%	9,6%	8,9%
Baden-Württemberg		6,1%	5,7%	5,1%	4,9%	5,2%	5,1%	5,1%	5,1%	5,2%	5,7%	5,6%	5,9%	5,6%	5,0%	4,8%
Bayern		6,4%	5,7%	5,4%	5,2%	5,6%	5,5%	5,4%	5,5%	5,6%	6,0%	6,0%	6,4%	6,3%	5,6%	5,5%
Berlin (West)		11,0%	8,6%	6,7%	6,1%	6,2%	5,6%	5,2%	5,0%	4,9%	5,1%	5,4%	5,6%	5,5%	5,4%	5,3%
Bundesgebiet West		7,6%	6,8%	6,1%	5,8%	6,1%	5,9%	5,7%	5,7%	5,8%	6,2%	6,4%	6,9%	6,9%	6,4%	6,1%

Anmerkungen:
(a) Bis 1984 einschließlich Bremen
(b) Bis 1984 einschließlich kein Nachweis vorhand
(c) Bis 1981 einschließlich Saarland
(d) Bis1981 kein Nachweis vorhanden

Quellen: Amtliche Nachrichten der Bundesanstalt für Arbeit, Arbeitsstatistik – Jahreszahlen, versch. Jge.; Bundesanstalt für Arbeit (Hrsg., 1995), S. 114.

Tab. A.9: Arbeitslosenquoten 1980–1994

Jahr	Arbeitslosenquoten (in %)		Differenz (%-Punkte)
	Alle Erwerbspersonen*	Schwerbehinderte**	
1980	3,8	6,9	3,1
1981	5,5	8,7	3,2
1982	7,5	10,2	2,7
1983	9,1	11,7	2,6
1984	9,1	12,5	3,4
1985	9,3	12,4	3,1
1986	9,0	11,9	2,9
1987	8,9	12,9	4,0
1988	8,7	13,2	4,5
1989	7,9	12,6	4,7
1990	7,2	11,7	4,5
1991	6,3	11,4	5,1
1992	6,6	12,1	5,5
1993	8,2	14,1	5,9
1994	8,2	14,9	6,7

Anmerkungen: *Arbeitslose in % der abhängigen Erwerbspersonen (ohne Soldaten); **Zahl der arbeitslosen Schwerbehinderten des jeweiligen Jahres bezogen auf die Zahl der schwerbehinderten Erwerbspersonen des Vorjahres (jeweils Ende September)

Quellen: *Von Henninges* (1993), S. 45, *Bundesanstalt für Arbeit* (Hrsg., 1994), S. 42 f., dies. (Hrsg., 1995), S. 114.

Tab. A.10: Arbeitslose (unter 60 Jahre) nach ausgewählten Merkmalen und Ausmaß gesundheitlicher Einschränkungen

	Merkmale	Empirische Häufigkeiten (H(x))				Erwartete Häufigkeiten (E(x))				Differenz relativ zur erwarteten Häufigkeit				Durchschnittliche Arbeitslosigkeitsdauer			
		insges.	MdE-Gruppen			insges.	MdE-Gruppen			insges.	MdE-Gruppen			insges.	MdE-Gruppen		
			ohne GE	Schwb.	GE/0-49%		ohne GE	Schwb.	GE/0-49%		ohne GE	Schwb.	GE/0-49%		ohne GE	Schwb.	GE/0-49%
	ohne	179.828	144.220	5.722	29.886	167.869	114.982	12.651	40.236	7,1	25,4	-54,8	-25,7	4,50	3,90	9,54	6,42
1 Merkmal	TZ	56.540	50.608	755	5.177	42.385	29.032	3.194	10.159	33,4	74,3	-76,4	-49,0	6,49	6,39	9,07	7,23
	NEWT	33.410	25.424	2.313	5.673	42.366	29.018	3.193	10.155	-21,1	-12,4	-27,6	-44,1	6,74	5,39	12,96	10,22
	OA	184.650	136.526	6.895	41.229	198.307	135.831	14.945	47.531	-6,9	0,5	-53,9	-13,3	5,30	4,24	11,83	7,72
	ÄLT	55.574	25.929	11.428	18.217	62.650	42.912	4.722	15.016	-11,3	-39,6	142,0	21,3	10,03	8,79	14,06	12,00
	Summe	330.174	238.487	21.391	70.296	345.708	236.793	26.054	82.861	-4,5	0,7	-17,9	-15,2	6,45	5,31	13,05	8,99
2 Merkmale	TZ+OA	37.184	29.925	849	6.410	50.071	34.296	3.774	12.001	-25,7	-12,7	-77,5	-46,6	6,68	6,27	11,91	7,90
	TZ+NEWT	11.165	9.872	330	963	10.697	7.327	806	2.564	4,4	34,7	-59,1	-62,4	7,45	7,08	12,61	9,46
	TZ+ÄLT	11.358	5.971	1.298	4.089	15.819	10.835	1.192	3.792	-28,2	-44,9	8,9	7,8	10,75	10,11	13,41	10,85
	NEWT+OA	61.532	46.167	4.053	11.312	50.048	34.280	3.772	11.996	22,9	34,7	7,4	-5,7	6,83	5,04	14,93	11,22
	NEWT+ÄLT	11.083	3.151	3.510	4.422	15.810	10.829	1.192	3.789	-29,9	-70,9	194,5	16,7	16,33	11,32	19,25	16,17
	ÄLT+OA	81.438	34.507	12.283	34.648	74.017	50.695	5.578	17.744	10,0	-31,9	120,2	95,3	11,72	9,04	15,61	13,05
	Summe	213.760	129.593	22.323	61.844	216.462	148.262	16.314	51.886	-1,2	-12,6	36,8	19,2	9,40	6,93	15,75	12,20
3 Merkmale	TZ+NEWT+OA	10.078	7.829	547	1.702	12.636	8.655	952	3.029	-20,2	-9,5	-42,5	-43,8	9,10	7,17	13,96	10,52
	TZ+NEWT+ÄLT	2.631	1.002	622	1.007	3.992	2.734	301	957	-34,1	-63,4	106,6	5,2	13,88	12,40	17,36	13,26
	TZ+OA+ÄLT	23.243	10.700	2.196	10.347	18.687	12.800	1.408	4.479	24,4	-16,4	56,0	131,0	10,83	9,65	14,27	11,32
	NEWT+OA+ÄLT	22.239	6.115	5.274	10.850	18.679	12.794	1.408	4.477	19,1	-52,2	274,6	142,3	16,68	12,45	20,69	17,10
	Summe	58.191	25.646	8.639	23.906	53.994	36.983	4.069	12.942	7,8	-30,7	112,3	84,7	12,90	9,67	18,39	13,97
4 M	TZ+OA+NEWT+ÄLT	6.808	2.318	1.369	3.121	4.716	3.230	355	1.131	44,4	-28,2	285,6	176,0	14,70	12,07	18,25	15,10
Insges./*erklärte Varianz*		788.761	540.264	59.444	189.053	788.749	540.250	59.443	189.056	-	-	-	-	*7,40*	*5,57*	*14,62*	*10,37*

Anmerkungen: ALT = älter; GE = gesundheitliche Einschränkung; MdE = Minderung der Erwerbsfähigkeit; NEWT = nicht erwerbstätig; OA = ohne Ausbildung; Schwb. = Schwerbehinderte; TZ = wünscht Teilzeitarbeit.

Quelle: *Schettkat/Semmlinger* (1982b), S. 438 und S. 439; eigene Berechnungen.

Tab. A.11: Altersstruktur der Zugänge in Arbeitslosigkeit von Personen ohne/mit gesundheitlichen Einschränkungen (GE) 1986–1990 (Angaben in %)

Alter in Jahren	Jahr																			
	1986				1987				1988				1989				1990			
	insges.	ohne GE	Schwb.	übr. GE	insges.	ohne GE	Schwb.	übr. GE	insges.	ohne GE	Schwb.	übr. GE	insges.	ohne GE	Schwb.	übr. GE	insges.	ohne GE	Schwb.	übr. GE
15-19	10,9	11,7	2,5	4,8	10,5	11,3	3,1	5,0	10,1	10,9	2,1	4,5	10,5	11,4	2,2	3,8	9,3	10,1	2,9	3,6
20-24	26,5	28,0	12,0	17,6	26,7	28,2	10,3	17,8	25,8	27,3	11,3	17,0	24,4	25,6	11,7	17,1	23,9	25,4	11,5	15,5
25-29	18,1	18,8	10,4	13,7	18,4	19,3	10,2	13,3	18,8	19,7	10,1	13,5	18,6	19,4	11,3	14,0	18,9	19,6	10,8	15,2
30-34	11,5	11,9	7,8	9,4	11,7	12,0	8,3	9,7	12,0	12,4	8,5	9,1	12,6	13,2	8,0	9,2	13,4	14,0	7,9	9,8
35-39	9,2	9,2	9,1	9,9	9,2	9,2	8,8	10,5	9,6	9,6	9,5	10,1	10,2	10,3	8,8	9,8	10,2	10,4	8,3	9,5
40-44	6,9	6,6	8,6	9,7	6,4	6,1	8,3	8,5	6,3	5,9	7,8	9,2	6,1	5,9	7,9	8,3	6,6	6,3	7,8	8,8
15-44	83,2	86,1	50,4	65,2	83,0	86,1	49,0	64,7	82,5	85,9	49,3	63,4	82,5	85,8	49,9	62,1	82,3	85,8	49,2	62,2
45-49	6,9	6,1	12,7	12,0	6,9	6,2	12,0	12,3	6,6	5,9	11,8	11,3	6,4	5,7	11,6	11,3	6,1	5,4	11,5	10,5
50-54	5,1	4,2	14,5	11,0	5,0	4,0	15,5	10,8	5,5	4,4	15,8	12,2	5,6	4,5	16,2	12,7	6,0	4,8	18,1	12,8
55-59	4,2	3,0	20,3	9,7	4,3	3,2	21,4	10,2	4,6	3,3	20,7	11,1	4,5	3,2	20,0	11,6	4,5	3,2	18,6	11,8
60-64	0,8	0,6	2,2	2,0	0,8	0,6	2,3	2,0	0,9	0,7	2,4	2,0	1,0	0,8	2,3	2,3	1,1	0,9	2,6	2,6
45-64	16,9	13,9	49,6	34,8	16,9	14,0	51,2	35,3	17,6	14,2	50,7	36,7	17,5	14,2	50,2	37,8	17,7	14,3	50,8	37,7
Summe*	100,0	100,0	100,0	100,0	100,0	100,0	100,0	100,0	100,0	100,0	100,0	100,0	100,0	100,0	100,0	100,0	100,0	100,0	100,0	100,0
Absolut	89.768	78.980	2.915	7.873	91.601	80.681	2.937	7.983	96.522	84.543	3.204	8.775	94.818	83.362	3.040	8.416	109.178	94.027	4.115	11.036

*Abweichungen ergeben sich durch Rundung.

Quelle: *Von Henninges* (1993), S. 46; eigene Berechnungen.

Tab. A.12: Zugänge von Schwerbehinderten in Arbeitslosigkeit und erwerbstätige Schwerbehinderte nach Geschlecht und Alter (1990)

Alter	Erwerbstätige insgesamt					Männer					Frauen				
	Erwerbstätige*		Zugänge in Arbeitslosigkeit		Zugänge/ 1.000 ET	Erwerbstätige*		Zugänge in Arbeitslosigkeit		Zugänge/ 1.000 ET	Erwerbstätige*		Zugänge in Arbeitslosigkeit		Zugänge/ 1.000 ET
	absolut	%	absolut	%		absolut	%	absolut	%		absolut	%	absolut	%	
15-19	12.000	1,3	82	2,6	6,8	6.000	0,9	39	1,8	6,5	6.000	2,0	43	4,0	7,2
20-24	53.000	5,7	353	11,0	6,7	28.000	4,4	208	9,8	7,4	25.000	8,5	145	13,4	5,8
25-29	57.000	6,2	344	10,7	6,0	32.000	5,1	221	10,4	6,9	25.000	8,5	123	11,3	4,9
30-34	66.000	7,1	261	8,1	4,0	43.000	6,8	184	8,6	4,3	23.000	7,8	77	7,1	3,3
35-39	60.000	6,5	277	8,6	4,6	38.000	6,0	199	9,3	5,2	22.000	7,5	78	7,2	3,5
40-44	88.000	9,5	252	7,8	2,9	63.000	10,0	169	7,9	2,7	25.000	8,5	83	7,6	3,3
15-44	336.000	36,3	1.569	48,8	4,7	210.000	33,2	1.020	47,9	4,9	126.000	43,0	549	50,6	4,4
45-49	134.000	14,5	370	11,5	2,8	92.000	14,5	244	11,5	2,7	42.000	14,3	126	11,6	3,0
50-54	209.000	22,6	579	18,0	2,8	143.000	22,6	379	17,8	2,7	66000	22,5	200	18,4	3,0
55-59	180.000	19,4	605	18,8	3,4	137.000	21,6	411	19,3	3,0	43.000	14,7	194	17,9	4,5
60-64	67.000	7,2	92	2,9	1,4	51.000	8,1	76	3,6	1,5	16.000	5,5	16	1,5	1,0
45-64	590.000	63,7	1.646	51,2	2,8	423.000	66,8	1.110	52,1	2,6	167.000	57,0	536	49,4	3,2
Alle	926.000	100,0	3.215	100,0	3,5	633.000	100,0	2.130	100,0	3,4	293.000	100,0	1.085	100,0	3,7

* Erwerbstätige 1989, Sonderauswertungen aus dem Mikrozensus 1989

Quelle: *Von Henninges* (1993), S. 47; eigene Berechnungen.

Tab. A.13: Ausbildungsstruktur der Zugänge in Arbeitslosigkeit von

Personengruppe	Ausbildung	Jahr							
		1986				1987			
		insges.	ohne GE	Schwb.	übrige GE	insges.	ohne GE	Schwb.	übrige GE
Männer	Ohne Ausbildung	43,0	42,5	44,0	47,2	44,4	44,2	44,6	46,1
	Mit betriebl. Ausbildung	48,0	47,9	48,8	48,7	46,4	45,9	47,9	49,9
	Berufsfachschule	1,5	1,4	2,9	1,8	1,4	1,4	3,2	1,3
	Fachschule	1,7	1,7	2,1	1,5	1,9	1,9	2,0	1,5
	Fachhochschule	1,6	1,7	0,8	0,4	1,5	1,6	0,8	0,6
	Uni, sonst. Hochschule	4,2	4,7	1,4	0,4	4,4	5,0	1,5	0,6
	Summe	100,0	100,0	100,0	100,0	100,0	100,0	100,0	100,0
	Absolut	50.410	43.706	1.948	4.756	52.374	45.521	1.988	4.865
Frauen	Ohne Ausbildung	43,7	41,9	56,5	60,3	43,6	41,8	55,4	59,9
	Mit betriebl. Ausbildung	42,5	43,4	35,0	34,0	42,1	43,0	35,4	34,3
	Berufsfachschule	4,1	4,2	3,5	3,3	4,0	4,0	4,3	3,2
	Fachschule	3,2	3,3	2,3	1,7	3,1	3,2	2,4	1,9
	Fachhochschule	1,3	1,4	0,5	0,1	1,3	1,4	0,6	0,0
	Uni, sonst. Hochschule	5,3	5,8	2,3	0,6	5,9	6,5	1,8	0,6
	Summe	100,0	100,0	100,0	100,0	100,0	100,0	100,0	100,0
	Absolut	39.358	35.274	967	3.117	39.227	35.160	949	3.118
Alle	Ohne Ausbildung	43,3	42,2	48,1	52,4	44,1	43,2	48,1	51,5
	Mit betriebl. Ausbildung	45,6	45,9	44,2	42,9	44,6	44,6	43,9	43,8
	Berufsfachschule	2,6	2,7	3,1	2,4	2,5	2,5	3,6	2,0
	Fachschule	2,4	2,4	2,2	1,6	2,4	2,5	2,1	1,7
	Fachhochschule	1,5	1,6	0,7	0,3	1,4	1,5	0,7	0,4
	Uni, sonst. Hochschule	4,7	5,2	1,7	0,5	5,0	5,7	1,6	0,6
	Summe	100,0	100,0	100,0	100,0	100,0	100,0	100,0	100,0
	Absolut	89.768	78.980	2.915	7.873	91.601	80.681	2.937	7.983

Quelle: *Von Henninges* (1993), S. 48; eigene Berechnungen.

Tab. A.14: Zugänge von Schwerbehinderten in Arbeitslosigkeit und

Berufsausbildung	insgesamt				
	Erwerbstätige*		Zugänge in Arbeitslosigkeit		Zugänge/ 1.000 ET
	absolut	%	absolut	%	
Kein Abschluß	298.000	31,1	1.443	35,9	4,8
Lehre**	526.000	54,8	2.440	60,8	4,6
Meisterabschluß	67.000	7,0	61	1,5	0,9
Fachhochschule	29.000	3,0	31	0,8	1,1
So. Hochschule	39.000	4,1	40	1,0	1,0
insgesamt	959.000	100,0	4.015	100,0	4,2

Anmerkungen: * Erwerbstätige 1989, Sonderauswertungen aus dem Mikrozensus 1989; **auch: berufliches Praktikum.

Quelle: *Von Henninges* (1993), S. 49; eigene Berechnungen.

Personen ohne/mit gesundheitlichen Einschränkungen (1986–1990)

Jahr											
1988				1989				1990			
insges.	ohne GE	Schwb.	übrige GE	insges.	ohne GE	Schwb.	übrige GE	insges.	ohne GE	Schwb.	übrige GE
45,0	45,2	44,9	43,6	46,3	46,3	45,2	46,2	42,5	42,4	41,7	43,6
45,2	44,4	47,9	52,3	42,5	41,7	47,7	48,5	46,6	45,8	50,9	51,5
1,7	1,7	3,3	1,4	2,6	2,6	2,9	2,7	2,5	2,5	3,0	2,2
2,0	2,1	1,7	1,7	2,6	2,7	1,8	1,6	2,8	2,9	2,0	2,0
1,7	1,8	1,0	0,5	1,9	2,1	1,0	0,5	1,7	1,9	1,2	0,4
4,4	4,9	1,1	0,5	4,0	4,6	1,3	0,5	3,9	4,4	1,3	0,4
100,0	100,0	100,0	100,0	100,0	100,0	100,0	100,0	100,0	100,0	100,0	100,0
54.632	47.354	2.114	5.164	52.722	45.662	1.995	5.065	59.607	50.933	2.130	6.544
43,3	41,5	56,4	57,4	42,8	41,4	51,6	56,5	42,6	41,0	51,2	56,0
42,0	42,7	34,7	36,7	41,2	41,6	38,1	37,7	43,0	43,6	41,1	37,7
4,5	4,6	4,4	3,4	5,1	5,2	5,3	3,1	4,4	4,6	4,1	2,9
3,5	3,7	2,1	1,8	4,0	4,2	2,6	2,0	3,8	4,0	1,7	2,6
1,4	1,5	0,6	0,2	1,7	1,9	0,3	0,3	1,4	1,6	0,6	0,2
5,3	5,9	1,7	0,6	5,2	5,8	2,2	0,4	4,7	5,2	1,2	0,5
100,0	100,0	100,0	100,0	100,0	100,0	100,0	100,0	100,0	100,0	100,0	100,0
41.890	37.189	1.090	3.611	42.096	37.700	1.045	3.351	49.571	43.094	1.985	4.492
44,3	43,6	48,8	49,3	44,7	44,1	47,4	50,3	42,5	41,8	46,3	48,6
43,8	43,7	43,4	45,9	41,9	41,7	44,4	44,2	45,0	44,8	46,2	45,9
2,9	3,0	3,7	2,2	3,7	3,8	3,7	2,9	3,4	3,5	3,5	2,5
2,7	2,8	1,8	1,7	3,2	3,4	2,1	1,8	3,3	3,4	1,9	2,2
1,6	1,7	0,9	0,4	1,8	2,0	0,8	0,4	1,6	1,8	0,9	0,3
4,8	5,3	1,3	0,5	4,5	5,1	1,6	0,5	4,3	4,8	1,3	0,4
100,0	100,0	100,0	100,0	100,0	100,0	100,0	100,0	100,0	100,0	100,0	100,0
96.522	84.543	3.204	8.775	94.818	83.362	3.040	8.416	109.178	94.027	4.115	11.036

erwerbstätige Schwerbehinderte nach Berufsausbildung (1990)

Männer					Frauen				
Erwerbstätige*		Zugänge in Arbeitslosigkeit		Zugänge/ 1.000 ET	Erwerbstätige*		Zugänge in Arbeitslosigkeit		Zugänge/ 1.000 ET
absolut	%	absolut	%		absolut	%	absolut	%	
168.000	25,4	888	30,3	5,3	130.000	43,6	555	51,2	4,3
377.000	57,0	1.947	66,5	5,2	149.000	50,0	493	45,4	3,3
61.000	9,2	43	1,5	0,7	6.000	2,0	18	1,7	3,0
24.000	3,6	25	0,9	1,0	5.000	1,7	6	0,6	1,2
31.000	4,7	27	0,9	0,9	8.000	2,7	13	1,2	1,6
661.000	100,0	2.930	100,0	4,4	298.000	100,0	1.085	100,0	3,6

Tab. A.15: Durchschnittliche Dauer der Arbeitslosigkeit (in Monaten) bei Personen ohne/mit gesundheitlichen Einschränkungen (GE) nach Altersgruppen (1986–1990)

Alter in Jahren	Jahr											
	1986				1988				1990			
	Insgesamt	Nicht-behinderte	Schwer-behinderte	Übrige GE	Insgesamt	Nicht-behinderte	Schwer-behinderte	Übrige GE	Insgesamt	Nicht-behinderte	Schwer-behinderte	Übrige GE
15-19	3,79	3,75	6,67	4,61	3,79	3,80	3,83	3,55	2,61	2,57	4,52	3,18
20-24	4,52	4,43	7,60	5,42	4,18	4,09	6,73	5,00	3,25	3,11	6,91	4,41
25-29	6,29	6,14	8,58	7,80	5,62	5,47	7,89	7,00	4,63	4,46	7,29	6,08
30-34	7,10	6,87	9,23	9,48	6,81	6,61	10,27	8,32	5,76	5,53	9,14	7,96
35-39	7,16	6,82	11,12	9,57	6,88	6,66	8,77	8,53	6,26	5,81	10,96	9,37
40-44	7,08	6,64	10,74	9,62	7,38	6,99	10,29	9,28	6,91	6,44	9,99	8,96
45-49	7,71	7,13	12,26	10,36	7,74	7,15	11,86	9,74	8,19	7,35	11,45	11,18
50-54	8,62	7,63	13,54	11,73	9,10	8,23	12,45	11,78	10,10	9,05	13,08	12,82
55-59	10,79	9,58	13,47	13,99	11,37	7,86	14,81	13,82	14,66	12,83	19,86	16,47
60-64	19,59	18,37	21,47	21,24	21,99	20,74	25,11	22,98	23,33	22,42	25,72	23,46
Alle Altersgruppen	6,38	5,96	11,86	9,29	6,42	5,96	12,21	9,03	6,34	5,58	13,65	10,21
Anzahl Arbeitslose	89.768	78.980	2.915	7.873	96.522	84.543	3.204	8.775	109.178	94.027	4.115	11.036

Quelle: *Von Henninges* (1993), S. 46; eigene Berechnungen.

Tab. A.16: Durchschnittliche Dauer der Arbeitslosigkeit (in Monaten) bei Personen ohne/mit gesundheitlichen Einschränkungen (GE) nach Ausbildungsniveau (1986–1990)

Ausbildung	Jahr											
	1986				1988				1990			
	Insgesamt	Nicht-behinderte	Schwer-behinderte	Übrige GE	Insgesamt	Nicht-behinderte	Schwer-behinderte	Übrige GE	Insgesamt	Nicht-behinderte	Schwer-behinderte	Übrige GE
Ohne Ausbildung	7,31	6,20	13,48	10,50	7,25	6,72	12,64	10,00	7,42	6,42	15,15	11,53
Mit betrieblicher Ausbildung	5,70	5,37	10,83	8,19	5,74	5,31	11,91	8,11	5,58	4,93	12,35	8,87
Berufsfachschule	5,34	4,87	10,21	6,90	5,10	4,68	9,90	7,08	4,62	4,08	10,60	8,54
Fachschule	5,41	5,35	7,77	4,75	5,48	5,25	11,62	6,91	5,32	5,14	8,32	7,06
Fachhochschule	6,36	6,27	10,12	5,60	5,94	5,86	5,42	11,24	5,79	5,65	7,70	9,40
Uni, sonstige Hochschule	7,04	6,98	6,40	13,43	6,79	6,73	12,74	4,79	6,50	6,39	12,58	10,07
Alle Ausbildungsniveaus	6,38	5,96	11,86	9,29	6,42	5,96	12,21	9,03	6,34	5,58	13,65	10,21
Anzahl Arbeitslose	89.768	78.980	2.915	7.873	96.522	84.543	3.204	8.775	109.178	94.027	4.115	11.036

Quelle: *Von Henninges* (1993), S. 46, 54 und 55; eigene Berechnungen.

Tab. A.17: Schwerbehinderte nach Altersklassen, überwiegendem Lebensunterhalt und Nettoeinkommensklassen 1986 (Anteile am Gesamt der Altersklasse)

Alter von ... bis unter ... Jahren	Überwiegender Lebensunterhalt (LU)	Personen insgesamt	Personen ohne Einkommen	Einkommensbezieher							Mithelfende Familienangehörige selbständiger Landwirte/ohne Angabe
				zusammen	davon mit einem monatl. Nettoeinkommen von ... bis unter ... DM						
					<600	600-1000	1000-1400	1400-1800	1800-2200	2200+	
<15	Erwerbstätigkeit	0,0%	0,0%	0,0%	0,0%	0,0%	0,0%	0,0%	0,0%	0,0%	0,0%
	AL-Geld/-hilfe	0,0%	0,0%	0,0%	0,0%	0,0%	0,0%	0,0%	0,0%	0,0%	0,0%
	Rente/Pension	0,0%	0,0%	0,0%	0,0%	0,0%	0,0%	0,0%	0,0%	0,0%	0,0%
	LU durch Angeh.	95,1%	100,0%	66,7%	67,7%	53,3%	0,0%	0,0%	100,0%	0,0%	43,3%
	Sozialhilfe	4,7%	0,0%	30,8%	29,0%	40,0%	0,0%	0,0%	0,0%	0,0%	56,7%
	Sonstiger LU	0,2%	0,0%	2,6%	3,2%	0,0%	0,0%	0,0%	0,0%	0,0%	0,0%
	Zusammen	100,0%	100,0%	100,0%	100,0%	100,0%	0,0%	0,0%	100,0%	0,0%	100,0%
15 - 25	Erwerbstätigkeit	35,7%	0,0%	63,6%	50,7%	57,6%	81,0%	93,1%	85,4%	60,0%	29,9%
	AL-Geld/-hilfe	2,7%	0,0%	4,4%	6,2%	7,2%	1,3%	0,0%	0,0%	0,0%	5,7%
	Rente/Pension	3,6%	0,0%	6,5%	5,2%	5,8%	11,8%	0,0%	4,9%	25,0%	2,3%
	LU durch Angeh.	50,5%	100,2%	13,4%	20,0%	15,8%	3,3%	4,6%	4,9%	0,0%	43,7%
	Sozialhilfe	4,4%	0,0%	6,7%	11,6%	2,9%	2,6%	0,0%	0,0%	10,0%	13,8%
	Sonstiger LU	3,0%	0,0%	5,3%	5,9%	11,5%	0,0%	2,3%	4,9%	0,0%	3,4%
	Zusammen	100,0%	100,0%	100,0%	100,0%	100,0%	100,0%	100,0%	100,0%	100,0%	100,0%
25 - 50	Erwerbstätigkeit	53,1%	0,0%	61,0%	33,1%	29,0%	47,5%	72,1%	88,7%	90,5%	43,5%
	AL-Geld/-hilfe	4,7%	0,0%	5,4%	8,9%	15,9%	6,0%	2,8%	0,4%	0,0%	3,0%
	Rente/Pension	19,6%	0,0%	22,5%	16,6%	36,7%	39,4%	23,2%	10,2%	7,5%	16,5%
	LU durch Angeh.	16,1%	100,0%	4,2%	13,5%	9,0%	3,5%	0,3%	0,2%	0,2%	22,8%
	Sozialhilfe	5,3%	0,0%	5,6%	25,6%	6,1%	2,7%	0,9%	0,0%	1,0%	11,9%
	Sonstiger LU	1,2%	0,0%	1,3%	2,2%	3,5%	1,0%	0,5%	0,4%	0,8%	2,3%
	Zusammen	100,0%	100,0%	100,0%	100,0%	100,0%	100,0%	100,0%	100,0%	100,0%	100,0%
50 - 55	Erwerbstätigkeit	48,0%	0,0%	53,4%	13,0%	16,5%	36,8%	64,3%	82,4%	82,3%	54,2%
	AL-Geld/-hilfe	3,6%	0,0%	4,1%	5,0%	13,8%	6,0%	1,5%	0,0%	0,0%	3,4%
	Rente/Pension	30,5%	0,0%	34,6%	39,4%	56,3%	52,3%	33,3%	16,6%	16,4%	26,1%
	LU durch Angeh.	14,5%	100,0%	4,4%	27,3%	5,9%	2,9%	0,8%	0,0%	0,8%	8,4%
	Sozialhilfe	2,4%	0,0%	2,6%	14,6%	4,8%	0,9%	0,0%	0,8%	0,3%	3,0%
	Sonstiger LU	0,9%	0,0%	0,8%	0,6%	2,7%	0,9%	0,3%	0,3%	0,3%	4,4%
	Zusammen	100,0%	100,0%	100,0%	100,0%	100,0%	100,0%	100,0%	100,0%	100,0%	100,0%

55 - 60	Erwerbstätigkeit	35,2%	0,0%	39,1%	4,6%	15,9%	20,6%	38,3%	60,6%	68,7%	34,4%
	AL-Geld/-hilfe	3,1%	0,0%	3,4%	4,6%	5,8%	5,6%	2,5%	1,5%	1,9%	3,3%
	Rente/Pension	44,1%	0,0%	49,2%	45,9%	68,3%	70,1%	55,5%	36,0%	27,4%	38,0%
	LU durch Angeh.	13,6%	100,0%	4,1%	27,9%	4,3%	2,1%	0,2%	0,2%	0,3%	15,4%
	Sozialhilfe	2,4%	0,0%	2,4%	14,5%	5,5%	0,5%	0,2%	0,0%	0,0%	5,2%
	Sonstiger LU	1,7%	0,0%	1,8%	2,5%	0,3%	1,2%	3,2%	1,8%	1,6%	3,3%
	Zusammen	100,0%	100,0%	100,0%	100,0%	100,0%	100,0%	100,0%	100,0%	100,0%	100,0%
60 - 62	Erwerbstätigkeit	12,1%	0,0%	12,6%	4,4%	2,3%	5,6%	10,6%	11,6%	30,3%	15,4%
	AL-Geld/-hilfe	0,4%	0,0%	0,4%	0,0%	0,7%	1,7%	0,0%	0,3%	0,0%	0,0%
	Rente/Pension	77,1%	0,0%	82,0%	66,4%	90,2%	91,2%	87,7%	87,2%	66,9%	73,2%
	LU durch Angeh.	8,6%	100,0%	3,2%	26,5%	3,3%	0,4%	0,7%	0,3%	0,0%	7,5%
	Sozialhilfe	0,8%	0,0%	0,8%	3,0%	3,3%	0,4%	0,0%	0,0%	0,0%	1,8%
	Sonstiger LU	1,0%	0,0%	1,0%	0,0%	0,0%	0,7%	0,7%	0,6%	2,7%	1,8%
	Zusammen	100,0%	100,0%	100,0%	100,0%	100,0%	100,0%	100,0%	100,0%	100,0%	100,0%
62-65	Erwerbstätigkeit	5,5%	0,0%	5,2%	1,5%	0,8%	2,1%	3,6%	5,2%	14,4%	13,8%
	AL-Geld/-hilfe	0,1%	0,0%	0,1%	0,8%	0,0%	0,0%	0,2%	0,0%	0,0%	0,5%
	Rente/Pension	82,4%	0,0%	88,0%	62,9%	90,2%	94,9%	95,7%	93,7%	84,0%	72,2%
	LU durch Angeh.	10,3%	100,0%	5,3%	28,8%	6,2%	2,7%	0,4%	1,2%	0,4%	7,3%
	Sozialhilfe	0,9%	0,0%	0,8%	4,9%	1,7%	0,0%	0,0%	0,0%	0,0%	2,7%
	Sonstiger LU	0,7%	0,0%	0,6%	1,1%	1,1%	0,2%	0,0%	0,0%	1,2%	3,5%
	Zusammen	100,0%	100,0%	100,0%	100,0%	100,0%	100,0%	100,0%	100,0%	100,0%	100,0%
65 +	Erwerbstätigkeit	0,8%	0,0%	0,7%	0,0%	0,6%	0,3%	0,2%	0,7%	2,7%	2,1%
	AL-Geld/-hilfe	0,0%	0,0%	0,0%	0,0%	0,0%	0,0%	0,0%	0,0%	0,0%	0,0%
	Rente/Pension	88,5%	0,0%	93,2%	69,7%	93,6%	97,6%	97,6%	97,3%	94,0%	86,7%
	LU durch Angeh.	8,3%	100,0%	3,7%	23,6%	2,7%	1,0%	1,1%	0,6%	0,6%	6,2%
	Sozialhilfe	1,2%	0,0%	1,2%	5,6%	2,2%	0,3%	0,6%	0,2%	0,2%	2,5%
	Sonstiger LU	1,2%	0,0%	1,1%	1,1%	0,9%	0,8%	0,5%	1,3%	2,5%	2,5%
	Zusammen	100,0%	100,0%	100,0%	100,0%	100,0%	100,0%	100,0%	100,0%	100,0%	100,0%
Zusammen	Erwerbstätigkeit	17,9%	0,0%	19,9%	10,5%	8,9%	12,0%	21,2%	29,8%	35,2%	16,9%
	AL-Geld/-hilfe	1,4%	0,0%	1,6%	2,7%	4,2%	1,8%	0,8%	0,3%	0,3%	1,2%
	Rente/Pension	64,0%	0,0%	70,8%	50,7%	77,2%	83,1%	76,0%	68,2%	62,0%	63,5%
	LU durch Angeh.	13,3%	100,0%	4,3%	23,6%	4,7%	1,7%	0,8%	0,5%	0,5%	10,9%
	Sozialhilfe	2,1%	0,0%	2,1%	10,8%	3,4%	0,7%	0,4%	0,1%	0,3%	4,8%
	Sonstiger LU	1,2%	0,0%	1,2%	1,7%	1,5%	0,8%	0,8%	1,0%	1,8%	2,7%
	Zusammen	100,0%	100,0%	100,0%	100,0%	100,0%	100,0%	100,0%	100,0%	100,0%	100,0%

Quelle: *Statistisches Bundesamt* (Mikrozensus 1986); eigene Berechnungen.

Tab. A.18: Leichtbehinderte nach Altersklassen, überwiegendem Lebensunterhalt und Nettoeinkommensklassen 1986 (Anteile am Gesamt der Altersklasse)

Alter von ... bis unter ... Jahren	Überwiegender Lebensunterhalt (LU)	Personen insgesamt	Personen ohne Einkommen	Einkommensbezieher							Mithelfende Familienangehörige selbständiger Landwirte/ohne Angabe
				zusammen	davon mit einem monatl. Nettoeinkommen von ... bis unter ... DM						
					<600	600-1000	1000-1400	1400-1800	1800-2200	2200+	
<15	Erwerbstätigkeit	0,0%	0,0%	0,0%	0,0%	0,0%	0,0%	0,0%	0,0%	0,0%	0,0%
	AL-Geld/-hilfe	0,0%	0,0%	0,0%	0,0%	0,0%	0,0%	0,0%	0,0%	0,0%	0,0%
	Rente/Pension	0,0%	0,0%	0,0%	0,0%	0,0%	0,0%	0,0%	0,0%	0,0%	0,0%
	LU durch Angeh.	97,6%	100,0%	100,0%	100,0%	0,0%	0,0%	0,0%	0,0%	0,0%	0,0%
	Sozialhilfe	2,4%	0,0%	0,0%	0,0%	0,0%	0,0%	0,0%	0,0%	0,0%	100,0%
	Sonstiger LU	0,0%	0,0%	0,0%	0,0%	0,0%	0,0%	0,0%	0,0%	0,0%	0,0%
	Zusammen	100,0%	100,0%	100,0%	100,0%	0,0%	0,0%	0,0%	0,0%	0,0%	100,0%
15 - 25	Erwerbstätigkeit	50,0%	0,0%	67,4%	44,8%	10,0%	81,8%	100,0%	90,9%	85,7%	62,5%
	AL-Geld/-hilfe	7,2%	0,0%	9,9%	13,8%	30,0%	9,1%	0,0%	9,1%	0,0%	6,3%
	Rente/Pension	0,8%	0,0%	1,1%	3,4%	0,0%	0,0%	0,0%	0,0%	0,0%	0,0%
	LU durch Angeh.	37,1%	98,6%	14,4%	37,9%	20,0%	0,0%	0,0%	0,0%	0,0%	25,0%
	Sozialhilfe	0,8%	0,0%	1,1%	0,0%	0,0%	0,0%	0,0%	0,0%	14,3%	0,0%
	Sonstiger LU	4,2%	0,0%	6,1%	1,7%	40,0%	9,1%	0,0%	0,0%	0,0%	0,0%
	Zusammen	100,0%	100,0%	100,0%	100,0%	100,0%	100,0%	100,0%	100,0%	100,0%	100,0%
25 - 50	Erwerbstätigkeit	78,2%	0,0%	85,5%	33,3%	46,7%	76,0%	92,3%	98,5%	98,5%	78,5%
	AL-Geld/-hilfe	5,7%	0,0%	6,4%	19,3%	28,5%	8,3%	4,5%	0,4%	0,6%	4,3%
	Rente/Pension	2,4%	0,0%	2,6%	3,5%	5,1%	10,7%	0,9%	0,9%	0,9%	3,2%
	LU durch Angeh.	11,2%	100,0%	2,7%	22,8%	8,0%	3,3%	1,4%	0,0%	0,0%	14,0%
	Sozialhilfe	1,6%	0,0%	1,9%	19,3%	5,8%	1,7%	0,5%	0,0%	0,0%	0,0%
	Sonstiger LU	0,8%	0,0%	1,0%	1,8%	5,8%	0,0%	0,5%	0,4%	0,0%	0,0%
	Zusammen	100,0%	100,0%	100,0%	100,0%	100,0%	100,0%	100,0%	100,0%	100,0%	100,0%
50 - 55	Erwerbstätigkeit	70,4%	0,0%	81,7%	35,7%	50,9%	69,6%	88,9%	98,4%	92,9%	73,0%
	AL-Geld/-hilfe	4,0%	0,0%	4,9%	28,6%	16,4%	4,8%	0,0%	0,8%	1,6%	0,0%
	Rente/Pension	7,9%	0,0%	9,0%	14,3%	14,5%	23,8%	8,3%	0,8%	3,9%	10,8%
	LU durch Angeh.	16,1%	100,0%	2,7%	17,9%	10,9%	2,4%	0,0%	0,0%	0,0%	13,5%
	Sozialhilfe	0,8%	0,0%	1,0%	3,6%	3,6%	0,0%	2,8%	0,0%	0,0%	0,0%
	Sonstiger LU	0,8%	0,0%	0,8%	0,0%	3,6%	0,0%	0,0%	0,0%	1,6%	2,7%
	Zusammen	100,0%	100,0%	100,0%	100,0%	100,0%	100,0%	100,0%	100,0%	100,0%	100,0%

55 - 60	Erwerbstätigkeit	57,5%	0,0%	63,5%	13,0%	16,0%	43,5%	65,8%	89,3%	84,6%	64,3%
	AL-Geld/-hilfe	6,0%	0,0%	6,8%	6,5%	24,0%	14,1%	6,7%	0,8%	1,0%	4,3%
	Rente/Pension	21,9%	0,0%	24,6%	39,1%	49,3%	42,4%	24,2%	9,8%	13,3%	21,4%
	LU durch Angeh.	12,2%	100,0%	2,5%	21,7%	5,3%	0,0%	1,7%	0,0%	0,0%	7,1%
	Sozialhilfe	1,5%	0,0%	1,7%	19,6%	2,7%	0,0%	0,0%	0,0%	0,0%	0,7%
	Sonstiger LU	1,0%	0,0%	0,9%	0,0%	2,7%	0,0%	1,7%	0,0%	1,0%	2,9%
	Zusammen	100,0%	100,0%	100,0%	100,0%	100,0%	100,0%	100,0%	100,0%	100,0%	100,0%
60 - 62	Erwerbstätigkeit	35,8%	0,0%	36,7%	21,1%	2,3%	11,9%	29,0%	53,8%	64,0%	50,0%
	AL-Geld/-hilfe	3,3%	0,0%	3,9%	0,0%	9,3%	11,9%	0,0%	3,8%	1,1%	0,0%
	Rente/Pension	50,1%	0,0%	55,0%	52,6%	86,0%	69,0%	71,8%	38,5%	31,5%	38,9%
	LU durch Angeh.	8,7%	100,0%	2,3%	26,3%	2,3%	0,0%	0,0%	1,9%	0,0%	8,3%
	Sozialhilfe	0,3%	0,0%	0,3%	0,0%	0,0%	2,4%	0,0%	0,0%	0,0%	0,0%
	Sonstiger LU	1,9%	0,0%	1,9%	0,0%	0,0%	4,8%	0,0%	1,9%	3,4%	2,8%
	Zusammen	100,0%	100,0%	100,0%	100,0%	100,0%	100,0%	100,0%	100,0%	100,0%	100,0%
62-65	Erwerbstätigkeit	17,6%	0,0%	17,6%	0,0%	3,3%	9,3%	12,9%	23,8%	32,9%	30,2%
	AL-Geld/-hilfe	0,3%	0,0%	0,3%	0,0%	0,0%	2,3%	0,0%	0,0%	0,0%	0,0%
	Rente/Pension	71,0%	0,0%	75,6%	69,7%	80,0%	83,7%	87,1%	75,0%	61,0%	60,4%
	LU durch Angeh.	9,2%	100,0%	4,5%	30,3%	16,7%	0,0%	0,0%	0,0%	1,2%	7,5%
	Sozialhilfe	0,0%	0,0%	0,0%	0,0%	0,0%	0,0%	0,0%	0,0%	0,0%	0,0%
	Sonstiger LU	2,0%	0,0%	2,0%	0,0%	0,0%	4,7%	0,0%	1,3%	4,9%	3,8%
	Zusammen	100,0%	100,0%	100,0%	100,0%	100,0%	100,0%	100,0%	100,0%	100,0%	100,0%
65 +	Erwerbstätigkeit	3,2%	0,0%	2,8%	0,0%	0,0%	1,4%	0,9%	4,9%	6,9%	10,9%
	AL-Geld/-hilfe	0,0%	0,0%	0,0%	0,0%	0,0%	0,0%	0,0%	0,0%	0,0%	0,0%
	Rente/Pension	91,7%	0,0%	94,0%	75,6%	97,4%	98,3%	97,7%	95,1%	90,8%	83,6%
	LU durch Angeh.	4,3%	100,0%	2,4%	19,5%	2,6%	0,6%	0,9%	0,0%	0,5%	3,6%
	Sozialhilfe	0,3%	0,0%	0,3%	2,4%	0,0%	0,0%	0,5%	0,0%	0,0%	0,0%
	Sonstiger LU	0,6%	0,0%	0,5%	2,4%	0,0%	0,0%	0,0%	0,0%	1,5%	1,8%
	Zusammen	100,0%	100,0%	100,0%	100,0%	100,0%	100,0%	100,0%	100,0%	100,0%	100,0%
Zusammen	Erwerbstätigkeit	47,2%	0,0%	51,2%	17,6%	23,0%	37,1%	49,7%	67,0%	69,6%	55,7%
	AL-Geld/-hilfe	3,6%	0,0%	4,1%	8,8%	15,7%	5,9%	2,2%	0,7%	0,7%	2,3%
	Rente/Pension	35,6%	0,0%	39,5%	40,5%	48,4%	54,5%	46,4%	31,9%	28,0%	30,0%
	LU durch Angeh.	11,6%	99,9%	3,0%	24,3%	6,9%	1,3%	0,9%	0,1%	0,2%	9,8%
	Sozialhilfe	0,9%	0,0%	1,1%	7,8%	2,6%	0,5%	0,5%	0,0%	0,1%	0,5%
	Sonstiger LU	1,1%	0,0%	1,1%	1,2%	3,4%	0,9%	0,4%	0,4%	1,4%	1,8%
	Zusammen	100,0%	100,0%	100,0%	100,0%	100,0%	100,0%	100,0%	100,0%	100,0%	100,0%

Quelle: *Statistisches Bundesamt* (Mikrozensus 1986); eigene Berechnungen.

Tab. A.19: Nichtbehinderte nach Altersklassen, überwiegendem Lebensunterhalt und Nettoeinkommensklassen 1986 (Anteile am Gesamt der Altersklasse)

Alter von ... bis unter ... Jahren	Überwiegender Lebensunterhalt (LU)	Personen insgesamt	Personen ohne Einkommen	Einkommensbezieher							Mithelfende Familienangehörige selbständiger Landwirte/ohne Angabe
				zusammen	davon mit einem monatl. Nettoeinkommen von ... bis unter ... DM						
					<600	600-1000	1000-1400	1400-1800	1800-2200	2200+	
<15	Erwerbstätigkeit	0,0%	0,0%	0,0%	0,0%	0,0%	0,0%	0,0%	0,0%	0,0%	0,0%
	AL-Geld/-hilfe	0,0%	0,0%	0,0%	0,0%	0,0%	0,0%	0,0%	0,0%	0,0%	0,0%
	Rente/Pension	0,3%	0,0%	8,8%	8,6%	13,5%	75,0%	0,0%	0,0%	0,0%	1,5%
	LU durch Angeh.	97,7%	100,0%	58,7%	59,4%	51,4%	25,0%	0,0%	0,0%	16,7%	42,9%
	Sozialhilfe	1,7%	0,0%	30,3%	30,0%	18,9%	0,0%	100,0%	0,0%	83,3%	49,0%
	Sonstiger LU	0,2%	0,0%	2,3%	2,0%	16,2%	0,0%	0,0%	0,0%	0,0%	6,7%
	Zusammen	100,0%	100,0%	100,0%	100,0%	100,0%	100,0%	100,0%	0,0%	100,0%	100,0%
15 - 25	Erwerbstätigkeit	50,2%	0,0%	77,7%	56,0%	67,2%	96,1%	99,1%	98,8%	97,1%	65,0%
	AL-Geld/-hilfe	2,3%	0,0%	3,5%	4,3%	9,3%	1,7%	0,4%	0,3%	0,2%	3,0%
	Rente/Pension	0,5%	0,0%	0,9%	1,6%	1,4%	0,2%	0,1%	0,2%	0,2%	0,7%
	LU durch Angeh.	44,2%	100,0%	13,8%	31,6%	13,1%	1,1%	0,2%	0,4%	0,4%	25,3%
	Sozialhilfe	1,1%	0,0%	1,6%	3,1%	2,3%	0,4%	0,0%	0,0%	0,9%	3,2%
	Sonstiger LU	1,7%	0,0%	2,6%	3,5%	6,8%	0,6%	0,1%	0,3%	1,3%	3,0%
	Zusammen	100,0%	100,0%	100,0%	100,0%	100,0%	100,0%	100,0%	100,0%	100,0%	100,0%
25 - 50	Erwerbstätigkeit	70,7%	0,0%	88,6%	38,5%	59,2%	84,5%	96,4%	98,6%	99,3%	74,5%
	AL-Geld/-hilfe	3,0%	0,0%	3,8%	10,3%	17,0%	7,1%	1,6%	0,4%	0,2%	3,2%
	Rente/Pension	0,7%	0,0%	0,9%	1,4%	2,7%	2,3%	0,7%	0,2%	0,2%	0,9%
	LU durch Angeh.	23,5%	100,0%	4,2%	35,5%	11,8%	3,0%	0,7%	0,3%	0,1%	18,0%
	Sozialhilfe	1,1%	0,0%	1,4%	9,4%	4,3%	1,7%	0,3%	0,1%	0,0%	1,4%
	Sonstiger LU	1,0%	0,0%	1,2%	5,0%	5,0%	1,3%	0,3%	0,3%	0,2%	2,0%
	Zusammen	100,0%	100,0%	100,0%	100,0%	100,0%	100,0%	100,0%	100,0%	100,0%	100,0%
50 - 55	Erwerbstätigkeit	66,8%	0,0%	86,3%	38,5%	58,8%	79,9%	92,0%	96,7%	98,1%	79,9%
	AL-Geld/-hilfe	2,7%	0,0%	3,6%	10,3%	15,6%	7,0%	1,7%	0,5%	0,1%	2,2%
	Rente/Pension	3,9%	0,0%	5,1%	9,0%	15,3%	10,2%	5,3%	1,8%	1,2%	3,7%
	LU durch Angeh.	25,2%	100,0%	3,4%	33,3%	6,9%	1,3%	0,5%	0,2%	0,0%	11,6%
	Sozialhilfe	0,8%	0,0%	1,0%	7,7%	2,6%	0,5%	0,1%	0,6%	0,1%	1,0%
	Sonstiger LU	0,6%	0,0%	0,6%	1,2%	0,9%	1,2%	0,5%	0,2%	0,5%	1,6%
	Zusammen	100,0%	100,0%	100,0%	100,0%	100,0%	100,0%	100,0%	100,0%	100,0%	100,0%

55 - 60	Erwerbstätigkeit	53,3%	0,0%	71,3%	27,5%	38,5%	56,2%	77,1%	83,1%	91,5%	70,3%
	AL-Geld/-hilfe	3,7%	0,0%	5,2%	10,2%	16,0%	10,4%	3,0%	2,0%	0,7%	3,2%
	Rente/Pension	12,3%	0,0%	16,9%	23,3%	33,3%	29,3%	17,7%	11,7%	6,1%	12,4%
	LU durch Angeh.	28,6%	100,0%	3,7%	30,7%	7,4%	1,7%	0,6%	0,3%	0,1%	11,6%
	Sozialhilfe	0,8%	0,0%	1,1%	5,4%	3,0%	0,7%	0,1%	1,1%	0,1%	0,8%
	Sonstiger LU	1,3%	0,0%	1,8%	3,0%	1,9%	1,8%	1,6%	1,7%	1,5%	1,7%
	Zusammen	100,0%	100,0%	100,0%	100,0%	100,0%	100,0%	100,0%	100,0%	100,0%	100,0%
60 - 62	Erwerbstätigkeit	28,3%	0,0%	35,4%	7,9%	11,8%	18,3%	36,9%	52,4%	69,1%	49,3%
	AL-Geld/-hilfe	1,5%	0,0%	2,1%	0,6%	3,3%	5,3%	1,8%	1,1%	0,7%	1,5%
	Rente/Pension	39,5%	0,0%	54,7%	62,4%	74,1%	72,5%	59,3%	43,9%	26,7%	31,6%
	LU durch Angeh.	28,7%	100,0%	5,2%	25,0%	8,0%	2,1%	0,8%	0,2%	0,5%	14,7%
	Sozialhilfe	0,5%	0,0%	0,7%	2,5%	1,9%	0,4%	0,0%	0,0%	0,0%	0,0%
	Sonstiger LU	1,5%	0,0%	1,9%	1,5%	1,0%	1,4%	1,4%	2,5%	3,0%	2,8%
	Zusammen	100,0%	100,0%	100,0%	100,0%	100,0%	100,0%	100,0%	100,0%	100,0%	100,0%
62-65	Erwerbstätigkeit	14,9%	0,0%	16,5%	3,5%	6,3%	7,9%	14,4%	21,1%	45,6%	34,1%
	AL-Geld/-hilfe	0,5%	0,0%	0,7%	0,8%	1,1%	0,5%	0,8%	0,7%	0,1%	0,2%
	Rente/Pension	57,8%	0,0%	74,2%	60,0%	85,6%	88,1%	82,9%	75,9%	51,0%	50,0%
	LU durch Angeh.	24,9%	100,0%	6,4%	31,8%	4,3%	2,0%	0,4%	1,4%	0,3%	12,7%
	Sozialhilfe	0,5%	0,0%	0,6%	1,8%	1,6%	0,2%	0,0%	0,0%	0,1%	0,5%
	Sonstiger LU	1,4%	0,0%	1,6%	1,9%	1,3%	1,3%	1,5%	0,8%	2,9%	2,7%
	Zusammen	100,0%	100,0%	100,0%	100,0%	100,0%	100,0%	100,0%	100,0%	100,0%	100,0%
65 +	Erwerbstätigkeit	1,8%	0,0%	1,5%	0,7%	0,7%	0,7%	0,9%	1,4%	6,6%	6,9%
	AL-Geld/-hilfe	0,0%	0,0%	0,0%	0,0%	0,0%	0,0%	0,0%	0,0%	0,0%	0,0%
	Rente/Pension	83,0%	0,0%	91,8%	73,6%	94,7%	97,2%	97,5%	96,1%	88,4%	81,7%
	LU durch Angeh.	13,2%	100,0%	4,5%	21,9%	2,4%	1,0%	0,9%	0,8%	0,8%	7,1%
	Sozialhilfe	0,5%	0,0%	0,5%	1,7%	0,9%	0,2%	0,1%	0,1%	0,2%	1,1%
	Sonstiger LU	1,6%	0,0%	1,6%	2,0%	1,2%	1,0%	0,6%	1,6%	4,0%	3,2%
	Zusammen	100,0%	100,0%	100,0%	100,0%	100,0%	100,0%	100,0%	100,0%	100,0%	100,0%
Zusammen	Erwerbstätigkeit	43,7%	0,0%	66,4%	34,4%	42,3%	59,4%	75,7%	82,1%	88,2%	59,2%
	AL-Geld/-hilfe	1,9%	0,0%	3,0%	4,7%	10,1%	3,9%	1,2%	0,5%	0,2%	2,4%
	Rente/Pension	13,7%	0,0%	21,1%	19,2%	32,1%	33,0%	21,9%	16,2%	10,6%	15,7%
	LU durch Angeh.	38,5%	100,0%	6,5%	32,4%	9,0%	1,8%	0,6%	0,4%	0,2%	17,2%
	Sozialhilfe	1,1%	0,0%	1,5%	6,1%	2,7%	0,8%	0,2%	0,2%	0,1%	3,0%
	Sonstiger LU	1,1%	0,0%	1,5%	3,3%	3,9%	1,1%	0,5%	0,6%	0,8%	2,5%
	Zusammen	100,0%	100,0%	100,0%	100,0%	100,0%	100,0%	100,0%	100,0%	100,0%	100,0%

Quelle: *Statistisches Bundesamt* (Mikrozensus 1986); eigene Berechnungen.

Tab. A.20: Gesamtbevölkerung nach Altersklassen, überwiegendem Lebensunterhalt und Nettoeinkommensklassen 1986 (Anteile am Gesamt der Altersklasse)

Alter von ... bis unter ... Jahren	Überwiegender Lebensunterhalt (LU)	Personen insgesamt	Personen ohne Einkommen	Einkommensbezieher							Mithelfende Familienangehörige selbständiger Landwirte/ohne Angabe
				zusammen	davon mit einem monatl. Nettoeinkommen von ... bis unter ... DM						
					<600	600-1000	1000-1400	1400-1800	1800-2200	2200+	
<15	Erwerbstätigkeit	0,0%	0,0%	0,0%	0,0%	0,0%	0,0%	0,0%	0,0%	0,0%	0,0%
	AL-Geld/-hilfe	0,0%	0,0%	0,0%	0,0%	0,0%	0,0%	0,0%	0,0%	0,0%	0,0%
	Rente/Pension	0,3%	0,0%	8,6%	8,4%	11,4%	75,0%	0,0%	0,0%	0,0%	1,4%
	LU durch Angeh.	97,7%	100,0%	58,9%	59,6%	53,4%	25,0%	0,0%	100,0%	16,7%	42,8%
	Sozialhilfe	1,8%	0,0%	30,2%	30,0%	22,7%	0,0%	100,0%	0,0%	83,3%	49,2%
	Sonstiger LU	0,2%	0,0%	2,3%	2,0%	13,6%	0,0%	0,0%	0,0%	0,0%	6,5%
	Zusammen	100,0%	100,0%	100,0%	100,0%	100,0%	100,0%	100,0%	100,0%	100,0%	100,0%
15 - 25	Erwerbstätigkeit	49,9%	0,0%	77,4%	55,9%	66,6%	95,3%	98,3%	98,6%	96,3%	64,4%
	AL-Geld/-hilfe	2,3%	0,0%	3,6%	4,3%	9,2%	1,8%	0,4%	0,4%	0,2%	3,0%
	Rente/Pension	0,6%	0,0%	0,9%	1,6%	1,5%	0,2%	0,1%	0,2%	0,6%	0,7%
	LU durch Angeh.	44,3%	100,0%	13,8%	31,4%	13,1%	1,1%	0,2%	0,5%	0,4%	25,6%
	Sozialhilfe	1,2%	0,0%	1,7%	3,2%	2,4%	0,4%	0,1%	0,0%	1,2%	3,3%
	Sonstiger LU	1,7%	0,0%	2,6%	3,6%	6,7%	0,6%	0,1%	0,4%	1,2%	3,0%
	Zusammen	100,0%	100,0%	100,0%	100,0%	100,0%	100,0%	100,0%	100,0%	100,0%	100,0%
25 - 50	Erwerbstätigkeit	70,2%	0,0%	87,5%	38,0%	57,3%	82,2%	95,4%	98,3%	99,1%	73,8%
	AL-Geld/-hilfe	3,1%	0,0%	3,9%	10,3%	17,1%	7,1%	1,7%	0,4%	0,2%	3,2%
	Rente/Pension	1,4%	0,0%	1,7%	2,6%	4,5%	4,7%	1,6%	0,5%	0,4%	1,3%
	LU durch Angeh.	23,1%	100,0%	4,2%	33,5%	11,6%	3,1%	0,7%	0,3%	0,1%	18,1%
	Sozialhilfe	1,3%	0,0%	1,5%	10,8%	4,4%	1,8%	0,3%	0,1%	0,0%	1,7%
	Sonstiger LU	1,0%	0,0%	1,2%	4,7%	5,0%	1,2%	0,4%	0,3%	0,2%	1,9%
	Zusammen	100,0%	100,0%	100,0%	100,0%	100,0%	100,0%	100,0%	100,0%	100,0%	100,0%
50 - 55	Erwerbstätigkeit	65,1%	0,0%	82,2%	34,4%	51,2%	72,4%	88,3%	95,4%	96,8%	78,2%
	AL-Geld/-hilfe	2,8%	0,0%	3,7%	9,9%	15,3%	6,7%	1,6%	0,5%	0,2%	2,3%
	Rente/Pension	6,6%	0,0%	8,7%	13,9%	22,4%	17,7%	9,1%	3,2%	2,4%	5,3%
	LU durch Angeh.	23,9%	100,0%	3,5%	31,9%	6,9%	1,6%	0,5%	0,2%	0,0%	11,4%
	Sozialhilfe	1,0%	0,0%	1,2%	8,6%	3,0%	0,5%	0,1%	0,6%	0,1%	1,1%
	Sonstiger LU	0,6%	0,0%	0,6%	1,1%	1,3%	1,1%	0,5%	0,2%	0,5%	1,8%
	Zusammen	100,0%	100,0%	100,0%	100,0%	100,0%	100,0%	100,0%	100,0%	100,0%	100,0%

55 - 60	Erwerbstätigkeit	50,3%	0,0%	64,1%	20,7%	32,2%	46,5%	68,0%	78,6%	87,6%	66,1%
	AL-Geld/-hilfe	3,7%	0,0%	4,9%	8,5%	14,0%	9,3%	3,1%	1,8%	0,9%	3,2%
	Rente/Pension	18,2%	0,0%	24,1%	30,1%	42,1%	40,4%	26,4%	16,8%	9,8%	15,6%
	LU durch Angeh.	25,3%	100,0%	3,7%	29,6%	6,6%	1,7%	0,6%	0,3%	0,1%	11,8%
	Sozialhilfe	1,1%	0,0%	1,4%	8,4%	3,6%	0,6%	0,1%	0,8%	0,1%	1,3%
	Sonstiger LU	1,4%	0,0%	1,7%	2,7%	1,6%	1,5%	1,9%	1,7%	1,5%	2,0%
	Zusammen	100,0%	100,0%	100,0%	100,0%	100,0%	100,0%	100,0%	100,0%	100,0%	100,0%
60 - 62	Erwerbstätigkeit	24,5%	0,0%	28,4%	7,3%	9,0%	13,9%	27,2%	36,9%	57,4%	43,1%
	AL-Geld/-hilfe	1,4%	0,0%	1,7%	0,4%	3,0%	4,5%	1,0%	1,0%	0,5%	1,1%
	Rente/Pension	49,7%	0,0%	63,2%	63,1%	78,8%	78,4%	70,1%	60,1%	38,8%	39,8%
	LU durch Angeh.	22,5%	100,0%	4,4%	25,6%	6,5%	1,5%	0,7%	0,4%	0,3%	13,0%
	Sozialhilfe	0,6%	0,0%	0,7%	2,6%	2,1%	0,5%	0,0%	0,0%	0,0%	0,3%
	Sonstiger LU	1,4%	0,0%	1,6%	1,1%	0,7%	1,3%	1,0%	1,8%	3,0%	2,6%
	Zusammen	100,0%	100,0%	100,0%	100,0%	100,0%	100,0%	100,0%	100,0%	100,0%	100,0%
62-65	Erwerbstätigkeit	12,5%	0,0%	13,1%	2,9%	4,8%	6,2%	11,0%	15,6%	34,4%	29,5%
	AL-Geld/-hilfe	0,4%	0,0%	0,5%	0,8%	0,8%	0,4%	0,5%	0,4%	0,1%	0,2%
	Rente/Pension	64,9%	0,0%	78,5%	61,1%	86,6%	90,0%	87,2%	82,3%	62,7%	55,0%
	LU durch Angeh.	20,4%	100,0%	6,0%	31,0%	5,0%	2,1%	0,4%	1,3%	0,4%	11,4%
	Sozialhilfe	0,6%	0,0%	0,7%	2,6%	1,6%	0,1%	0,0%	0,0%	0,1%	0,9%
	Sonstiger LU	1,2%	0,0%	1,3%	1,6%	1,2%	1,1%	1,0%	0,6%	2,4%	2,9%
	Zusammen	100,0%	100,0%	100,0%	100,0%	100,0%	100,0%	100,0%	100,0%	100,0%	100,0%
65 +	Erwerbstätigkeit	1,5%	0,0%	1,3%	0,5%	0,7%	0,6%	0,7%	1,3%	5,4%	5,8%
	AL-Geld/-hilfe	0,0%	0,0%	0,0%	0,0%	0,0%	0,0%	0,0%	0,0%	0,0%	0,0%
	Rente/Pension	84,6%	0,0%	92,3%	72,8%	94,5%	97,3%	97,5%	96,4%	90,3%	83,0%
	LU durch Angeh.	11,7%	100,0%	4,3%	22,2%	2,5%	1,0%	1,0%	0,7%	0,7%	6,8%
	Sozialhilfe	0,7%	0,0%	0,7%	2,6%	1,2%	0,2%	0,2%	0,1%	0,2%	1,4%
	Sonstiger LU	1,4%	0,0%	1,4%	1,8%	1,2%	0,9%	0,6%	1,5%	3,4%	3,0%
	Zusammen	100,0%	100,0%	100,0%	100,0%	100,0%	100,0%	100,0%	100,0%	100,0%	100,0%
Zusammen	Erwerbstätigkeit	41,5%	0,0%	60,5%	31,7%	37,6%	51,6%	68,2%	75,6%	82,7%	55,5%
	AL-Geld/-hilfe	1,9%	0,0%	2,8%	4,5%	9,4%	3,6%	1,2%	0,5%	0,2%	2,3%
	Rente/Pension	18,5%	0,0%	27,4%	22,7%	38,2%	41,1%	29,2%	22,6%	15,8%	20,0%
	LU durch Angeh.	35,8%	100,0%	6,1%	31,4%	8,4%	1,8%	0,6%	0,4%	0,2%	16,6%
	Sozialhilfe	1,2%	0,0%	1,6%	6,6%	2,9%	0,8%	0,2%	0,2%	0,1%	3,1%
	Sonstiger LU	1,1%	0,0%	1,5%	3,1%	3,5%	1,0%	0,5%	0,6%	0,9%	2,5%
	Zusammen	100,0%	100,0%	100,0%	100,0%	100,0%	100,0%	100,0%	100,0%	100,0%	100,0%

Quelle: *Statistisches Bundesamt* (Mikrozensus 1986); eigene Berechnungen.

Tab. A.21: Einkommensverteilung nach Alter und Grad der Behinderung (1986)

Personengruppen	Alter	Anteile am Gesamt der Altersgruppe						
		Zusammen	Einkommensklassen (Nettoeinkommen von ... bis unter ... DM)					
			<600	600-1000	1000-1400	1400-1800	1800-2200	2200+
Nichtbehinderte	<15	100,0%	96,6%	2,2%	0,2%	0,2%	0,0%	0,7%
	15-25	100,0%	35,9%	16,6%	20,4%	18,7%	6,5%	1,9%
	25-50	100,0%	6,6%	10,7%	11,5%	18,0%	21,1%	32,0%
	50-55	100,0%	7,0%	10,8%	11,4%	16,6%	21,9%	32,3%
	55-60	100,0%	7,9%	11,5%	14,0%	17,4%	19,4%	29,9%
	60-62	100,0%	12,2%	18,7%	15,9%	15,7%	14,0%	23,5%
	62-65	100,0%	15,6%	17,2%	18,1%	17,7%	14,1%	17,3%
	15-65	100,0%	13,5%	12,5%	13,9%	17,9%	17,5%	24,7%
	65+	100,0%	15,9%	19,0%	23,5%	17,5%	12,3%	11,8%
	Insgesamt	100,0%	14,7%	13,5%	15,4%	17,7%	16,4%	22,2%
Leichtbehinderte	<15	100,0%	100,0%	0,0%	0,0%	0,0%	0,0%	0,0%
	15-25	100,0%	32,0%	11,0%	12,2%	24,3%	12,2%	7,7%
	25-50	100,0%	5,0%	12,0%	10,6%	19,3%	23,7%	29,5%
	50-55	100,0%	5,7%	11,2%	17,1%	14,7%	25,3%	25,9%
	55-60	100,0%	7,2%	11,7%	13,2%	18,7%	19,0%	30,3%
	60-62	100,0%	6,1%	13,8%	13,5%	21,1%	16,7%	28,6%
	62-65	100,0%	9,3%	8,5%	12,2%	24,1%	22,7%	23,2%
	15-65	100,0%	7,0%	11,5%	12,7%	19,3%	21,8%	27,6%
	65+	100,0%	8,5%	11,9%	17,9%	22,8%	18,8%	20,2%
	Insgesamt	100,0%	7,4%	11,6%	14,0%	20,1%	21,0%	25,8%

Schwer-behinderte	<15	100,0%	79,5%	19,2%	0,0%	0,0%	2,6%	0,0%
	15-25	100,0%	47,8%	16,4%	18,1%	10,3%	4,9%	2,4%
	25-50	100,0%	14,8%	15,4%	18,4%	18,6%	15,1%	17,7%
	50-55	100,0%	9,8%	16,9%	16,8%	18,5%	18,6%	19,4%
	55-60	100,0%	10,9%	12,9%	17,9%	18,3%	19,5%	20,4%
	60-62	100,0%	9,3%	13,4%	16,7%	19,1%	19,6%	22,0%
	62-65	100,0%	12,6%	12,9%	17,2%	18,5%	18,4%	20,3%
	15-65	100,0%	13,2%	14,3%	17,6%	18,3%	17,5%	19,1%
	65+	100,0%	11,5%	15,3%	24,6%	19,2%	14,3%	15,1%
	Insgesamt	100,0%	12,5%	14,7%	20,9%	18,7%	16,0%	17,2%
Behinderte insgesamt	<15	100,0%	80,5%	18,3%	0,0%	0,0%	2,4%	0,0%
	15-25	100,0%	45,1%	15,5%	17,1%	12,8%	6,1%	3,3%
	25-50	100,0%	12,2%	14,4%	16,3%	18,8%	17,4%	20,9%
	50-55	100,0%	8,8%	15,6%	16,9%	17,6%	20,1%	20,9%
	55-60	100,0%	10,2%	12,7%	17,1%	18,4%	19,4%	22,3%
	60-62	100,0%	8,8%	13,5%	16,2%	19,4%	19,1%	23,0%
	62-65	100,0%	12,2%	12,4%	16,6%	19,2%	18,9%	20,7%
	15-65	100,0%	11,9%	13,7%	16,6%	18,5%	18,4%	20,8%
	65+	100,0%	11,2%	15,0%	24,1%	19,5%	14,7%	15,5%
	Insgesamt	100,0%	11,7%	14,3%	19,8%	18,9%	16,7%	18,5%
Gesamt-bevölkerung	<15	100,0%	96,1%	2,6%	0,2%	0,2%	0,1%	0,7%
	15-25	100,0%	36,2%	16,6%	20,4%	18,7%	6,5%	1,9%
	25-50	100,0%	6,9%	10,9%	11,7%	18,1%	20,9%	31,4%
	50-55	100,0%	7,3%	11,5%	12,2%	16,7%	21,6%	30,5%
	55-60	100,0%	8,5%	11,8%	14,8%	17,6%	19,4%	27,9%
	60-62	100,0%	11,0%	16,7%	16,0%	17,0%	15,8%	23,3%
	62-65	100,0%	14,4%	15,5%	17,6%	18,2%	15,8%	18,5%
	15-65	100,0%	13,3%	12,6%	14,2%	18,0%	17,6%	24,3%
	65+	100,0%	14,5%	17,8%	23,6%	18,1%	13,0%	12,9%
	Insgesamt	100,0%	14,3%	13,6%	16,0%	17,9%	16,5%	21,7%

Quelle: *Statistisches Bundesamt* (Mikrozensus 1986; unveröffentlicht); eigene Berechnungen.

Tab. A.22: Schwerbehinderte nach Altersklassen, überwiegendem Lebensunterhalt und Nettoeinkommensklassen 1989 (Anteile am Gesamt der Altersklasse)

Alter von ... bis unter ... Jahren	Überwiegender Lebensunterhalt (LU)	Personen insgesamt	Personen ohne Einkommen	Einkommensbezieher							Mithelfende Familienangehörige selbständiger Landwirte/ohne Angabe
				zusammen	davon mit einem monatl. Nettoeinkommen von ... bis unter ... DM						
					<600	600-1000	1000-1400	1400-1800	1800-2200	2200+	
<15	Erwerbstätigkeit	0,0%	0,0%	0,0%	0,0%	0,0%	0,0%	0,0%	0,0%	0,0%	0,0%
	AL-Geld/-hilfe	0,0%	0,0%	0,0%	0,0%	0,0%	0,0%	0,0%	0,0%	0,0%	0,0%
	Rente/Pension	0,9%	0,0%	4,1%	5,5%	0,0%	0,0%	0,0%	0,0%	0,0%	8,0%
	LU durch Angeh.	93,7%	100,0%	65,0%	68,1%	61,5%	100,0%	0,0%	0,0%	0,0%	68,0%
	Sozialhilfe	4,7%	0,0%	26,8%	22,0%	38,5%	0,0%	0,0%	0,0%	100,0%	20,0%
	Sonstiger LU	0,6%	0,0%	4,1%	5,5%	0,0%	0,0%	0,0%	0,0%	0,0%	0,0%
	Zusammen	100,0%	100,0%	100,0%	100,0%	100,0%	100,0%	0,0%	0,0%	100,0%	100,0%
15 - 25	Erwerbstätigkeit	41,3%	0,0%	62,0%	47,0%	56,5%	69,5%	94,8%	100,0%	77,1%	28,4%
	AL-Geld/-hilfe	3,1%	0,0%	4,6%	4,1%	14,5%	2,1%	1,3%	0,0%	0,0%	3,0%
	Rente/Pension	1,8%	0,0%	2,5%	3,6%	0,0%	0,0%	0,0%	0,0%	14,3%	4,5%
	LU durch Angeh.	46,2%	100,0%	20,1%	32,1%	19,4%	7,4%	1,3%	0,0%	0,0%	52,2%
	Sozialhilfe	5,1%	0,0%	7,6%	11,3%	3,2%	7,4%	1,9%	0,0%	5,7%	6,0%
	Sonstiger LU	2,3%	0,0%	3,2%	2,0%	5,6%	12,6%	0,0%	0,0%	0,0%	6,0%
	Zusammen	100,0%	100,0%	100,0%	100,0%	100,0%	100,0%	100,0%	100,0%	100,0%	100,0%
25 - 50	Erwerbstätigkeit	54,9%	0,0%	61,5%	38,7%	24,6%	38,3%	70,8%	88,4%	91,6%	44,0%
	AL-Geld/-hilfe	5,1%	0,0%	5,6%	5,4%	19,7%	8,2%	2,7%	0,8%	0,2%	4,8%
	Rente/Pension	17,7%	0,0%	19,7%	7,4%	33,0%	42,3%	23,4%	10,0%	6,6%	17,3%
	LU durch Angeh.	14,4%	100,0%	5,1%	16,3%	11,0%	4,5%	1,3%	0,4%	0,4%	15,8%
	Sozialhilfe	7,2%	0,0%	7,5%	31,5%	10,6%	6,2%	1,6%	0,2%	0,4%	15,5%
	Sonstiger LU	0,7%	0,0%	0,6%	0,7%	1,0%	0,7%	0,3%	0,2%	0,7%	2,8%
	Zusammen	100,0%	100,0%	100,0%	100,0%	100,0%	100,0%	100,0%	100,0%	100,0%	100,0%
50 - 55	Erwerbstätigkeit	47,3%	0,0%	52,8%	7,4%	16,4%	29,7%	47,7%	76,5%	85,6%	45,3%
	AL-Geld/-hilfe	3,3%	0,0%	3,6%	7,1%	9,7%	4,9%	2,3%	1,9%	0,7%	3,4%
	Rente/Pension	30,7%	0,0%	33,7%	27,0%	58,4%	59,9%	44,3%	19,3%	12,2%	35,2%
	LU durch Angeh.	15,2%	100,0%	6,2%	37,3%	13,9%	2,2%	1,6%	0,9%	1,1%	9,4%
	Sozialhilfe	2,4%	0,0%	2,4%	16,7%	1,7%	2,0%	1,4%	0,3%	0,2%	6,0%
	Sonstiger LU	1,2%	0,0%	1,3%	4,8%	0,0%	1,1%	2,7%	1,1%	0,2%	0,7%
	Zusammen	100,0%	100,0%	100,0%	100,0%	100,0%	100,0%	100,0%	100,0%	100,0%	100,0%

55 - 60	Erwerbstätigkeit	30,2%	0,0%	33,2%	5,2%	7,5%	13,3%	27,0%	49,7%	64,8%	29,8%
	AL-Geld/-hilfe	4,8%	0,0%	5,3%	5,4%	12,4%	10,7%	4,4%	2,0%	0,6%	3,6%
	Rente/Pension	46,3%	0,0%	50,7%	44,8%	63,6%	70,3%	61,9%	41,2%	28,7%	47,9%
	LU durch Angeh.	12,9%	100,0%	4,9%	29,0%	10,9%	2,0%	1,2%	1,0%	1,1%	8,3%
	Sozialhilfe	2,1%	0,0%	1,9%	12,6%	3,5%	0,7%	0,7%	0,2%	0,3%	7,0%
	Sonstiger LU	3,7%	0,0%	4,1%	3,0%	2,2%	3,0%	4,8%	5,8%	4,5%	3,1%
	Zusammen	100,0%	100,0%	100,0%	100,0%	100,0%	100,0%	100,0%	100,0%	100,0%	100,0%
60 - 62	Erwerbstätigkeit	8,7%	0,0%	9,1%	1,7%	3,6%	3,8%	6,2%	6,4%	22,6%	11,5%
	AL-Geld/-hilfe	0,9%	0,0%	1,0%	3,8%	2,4%	1,0%	0,3%	0,2%	0,6%	0,0%
	Rente/Pension	77,0%	0,0%	82,4%	52,9%	79,4%	88,7%	91,0%	92,2%	73,8%	74,3%
	LU durch Angeh.	10,5%	100,0%	4,4%	35,3%	8,1%	3,4%	0,8%	0,0%	0,0%	10,1%
	Sozialhilfe	1,5%	0,0%	1,5%	6,3%	4,8%	1,7%	0,3%	0,3%	0,4%	2,8%
	Sonstiger LU	1,4%	0,0%	1,5%	0,0%	1,8%	1,2%	1,3%	1,0%	2,6%	1,8%
	Zusammen	100,0%	100,0%	100,0%	100,0%	100,0%	100,0%	100,0%	100,0%	100,0%	100,0%
62-65	Erwerbstätigkeit	5,6%	0,0%	5,1%	1,1%	2,9%	0,3%	3,4%	4,0%	12,0%	14,8%
	AL-Geld/-hilfe	0,5%	0,0%	0,5%	1,1%	1,0%	0,9%	0,7%	0,0%	0,2%	0,0%
	Rente/Pension	83,5%	0,0%	89,3%	58,9%	90,2%	97,5%	94,3%	94,7%	86,4%	73,3%
	LU durch Angeh.	9,1%	100,0%	4,0%	34,4%	4,1%	0,3%	1,1%	1,0%	0,4%	7,3%
	Sozialhilfe	0,8%	0,0%	0,6%	2,5%	1,5%	0,3%	0,0%	0,2%	0,4%	3,6%
	Sonstiger LU	0,6%	0,0%	0,5%	1,7%	0,2%	0,6%	0,5%	0,2%	0,5%	1,0%
	Zusammen	100,0%	100,0%	100,0%	100,0%	100,0%	100,0%	100,0%	100,0%	100,0%	100,0%
65 +	Erwerbstätigkeit	0,5%	0,0%	0,4%	0,1%	0,2%	0,1%	0,4%	0,1%	1,4%	1,6%
	AL-Geld/-hilfe	0,0%	0,0%	0,0%	0,0%	0,0%	0,0%	0,0%	0,0%	0,0%	0,0%
	Rente/Pension	89,8%	0,0%	93,4%	62,8%	90,5%	98,1%	98,6%	99,1%	95,5%	85,1%
	LU durch Angeh.	7,0%	100,0%	4,1%	31,8%	5,3%	0,8%	0,2%	0,1%	0,3%	4,0%
	Sozialhilfe	1,9%	0,0%	1,4%	4,6%	2,6%	0,7%	0,5%	0,6%	1,2%	7,9%
	Sonstiger LU	0,8%	0,0%	0,7%	0,7%	1,4%	0,3%	0,3%	0,2%	1,6%	1,5%
	Zusammen	100,0%	100,0%	100,0%	100,0%	100,0%	100,0%	100,0%	100,0%	100,0%	100,0%
Zusammen	Erwerbstätigkeit	16,6%	0,0%	18,3%	11,9%	7,9%	9,3%	16,4%	24,2%	31,5%	13,1%
	AL-Geld/-hilfe	1,6%	0,0%	1,8%	2,4%	5,8%	2,7%	1,0%	0,5%	0,2%	1,1%
	Rente/Pension	66,0%	0,0%	71,3%	42,6%	72,6%	84,0%	80,2%	73,5%	65,4%	68,7%
	LU durch Angeh.	12,0%	100,0%	5,0%	30,3%	8,2%	1,7%	0,7%	0,4%	0,5%	7,6%
	Sozialhilfe	2,7%	0,0%	2,4%	11,5%	4,1%	1,5%	0,7%	0,4%	0,8%	7,7%
	Sonstiger LU	1,2%	0,0%	1,2%	1,3%	1,4%	0,9%	1,0%	1,0%	1,6%	1,7%
	Zusammen	100,0%	100,0%	100,0%	100,0%	100,0%	100,0%	100,0%	100,0%	100,0%	100,0%

Quelle: *Statistisches Bundesamt* (Mikrozensus 1989); eigene Berechnungen.

Tab A.23: Leichtbehinderte nach Altersklassen, überwiegendem Lebensunterhalt und Nettoeinkommensklassen 1989 (Anteile am Gesamt der Altersklasse)

Alter von ... bis unter ... Jahren	Überwiegender Lebensunterhalt	Personen insges.	Personen ohne Ein-kommen	Einkommensbezieher							Mithelfende Fam.angeh. selbst. Landw./ ohne Angabe
				zus.	davon mit einem monatl. Nettoeinkommen von ... bis unter ... DM						
					<600	600-1000	1000-1400	1400-1800	1800-2200	2200+	
<15	Erwerbstätigkeit	0,0%	0,0%	0,0%	0,0%	0,0%	0,0%	0,0%	0,0%	0,0%	0,0%
	AL-Geld/-hilfe	0,0%	0,0%	0,0%	0,0%	0,0%	0,0%	0,0%	0,0%	0,0%	0,0%
	Rente/Pension	0,0%	0,0%	0,0%	0,0%	0,0%	0,0%	0,0%	0,0%	0,0%	0,0%
	LU durch Angeh.	92,6%	100,0%	33,3%	33,3%	0,0%	0,0%	0,0%	0,0%	0,0%	100,0%
	Sozialhilfe	7,4%	0,0%	66,7%	50,0%	0,0%	0,0%	0,0%	0,0%	0,0%	0,0%
	Sonstiger LU	0,0%	0,0%	0,0%	0,0%	0,0%	0,0%	0,0%	0,0%	0,0%	0,0%
	Zusammen	100,0%	100,0%	100,0%	100,0%	0,0%	0,0%	0,0%	0,0%	0,0%	100,0%
15 - 25	Erwerbstätigkeit	67,4%	0,0%	81,7%	45,0%	64,7%	97,9%	100,0%	94,1%	100,0%	0,0%
	AL-Geld/-hilfe	0,8%	0,0%	1,0%	0,0%	0,0%	4,2%	0,0%	0,0%	0,0%	0,0%
	Rente/Pension	0,8%	0,0%	1,0%	0,0%	5,9%	0,0%	0,0%	0,0%	0,0%	0,0%
	LU durch Angeh.	25,9%	100,0%	10,2%	50,0%	0,0%	0,0%	0,0%	0,0%	0,0%	100,0%
	Sozialhilfe	1,7%	0,0%	2,0%	0,0%	11,8%	0,0%	0,0%	0,0%	0,0%	0,0%
	Sonstiger LU	3,3%	0,0%	4,1%	5,0%	17,6%	0,0%	0,0%	0,0%	0,0%	0,0%
	Zusammen	100,0%	100,0%	100,0%	100,0%	100,0%	100,0%	100,0%	100,0%	100,0%	100,0%
25 - 50	Erwerbstätigkeit	75,0%	0,0%	81,4%	16,3%	40,0%	67,3%	87,5%	96,9%	98,1%	67,2%
	AL-Geld/-hilfe	6,5%	0,0%	6,9%	14,3%	31,5%	16,0%	6,8%	0,3%	0,2%	7,5%
	Rente/Pension	3,0%	0,0%	3,3%	12,2%	0,0%	9,6%	2,8%	2,5%	1,1%	1,5%
	LU durch Angeh.	12,4%	100,0%	5,3%	39,8%	20,8%	2,6%	0,0%	0,3%	0,2%	14,9%
	Sozialhilfe	1,9%	0,0%	1,7%	11,2%	6,9%	0,6%	0,6%	0,0%	0,2%	9,0%
	Sonstiger LU	1,2%	0,0%	1,3%	6,1%	0,8%	3,8%	2,3%	0,0%	0,2%	0,0%
	Zusammen	100,0%	100,0%	100,0%	100,0%	100,0%	100,0%	100,0%	100,0%	100,0%	100,0%
50 - 55	Erwerbstätigkeit	75,6%	0,0%	81,8%	25,7%	40,0%	62,2%	83,2%	93,3%	95,6%	69,8%
	AL-Geld/-hilfe	3,9%	0,0%	4,1%	8,6%	20,0%	16,2%	1,7%	0,7%	0,0%	4,7%
	Rente/Pension	8,1%	0,0%	8,5%	8,6%	18,3%	17,6%	13,4%	6,0%	3,4%	11,6%
	LU durch Angeh.	11,3%	100,0%	4,7%	51,4%	15,0%	4,1%	0,8%	0,0%	1,0%	9,3%
	Sozialhilfe	0,7%	0,0%	0,7%	5,7%	5,0%	0,0%	0,0%	0,0%	0,0%	2,3%
	Sonstiger LU	0,4%	0,0%	0,3%	0,0%	1,7%	0,0%	0,8%	0,0%	0,0%	2,3%
	Zusammen	100,0%	100,0%	100,0%	100,0%	100,0%	100,0%	100,0%	100,0%	100,0%	100,0%

55 - 60	Erwerbstätigkeit	59,3%	0,0%	63,9%	14,0%	30,7%	43,4%	64,8%	69,5%	83,8%	62,5%
	AL-Geld/-hilfe	8,9%	0,0%	9,2%	18,6%	26,7%	31,6%	6,3%	1,3%	2,3%	14,3%
	Rente/Pension	18,1%	0,0%	20,1%	27,9%	34,7%	19,7%	23,9%	21,2%	11,9%	10,7%
	LU durch Angeh.	11,0%	100,0%	3,7%	34,9%	6,7%	1,3%	1,4%	1,3%	1,2%	10,7%
	Sozialhilfe	0,2%	0,0%	0,3%	4,7%	0,0%	0,0%	0,0%	0,0%	0,0%	0,0%
	Sonstiger LU	2,5%	0,0%	2,8%	0,0%	1,3%	3,9%	3,5%	6,6%	0,8%	1,8%
	Zusammen	100,0%	100,0%	100,0%	100,0%	100,0%	100,0%	100,0%	100,0%	100,0%	100,0%
60 - 62	Erwerbstätigkeit	36,3%	0,0%	36,8%	8,3%	3,1%	20,8%	23,5%	46,0%	63,0%	56,5%
	AL-Geld/-hilfe	2,2%	0,0%	2,5%	0,0%	9,4%	4,2%	2,9%	0,0%	1,2%	0,0%
	Rente/Pension	48,8%	0,0%	53,2%	50,0%	81,3%	58,3%	70,6%	50,8%	28,4%	30,4%
	LU durch Angeh.	9,1%	100,0%	3,2%	33,3%	6,3%	8,3%	0,0%	1,6%	0,0%	13,0%
	Sozialhilfe	0,6%	0,0%	0,7%	8,3%	0,0%	4,2%	0,0%	0,0%	0,0%	0,0%
	Sonstiger LU	3,1%	0,0%	3,6%	0,0%	0,0%	4,2%	2,9%	1,6%	7,4%	0,0%
	Zusammen	100,0%	100,0%	100,0%	100,0%	100,0%	100,0%	100,0%	100,0%	100,0%	100,0%
62-65	Erwerbstätigkeit	16,4%	0,0%	18,0%	8,0%	6,7%	15,6%	6,8%	18,1%	30,1%	12,5%
	AL-Geld/-hilfe	1,3%	0,0%	1,0%	0,0%	6,7%	0,0%	0,0%	1,9%	0,0%	5,0%
	Rente/Pension	69,4%	0,0%	73,8%	40,0%	80,0%	82,2%	93,2%	74,3%	64,2%	75,0%
	LU durch Angeh.	9,4%	100,0%	3,2%	48,0%	0,0%	0,0%	0,0%	0,0%	0,8%	5,0%
	Sozialhilfe	0,6%	0,0%	0,7%	0,0%	6,7%	0,0%	0,0%	0,0%	0,8%	0,0%
	Sonstiger LU	3,0%	0,0%	3,2%	4,0%	0,0%	2,2%	0,0%	5,7%	4,1%	2,5%
	Zusammen	100,0%	100,0%	100,0%	100,0%	100,0%	100,0%	100,0%	100,0%	100,0%	100,0%
65 +	Erwerbstätigkeit	2,1%	0,0%	1,6%	0,0%	0,0%	1,3%	1,0%	0,8%	4,1%	6,8%
	AL-Geld/-hilfe	0,0%	0,0%	0,0%	0,0%	0,0%	0,0%	0,0%	0,0%	0,0%	0,0%
	Rente/Pension	91,2%	0,0%	93,3%	70,6%	85,3%	96,3%	98,5%	98,8%	94,3%	81,2%
	LU durch Angeh.	4,2%	100,0%	3,5%	28,4%	6,1%	1,3%	0,5%	0,0%	0,0%	0,9%
	Sozialhilfe	1,5%	0,0%	0,5%	1,0%	5,1%	0,0%	0,3%	-0,2%	0,0%	11,1%
	Sonstiger LU	0,9%	0,0%	1,0%	0,0%	3,0%	1,3%	0,0%	0,4%	1,7%	0,0%
	Zusammen	100,0%	100,0%	100,0%	100,0%	100,0%	100,0%	100,0%	100,0%	100,0%	100,0%
Zusammen	Erwerbstätigkeit	48,0%	0,0%	52,0%	12,7%	25,5%	39,6%	49,3%	58,7%	69,7%	39,0%
	AL-Geld/-hilfe	4,1%	0,0%	4,4%	7,4%	17,6%	11,3%	3,1%	0,6%	0,5%	4,9%
	Rente/Pension	34,7%	0,0%	36,7%	34,0%	38,9%	44,4%	45,4%	38,6%	27,9%	41,3%
	LU durch Angeh.	10,4%	100,0%	4,4%	37,9%	11,1%	2,1%	0,5%	0,4%	0,5%	8,3%
	Sozialhilfe	1,2%	0,0%	1,0%	5,5%	4,9%	0,4%	0,2%	0,0%	0,1%	5,7%
	Sonstiger LU	1,5%	0,0%	1,7%	2,4%	2,0%	2,3%	1,5%	1,7%	1,2%	0,9%
	Zusammen	100,0%	100,0%	100,0%	100,0%	100,0%	100,0%	100,0%	100,0%	100,0%	100,0%

Quelle: *Statistisches Bundesamt* (Mikrozensus 1989); eigene Berechnungen.

Tab A.24: Nichtbehinderte nach Altersklassen, überwiegendem Lebensunterhalt und Nettoeinkommensklassen 1989 (Anteile am Gesamt der Altersklasse)

Alter von ... bis unter ... Jahren	Überwiegender Lebensunterhalt	Personen insges.	Personen ohne Einkommen	Einkommensbezieher							Mithelfende Fam.angeh. selbst. Landw./ohne Angabe
				zus.	davon mit einem monatl. Nettoeinkommen von ... bis unter ... DM						
					<600	600-1000	1000-1400	1400-1800	1800-2200	2200+	
<15	Erwerbstätigkeit	0,0%	0,0%	0,0%	0,0%	0,0%	0,0%	0,0%	0,0%	0,0%	0,0%
	AL-Geld/-hilfe	0,0%	0,0%	0,0%	0,0%	0,0%	0,0%	0,0%	0,0%	0,0%	0,0%
	Rente/Pension	0,3%	0,0%	4,7%	4,3%	15,8%	50,0%	0,0%	0,0%	0,0%	1,6%
	LU durch Angeh.	97,2%	100,0%	55,7%	55,4%	64,9%	50,0%	100,0%	100,0%	50,0%	76,5%
	Sozialhilfe	2,4%	0,0%	36,9%	37,8%	15,8%	0,0%	0,0%	0,0%	0,0%	21,7%
	Sonstiger LU	0,1%	0,0%	2,7%	2,6%	3,5%	0,0%	0,0%	0,0%	50,0%	0,1%
	Zusammen	100,0%	100,0%	100,0%	100,0%	100,0%	100,0%	100,0%	100,0%	100,0%	100,0%
15 - 25	Erwerbstätigkeit	50,8%	0,0%	74,2%	49,6%	55,0%	93,1%	98,8%	99,4%	98,9%	46,0%
	AL-Geld/-hilfe	1,7%	0,0%	2,3%	2,6%	6,8%	1,5%	0,2%	0,1%	0,0%	2,9%
	Rente/Pension	0,5%	0,0%	0,7%	1,3%	1,1%	0,2%	0,1%	0,0%	0,2%	0,9%
	LU durch Angeh.	43,2%	100,0%	17,6%	38,9%	23,8%	3,4%	0,5%	0,3%	0,3%	43,8%
	Sozialhilfe	1,5%	0,0%	1,9%	3,9%	2,9%	0,7%	0,1%	0,0%	0,2%	4,6%
	Sonstiger LU	2,2%	0,0%	3,3%	3,6%	10,4%	1,1%	0,2%	0,1%	0,5%	1,8%
	Zusammen	100,0%	100,0%	100,0%	100,0%	100,0%	100,0%	100,0%	100,0%	100,0%	100,0%
25 - 50	Erwerbstätigkeit	71,6%	0,0%	85,9%	26,8%	51,3%	78,5%	94,8%	98,3%	99,2%	69,4%
	AL-Geld/-hilfe	2,8%	0,0%	3,4%	7,0%	16,3%	8,2%	1,9%	0,5%	0,1%	2,7%
	Rente/Pension	0,6%	0,0%	0,7%	0,7%	1,9%	2,1%	0,7%	0,4%	0,2%	0,6%
	LU durch Angeh.	22,0%	100,0%	6,6%	49,8%	17,6%	6,0%	1,5%	0,5%	0,2%	22,2%
	Sozialhilfe	1,4%	0,0%	1,6%	10,2%	5,0%	2,1%	0,4%	0,1%	0,0%	2,5%
	Sonstiger LU	1,5%	0,0%	1,8%	5,6%	7,9%	3,0%	0,7%	0,3%	0,2%	2,4%
	Zusammen	100,0%	100,0%	100,0%	100,0%	100,0%	100,0%	100,0%	100,0%	100,0%	100,0%
50 - 55	Erwerbstätigkeit	67,7%	0,0%	84,5%	28,2%	54,7%	70,9%	89,6%	94,9%	97,9%	76,1%
	AL-Geld/-hilfe	2,7%	0,0%	3,5%	7,5%	16,8%	9,2%	2,1%	0,7%	0,1%	1,7%
	Rente/Pension	3,6%	0,0%	4,6%	4,9%	10,0%	13,4%	6,1%	3,4%	1,3%	3,1%
	LU durch Angeh.	24,3%	100,0%	5,5%	48,2%	13,3%	4,9%	1,1%	0,4%	0,2%	15,8%
	Sozialhilfe	1,0%	0,0%	1,2%	9,9%	3,6%	0,4%	0,3%	0,0%	0,1%	1,6%
	Sonstiger LU	0,7%	0,0%	0,7%	1,2%	1,5%	1,0%	0,8%	0,5%	0,4%	1,7%
	Zusammen	100,0%	100,0%	100,0%	100,0%	100,0%	100,0%	100,0%	100,0%	100,0%	100,0%

55 - 60	Erwerbstätigkeit	53,3%	0,0%	68,9%	20,0%	34,3%	46,5%	72,9%	82,2%	89,8%	63,5%
	AL-Geld/-hilfe	4,8%	0,0%	6,6%	12,8%	19,8%	14,4%	5,5%	2,4%	0,9%	2,4%
	Rente/Pension	11,1%	0,0%	14,6%	13,1%	27,2%	31,2%	17,1%	10,9%	6,0%	11,1%
	LU durch Angeh.	27,3%	100,0%	5,4%	39,5%	11,9%	3,4%	1,0%	0,8%	0,7%	18,5%
	Sozialhilfe	1,3%	0,0%	1,7%	12,6%	4,7%	0,6%	0,2%	0,0%	0,1%	1,6%
	Sonstiger LU	2,3%	0,0%	2,9%	2,0%	1,9%	3,9%	3,3%	3,6%	2,5%	2,9%
	Zusammen	100,0%	100,0%	100,0%	100,0%	100,0%	100,0%	100,0%	100,0%	100,0%	100,0%
60 - 62	Erwerbstätigkeit	30,1%	0,0%	37,3%	9,6%	10,9%	14,1%	30,0%	46,6%	67,3%	44,0%
	AL-Geld/-hilfe	1,7%	0,0%	2,3%	0,8%	6,0%	6,4%	1,2%	0,9%	0,6%	0,7%
	Rente/Pension	36,1%	0,0%	48,0%	43,1%	67,1%	72,9%	58,9%	46,1%	25,0%	30,6%
	LU durch Angeh.	27,0%	100,0%	5,9%	29,7%	11,2%	3,5%	2,1%	1,7%	1,2%	18,7%
	Sozialhilfe	1,5%	0,0%	2,0%	14,9%	2,1%	0,4%	0,2%	0,0%	0,6%	1,7%
	Sonstiger LU	3,5%	0,0%	4,5%	1,6%	2,7%	2,8%	7,6%	4,7%	5,3%	4,3%
	Zusammen	100,0%	100,0%	100,0%	100,0%	100,0%	100,0%	100,0%	100,0%	100,0%	100,0%
62-65	Erwerbstätigkeit	14,6%	0,0%	16,8%	4,1%	5,3%	9,1%	9,8%	18,8%	37,8%	28,9%
	AL-Geld/-hilfe	0,7%	0,0%	0,9%	0,7%	2,0%	2,0%	0,1%	0,7%	0,2%	0,4%
	Rente/Pension	55,7%	0,0%	73,0%	52,2%	81,3%	85,1%	87,2%	77,6%	57,6%	43,8%
	LU durch Angeh.	26,5%	100,0%	6,6%	37,4%	9,6%	2,4%	1,1%	0,5%	0,7%	20,9%
	Sozialhilfe	0,8%	0,0%	0,9%	4,8%	1,1%	0,6%	0,0%	0,0%	0,3%	1,6%
	Sonstiger LU	1,8%	0,0%	1,9%	0,8%	0,8%	0,7%	1,9%	2,3%	3,4%	4,4%
	Zusammen	100,0%	100,0%	100,0%	100,0%	100,0%	100,0%	100,0%	100,0%	100,0%	100,0%
65 +	Erwerbstätigkeit	1,7%	0,0%	1,5%	0,4%	0,7%	0,6%	0,8%	1,3%	5,5%	4,9%
	AL-Geld/-hilfe	0,0%	0,0%	0,0%	0,0%	0,0%	0,0%	0,0%	0,0%	0,0%	0,0%
	Rente/Pension	83,8%	0,0%	90,5%	63,8%	93,6%	98,0%	98,1%	97,6%	89,1%	78,4%
	LU durch Angeh.	12,1%	100,0%	5,9%	31,1%	3,8%	0,7%	0,3%	0,4%	0,4%	10,9%
	Sozialhilfe	1,1%	0,0%	1,1%	3,6%	0,9%	0,2%	0,2%	0,2%	1,6%	2,7%
	Sonstiger LU	1,2%	0,0%	1,1%	1,1%	0,9%	0,6%	0,6%	0,6%	3,3%	3,0%
	Zusammen	100,0%	100,0%	100,0%	100,0%	100,0%	100,0%	100,0%	100,0%	100,0%	100,0%
Zusammen	Erwerbstätigkeit	44,2%	0,0%	64,5%	27,0%	38,1%	53,4%	71,9%	79,6%	87,5%	48,3%
	AL-Geld/-hilfe	1,8%	0,0%	2,7%	3,4%	10,1%	4,7%	1,3%	0,5%	0,2%	1,8%
	Rente/Pension	14,0%	0,0%	20,2%	15,5%	27,3%	35,4%	24,6%	18,6%	10,9%	17,4%
	LU durch Angeh.	37,0%	100,0%	8,7%	41,8%	15,2%	3,6%	1,0%	0,5%	0,3%	26,2%
	Sozialhilfe	1,5%	0,0%	1,9%	9,0%	3,4%	1,0%	0,3%	0,1%	0,2%	4,0%
	Sonstiger LU	1,4%	0,0%	1,9%	3,3%	5,9%	1,8%	0,9%	0,7%	0,9%	2,4%
	Zusammen	100,0%	100,0%	100,0%	100,0%	100,0%	100,0%	100,0%	100,0%	100,0%	100,0%

Quelle: *Statistisches Bundesamt* (Mikrozensus 1989); eigene Berechnungen.

Tab. A.25: Gesamtbevölkerung nach Altersklassen, überwiegendem Lebensunterhalt und Nettoeinkommensklassen 1989 (Anteile am Gesamt der Altersklasse)

Alter von ... bis unter ... Jahren	Überwiegender Lebensunterhalt	Personen insges.	Personen ohne Einkommen	Einkommensbezieher								Mithelfende Fam.angeh. selbst. Landw./ohne Angabe
				zus.	davon mit einem monatl. Nettoeinkommen von ... bis unter ... DM							
					<600	600-1000	1000-1400	1400-1800	1800-2200	2200+		
<15	Erwerbstätigkeit	0,0%	0,0%	0,0%	0,0%	0,0%	0,0%	0,0%	0,0%	0,0%		0,0%
	AL-Geld/-hilfe	0,0%	0,0%	0,0%	0,0%	0,0%	0,0%	0,0%	0,0%	0,0%		0,0%
	Rente/Pension	0,3%	0,0%	4,7%	4,3%	12,8%	44,4%	0,0%	0,0%	0,0%		1,7%
	LU durch Angeh.	97,1%	100,0%	55,9%	55,6%	63,8%	55,6%	100,0%	100,0%	36,4%		76,5%
	Sozialhilfe	2,4%	0,0%	36,7%	37,5%	20,6%	0,0%	0,0%	0,0%	27,3%		21,6%
	Sonstiger LU	0,1%	0,0%	2,7%	2,6%	2,8%	0,0%	0,0%	0,0%	36,4%		0,1%
	Zusammen	100,0%	100,0%	100,0%	100,0%	100,0%	100,0%	100,0%	100,0%	100,0%		100,0%
15 - 25	Erwerbstätigkeit	50,7%	0,0%	74,0%	49,6%	55,0%	92,9%	98,7%	99,4%	98,5%		45,8%
	AL-Geld/-hilfe	1,7%	0,0%	2,4%	2,7%	6,8%	1,5%	0,3%	0,1%	0,0%		2,9%
	Rente/Pension	0,5%	0,0%	0,7%	1,4%	1,1%	0,2%	0,1%	0,0%	0,4%		0,9%
	LU durch Angeh.	43,2%	100,0%	17,6%	38,8%	23,7%	3,4%	0,5%	0,3%	0,3%		44,0%
	Sozialhilfe	1,6%	0,0%	2,0%	4,0%	3,0%	0,7%	0,1%	0,0%	0,3%		4,6%
	Sonstiger LU	2,2%	0,0%	3,3%	3,6%	10,4%	1,2%	0,2%	0,1%	0,5%		1,9%
	Zusammen	100,0%	100,0%	100,0%	100,0%	100,0%	100,0%	100,0%	100,0%	100,0%		100,0%
25 - 50	Erwerbstätigkeit	71,2%	0,0%	85,0%	27,4%	49,8%	76,1%	93,7%	98,0%	99,1%		68,7%
	AL-Geld/-hilfe	2,9%	0,0%	3,5%	7,0%	16,7%	8,3%	2,0%	0,5%	0,1%		2,9%
	Rente/Pension	1,2%	0,0%	1,4%	1,2%	3,4%	4,5%	1,6%	0,7%	0,3%		1,1%
	LU durch Angeh.	21,6%	100,0%	6,5%	47,6%	17,3%	5,9%	1,5%	0,5%	0,2%		22,0%
	Sozialhilfe	1,6%	0,0%	1,8%	11,5%	5,3%	2,3%	0,5%	0,1%	0,1%		2,9%
	Sonstiger LU	1,5%	0,0%	1,7%	5,3%	7,4%	2,9%	0,7%	0,3%	0,2%		2,4%
	Zusammen	100,0%	100,0%	100,0%	100,0%	100,0%	100,0%	100,0%	100,0%	100,0%		100,0%
50 - 55	Erwerbstätigkeit	66,2%	0,0%	81,1%	25,5%	49,2%	64,0%	84,0%	92,9%	96,9%		73,8%
	AL-Geld/-hilfe	2,8%	0,0%	3,6%	7,5%	16,0%	8,8%	2,1%	0,9%	0,1%		1,9%
	Rente/Pension	6,2%	0,0%	7,7%	7,8%	16,8%	21,1%	11,2%	5,1%	2,2%		5,5%
	LU durch Angeh.	23,0%	100,0%	5,5%	46,9%	13,5%	4,4%	1,2%	0,5%	0,3%		15,2%
	Sozialhilfe	1,1%	0,0%	1,3%	10,7%	3,4%	0,7%	0,4%	0,1%	0,1%		1,9%
	Sonstiger LU	0,7%	0,0%	0,7%	1,6%	1,3%	1,0%	1,0%	0,6%	0,4%		1,7%
	Zusammen	100,0%	100,0%	100,0%	100,0%	100,0%	100,0%	100,0%	100,0%	100,0%		100,0%

55 - 60	Erwerbstätigkeit	28,2%	0,0%	29,3%	5,8%	13,4%	14,4%	23,0%	37,6%	56,6%	41,3%
	AL-Geld/-hilfe	2,8%	0,0%	3,1%	4,0%	8,7%	5,4%	2,0%	1,1%	0,6%	2,0%
	Rente/Pension	9,6%	0,0%	10,3%	7,1%	16,4%	15,5%	10,5%	8,6%	6,1%	10,6%
	LU durch Angeh.	13,7%	153,0%	2,5%	13,0%	5,4%	1,1%	0,4%	0,4%	0,5%	11,8%
	Sozialhilfe	0,8%	0,0%	0,8%	4,3%	2,0%	0,2%	0,1%	0,0%	0,1%	1,5%
	Sonstiger LU	1,4%	0,0%	1,5%	0,7%	0,9%	1,4%	1,4%	2,1%	1,8%	2,0%
	Zusammen	56,4%	153,0%	47,4%	34,9%	46,7%	38,0%	37,4%	49,9%	65,6%	69,2%
60 - 62	Erwerbstätigkeit	25,6%	0,0%	29,9%	7,8%	8,8%	11,5%	21,8%	34,4%	57,3%	39,3%
	AL-Geld/-hilfe	1,5%	0,0%	2,0%	1,5%	5,2%	4,9%	1,0%	0,6%	0,6%	0,6%
	Rente/Pension	45,7%	0,0%	57,4%	45,7%	70,6%	76,6%	70,2%	60,2%	35,9%	37,5%
	LU durch Angeh.	22,6%	100,0%	5,4%	31,2%	10,2%	3,6%	1,5%	1,2%	0,9%	17,1%
	Sozialhilfe	1,5%	0,0%	1,8%	12,6%	2,6%	0,8%	0,2%	0,1%	0,5%	1,8%
	Sonstiger LU	3,0%	0,0%	3,6%	1,2%	2,4%	2,4%	5,2%	3,4%	4,8%	3,8%
	Zusammen	100,0%	100,0%	100,0%	100,0%	100,0%	100,0%	100,0%	100,0%	100,0%	100,0%
62-65	Erwerbstätigkeit	12,6%	0,0%	13,6%	3,5%	4,8%	7,0%	7,7%	14,2%	30,1%	25,4%
	AL-Geld/-hilfe	0,6%	0,0%	0,8%	0,8%	1,9%	1,6%	0,3%	0,6%	0,1%	0,5%
	Rente/Pension	62,9%	0,0%	77,5%	53,4%	83,2%	88,4%	89,7%	82,7%	66,1%	51,0%
	LU durch Angeh.	21,6%	100,0%	5,7%	37,1%	8,2%	1,8%	1,0%	0,6%	0,6%	17,6%
	Sozialhilfe	0,8%	0,0%	0,8%	4,2%	1,3%	0,5%	0,0%	0,1%	0,3%	1,9%
	Sonstiger LU	1,5%	0,0%	1,6%	1,1%	0,7%	0,8%	1,4%	1,9%	2,7%	3,7%
	Zusammen	100,0%	100,0%	100,0%	100,0%	100,0%	100,0%	100,0%	100,0%	100,0%	100,0%
65 +	Erwerbstätigkeit	1,4%	0,0%	1,2%	0,4%	0,6%	0,5%	0,7%	0,9%	4,1%	4,0%
	AL-Geld/-hilfe	0,0%	0,0%	0,0%	0,0%	0,0%	0,0%	0,0%	0,0%	0,0%	0,0%
	Rente/Pension	85,6%	0,0%	91,3%	63,7%	92,8%	98,0%	98,3%	98,1%	91,4%	80,3%
	LU durch Angeh.	10,6%	100,0%	5,3%	31,2%	4,2%	0,7%	0,3%	0,3%	0,4%	8,7%
	Sozialhilfe	1,4%	0,0%	1,1%	3,7%	1,4%	0,3%	0,3%	0,3%	1,4%	4,4%
	Sonstiger LU	1,1%	0,0%	1,0%	1,0%	1,1%	0,5%	0,5%	0,5%	2,7%	2,5%
	Zusammen	100,0%	100,0%	100,0%	100,0%	100,0%	100,0%	100,0%	100,0%	100,0%	100,0%
Zusammen	Erwerbstätigkeit	41,9%	0,0%	59,1%	25,5%	34,5%	46,7%	64,0%	72,6%	82,0%	44,6%
	AL-Geld/-hilfe	1,9%	0,0%	2,6%	3,4%	9,8%	4,6%	1,3%	0,5%	0,2%	1,8%
	Rente/Pension	18,8%	0,0%	26,3%	18,2%	32,6%	42,7%	32,5%	25,5%	16,2%	22,9%
	LU. durch Angeh.	34,4%	100,0%	8,2%	40,7%	14,4%	3,3%	1,0%	0,5%	0,3%	24,0%
	Sozialhilfe	1,6%	0,0%	2,0%	9,1%	3,5%	1,1%	0,3%	0,1%	0,3%	4,4%
	Sonstiger LU	1,4%	0,0%	1,9%	3,1%	5,3%	1,7%	0,9%	0,8%	1,0%	2,3%
	Zusammen	100,0%	100,0%	100,0%	100,0%	100,0%	100,0%	100,0%	100,0%	100,0%	100,0%

Quelle: *Statistisches Bundesamt* (Mikrozensus 1989); eigene Berechnungen.

Tab. A.26: Einkommensverteilung nach Alter und Grad der Behinderung 1989

Personen-gruppen	Alter	Anteile am Gesamt der Altersgruppe						
		Zu-sam-men	Einkommensklassen (Nettoeinkommen von ... bis unter ... DM)					
			<600	600-1000	1000-1400	1400-1800	1800-2200	2200+
Nicht-behinderte	<15	100,0%	96,5%	2,6%	0,4%	0,3%	0,0%	0,2%
	15-25	100,0%	32,7%	17,5%	15,9%	20,4%	9,7%	3,8%
	25-50	100,0%	7,7%	10,1%	9,9%	14,0%	19,7%	38,6%
	50-55	100,0%	7,1%	10,1%	9,2%	12,5%	20,2%	41,0%
	55-60	100,0%	7,6%	11,7%	12,5%	13,4%	19,3%	35,4%
	60-62	100,0%	9,7%	13,6%	14,3%	15,2%	17,0%	30,3%
	62-65	100,0%	11,3%	16,1%	15,6%	16,2%	15,6%	25,2%
	15-65	100,0%	12,7%	12,0%	11,5%	15,1%	17,6%	31,2%
	65+	100,0%	16,0%	15,2%	21,6%	17,7%	14,5%	15,1%
	Insgesamt	100,0%	14,3%	12,4%	13,0%	15,4%	16,8%	28,1%
Leicht-behinderte	<15	100,0%	100,0%	0,0%	0,0%	0,0%	0,0%	0,0%
	15-25	100,0%	20,3%	17,3%	24,4%	26,4%	8,6%	3,0%
	25-50	100,0%	7,2%	9,6%	11,5%	13,0%	23,5%	35,1%
	50-55	100,0%	4,8%	8,2%	10,1%	16,3%	20,4%	40,1%
	55-60	100,0%	5,8%	10,0%	10,2%	19,0%	20,2%	34,8%
	60-62	100,0%	4,3%	11,4%	8,6%	24,3%	22,5%	28,9%
	62-65	100,0%	6,2%	7,5%	11,2%	18,2%	26,2%	30,7%
	15-65	100,0%	6,5%	9,5%	11,1%	16,7%	22,0%	34,2%
	65+	100,0%	9,3%	9,0%	14,6%	17,8%	22,4%	27,0%
	Insgesamt	100,0%	7,2%	9,4%	11,9%	17,0%	22,1%	32,5%

Schwer-behinderte	<15	100,0%	74,0%	21,1%	1,6%	0,0%	0,0%	2,4%
	15-25	100,0%	50,5%	14,1%	10,8%	17,6%	3,0%	4,0%
	25-50	100,0%	14,4%	15,0%	16,3%	15,8%	15,7%	22,9%
	50-55	100,0%	8,9%	13,6%	15,6%	15,9%	19,9%	26,2%
	55-60	100,0%	8,3%	12,8%	18,5%	18,1%	19,4%	22,8%
	60-62	100,0%	8,1%	11,5%	14,2%	21,4%	21,0%	23,8%
	62-65	100,0%	8,5%	11,3%	15,0%	19,3%	19,4%	26,5%
	15-65	100,0%	11,7%	13,1%	15,9%	17,8%	18,0%	23,4%
	65+	100,0%	10,1%	11,9%	19,8%	20,0%	17,4%	20,8%
	Insgesamt	100,0%	11,0%	12,5%	17,9%	18,9%	17,7%	22,0%
Behinderte insgesamt	<15	100,0%	75,2%	20,2%	1,6%	0,0%	0,0%	2,3%
	15-25	100,0%	45,0%	14,7%	13,3%	19,2%	4,0%	3,8%
	25-50	100,0%	12,1%	13,3%	14,8%	14,9%	18,1%	26,7%
	50-55	100,0%	7,7%	12,0%	14,0%	16,0%	20,1%	30,3%
	55-60	100,0%	7,7%	12,2%	16,6%	18,4%	19,6%	25,6%
	60-62	100,0%	7,5%	11,5%	13,3%	21,9%	21,3%	24,6%
	62-65	100,0%	8,1%	10,7%	14,4%	19,1%	20,5%	27,1%
	15-65	100,0%	10,4%	12,2%	14,8%	17,5%	19,0%	26,1%
	65+	100,0%	10,0%	11,7%	19,4%	19,8%	17,8%	21,3%
	Insgesamt	100,0%	10,4%	12,0%	16,8%	18,5%	18,4%	23,9%
Gesamt-bevölke-rung	<15	100,0%	95,9%	3,1%	0,4%	0,3%	0,0%	0,2%
	15-25	100,0%	33,0%	17,4%	15,9%	20,4%	9,6%	3,8%
	25-50	100,0%	7,9%	10,3%	10,1%	14,0%	19,6%	38,1%
	50-55	100,0%	7,1%	10,4%	9,8%	13,0%	20,1%	39,5%
	55-60	100,0%	7,6%	11,8%	13,5%	14,6%	19,4%	33,0%
	60-62	100,0%	9,0%	12,9%	14,0%	17,3%	18,3%	28,5%
	62-65	100,0%	10,2%	14,4%	15,2%	17,2%	17,2%	25,8%
	15-65	100,0%	12,5%	12,0%	11,8%	15,4%	17,7%	30,7%
	65+	100,0%	14,2%	14,2%	20,9%	18,3%	15,5%	16,9%
	Insgesamt	100,0%	13,8%	12,3%	13,5%	15,8%	17,0%	27,5%

Quelle: *Statistisches Bundesamt* (Mikrozensus 1989); eigene Berechnungen.

Tab. A.27: Schwerbehinderte nach Altersklassen, überwiegendem Lebensunterhalt und Nettoeinkommensklassen 1992 (Anteile am Gesamt der Altersklasse)

Alter von ... bis unter ... Jahren	Überwiegender Lebens-unterhalt	Personen insge-samt	Personen ohne Ein-kommen	Einkommensbezieher										
				zu-sammen	davon mit einem monatl. Nettoeinkommen von ... bis unter ... DM									
											darunter ...			
					<600	600-1000	1000-1400	1400-1800	1800-2200	2200+	2200-2500	2500-3000	3000-3500	3500+
<15	Erwerbstätigkeit	0,0%	0,0%	0,0%	0,0%	0,0%	0,0%	0,0%	0,0%	0,0%	0,0%	0,0%	0,0%	0,0%
	AL-Geld/-hilfe	0,0%	0,0%	0,0%	0,0%	0,0%	0,0%	0,0%	0,0%	0,0%	0,0%	0,0%	0,0%	0,0%
	Rente/Pension	0,0%	0,0%	0,0%	0,0%	0,0%	0,0%	0,0%	0,0%	0,0%	0,0%	0,0%	0,0%	0,0%
	LU durch Angeh.	95,7%	100,0%	69,6%	64,1%	85,0%	100,0%	0,0%	0,0%	0,0%	0,0%	0,0%	0,0%	0,0%
	Sozialhilfe	4,1%	0,0%	28,4%	33,3%	15,0%	0,0%	0,0%	0,0%	0,0%	0,0%	0,0%	0,0%	0,0%
	Sonstiger LU	0,3%	0,0%	2,0%	2,6%	0,0%	0,0%	0,0%	0,0%	0,0%	0,0%	0,0%	0,0%	0,0%
	Zusammen	100,0%	100,0%	100,0%	100,0%	100,0%	100,0%	0,0%	0,0%	0,0%	0,0%	0,0%	0,0%	0,0%
15 - 25	Erwerbstätigkeit	38,5%	0,0%	58,2%	45,1%	39,3%	56,7%	90,0%	97,1%	60,7%	100,0%	100,0%	0,0%	15,4%
	AL-Geld/-hilfe	0,9%	0,0%	1,3%	2,3%	1,7%	0,0%	0,0%	0,0%	0,0%	0,0%	0,0%	0,0%	0,0%
	Rente/Pension	1,7%	0,0%	2,5%	2,6%	3,4%	13,3%	0,0%	0,0%	0,0%	0,0%	0,0%	0,0%	0,0%
	LU durch Angeh.	47,8%	100,0%	21,1%	27,8%	34,2%	6,7%	8,9%	2,9%	0,0%	0,0%	0,0%	0,0%	0,0%
	Sozialhilfe	5,7%	0,0%	8,7%	10,5%	11,1%	0,0%	0,0%	0,0%	39,3%	0,0%	0,0%	0,0%	84,6%
	Sonstiger LU	5,4%	0,0%	8,2%	11,7%	9,4%	20,0%	0,0%	0,0%	0,0%	0,0%	0,0%	0,0%	0,0%
	Zusammen	100,0%	100,0%	100,0%	100,0%	100,0%	100,0%	100,0%	100,0%	100,0%	100,0%	100,0%	0,0%	100,0%
25 - 45	Erwerbstätigkeit	56,5%	0,0%	62,2%	49,9%	31,2%	31,3%	67,7%	80,6%	86,7%	92,6%	90,1%	79,3%	80,3%
	AL-Geld/-hilfe	4,0%	0,0%	4,4%	2,9%	15,8%	9,8%	1,9%	2,6%	0,7%	0,9%	0,7%	1,1%	0,0%
	Rente/Pension	12,9%	0,0%	14,2%	0,8%	15,8%	43,1%	23,9%	12,5%	5,4%	5,9%	6,8%	5,2%	3,3%
	LU durch Angeh.	16,1%	100,0%	7,6%	19,5%	14,5%	8,7%	3,9%	2,1%	0,5%	0,0%	1,0%	1,1%	0,0%
	Sozialhilfe	8,8%	0,0%	9,7%	24,3%	17,7%	5,3%	0,4%	0,5%	6,2%	0,6%	0,0%	12,1%	16,4%
	Sonstiger LU	1,8%	0,0%	2,0%	2,6%	4,9%	1,8%	2,2%	1,7%	0,6%	0,0%	1,4%	1,1%	0,0%
	Zusammen	100,0%	100,0%	100,0%	100,0%	100,0%	100,0%	100,0%	100,0%	100,0%	100,0%	100,0%	100,0%	100,0%

45 - 55	Erwerbstätigkeit	47,8%	0,0%	52,7%	19,5%	21,9%	22,9%	29,9%	60,2%	83,4%	82,2%	84,7%	80,7%	85,0%
	AL-Geld/-hilfe	3,1%	0,0%	3,4%	5,7%	10,3%	6,5%	5,0%	1,5%	0,3%	0,7%	0,4%	0,0%	0,0%
	Rente/Pension	30,9%	0,0%	34,1%	22,4%	46,2%	58,5%	61,4%	36,5%	13,0%	15,0%	13,4%	14,1%	9,6%
	LU durch Angeh.	13,7%	100,0%	4,9%	33,1%	12,4%	5,7%	1,2%	1,0%	0,4%	0,7%	0,9%	0,0%	0,0%
	Sozialhilfe	3,3%	0,0%	3,6%	17,6%	7,0%	4,1%	0,9%	0,6%	2,2%	0,0%	0,7%	4,0%	5,0%
	Sonstiger LU	1,2%	0,0%	1,3%	1,7%	1,9%	2,4%	1,7%	0,3%	0,7%	1,5%	0,0%	1,2%	0,4%
	Zusammen	100,0%	100,0%	100,0%	100,0%	100,0%	100,0%	100,0%	100,0%	100,0%	100,0%	100,0%	100,0%	100,0%
55 - 60	Erwerbstätigkeit	35,9%	0,0%	38,9%	9,7%	14,5%	12,8%	23,8%	38,8%	66,6%	59,7%	64,3%	70,5%	75,1%
	AL-Geld/-hilfe	4,3%	0,0%	4,6%	4,0%	12,4%	9,8%	6,0%	2,2%	1,1%	1,7%	1,8%	0,0%	0,0%
	Rente/Pension	43,4%	0,0%	47,2%	38,9%	55,1%	68,1%	64,7%	52,9%	28,8%	36,1%	29,9%	25,2%	20,3%
	LU durch Angeh.	12,2%	100,0%	4,7%	28,2%	10,0%	5,4%	3,4%	1,9%	0,9%	0,4%	0,4%	2,7%	1,2%
	Sozialhilfe	2,3%	0,0%	2,5%	19,1%	5,7%	2,1%	0,9%	0,6%	0,6%	0,0%	0,4%	1,6%	0,9%
	Sonstiger LU	1,9%	0,0%	2,1%	0,0%	2,0%	1,8%	1,3%	3,6%	2,1%	2,1%	3,0%	0,0%	2,3%
	Zusammen	100,0%	100,0%	100,0%	100,0%	100,0%	100,0%	100,0%	100,0%	100,0%	100,0%	100,0%	100,0%	100,0%
60 - 65	Erwerbstätigkeit	6,3%	0,0%	6,7%	2,3%	1,3%	1,9%	4,4%	2,9%	14,3%	5,3%	10,1%	12,4%	36,1%
	AL-Geld/-hilfe	0,6%	0,0%	0,6%	0,0%	1,3%	2,3%	0,9%	0,4%	0,0%	0,0%	0,0%	0,0%	0,0%
	Rente/Pension	80,3%	0,0%	86,0%	53,3%	82,0%	89,7%	92,6%	94,6%	83,2%	93,5%	86,9%	83,7%	61,1%
	LU durch Angeh.	10,5%	100,0%	4,2%	36,2%	11,0%	4,2%	0,4%	0,7%	0,4%	0,3%	0,8%	0,7%	0,0%
	Sozialhilfe	1,1%	0,0%	1,1%	7,3%	3,2%	1,2%	0,8%	0,2%	0,2%	0,0%	0,3%	0,0%	0,4%
	Sonstiger LU	1,2%	0,0%	1,3%	1,0%	1,1%	0,8%	1,0%	1,3%	1,8%	1,0%	1,8%	3,2%	2,4%
	Zusammen	100,0%	100,0%	100,0%	100,0%	100,0%	100,0%	100,0%	100,0%	100,0%	100,0%	100,0%	100,0%	100,0%
65 +	Erwerbstätigkeit	0,7%	0,0%	0,7%	0,0%	0,1%	0,2%	0,5%	0,6%	1,5%	0,8%	0,8%	1,4%	3,4%
	AL-Geld/-hilfe	0,0%	0,0%	0,0%	0,0%	0,0%	0,0%	0,0%	0,0%	0,0%	0,0%	0,0%	0,0%	0,0%
	Rente/Pension	91,2%	0,0%	93,6%	60,3%	89,5%	97,3%	98,5%	98,6%	95,7%	97,6%	97,0%	95,6%	91,3%
	LU durch Angeh.	6,2%	100,0%	3,7%	35,1%	5,6%	0,8%	0,2%	0,5%	0,5%	0,7%	0,4%	0,7%	0,4%
	Sozialhilfe	1,1%	0,0%	1,1%	3,5%	4,1%	0,7%	0,3%	0,1%	1,0%	0,0%	0,8%	1,6%	2,3%
	Sonstiger LU	0,8%	0,0%	0,8%	1,1%	0,7%	0,9%	0,4%	0,3%	1,3%	0,9%	1,0%	0,7%	2,7%
	Zusammen	100,0%	100,0%	100,0%	100,0%	100,0%	100,0%	100,0%	100,0%	100,0%	100,0%	100,0%	100,0%	100,0%
Zusammen	Erwerbstätigkeit	17,6%	0,0%	19,0%	15,8%	9,8%	7,9%	12,7%	17,8%	30,9%	26,9%	29,9%	28,8%	39,1%
	AL-Geld/-hilfe	1,4%	0,0%	1,5%	1,6%	5,0%	3,1%	1,5%	0,7%	0,2%	0,4%	0,4%	0,1%	0,0%
	Rente/Pension	65,6%	0,0%	70,8%	37,3%	66,9%	82,5%	83,3%	79,5%	65,5%	71,0%	67,3%	66,5%	54,8%
	LU durch Angeh.	11,8%	100,0%	4,8%	31,5%	10,1%	3,2%	1,1%	0,9%	0,5%	0,5%	0,5%	0,9%	0,3%
	Sozialhilfe	2,3%	0,0%	2,5%	11,7%	6,3%	1,8%	0,5%	0,2%	1,5%	0,0%	0,6%	2,6%	3,8%
	Sonstiger LU	1,2%	0,0%	1,3%	2,1%	1,9%	1,4%	0,9%	1,0%	1,3%	1,1%	1,3%	1,1%	2,0%
	Zusammen	100,0%	100,0%	100,0%	100,0%	100,0%	100,0%	100,0%	100,0%	100,0%	100,0%	100,0%	100,0%	100,0%

Quelle: *Statistisches Bundesamt* (Mikrozensus 1992); eigene Berechnungen.

Tab. A.28: Leichtbehinderte nach Altersklassen, überwiegendem Lebensunterhalt und Nettoeinkommensklassen 1992 (Anteile am Gesamt der Altersklasse)

Alter von ... bis unter ... Jahren	Überwiegender Lebensunterhalt	Personen insgesamt	Personen ohne Einkommen	Einkommensbezieher zusammen	davon mit einem monatl. Nettoeinkommen von ... bis unter ... DM: <600	600-1000	1000-1400	1400-1800	1800-2200	2200+	darunter ... 2200-2500	2500-3000	3000-3500	3500+
<15	Erwerbstätigkeit	0,0%	0,0%	0,0%	0,0%	0,0%	0,0%	0,0%	0,0%	0,0%	0,0%	0,0%	0,0%	0,0%
	AL-Geld/-hilfe	0,0%	0,0%	0,0%	0,0%	0,0%	0,0%	0,0%	0,0%	0,0%	0,0%	0,0%	0,0%	0,0%
	Rente/Pension	0,0%	0,0%	0,0%	0,0%	0,0%	0,0%	0,0%	0,0%	0,0%	0,0%	0,0%	0,0%	0,0%
	LU durch Angeh.	100,0%	100,0%	100,0%	100,0%	0,0%	0,0%	0,0%	0,0%	0,0%	0,0%	0,0%	0,0%	0,0%
	Sozialhilfe	0,0%	0,0%	0,0%	0,0%	0,0%	0,0%	0,0%	0,0%	0,0%	0,0%	0,0%	0,0%	0,0%
	Sonstiger LU	0,0%	0,0%	0,0%	0,0%	0,0%	0,0%	0,0%	0,0%	0,0%	0,0%	0,0%	0,0%	0,0%
	Zusammen	100,0%	100,0%	100,0%	100,0%	0,0%	0,0%	0,0%	0,0%	0,0%	0,0%	0,0%	0,0%	0,0%
15 - 25	Erwerbstätigkeit	61,6%	0,0%	73,1%	31,4%	48,7%	81,8%	100,0%	100,0%	100,0%	100,0%	100,0%	100,0%	0,0%
	AL-Geld/-hilfe	1,0%	0,0%	1,2%	0,0%	5,1%	0,0%	0,0%	0,0%	0,0%	0,0%	0,0%	0,0%	0,0%
	Rente/Pension	0,0%	0,0%	0,0%	0,0%	0,0%	0,0%	0,0%	0,0%	0,0%	0,0%	0,0%	0,0%	0,0%
	LU durch Angeh.	34,3%	100,0%	22,2%	62,9%	41,0%	0,0%	0,0%	0,0%	0,0%	0,0%	0,0%	0,0%	0,0%
	Sozialhilfe	1,0%	0,0%	1,2%	5,7%	0,0%	0,0%	0,0%	0,0%	0,0%	0,0%	0,0%	0,0%	0,0%
	Sonstiger LU	2,0%	0,0%	2,4%	0,0%	5,1%	18,2%	0,0%	0,0%	0,0%	0,0%	0,0%	0,0%	0,0%
	Zusammen	100,0%	100,0%	100,0%	100,0%	100,0%	100,0%	100,0%	100,0%	100,0%	100,0%	100,0%	100,0%	0,0%
25 - 45	Erwerbstätigkeit	78,3%	0,0%	83,6%	18,1%	39,1%	54,6%	73,6%	95,7%	98,2%	95,3%	98,4%	100,0%	99,2%
	AL-Geld/-hilfe	4,7%	0,0%	5,1%	17,0%	20,3%	19,7%	8,4%	1,4%	0,2%	0,8%	0,0%	0,0%	0,0%
	Rente/Pension	2,7%	0,0%	2,9%	2,1%	3,0%	11,2%	6,2%	2,9%	1,2%	2,0%	1,6%	0,0%	0,8%
	LU durch Angeh.	10,6%	100,0%	4,5%	35,1%	18,8%	11,8%	3,9%	0,0%	0,0%	0,0%	0,0%	0,0%	0,0%
	Sozialhilfe	2,0%	0,0%	2,2%	22,3%	12,0%	0,0%	1,1%	0,0%	0,0%	0,0%	0,0%	0,0%	0,0%
	Sonstiger LU	1,7%	0,0%	1,8%	4,3%	6,8%	2,6%	6,2%	0,0%	0,4%	1,6%	0,0%	0,0%	0,0%
	Zusammen	100,0%	100,0%	100,0%	100,0%	100,0%	100,0%	100,0%	100,0%	100,0%	100,0%	100,0%	100,0%	100,0%

45 - 55	Erwerbstätigkeit	76,8%	0,0%	82,5%	19,7%	48,3%	53,0%	72,9%	87,1%	96,4%	94,8%	96,1%	96,3%	98,4%
	AL-Geld/-hilfe	4,5%	0,0%	4,9%	10,5%	20,4%	18,5%	6,3%	2,0%	0,4%	0,4%	0,0%	0,7%	0,5%
	Rente/Pension	6,5%	0,0%	7,0%	3,9%	10,4%	16,7%	17,1%	9,0%	2,4%	4,3%	3,1%	1,5%	0,0%
	LU durch Angeh.	10,7%	100,0%	4,0%	46,1%	15,6%	10,7%	2,6%	1,3%	0,1%	0,4%	0,0%	0,0%	0,0%
	Sozialhilfe	0,8%	0,0%	0,9%	14,5%	5,2%	0,7%	0,0%	0,0%	0,0%	0,0%	0,0%	0,0%	0,0%
	Sonstiger LU	0,7%	0,0%	0,7%	2,6%	0,9%	0,0%	1,1%	0,4%	0,7%	0,0%	0,5%	1,5%	1,1%
	Zusammen	100,0%	100,0%	100,0%	100,0%	100,0%	100,0%	100,0%	100,0%	100,0%	100,0%	100,0%	100,0%	100,0%
55 - 60	Erwerbstätigkeit	59,3%	0,0%	65,7%	21,1%	30,7%	37,9%	35,9%	66,4%	87,7%	85,7%	87,9%	83,9%	91,2%
	AL-Geld/-hilfe	5,6%	0,0%	6,2%	7,0%	12,0%	14,4%	17,0%	4,0%	1,6%	1,8%	2,3%	0,0%	1,3%
	Rente/Pension	18,2%	0,0%	20,2%	8,5%	44,0%	35,1%	37,9%	23,8%	8,6%	11,7%	8,7%	9,8%	3,9%
	LU durch Angeh.	14,2%	100,0%	4,9%	53,5%	10,7%	8,6%	2,9%	3,2%	0,2%	0,0%	0,0%	1,8%	0,0%
	Sozialhilfe	0,5%	0,0%	0,5%	5,6%	1,3%	1,1%	0,0%	0,0%	0,0%	0,0%	0,0%	0,0%	0,0%
	Sonstiger LU	2,3%	0,0%	2,6%	4,2%	1,3%	2,3%	5,8%	2,5%	1,9%	0,7%	0,8%	4,5%	3,5%
	Zusammen	100,0%	100,0%	100,0%	100,0%	100,0%	100,0%	100,0%	100,0%	100,0%	100,0%	100,0%	100,0%	100,0%
60 - 65	Erwerbstätigkeit	21,2%	0,0%	23,2%	9,4%	7,5%	4,9%	9,0%	22,4%	37,4%	30,1%	32,4%	54,1%	40,0%
	AL-Geld/-hilfe	3,5%	0,0%	3,8%	0,0%	12,9%	8,4%	7,3%	2,0%	1,1%	1,3%	1,2%	2,0%	0,0%
	Rente/Pension	61,1%	0,0%	66,7%	50,0%	59,1%	79,7%	80,2%	74,0%	58,9%	66,7%	61,8%	43,9%	55,7%
	LU durch Angeh.	11,2%	100,0%	3,0%	20,3%	19,4%	2,1%	0,0%	0,0%	0,7%	0,0%	1,2%	0,0%	1,7%
	Sozialhilfe	0,8%	0,0%	0,9%	14,1%	0,0%	1,4%	0,0%	0,0%	0,0%	0,0%	0,0%	0,0%	0,0%
	Sonstiger LU	2,2%	0,0%	2,5%	3,1%	2,2%	4,2%	3,4%	1,6%	1,9%	1,3%	3,5%	0,0%	1,7%
	Zusammen	100,0%	100,0%	100,0%	100,0%	100,0%	100,0%	100,0%	100,0%	100,0%	100,0%	100,0%	100,0%	100,0%
65 +	Erwerbstätigkeit	1,9%	0,0%	1,9%	0,0%	1,3%	0,6%	1,0%	0,0%	4,1%	0,7%	1,9%	5,3%	9,8%
	AL-Geld/-hilfe	0,0%	0,0%	0,0%	0,0%	0,0%	0,0%	0,0%	0,0%	0,0%	0,0%	0,0%	0,0%	0,0%
	Rente/Pension	92,2%	0,0%	94,3%	67,7%	91,0%	98,2%	98,3%	99,6%	94,3%	99,3%	97,3%	93,6%	85,8%
	LU durch Angeh.	5,1%	100,0%	3,0%	31,7%	4,5%	0,6%	0,5%	0,4%	0,2%	0,0%	0,8%	0,0%	0,0%
	Sozialhilfe	0,1%	0,0%	0,1%	0,0%	1,3%	0,0%	0,0%	0,0%	0,0%	0,0%	0,0%	0,0%	0,0%
	Sonstiger LU	0,7%	0,0%	0,7%	0,0%	1,3%	0,6%	0,0%	0,0%	1,3%	0,0%	0,0%	1,2%	4,5%
	Zusammen	100,0%	100,0%	100,0%	100,0%	100,0%	100,0%	100,0%	100,0%	100,0%	100,0%	100,0%	100,0%	100,0%
Zusammen	Erwerbstätigkeit	48,9%	0,0%	52,7%	12,5%	29,0%	28,5%	35,7%	52,7%	70,6%	67,8%	69,8%	72,0%	73,9%
	AL-Geld/-hilfe	3,5%	0,0%	3,7%	5,7%	13,0%	10,8%	6,3%	1,6%	0,6%	0,8%	0,6%	0,6%	0,4%
	Rente/Pension	34,4%	0,0%	37,0%	33,0%	36,9%	52,1%	53,4%	43,9%	27,5%	30,6%	28,6%	25,9%	23,5%
	LU durch Angeh.	11,1%	100,0%	4,2%	37,9%	14,4%	6,2%	1,7%	1,0%	0,2%	0,1%	0,3%	0,2%	0,2%
	Sozialhilfe	0,8%	0,0%	0,9%	9,1%	4,1%	0,6%	0,2%	0,0%	0,0%	0,0%	0,0%	0,0%	0,0%
	Sonstiger LU	1,4%	0,0%	1,5%	2,1%	2,4%	1,8%	2,6%	0,7%	1,1%	0,6%	0,7%	1,4%	2,1%
	Zusammen	100,0%	100,0%	100,0%	100,0%	100,0%	100,0%	100,0%	100,0%	100,0%	100,0%	100,0%	100,0%	100,0%

Quelle: *Statistisches Bundesamt* (Mikrozensus 1992); eigene Berechnungen.

Tab. A.29: Nichtbehinderte nach Altersklassen, überwiegendem Lebensunterhalt und Nettoeinkommensklassen 1992 (Anteile am Gesamt der Altersklasse)

Alter von ... bis unter ... Jahren	Überwiegender Lebens-unterhalt	Personen insge-samt	Personen ohne Ein-kommen	Einkommensbezieher										
				zu-sammen	davon mit einem monatl. Nettoeinkommen von ... bis unter ... DM									
											darunter ...			
					<600	600-1000	1000-1400	1400-1800	1800-2200	2200+	2200-2500	2500-3000	3000-3500	3500+
<15	Erwerbstätigkeit	0,0%	0,0%	0,0%	0,0%	0,0%	0,0%	0,0%	0,0%	0,0%	0,0%	0,0%	0,0%	0,0%
	AL-Geld/-hilfe	0,0%	0,0%	0,0%	0,0%	0,0%	0,0%	0,0%	0,0%	0,0%	0,0%	0,0%	0,0%	0,0%
	Rente/Pension	0,2%	0,0%	4,4%	4,2%	6,9%	0,0%	69,2%	0,0%	0,0%	0,0%	0,0%	0,0%	0,0%
	LU durch Angeh.	97,9%	100,0%	58,5%	58,2%	65,4%	67,9%	15,4%	100,0%	100,0%	0,0%	0,0%	100,0%	0,0%
	Sozialhilfe	1,8%	0,0%	35,4%	36,2%	21,4%	17,9%	15,4%	0,0%	0,0%	0,0%	0,0%	0,0%	0,0%
	Sonstiger LU	0,1%	0,0%	1,6%	1,4%	5,7%	14,3%	0,0%	0,0%	0,0%	0,0%	0,0%	0,0%	0,0%
	Zusammen	100,0%	100,0%	100,0%	100,0%	100,0%	100,0%	100,0%	100,0%	100,0%	0,0%	0,0%	100,0%	0,0%
15 - 25	Erwerbstätigkeit	49,2%	0,0%	73,5%	40,5%	55,1%	81,4%	97,6%	98,1%	98,4%	99,1%	98,5%	92,1%	98,1%
	AL-Geld/-hilfe	1,2%	0,0%	1,8%	2,1%	3,5%	4,3%	0,4%	0,3%	0,1%	0,0%	0,3%	0,7%	0,0%
	Rente/Pension	0,4%	0,0%	0,5%	1,6%	0,4%	0,3%	0,1%	0,1%	0,1%	0,1%	0,0%	0,5%	0,0%
	LU durch Angeh.	45,1%	100,0%	18,0%	42,9%	30,1%	9,1%	1,1%	0,7%	1,1%	0,6%	0,9%	6,3%	0,6%
	Sozialhilfe	1,3%	0,0%	2,0%	5,9%	1,7%	1,2%	0,2%	0,2%	0,1%	0,0%	0,0%	0,5%	1,1%
	Sonstiger LU	2,8%	0,0%	4,2%	7,0%	9,2%	3,6%	0,6%	0,5%	0,2%	0,2%	0,3%	0,0%	0,0%
	Zusammen	100,0%	100,0%	100,0%	100,0%	100,0%	100,0%	100,0%	100,0%	100,0%	100,0%	100,0%	100,0%	100,0%
25 - 45	Erwerbstätigkeit	73,7%	0,0%	85,4%	26,9%	46,1%	70,6%	90,2%	97,1%	99,0%	98,6%	99,1%	99,2%	99,4%
	AL-Geld/-hilfe	2,3%	0,0%	2,7%	3,9%	11,2%	10,2%	3,3%	1,0%	0,3%	0,5%	0,3%	0,2%	0,1%
	Rente/Pension	0,3%	0,0%	0,4%	0,6%	0,9%	1,2%	0,5%	0,2%	0,1%	0,2%	0,2%	0,2%	0,1%
	LU durch Angeh.	20,4%	100,0%	7,8%	51,7%	26,1%	11,2%	3,2%	1,1%	0,3%	0,4%	0,2%	0,3%	0,2%
	Sozialhilfe	1,4%	0,0%	1,6%	10,3%	4,6%	3,0%	0,9%	0,2%	0,0%	0,1%	0,1%	0,0%	0,0%
	Sonstiger LU	1,8%	0,0%	2,1%	6,5%	11,1%	3,8%	1,8%	0,4%	0,2%	0,2%	0,2%	0,2%	0,2%
	Zusammen	100,0%	100,0%	100,0%	100,0%	100,0%	100,0%	100,0%	100,0%	100,0%	100,0%	100,0%	100,0%	100,0%

45 - 55	Erwerbstätigkeit	72,8%	0,0%	87,2%	28,6%	56,4%	72,9%	86,4%	94,0%	98,0%	97,6%	97,3%	97,1%	98,8%
	AL-Geld/-hilfe	2,1%	0,0%	2,5%	4,3%	13,8%	8,7%	2,5%	1,4%	0,2%	0,3%	0,5%	0,2%	0,0%
	Rente/Pension	2,4%	0,0%	2,8%	3,2%	7,3%	7,6%	7,0%	2,6%	1,0%	1,2%	1,6%	1,5%	0,5%
	LU durch Angeh.	21,5%	100,0%	5,9%	55,8%	17,1%	8,2%	2,7%	1,2%	0,3%	0,5%	0,2%	0,6%	0,3%
	Sozialhilfe	0,7%	0,0%	0,9%	6,5%	4,0%	1,3%	0,2%	0,2%	0,0%	0,0%	0,1%	0,1%	0,0%
	Sonstiger LU	0,6%	0,0%	0,7%	1,5%	1,3%	1,3%	1,1%	0,6%	0,4%	0,3%	0,3%	0,5%	0,4%
	Zusammen	100,0%	100,0%	100,0%	100,0%	100,0%	100,0%	100,0%	100,0%	100,0%	100,0%	100,0%	100,0%	100,0%
55 - 60	Erwerbstätigkeit	56,6%	0,0%	73,7%	23,0%	38,5%	48,6%	63,6%	79,4%	91,8%	88,2%	88,6%	92,3%	95,8%
	AL-Geld/-hilfe	4,3%	0,0%	5,5%	7,5%	18,9%	12,8%	9,1%	4,2%	1,1%	2,2%	1,6%	1,1%	0,2%
	Rente/Pension	9,3%	0,0%	12,0%	13,4%	22,2%	28,3%	21,2%	12,8%	4,8%	6,3%	7,1%	4,7%	2,3%
	LU durch Angeh.	27,6%	100,0%	5,8%	47,6%	13,4%	6,1%	3,3%	1,4%	0,7%	1,5%	0,6%	0,2%	0,4%
	Sozialhilfe	0,8%	0,0%	1,0%	5,8%	4,2%	1,8%	0,4%	0,0%	0,1%	0,0%	0,3%	0,0%	0,0%
	Sonstiger LU	1,5%	0,0%	2,0%	2,6%	2,9%	2,4%	2,4%	2,1%	1,6%	1,7%	1,8%	1,7%	1,3%
	Zusammen	100,0%	100,0%	100,0%	100,0%	100,0%	100,0%	100,0%	100,0%	100,0%	100,0%	100,0%	100,0%	100,0%
60 - 65	Erwerbstätigkeit	20,3%	0,0%	26,0%	7,1%	6,0%	7,7%	11,9%	24,1%	49,2%	31,3%	41,8%	48,7%	69,7%
	AL-Geld/-hilfe	1,4%	0,0%	1,8%	2,3%	3,1%	4,0%	2,8%	0,9%	0,5%	0,7%	0,6%	0,4%	0,3%
	Rente/Pension	49,7%	0,0%	63,6%	42,9%	75,1%	82,7%	80,4%	71,1%	47,2%	64,7%	55,6%	47,2%	26,2%
	LU durch Angeh.	26,5%	100,0%	5,9%	39,7%	11,4%	4,7%	2,5%	1,4%	1,1%	1,5%	0,8%	1,9%	0,7%
	Sozialhilfe	0,7%	0,0%	0,8%	6,1%	2,8%	0,2%	0,2%	0,1%	0,0%	0,0%	0,0%	0,0%	0,0%
	Sonstiger LU	1,5%	0,0%	1,9%	1,9%	1,7%	0,8%	2,2%	2,5%	2,0%	1,8%	1,2%	1,7%	3,0%
	Zusammen	100,0%	100,0%	100,0%	100,0%	100,0%	100,0%	100,0%	100,0%	100,0%	100,0%	100,0%	100,0%	100,0%
65 +	Erwerbstätigkeit	1,3%	0,0%	1,4%	0,4%	0,7%	0,6%	0,6%	1,0%	3,9%	0,8%	2,1%	2,5%	11,6%
	AL-Geld/-hilfe	0,0%	0,0%	0,0%	0,0%	0,0%	0,0%	0,0%	0,0%	0,0%	0,0%	0,0%	0,0%	0,0%
	Rente/Pension	84,8%	0,0%	89,9%	58,8%	89,8%	96,9%	97,6%	97,3%	93,3%	98,4%	95,2%	94,4%	82,9%
	LU durch Angeh.	11,9%	100,0%	6,7%	36,1%	6,9%	1,2%	0,9%	0,6%	0,6%	0,6%	0,5%	1,0%	0,5%
	Sozialhilfe	0,9%	0,0%	0,9%	3,4%	1,7%	0,5%	0,2%	0,1%	0,4%	0,0%	0,3%	0,4%	1,0%
	Sonstiger LU	1,0%	0,0%	1,1%	1,2%	1,0%	0,7%	0,6%	0,9%	1,8%	0,2%	1,9%	1,6%	4,0%
	Zusammen	100,0%	100,0%	100,0%	100,0%	100,0%	100,0%	100,0%	100,0%	100,0%	100,0%	100,0%	100,0%	100,0%
Zusammen	Erwerbstätigkeit	44,5%	0,0%	64,8%	21,5%	38,1%	45,8%	62,2%	74,5%	86,6%	82,9%	84,9%	87,0%	91,0%
	AL-Geld/-hilfe	1,5%	0,0%	2,2%	2,3%	7,1%	5,9%	2,1%	1,0%	0,3%	0,5%	0,4%	0,2%	0,1%
	Rente/Pension	13,9%	0,0%	20,2%	15,6%	23,8%	37,7%	31,9%	22,6%	12,0%	15,6%	13,7%	11,5%	7,7%
	LU durch Angeh.	37,5%	100,0%	9,1%	46,6%	21,2%	6,8%	2,1%	1,0%	0,4%	0,6%	0,3%	0,6%	0,3%
	Sozialhilfe	1,2%	0,0%	1,8%	9,7%	3,1%	1,6%	0,5%	0,2%	0,1%	0,1%	0,1%	0,1%	0,1%
	Sonstiger LU	1,3%	0,0%	2,0%	4,3%	6,6%	2,2%	1,3%	0,7%	0,6%	0,4%	0,6%	0,5%	0,8%
	Zusammen	100,0%	100,0%	100,0%	100,0%	100,0%	100,0%	100,0%	100,0%	100,0%	100,0%	100,0%	100,0%	100,0%

Quelle: *Statistisches Bundesamt* (Mikrozensus 1992); eigene Berechnungen.

Tab. A.30: Gesamtbevölkerung nach Altersklassen, überwiegendem Lebensunterhalt und Nettoeinkommensklassen 1992 (Anteile am Gesamt der Altersklasse)

Alter von ... bis unter ... Jahren	Überwiegender Lebens-unterhalt	Personen insge-samt	Personen ohne Ein-kommen	Einkommensbezieher										
				zu-sammen	davon mit einem monatl. Nettoeinkommen von ... bis unter ... DM									
											darunter ...			
					<600	600-1000	1000-1400	1400-1800	1800-2200	2200+	2200-2500	2500-3000	3000-3500	3500+
<15	Erwerbstätigkeit	0,0%	0,0%	0,0%	0,0%	0,0%	0,0%	0,0%	0,0%	0,0%	0,0%	0,0%	0,0%	0,0%
	AL-Geld/-hilfe	0,0%	0,0%	0,0%	0,0%	0,0%	0,0%	0,0%	0,0%	0,0%	0,0%	0,0%	0,0%	0,0%
	Rente/Pension	0,2%	0,0%	4,3%	4,1%	6,1%	0,0%	69,2%	0,0%	0,0%	0,0%	0,0%	0,0%	0,0%
	LU durch Angeh.	97,9%	100,0%	58,7%	58,2%	67,6%	71,9%	15,4%	100,0%	100,0%	0,0%	0,0%	100,0%	0,0%
	Sozialhilfe	1,8%	0,0%	35,3%	36,2%	20,7%	15,6%	15,4%	0,0%	0,0%	0,0%	0,0%	0,0%	0,0%
	Sonstiger LU	0,1%	0,0%	1,6%	1,4%	5,0%	12,5%	0,0%	0,0%	0,0%	0,0%	0,0%	0,0%	0,0%
	Zusammen	100,0%	100,0%	100,0%	100,0%	100,0%	100,0%	100,0%	100,0%	100,0%	0,0%	0,0%	100,0%	0,0%
15 - 25	Erwerbstätigkeit	49,1%	0,0%	73,3%	40,6%	54,9%	81,2%	97,5%	98,1%	98,2%	99,1%	98,6%	92,2%	95,2%
	AL-Geld/-hilfe	1,2%	0,0%	1,8%	2,1%	3,5%	4,3%	0,4%	0,3%	0,1%	0,0%	0,3%	0,7%	0,0%
	Rente/Pension	0,4%	0,0%	0,6%	1,6%	0,5%	0,4%	0,1%	0,1%	0,1%	0,1%	0,0%	0,4%	0,0%
	LU durch Angeh.	45,1%	100,0%	18,0%	42,6%	30,1%	9,1%	1,2%	0,7%	1,1%	0,6%	0,9%	6,3%	0,5%
	Sozialhilfe	1,4%	0,0%	2,0%	6,0%	1,8%	1,2%	0,2%	0,2%	0,3%	0,0%	0,0%	0,4%	4,0%
	Sonstiger LU	2,9%	0,0%	4,3%	7,1%	9,2%	3,8%	0,6%	0,5%	0,2%	0,2%	0,3%	0,0%	0,0%
	Zusammen	100,0%	100,0%	100,0%	100,0%	100,0%	100,0%	100,0%	100,0%	100,0%	100,0%	100,0%	100,0%	100,0%
25 - 45	Erwerbstätigkeit	73,3%	0,0%	84,8%	28,4%	45,5%	68,5%	89,1%	96,7%	98,8%	98,4%	98,9%	98,9%	99,1%
	AL-Geld/-hilfe	2,4%	0,0%	2,8%	3,9%	11,4%	10,3%	3,3%	1,1%	0,3%	0,5%	0,3%	0,2%	0,1%
	Rente/Pension	0,7%	0,0%	0,8%	0,7%	1,4%	3,3%	1,5%	0,5%	0,2%	0,3%	0,3%	0,2%	0,1%
	LU durch Angeh.	20,2%	100,0%	7,8%	49,4%	25,6%	11,1%	3,2%	1,1%	0,3%	0,4%	0,2%	0,3%	0,2%
	Sozialhilfe	1,6%	0,0%	1,8%	11,4%	5,1%	3,1%	0,9%	0,2%	0,1%	0,1%	0,1%	0,2%	0,2%
	Sonstiger LU	1,8%	0,0%	2,1%	6,2%	11,0%	3,7%	1,9%	0,5%	0,2%	0,3%	0,2%	0,2%	0,2%
	Zusammen	100,0%	100,0%	100,0%	100,0%	100,0%	100,0%	100,0%	100,0%	100,0%	100,0%	100,0%	100,0%	100,0%

45 - 55	Erwerbstätigkeit	71,0%	0,0%	84,1%	27,5%	52,2%	64,8%	77,9%	90,4%	97,1%	96,2%	96,3%	96,1%	98,3%
	AL-Geld/-hilfe	2,3%	0,0%	2,7%	4,6%	13,7%	8,9%	3,1%	1,5%	0,2%	0,3%	0,5%	0,2%	0,1%
	Rente/Pension	4,7%	0,0%	5,6%	5,0%	11,8%	15,3%	15,0%	6,2%	1,8%	2,5%	2,5%	2,3%	0,8%
	LU durch Angeh.	20,5%	100,0%	5,7%	53,3%	16,6%	7,9%	2,5%	1,2%	0,3%	0,5%	0,2%	0,5%	0,2%
	Sozialhilfe	0,9%	0,0%	1,1%	8,0%	4,4%	1,7%	0,3%	0,2%	0,2%	0,0%	0,1%	0,3%	0,2%
	Sonstiger LU	0,6%	0,0%	0,7%	1,6%	1,4%	1,4%	1,2%	0,6%	0,4%	0,4%	0,3%	0,6%	0,5%
	Zusammen	100,0%	100,0%	100,0%	100,0%	100,0%	100,0%	100,0%	100,0%	100,0%	100,0%	100,0%	100,0%	100,0%
55 - 60	Erwerbstätigkeit	53,5%	0,0%	66,9%	20,5%	32,9%	40,1%	51,3%	70,0%	88,0%	83,6%	84,3%	89,0%	93,5%
	AL-Geld/-hilfe	4,3%	0,0%	5,4%	7,0%	17,1%	12,3%	8,8%	3,8%	1,2%	2,1%	1,7%	0,9%	0,2%
	Rente/Pension	15,1%	0,0%	18,9%	17,9%	30,4%	37,5%	33,5%	22,0%	8,3%	11,4%	11,3%	7,7%	4,2%
	LU durch Angeh.	23,5%	100,0%	5,5%	44,2%	12,5%	6,1%	3,4%	1,7%	0,7%	1,2%	0,6%	0,7%	0,5%
	Sozialhilfe	1,0%	0,0%	1,2%	8,3%	4,4%	1,8%	0,5%	0,1%	0,1%	0,0%	0,3%	0,2%	0,1%
	Sonstiger LU	1,6%	0,0%	2,0%	2,2%	2,8%	2,2%	2,5%	2,4%	1,7%	1,8%	1,9%	1,6%	1,4%
	Zusammen	100,0%	100,0%	100,0%	100,0%	100,0%	100,0%	100,0%	100,0%	100,0%	100,0%	100,0%	100,0%	100,0%
60 - 65	Erwerbstätigkeit	17,2%	0,0%	21,0%	6,1%	5,1%	6,3%	9,4%	17,4%	40,2%	23,7%	33,3%	40,9%	62,6%
	AL-Geld/-hilfe	1,3%	0,0%	1,6%	1,6%	3,0%	3,7%	2,4%	0,8%	0,4%	0,6%	0,5%	0,5%	0,3%
	Rente/Pension	57,0%	0,0%	69,5%	45,8%	76,0%	84,1%	84,2%	78,5%	56,4%	73,2%	63,8%	55,1%	33,5%
	LU durch Angeh.	22,2%	100,0%	5,3%	38,0%	11,6%	4,5%	1,7%	1,1%	0,9%	1,1%	0,8%	1,5%	0,6%
	Sozialhilfe	0,7%	0,0%	0,9%	6,6%	2,7%	0,5%	0,4%	0,1%	0,0%	0,0%	0,1%	0,0%	0,1%
	Sonstiger LU	1,5%	0,0%	1,8%	1,7%	1,6%	1,0%	1,9%	2,1%	2,0%	1,5%	1,5%	1,9%	2,9%
	Zusammen	100,0%	100,0%	100,0%	100,0%	100,0%	100,0%	100,0%	100,0%	100,0%	100,0%	100,0%	100,0%	100,0%
65 +	Erwerbstätigkeit	1,2%	0,0%	1,3%	0,3%	0,6%	0,5%	0,6%	0,8%	3,1%	0,8%	1,6%	2,2%	9,0%
	AL-Geld/-hilfe	0,0%	0,0%	0,0%	0,0%	0,0%	0,0%	0,0%	0,0%	0,0%	0,0%	0,0%	0,0%	0,0%
	Rente/Pension	86,6%	0,0%	91,0%	59,4%	89,9%	97,0%	97,9%	97,8%	94,1%	98,2%	95,9%	94,8%	85,5%
	LU durch Angeh.	10,3%	100,0%	5,8%	35,7%	6,5%	1,1%	0,7%	0,6%	0,6%	0,6%	0,4%	0,9%	0,4%
	Sozialhilfe	0,9%	0,0%	1,0%	3,4%	2,1%	0,6%	0,2%	0,1%	0,6%	0,0%	0,5%	0,8%	1,3%
	Sonstiger LU	1,0%	0,0%	1,0%	1,2%	0,9%	0,8%	0,5%	0,7%	1,6%	0,4%	1,5%	1,3%	3,7%
	Zusammen	100,0%	100,0%	100,0%	100,0%	100,0%	100,0%	100,0%	100,0%	100,0%	100,0%	100,0%	100,0%	100,0%
Zusammen	Erwerbstätigkeit	42,4%	0,0%	59,5%	20,9%	35,3%	40,0%	54,2%	66,8%	81,1%	76,6%	78,9%	81,3%	87,0%
	AL-Geld/-hilfe	1,5%	0,0%	2,1%	2,3%	7,0%	5,6%	2,1%	1,0%	0,3%	0,5%	0,4%	0,2%	0,1%
	Rente/Pension	18,6%	0,0%	26,1%	17,8%	28,1%	44,4%	40,0%	30,3%	17,2%	21,8%	19,5%	16,9%	11,3%
	LU durch Angeh.	34,8%	100,0%	8,5%	45,1%	20,0%	6,3%	2,0%	1,0%	0,4%	0,6%	0,3%	0,6%	0,3%
	Sozialhilfe	1,3%	0,0%	1,8%	10,0%	3,4%	1,6%	0,5%	0,2%	0,2%	0,1%	0,2%	0,3%	0,3%
	Sonstiger LU	1,3%	0,0%	1,9%	4,1%	6,1%	2,1%	1,3%	0,8%	0,7%	0,5%	0,6%	0,6%	0,9%
	Zusammen	100,0%	100,0%	100,0%	100,0%	100,0%	100,0%	100,0%	100,0%	100,0%	100,0%	100,0%	100,0%	100,0%

Quelle: *Statistisches Bundesamt* (Mikrozensus 1992); eigene Berechnungen.

Tab. A.31: Einkommensverteilung nach Alter und Grad der Behinderung 1992

Personen-gruppen	Alter (von ... bis unter ... Jahren)	Anteil der Einkommensbezieher am Gesamt der Altersklasse mit einem monatlichen Nettoeinkommen von ... bis ... DM										
		<600	600-1000	1000-1400	1400-1800	1800-2200	2200+	darunter				Zusammen
								2200-2500	2500-3000	3000-3500	3500+	
Nicht-behinderte	<15	95,2%	3,7%	0,6%	0,3%	0,1%	0,1%	0,0%	0,0%	0,1%	0,0%	100,0%
	15-25	23,1%	22,2%	10,6%	16,4%	15,9%	11,9%	6,9%	3,2%	1,0%	0,8%	100,0%
	25-45	7,8%	8,7%	8,0%	9,5%	15,0%	51,1%	13,8%	13,6%	8,9%	14,8%	100,0%
	45-55	6,1%	7,3%	8,1%	8,1%	11,9%	58,5%	12,4%	13,3%	8,7%	24,1%	100,0%
	55-60	6,5%	8,8%	10,2%	10,0%	13,8%	50,7%	12,5%	11,5%	7,7%	19,0%	100,0%
	60-65	7,1%	12,0%	14,5%	13,5%	15,4%	37,4%	10,3%	9,5%	5,3%	12,4%	100,0%
	15-65	11,2%	10,7%	8,9%	10,5%	14,2%	44,5%	11,9%	11,2%	7,1%	14,3%	100,0%
	65+	14,5%	12,3%	18,0%	17,2%	14,9%	23,0%	7,7%	6,5%	3,5%	5,4%	100,0%
	Insgesamt	11,8%	11,0%	10,4%	11,6%	14,3%	40,8%	11,1%	10,4%	6,5%	12,8%	100,0%
Leicht-behinderte	<15	100,0%	0,0%	0,0%	0,0%	0,0%	0,0%	0,0%	0,0%	0,0%	0,0%	100,0%
	15-25	21,0%	23,4%	6,6%	19,8%	15,6%	14,4%	9,0%	4,2%	1,2%	0,0%	100,6%
	25-45	5,1%	7,2%	8,2%	9,6%	15,1%	54,8%	13,7%	17,1%	10,1%	13,9%	100,0%
	45-55	2,7%	7,6%	9,7%	9,7%	16,4%	53,7%	16,8%	13,9%	9,7%	13,4%	100,0%
	55-60	4,1%	8,6%	9,9%	11,8%	15,8%	50,0%	15,6%	15,1%	6,4%	13,0%	100,1%
	60-65	5,1%	7,4%	11,3%	14,0%	19,4%	42,7%	12,3%	13,7%	7,7%	9,1%	100,0%
	15-65	4,4%	8,0%	9,6%	11,0%	16,4%	50,5%	14,9%	14,7%	8,6%	12,4%	100,0%
	65+	7,5%	6,2%	13,2%	16,1%	19,0%	38,1%	11,2%	10,4%	6,8%	9,7%	100,0%
	Insgesamt	5,1%	7,6%	10,5%	12,3%	17,1%	47,5%	14,0%	13,6%	8,1%	11,7%	100,0%

Schwer-behinderte	<15	76,5%	19,6%	3,9%	0,0%	0,0%	0,0%	0,0%	0,0%	0,0%	0,0%	100,0%
	15-25	44,3%	19,5%	5,0%	15,0%	11,6%	4,7%	1,3%	1,2%	0,0%	2,2%	100,0%
	25-45	20,3%	10,7%	14,2%	13,0%	11,8%	30,0%	9,4%	8,2%	4,9%	7,5%	100,0%
	45-55	6,9%	10,1%	14,8%	14,5%	14,2%	39,5%	11,6%	11,0%	6,4%	10,6%	100,0%
	55-60	6,3%	10,3%	13,1%	16,0%	17,4%	36,9%	11,1%	11,3%	5,4%	9,1%	100,0%
	60-65	6,4%	8,5%	12,4%	18,0%	20,4%	34,2%	12,6%	9,6%	4,6%	7,5%	100,0%
	15-65	10,4%	10,1%	13,2%	15,6%	16,2%	34,4%	11,0%	9,8%	5,1%	8,5%	100,0%
	65+	8,0%	8,1%	14,9%	18,1%	17,8%	33,0%	10,7%	9,6%	5,8%	7,0%	100,0%
	Insgesamt	9,2%	9,1%	14,1%	16,9%	17,0%	33,7%	10,9%	9,7%	5,4%	7,7%	100,0%
Behinderte insgesamt	<15	78,9%	18,3%	3,7%	0,0%	0,0%	0,0%	0,0%	0,0%	0,0%	0,0%	100,9%
	15-25	38,1%	19,9%	6,2%	16,1%	12,7%	7,0%	3,2%	2,0%	0,2%	1,6%	100,0%
	25-45	15,1%	9,4%	12,1%	11,9%	12,8%	38,5%	10,9%	11,3%	6,6%	9,7%	99,8%
	45-55	5,7%	9,3%	13,2%	12,8%	14,8%	44,2%	13,3%	11,9%	7,4%	11,6%	100,0%
	55-60	5,8%	9,9%	12,6%	14,9%	16,7%	40,1%	12,1%	12,4%	5,6%	10,1%	100,0%
	60-65	6,3%	8,4%	12,3%	17,3%	20,2%	35,5%	12,4%	10,3%	5,1%	7,7%	100,0%
	15-65	8,9%	9,5%	12,4%	14,3%	16,2%	38,7%	12,0%	11,1%	6,0%	9,5%	100,0%
	65+	8,2%	8,0%	14,9%	17,8%	17,8%	33,3%	10,6%	9,6%	5,8%	7,3%	100,0%
	Insgesamt	8,6%	8,9%	13,5%	15,9%	16,9%	36,3%	11,4%	10,4%	5,9%	8,6%	100,0%
Gesamt-bevölkerung	<15	94,8%	4,0%	0,7%	0,3%	0,1%	0,1%	0,0%	0,0%	0,1%	0,0%	100,0%
	15-25	23,4%	22,1%	10,5%	16,4%	15,8%	11,8%	6,9%	3,1%	1,0%	0,8%	100,0%
	25-45	8,1%	8,7%	8,1%	9,6%	14,9%	50,6%	13,6%	13,5%	8,8%	14,6%	100,0%
	45-55	6,1%	7,6%	8,7%	8,7%	12,3%	56,7%	12,6%	13,1%	8,5%	22,5%	100,0%
	55-60	6,3%	9,1%	10,8%	11,2%	14,5%	48,1%	12,4%	11,7%	7,2%	16,8%	100,0%
	60-65	6,9%	10,9%	13,8%	14,7%	16,9%	36,8%	10,9%	9,7%	5,2%	10,9%	100,0%
	15-65	11,0%	10,6%	9,2%	10,8%	14,4%	43,9%	11,9%	11,2%	7,0%	13,9%	100,0%
	65+	12,7%	11,1%	17,1%	17,4%	15,8%	26,0%	8,6%	7,4%	4,2%	5,9%	100,0%
	Insgesamt	11,3%	10,7%	10,9%	12,2%	14,7%	40,2%	11,2%	10,4%	6,4%	12,2%	100,0%

Quelle: *Statistisches Bundesamt* (Mikrozensus 1992)

Tab. A.32: Entwicklung der Einkommensverteilung der Subpopulationen und der Gesamtbevölkerung 1986–1992

Personengruppe	Jahr	Anteil der Personen am Gesamt der Gruppe mit einem monatlichen Nettoeinkommen von ... bis unter ... DM										Zusammen
		<600	600-1000	1000-1400	1400-1800	1800-2200	2200+	darunter ...				
								2200-2500	2500-3000	3000-3500	3500+	
Nicht-behinderte	1986	14,7%	13,5%	15,4%	17,7%	16,4%	22,2%	n.a.	n.a.	n.a.	n.a.	100,0%
	1989	14,3%	12,4%	13,0%	15,4%	16,8%	28,1%	n.a.	n.a.	n.a.	n.a.	100,0%
	1992	11,8%	11,0%	10,4%	11,6%	14,3%	40,8%	11,1%	10,4%	6,5%	12,8%	100,0%
Leicht-behinderte	1986	7,4%	11,6%	14,0%	20,1%	21,0%	25,8%	n.a.	n.a.	n.a.	n.a.	100,0%
	1989	7,2%	9,4%	11,9%	17,0%	22,1%	32,5%	n.a.	n.a.	n.a.	n.a.	100,0%
	1992	5,1%	7,6%	10,5%	12,3%	17,1%	47,4%	14,0%	13,6%	8,1%	11,7%	100,0%
Schwer-behinderte	1986	12,5%	14,7%	20,9%	18,7%	16,0%	17,2%	n.a.	n.a.	n.a.	n.a.	100,0%
	1989	11,0%	12,5%	17,9%	18,9%	17,7%	22,0%	n.a.	n.a.	n.a.	n.a.	100,0%
	1992	9,2%	91,0%	14,1%	16,9%	17,0%	33,7%	10,9%	9,7%	5,4%	7,7%	100,0%
Gesamt-bevölkerung	1986	14,3%	13,6%	16,0%	17,9%	16,5%	21,7%	n.a.	n.a.	n.a.	n.a.	100,0%
	1989	13,8%	12,3%	13,5%	15,8%	17,0%	27,5%	n.a.	n.a.	n.a.	n.a.	100,0%
	1992	11,3%	10,7%	10,9%	12,2%	14,7%	40,2%	11,2%	10,4%	6,4%	12,2%	100,0%

Anmerkung: n.a. = nicht ausgewiesen

Quelle: Statistisches Bundesamt (Mikrozensen 1986, 1989 und 1992); eigene Berechnungen.

Tab. A.33: Entwicklung der Einkommensverteilung ausgewählter Altersgruppen (Nichtbehinderte/Schwerbehinderte 1986–1992)

Alters-gruppe	Personen-gruppe	Jahr	Anteil der Personen am Gesamt der Gruppe mit einem monatlichen Nettoeinkommen von ... bis unter ... DM										Zusammen
			<600	600-1000	1000-1400	1400-1800	1800-2200	2200+	darunter ...				
									2200-2500	2500-3000	3000-3500	3500+	
Unter 15 Jahre	Nicht-behinderte	1986	14,7%	13,5%	15,4%	17,7%	16,4%	22,2%	n.a.	n.a.	n.a.	n.a.	100,0%
		1989	14,3%	12,4%	13,0%	15,4%	16,8%	28,1%	n.a.	n.a.	n.a.	n.a.	100,0%
		1992	11,8%	11,0%	10,4%	11,6%	14,3%	40,8%	11,1%	10,4%	6,5%	12,8%	100,0%
	Schwer-behinderte	1986	7,4%	11,6%	14,0%	20,1%	21,0%	25,8%	n.a.	n.a.	n.a.	n.a.	100,0%
		1989	7,2%	9,4%	11,9%	17,0%	22,1%	32,5%	n.a.	n.a.	n.a.	n.a.	100,0%
		1992	5,1%	7,6%	10,5%	12,3%	17,1%	47,4%	14,0%	13,6%	8,1%	11,7%	100,0%
15 bis unter 65 Jahre	Nicht-behinderte	1986	12,5%	14,7%	20,9%	18,7%	16,0%	17,2%	n.a.	n.a.	n.a.	n.a.	100,0%
		1989	11,0%	12,5%	17,9%	18,9%	17,7%	22,0%	n.a.	n.a.	n.a.	n.a.	100,0%
		1992	9,2%	91,0%	14,1%	16,9%	17,0%	33,7%	10,9%	9,7%	5,4%	7,7%	100,0%
	Schwer-behinderte	1986	14,3%	13,6%	16,0%	17,9%	16,5%	21,7%	n.a.	n.a.	n.a.	n.a.	100,0%
		1989	13,8%	12,3%	13,5%	15,8%	17,0%	27,5%	n.a.	n.a.	n.a.	n.a.	100,0%
		1992	11,3%	10,7%	10,9%	12,2%	14,7%	40,2%	11,2%	10,4%	6,4%	12,2%	100,0%
65 Jahre und älter	Nicht-behinderte	1986	12,5%	14,7%	20,9%	18,7%	16,0%	17,2%	n.a.	n.a.	n.a.	n.a.	100,0%
		1989	11,0%	12,5%	17,9%	18,9%	17,7%	22,0%	n.a.	n.a.	n.a.	n.a.	100,0%
		1992	9,2%	91,0%	14,1%	16,9%	17,0%	33,7%	10,9%	9,7%	5,4%	7,7%	100,0%
	Schwer-behinderte	1986	14,3%	13,6%	16,0%	17,9%	16,5%	21,7%	n.a.	n.a.	n.a.	n.a.	100,0%
		1989	13,8%	12,3%	13,5%	15,8%	17,0%	27,5%	n.a.	n.a.	n.a.	n.a.	100,0%
		1992	11,3%	10,7%	10,9%	12,2%	14,7%	40,2%	11,2%	10,4%	6,4%	12,2%	100,0%

Anmerkung: n.a. = nicht ausgewiesen

Quelle: Statistisches Bundesamt (Mikrozensen 1986, 1989 und 1992); eigene Berechnungen.

Tab. A.34.1: Durchschnittliche Brutto- und Nettoeinkommen Schwerbehinderter und der Arbeitnehmer insgesamt (1984–1991)

Personen-gruppe	Einkommens-kategorie	Jahr							
		1984	1985	1986	1987	1988	1989	1990	1991**
Schwerbehinderte	Bruttoeinkommen	2.929 DM	2.979 DM	3.069 DM	3.175 DM	3.275 DM	3.494 DM	-*	3.358 DM
	Nettoeinkommen	1.994 DM	2.024 DM	2.111 DM	2.158 DM	2.302 DM	2.383 DM	-*	2.372 DM
Arbeitnehmer insgesamt	Bruttoeinkommen	2.727 DM	2.805 DM	2.921 DM	2.988 DM	3.087 DM	3.196 DM	-*	3.557 DM
	Nettoeinkommen	1.863 DM	1.889 DM	1.969 DM	2.009 DM	2.084 DM	2.142 DM	-*	2.420 DM

Anmerkungen: *Daten wurden 1990 nicht erhoben; **Alte Bundesländer

Tab. A.34.2: Durchschnittliche Brutto- und Nettoeinkommen Schwerbehinderter und der Arbeitnehmer insgesamt (1984–1991; Veränderungsraten)

Personen-gruppe	Einkommens-kategorie	Veränderungsraten vom Jahr ... zum Jahr ...						
		84/85	85/86	86/87	87/88	88/89	89/91	84/91
Schwerbehinderte	Bruttoeinkommen	1,7%	3,0%	3,5%	3,1%	6,7%	-3,9%	14,6%
	Nettoeinkommen	1,5%	4,3%	2,2%	6,7%	3,5%	-0,5%	19,0%
Arbeitnehmer insgesamt	Bruttoeinkommen	2,9%	4,1%	2,3%	3,3%	3,5%	11,3%	30,4%
	Nettoeinkommen	1,4%	4,2%	2,0%	3,7%	2,8%	13,0%	29,9%

Quelle: SOEP (Wellen 1–8; beide Tabellen).

Tab. A.35: Monatliches Bruttoentgelt und Versicherungsjahre der Rentenzugänge 1980–1987

Jahr	Männer							
	Arbeiterrentenversicherung				Angestelltenrentenversicherung			
	insgesamt		schwerbehindert		insgesamt		schwerbehindert	
	Monatliches Bruttoentgelt in DM	Durchschnittliche Zahl der Versicherungsjahre	Monatliches Bruttoentgelt in DM	Durchschnittliche Zahl der Versicherungsjahre	Monatliches Bruttoentgelt in DM	Durchschnittliche Zahl der Versicherungsjahre	Monatliches Bruttoentgelt in DM	Durchschnittliche Zahl der Versicherungsjahre
1980	2.621	43,8	2.667	44,1	3.321	44,0	3.338	44,2
1981	2.753	43,8	2.803	44,1	3.515	44,2	3.511	44,1
1982	2.867	44,3	2.922	44,3	3.710	44,6	3.710	44,2
1983	3.002	44,3	3.020	44,3	3.895	44,5	3.880	44,3
1984	3.062	44,2	3.103	44,4	3.855	44,5	3.882	44,4
1985	3.064	44,2	3.151	44,4	3.947	44,6	4.000	44,4
1986	3.222	44,1	3.308	44,5	4.122	44,6	4.179	44,5
1987	3.320	44,5	3.407	44,6	4.235	45,0	4.285	44,6

Jahr	Frauen							
	Arbeiterrentenversicherung				Angestelltenrentenversicherung			
	insgesamt		schwerbehindert		insgesamt		schwerbehindert	
	Monatliches Bruttoentgelt in DM	Durchschnittliche Zahl der Versicherungsjahre	Monatliches Bruttoentgelt in DM	Durchschnittliche Zahl der Versicherungsjahre	Monatliches Bruttoentgelt in DM	Durchschnittliche Zahl der Versicherungsjahre	Monatliches Bruttoentgelt in DM	Durchschnittliche Zahl der Versicherungsjahre
1980	1.575	32,2	1.900	40,7	2.281	34,8	2.945	41,5
1981	1.658	32,0	1.959	40,6	2.420	34,9	3.005	41,4
1982	1.719	32,3	2.042	40,8	2.519	35,1	3.154	41,4
1983	1.757	31,8	2.133	40,8	2.611	34,9	3.246	41,7
1984	1.799	32,1	2.107	40,5	2.648	35,3	3.264	41,7
1985	1.804	32,7	2.116	41,0	2.629	35,4	3.284	41,5
1986	1.867	32,7	2.324	40,6	2.705	35,5	3.423	41,6
1987	1.912	32,8	2.347	40,3	2.764	35,5	3.515	41,3

Quelle: Verband deutscher Rentenversicherungsträger; entnommen aus *Frick* (1992), S. 98.

Tab. A.36: Durchschnittliche Brutto- und zu versteuernde Einkommen der Haushalte nach Grad der Behinderung in DM (Baden-Württemberg 1983)

Grad der Behinderung	Zu versteuerndes Einkommen	Durchschnittliche Bruttoeinkünfte (A+B) in DM							
		Summe der Einkünfte	Land- und Forstwirtschaft	Gewerbebetrieb	selbständige Tätigkeit	Nicht-selbst. Tätigkeit	Kapitalvermögen	Vermietung/ Verpachtung	Sonstige
A nichtbehindert	41.653	50.598	14.883	39.125	48.506	46.091	5.757	-6.087	4.428
25-34	40.960	50.865	13.483	39.291	40.235	45.104	3.213	-1.635	4.307
35-44	40.300	50.376	9.264	15.102	66.219	47.055	2.907	-1.347	4.969
A leichtbehindert	40.723	50.690	12.692	31.975	48.896	45.848	3.111	-1.528	4.516
45-54	38.307	47.926	17.646	47.197	43.188	41.470	3.425	-2.502	3.999
55-64	32.965	42.491	13.853	20.981	54.385	40.461	3.206	-2.370	4.070
65-74	29.692	40.007	11.582	28.727	28.776	36.596	2.989	-2.112	4.817
75-84	25.966	36.487	13.642	19.863	29.539	34.813	3.457	-531	4.041
85-90	25.917	36.104	48.633	36.535	29.683	30.290	3.891	-1.020	3.809
91-100	28.996	40.653	31.819	33.792	42.084	35.419	5.836	1.147	3.814
A schwerbehindert	31.703	42.446	17.131	32.964	38.423	38.534	3.822	-1.623	4.097
Alle Haushalte	40.327	49.532	15.035	38.358	47.367	45.105	5.409	-5.329	4.322

Anmerkungen: Einkünfte = Einkünfte des Steuerpflichtigen (A) + Einkünfte des Ehegatten (B); ein steuerpflichtiger pro Haushalt (der Behinderte wird immer als "A" geführt.

Quelle: IAW-Steuerpanel.

Tab. A.37: Steuerpflichtige Haushalte nach Grad der Behinderung und Einkommensquellen (Baden-Württemberg 1983)

Grad der Behinderung	Haushalte mit zu versteuerndem Einkommen	Steuerpflichtige Haushalte nach Einkommensquellen							
		Alle Einkommensquellen	Land- und Forstwirtschaft	Gewerbebetrieb	selbständige Tätigkeit	Nicht-selbst. Tätigkeit	Kapitalvermögen	Vermietung/ Verpachtung	Sonstige
A nichtbehindert	25.927	25.106	1.012	5.484	1.876	21.998	10.075	15.978	3.743
25-34	489	483	26	113	28	404	226	343	132
35-44	274	274	6	49	14	249	114	201	61
A leichtbehindert	763	757	32	162	42	653	340	544	193
45-54	1.149	1.146	31	179	64	1.017	439	773	391
55-64	718	710	18	101	41	615	295	493	307
65-74	518	517	16	73	33	445	204	340	273
75-84	640	635	14	99	40	507	299	427	385
85-90	184	183	4	25	14	146	87	115	125
91-100	490	489	10	55	29	381	246	334	317
A schwerbehindert	4.024	4.001	109	588	246	3.376	1.719	2.713	1.914
Alle Haushalte	30.714	29.864	1.153	6.234	2.164	26.027	12.134	19.235	5.850

Quelle: IAW-Steuerpanel.

Tab. A.38: Steuerpflichtige Haushalte nach Grad der Behinderung und Einkommensquellen (Baden-Württemberg 1983; Anteile der Einkommensbezieher nach Einkommensquellen)

Grad der Behinderung	Steuerpflichtige Haushalte nach Einkommensquellen							
	Alle Einkommensquellen	Land- und Forstwirtschaft	Gewerbebetrieb	selbständige Tätigkeit	Nicht-selbst. Tätigkeit	Kapitalvermögen	Vermietung/ Verpachtung	Sonstige
A nichtbehindert	100%	4,0%	21,8%	7,5%	87,6%	40,1%	63,6%	14,9%
25-34	100%	5,4%	23,4%	5,8%	83,6%	46,8%	71,0%	27,3%
35-44	100%	2,2%	17,9%	5,1%	90,9%	41,6%	73,4%	22,3%
A leichtbehindert	100%	4,2%	21,4%	5,5%	86,3%	44,9%	71,9%	25,5%
45-54	100%	2,7%	15,6%	5,6%	88,7%	38,3%	67,5%	34,1%
55-64	100%	2,5%	14,2%	5,8%	86,6%	41,5%	69,4%	43,2%
65-74	100%	3,1%	14,1%	6,4%	86,1%	39,5%	65,8%	52,8%
75-84	100%	2,2%	15,6%	6,3%	79,8%	47,1%	67,2%	60,6%
85-90	100%	2,2%	13,7%	7,7%	79,8%	47,5%	62,8%	68,3%
91-100	100%	2,0%	11,2%	5,9%	77,9%	50,3%	68,3%	64,8%
A schwerbehindert	100%	2,7%	14,7%	6,1%	84,4%	43,0%	67,8%	47,8%
Alle Haushalte	100%	3,9%	20,9%	7,2%	87,2%	40,6%	64,4%	19,6%

Quelle: IAW-Steuerpanel.

Tab. A.39: Durchschnittliche Brutto- und zu versteuernde Einkommen der Haushalte nach Grad der Behinderung in DM (Baden-Württemberg 1988)

Grad der Behinderung	Zu versteuerndes Einkommen	Durchschnittliche Bruttoeinkünfte (A+B) in DM							
		Summe der Einkünfte	Land- und Forstwirtschaft	Gewerbebetrieb	selbständige Tätigkeit	Nicht-selbst. Tätigkeit	Kapitalvermögen	Vermietung/ Verpachtung	Sonstige
A nichtbehindert	50.024	60.296	17.723	46.705	48.111	53.696	3.172	-5.383	5.622
25-34	45.336	56.462	12.107	29.456	56.570	51.532	2.700	-903	5.148
35-44	44.835	55.724	15.558	47.047	17.718	52.356	2.302	-3.216	5.241
A leichtbehindert	45.139	56.172	13.111	36.119	45.268	51.852	2.541	-1.775	5.189
45-54	39.924	50.667	17.112	25.689	42.149	46.993	3.117	-2.427	5.882
55-64	37.376	48.259	12.001	45.314	19.819	42.879	2.680	60	4.957
65-74	33.050	45.031	8.250	35.352	30.349	40.341	3.294	-850	5.396
75-84	30.146	41.813	11.555	22.956	42.215	38.973	2.968	-160	5.219
85-90	38.716	51.243	4.652	119.465	31.258	35.204	5.607	5.042	5.114
91-100	28.718	41.918	798	33.567	33.217	37.262	3.305	1.079	4.553
A schwerbehindert	36.053	48.342	11.429	36.309	35.738	43.505	3.282	-344	5.298
Alle Haushalte	48.373	58.885	17.124	45.655	46.987	52.566	3.169	-4.622	5.508

Anmerkungen: Einkünfte = Einkünfte des Steuerpflichtigen (A) + Einkünfte des Ehegatten (B); ein steuerpflichtiger pro Haushalt (der Behinderte wird immer als "A" geführt.

Quelle: IAW-Steuerpanel.

Tab. A.40: Steuerpflichtige Haushalte nach Grad der Behinderung und Einkommensquellen (Baden-Württemberg 1988)

Grad der Behinderung	Haushalte mit zu versteuerndem Einkommen	Steuerpflichtige Haushalte nach Einkommensquellen							
		Alle Einkommensquellen	Land- und Forstwirtschaft	Gewerbebetrieb	selbständige Tätigkeit	Nicht-selbst. Tätigkeit	Kapitalvermögen	Vermietung/ Verpachtung	Sonstige
A nichtbehindert	44.404	43.270	1.709	8.412	3.006	38.297	30.748	15.111	6.584
25-34	731	725	39	123	39	634	544	327	219
35-44	471	470	16	75	16	403	361	198	170
A leichtbehindert	1.202	1.195	55	198	55	1.037	905	525	389
45-54	1.723	1.720	37	231	90	1.498	1.264	687	726
55-64	988	985	35	119	46	850	747	397	501
65-74	704	702	14	98	38	573	528	300	439
75-84	767	764	19	90	38	616	576	319	482
85-90	256	253	3	27	12	198	196	108	174
91-100	633	629	10	92	31	494	498	275	452
A schwerbehindert	5.632	5.613	141	744	292	4.695	4.242	2.338	2.988
Alle Haushalte	51.238	50.078	1.905	9.354	3.353	44.029	35.895	17.974	9.961

Quelle: IAW-Steuerpanel.

Tab. A.41: Steuerpflichtige Haushalte nach Grad der Behinderung und Einkommensquellen (Baden-Württemberg 1983; Anteile der Einkommensbezieher nach Einkommensquellen)

Grad der Behinderung	Steuerpflichtige Haushalte nach Einkommensquellen							
	Alle Einkommens-quellen	Land- und Forst-wirtschaft	Gewerbe-betrieb	selbständige Tätigkeit	Nicht-selbst. Tätigkeit	Kapital-vermögen	Vermietung/ Verpachtung	Sonstige
A nichtbehindert	100%	3,9%	19,4%	6,9%	88,5%	71,1%	34,9%	15,2%
25-34	100%	5,4%	17,0%	5,4%	87,4%	75,0%	45,1%	30,2%
35-44	100%	3,4%	16,0%	3,4%	85,7%	76,8%	42,1%	36,2%
A leichtbehindert	100%	4,6%	16,6%	4,6%	86,8%	75,7%	43,9%	32,6%
45-54	100%	2,2%	13,4%	5,2%	87,1%	73,5%	39,9%	42,2%
55-64	100%	3,6%	12,1%	4,7%	86,3%	75,8%	40,3%	50,9%
65-74	100%	2,0%	14,0%	5,4%	81,6%	75,2%	42,7%	62,5%
75-84	100%	2,5%	11,8%	5,0%	80,6%	75,4%	41,8%	63,1%
85-90	100%	1,2%	10,7%	4,7%	78,3%	77,5%	42,7%	68,8%
91-100	100%	1,6%	14,6%	4,9%	78,5%	79,2%	43,7%	71,9%
A schwerbehindert	100%	2,5%	13,3%	5,2%	83,6%	75,6%	41,7%	53,2%
Alle Haushalte	100%	3,8%	18,7%	6,7%	87,9%	71,7%	35,9%	19,9%

Quelle: IAW-Steuerpanel; eigene Berechnungen.

Tab. A.42: Durchschnittliche Brutto- und zu versteuernde Einkommen der Haushalte nach Grad der Behinderung in DM (Baden-Württemberg; Veränderungsraten 1983/88)

Grad der Behinderung	Zu versteuerndes Einkommen	Durchschnittliche Bruttoeinkünfte (A+B) in DM							
		Summe der Einkünfte	Land- und Forstwirtschaft	Gewerbebetrieb	selbständige Tätigkeit	Nicht-selbst. Tätigkeit	Kapitalvermögen	Vermietung/ Verpachtung	Sonstige
A nichtbehindert	20,1%	19,2%	19,1%	19,4%	-0,8%	16,5%	-44,9%	-11,6%	27,0%
25-34	10,7%	11,0%	-10,2%	-25,0%	40,6%	14,3%	-16,0%	-44,8%	19,5%
35-44	11,3%	10,6%	67,9%	211,5%	-73,2%	11,3%	-20,8%	138,8%	5,5%
A leichtbehindert	10,8%	10,8%	3,3%	13,0%	-7,4%	13,1%	-18,3%	16,2%	14,9%
45-54	4,2%	5,7%	-3,0%	-45,6%	-2,4%	13,3%	-9,0%	-3,0%	47,1%
55-64	13,4%	13,6%	-13,4%	116,0%	-63,6%	6,0%	-16,4%	-102,5%	21,8%
65-74	11,3%	12,6%	-28,8%	23,1%	5,5%	10,2%	10,2%	-59,8%	12,0%
75-84	16,1%	14,6%	-15,3%	15,6%	42,9%	11,9%	-14,1%	-69,9%	29,2%
85-90	49,4%	41,9%	-90,4%	227,0%	5,3%	16,2%	44,1%	-594,3%	34,3%
91-100	-1,0%	3,1%	-97,5%	-0,7%	-21,1%	5,2%	-43,4%	-5,9%	19,4%
A schwerbehindert	13,7%	13,9%	-33,3%	10,1%	-7,0%	12,9%	-14,1%	-78,8%	29,3%
Alle Haushalte	20,0%	18,9%	13,9%	19,0%	-0,8%	16,5%	-41,4%	-13,3%	27,4%

Anmerkungen: Einkünfte = Einkünfte des Steuerpflichtigen (A) + Einkünfte des Ehegatten (B); ein steuerpflichtiger pro Haushalt (der Behinderte wird immer als "A" geführt.

Quelle: IAW-Steuerpanel; eigene Berechnungen.

Tab. A.43: Steuerpflichtige Haushalte nach Grad der Behinderung und Einkommensquellen (Baden-Württemberg; Veränderungsraten 1983/88)

Grad der Behinderung	Haushalte mit zu versteuern-dem Ein-kommen	Steuerpflichtige Haushalte nach Einkommensquellen							
		Alle Ein-kommens-quellen	Land- und Forst-wirtschaft	Gewerbe-betrieb	selbständige Tätigkeit	Nicht-selbst. Tätigkeit	Kapital-vermögen	Vermietung/ Verpachtung	Sonstige
A nichtbehindert	71,3%	72,3%	68,9%	53,4%	60,2%	74,1%	205,2%	-5,4%	75,9%
25-34	49,5%	50,1%	50,0%	8,8%	39,3%	56,9%	140,7%	-4,7%	65,9%
35-44	71,9%	71,5%	166,7%	53,1%	14,3%	61,8%	216,7%	-1,5%	178,7%
A leichtbehindert	57,5%	57,9%	71,9%	22,2%	31,0%	58,8%	166,2%	-3,5%	101,6%
45-54	50,0%	50,1%	19,4%	29,1%	40,6%	47,3%	187,9%	-11,1%	85,7%
55-64	37,6%	38,7%	94,4%	17,8%	12,2%	38,2%	153,2%	-19,5%	63,2%
65-74	35,9%	35,8%	-12,5%	34,2%	15,2%	28,8%	158,8%	-11,8%	60,8%
75-84	19,8%	20,3%	35,7%	-9,1%	-5,0%	21,5%	92,6%	-25,3%	25,2%
85-90	39,1%	38,3%	-25,0%	8,0%	-14,3%	35,6%	125,3%	-6,1%	39,2%
91-100	29,2%	28,6%	0,0%	67,3%	6,9%	29,7%	102,4%	-17,7%	42,6%
A schwerbehindert	40,0%	40,3%	29,4%	26,5%	18,7%	39,1%	146,8%	-13,8%	56,1%
Alle Haushalte	66,8%	67,7%	65,2%	50,0%	54,9%	69,2%	195,8%	-6,6%	70,3%

Quelle: IAW-Steuerpanel; eigene Berechnungen.

Tab. A.44: Steuerpflichtige Haushalte nach Grad der Behinderung und Einkommensquellen (Baden-Württemberg; Anteile der Einkommensbezieher nach Einkommensquellen: Veränderungsraten 1983/88)

Grad der Behinderung	Steuerpflichtige Haushalte nach Einkommensquellen							
	Alle Einkommensquellen	Land- und Forstwirtschaft	Gewerbebetrieb	selbständige Tätigkeit	Nicht-selbst. Tätigkeit	Kapitalvermögen	Vermietung/ Verpachtung	Sonstige
A nichtbehindert	-	-2,0%	-11,0%	-7,0%	1,0%	77,1%	-45,1%	2,1%
25-34	-	-0,1%	-27,5%	-7,2%	4,5%	60,4%	-36,5%	10,5%
35-44	-	55,5%	-10,8%	-33,4%	-5,6%	84,6%	-42,6%	62,5%
A leichtbehindert	-	8,9%	-22,6%	-17,0%	0,6%	68,6%	-38,9%	27,7%
45-54	-	-20,5%	-14,0%	-6,3%	-1,9%	91,8%	-40,8%	23,7%
55-64	-	40,2%	-15,1%	-19,1%	-0,4%	82,5%	-42,0%	17,6%
65-74	-	-35,6%	-1,1%	-15,2%	-5,2%	90,6%	-35,0%	18,4%
75-84	-	12,8%	-24,4%	-21,0%	1,0%	60,1%	-37,9%	4,1%
85-90	-	-45,8%	-21,9%	-38,0%	-1,9%	63,0%	-32,1%	0,7%
91-100	-	-22,3%	30,0%	-16,9%	0,8%	57,4%	-36,0%	10,9%
A schwerbehindert	-	-7,8%	-9,8%	-15,4%	-0,9%	75,9%	-38,6%	11,3%
Alle Haushalte	-	-1,5%	-10,5%	-7,6%	0,9%	76,4%	-44,3%	1,5%

Quelle: IAW-Steuerpanel; eigene Berechnungen.

Tab. A.45.1: Einkommensverteilung der einkommensteuerpflichtigen Haushalte in Baden-Württemberg nach Grad der Behinderung (Summe der Einkünfte und zu versteuerndes Einkommen 1983)

Einkommens-kategorie	Personen-gruppe	Haushalte insge-samt*	davon in den Einkommensklassen (von ... bis unter ... DM)									
			<0	0 -1.000	1.000 -2.000	2.000 -3.000	3.000 -4.000	4.000 -5.000	5.000 -7.000	7.000 -10.000	10.000 -15.000	15.000+
Summe der Einkünfte	Nicht-behinderte	100,0%	2,5%	9,4%	11,7%	19,9%	18,7%	13,9%	14,8%	5,3%	2,0%	1,8%
	Leicht-behinderte	100,0%	1,2%	8,3%	11,7%	17,8%	18,3%	15,5%	18,1%	5,8%	1,4%	2,0%
	Schwer-behinderte	100,0%	1,7%	13,1%	18,6%	20,2%	16,3%	11,2%	11,7%	4,2%	1,7%	1,3%
	Alle steuerpflich-tigen Haushalte	100,0%	2,3%	9,8%	12,6%	19,9%	18,4%	13,6%	14,5%	5,1%	2,0%	1,7%
Zu versteuerndes Einkommen	Nicht-behinderte	100,0%	4,7%	13,8%	15,5%	23,2%	16,2%	11,4%	9,1%	3,3%	1,4%	1,5%
	Leicht-behinderte	100,0%	3,5%	14,4%	16,3%	20,1%	17,4%	11,5%	11,4%	2,6%	1,0%	1,7%
	Schwer-behinderte	100,0%	6,5%	22,9%	21,5%	18,8%	11,8%	7,5%	6,7%	2,2%	1,1%	1,0%
	Alle steuerpflich-tigen Haushalte	100,0%	4,9%	15,0%	16,3%	22,5%	15,6%	10,9%	8,8%	3,1%	1,4%	1,4%

Anmerkung: *Ohne Haushalte, bei denen keine Angaben vorliegen.

Quelle: IAW-Steuerpanel.

Tab. A.45.2: Einkommensverteilung der einkommensteuerpflichtigen Haushalte in Baden-Württemberg nach Grad der Behinderung (Summe der Einkünfte, zu versteuerndes Einkommen und Nettoeinkommen 1988)

Einkommens-kategorie	Personen-gruppe	Haushalte insge-samt*	davon in den Einkommensklassen (von ... bis unter ... DM)									
			<0	0 -1.000	1.000 -2.000	2.000 -3.000	3.000 -4.000	4.000 -5.000	5.000 -7.000	7.000 -10.000	10.000 -15.000	15.000+
Summe der Einkünfte	Nichtbehinderte	100,0%	1,9%	8,2%	9,1%	14,8%	17,2%	13,6%	19,6%	9,8%	3,3%	2,5%
	Leichtbehinderte	100,0%	1,1%	6,0%	13,1%	13,2%	17,5%	13,9%	21,2%	9,5%	2,7%	1,8%
	Schwerbehinderte	100,0%	1,2%	11,5%	17,7%	16,0%	14,5%	12,8%	15,2%	7,2%	2,3%	1,5%
	Alle steuerpfl. HH	100,0%	1,8%	8,5%	10,1%	14,9%	16,9%	13,6%	19,2%	9,5%	3,2%	2,4%
Zu versteuerndes Einkommen	Nichtbehinderte	100,0%	4,1%	12,1%	11,3%	19,9%	15,8%	12,4%	13,9%	6,2%	2,2%	2,0%
	Leichtbehinderte	100,0%	3,1%	13,9%	13,6%	18,1%	16,2%	11,7%	14,6%	5,6%	1,7%	1,5%
	Schwerbehinderte	100,0%	6,9%	21,9%	17,8%	15,9%	12,4%	8,7%	10,0%	3,9%	1,4%	1,2%
	Alle steuerpfl. HH	100,0%	4,4%	13,2%	12,1%	19,4%	15,4%	12,0%	13,5%	5,9%	2,1%	1,9%
Netto-einkommen**	Nichtbehinderte	100,0%	4,0%	16,4%	29,0%	23,3%	14,9%	6,3%	3,7%	1,3%	0,7%	0,5%
	Leichtbehinderte	100,0%	3,1%	19,0%	26,8%	23,9%	16,9%	5,5%	3,1%	0,7%	0,8%	0,2%
	Schwerbehinderte	100,0%	6,9%	29,4%	26,7%	18,5%	10,8%	3,9%	2,3%	0,9%	0,4%	0,3%
	Alle steuerpfl. HH	100,0%	4,3%	17,9%	28,7%	22,7%	14,5%	6,0%	3,5%	1,2%	0,6%	0,5%

Anmerkungen: *Ohne Haushalte, bei denen keine Angaben vorliegen. **Nettoeinkommen = zu versteuerndes Einkommen ./. Einkommensteuer ./. Sozialabgaben. Es wird von einer durchschnittlichen Abgabenquote ((Einkommensteuer + Sozialabgaben)/zu versteuerndes Einkommen) von 21% ausgegangen.

Quelle: IAW-Steuerpanel.

Tab. A.46: Einkommensverteilung Schwerbehinderter insgesamt (1987) sowie schwerbehinderter Frauen (1989) in Rheinland-Pfalz (Nettoeinkommen)

Personen-gruppe	Einkommens-kategorie	Nettoeinkommen in DM/Anteile am Gesamt der Personengruppe											Summen
		<500	500 -1000	1000 -1500	1500 -2000	2000 -2500	2500 -3000	3000 -3500	3500 -4000	4000 -4500	4500 -5000	>5000	
Schwer-behinderte insgesamt	Persönliches Einkommen	4 5,2%	4 5,2%	8 10,4%	25 32,5%	15 19,5%	12 15,6%	4 5,2%	3 3,9%	2 2,6%	0 0,0%	0 0,0%	77 100,0%
	Haushalts-einkommen	3 4,1%	5 6,8%	11 14,9%	10 13,5%	25 33,8%	8 10,8%	7 9,5%	3 4,1%	2 2,7%	0 0,0%	0 0,0%	74 100,0%
Schwer-behinderte Frauen	Persönliches Einkommen	8 11,8%	9 13,2%	18 26,5%	10 14,7%	17 25,0%	3 4,4%	2 2,9%	1 1,5%	0 0,0%	0 0,0%	0 0,0%	68 100,0%
	Haushalts-einkommen	1 0,7%	4 2,6%	14 9,3%	24 15,9%	22 14,6%	28 18,5%	14 9,3%	15 9,9%	7 4,6%	14 9,3%	8 5,3%	151 100,0%

Quelle: *Braun/Niehaus* (1988), S. 49, und *Niehaus* (1993), S. 76.

Tab. A.47.1: Steuerliche Entlastungseffekte durch die Körperbehindertenfreibeträge (Ledige)

	Einkommensteuer und Steuerersparnis durch den KB-Freibetrag bei einem Bruttoeinkommen von ...									
Monatliches Bruttoeinkommen Jahresbruttoeinkommen (JBE)	500 DM 6.500 DM	1.000 DM 13.000 DM	1.500 DM 19.500 DM	2.000 DM 26.000 DM	2.500 DM 32.500 DM	3.000 DM 39.000 DM	3.500 DM 45.500 DM	4.000 DM 52.000 DM	4.500 DM 58.500 DM	5.000 DM 65.000 DM
Ledige Schwerbehinderte/GdB 50										
Einkommensteuer	164 DM	1.431 DM	2.834 DM	4.353 DM	6.000 DM	7.790 DM	9.693 DM	11.724 DM	13.901 DM	16.188 DM
JBE ./. KB-Freibetrag	5.390 DM	11.890 DM	18.390 DM	24.890 DM	31.390 DM	37.890 DM	44.390 DM	50.890 DM	57.390 DM	63.890 DM
Einkommensteuer	0 DM	1.211 DM	2.581 DM	4.078 DM	5.717 DM	7.470 DM	9.367 DM	11.377 DM	13.514 DM	15.798 DM
Steuerersparnis	164 DM	220 DM	253 DM	275 DM	283 DM	320 DM	326 DM	347 DM	387 DM	390 DM
Ledige Schwerbehinderte/GdB 70										
Einkommensteuer	164 DM	1.431 DM	2.834 DM	4.353 DM	6.000 DM	7.790 DM	9.693 DM	11.724 DM	13.901 DM	16.188 DM
JBE ./. KB-Freibetrag	4.760 DM	11.260 DM	17.760 DM	24.260 DM	30.760 DM	37.260 DM	43.760 DM	50.260 DM	56.760 DM	63.260 DM
Einkommensteuer	0 DM	1.081 DM	2.438 DM	3.935 DM	5.548 DM	7.304 DM	9.173 DM	11.170 DM	13.312 DM	15.566 DM
Steuerersparnis	164 DM	350 DM	396 DM	418 DM	452 DM	486 DM	520 DM	554 DM	589 DM	622 DM
Ledige Schwerbehinderte/GdB 100										
Einkommensteuer	164 DM	1.431 DM	2.834 DM	4.353 DM	6.000 DM	7.790 DM	9.693 DM	11.724 DM	13.901 DM	16.188 DM
JBE ./. KB-Freibetrag	3.740 DM	10.240 DM	16.740 DM	23.240 DM	29.740 DM	36.240 DM	42.740 DM	49.240 DM	55.740 DM	62.240 DM
Einkommensteuer	0 DM	878 DM	2.227 DM	3.692 DM	5.284 DM	7.020 DM	8.869 DM	10.845 DM	12.967 DM	15.200 DM
Steuerersparnis	164 DM	553 DM	607 DM	661 DM	716 DM	770 DM	824 DM	879 DM	934 DM	988 DM
Ledige Schwerbehinderte/Bl oder H										
Einkommensteuer	164 DM	1.431 DM	2.834 DM	4.353 DM	6.000 DM	7.790 DM	9.693 DM	11.724 DM	13.901 DM	16.188 DM
JBE ./. KB-Freibetrag	-700 DM	5.800 DM	12.300 DM	18.800 DM	25.300 DM	31.800 DM	38.300 DM	44.800 DM	51.300 DM	57.800 DM
Einkommensteuer	0 DM	30 DM	1.288 DM	2.677 DM	4.182 DM	5.815 DM	7.591 DM	9.481 DM	11.515 DM	13.661 DM
Steuerersparnis	164 DM	1.401 DM	1.546 DM	1.676 DM	1.818 DM	1.975 DM	2.102 DM	2.243 DM	2.386 DM	2.527 DM
Ledige Schwerbehinderte/H; Freibetrag wg. Behinderung + Freibetrag wg. Hauhaltshilfe										
Einkommensteuer	164 DM	1.431 DM	2.834 DM	4.353 DM	6.000 DM	7.790 DM	9.693 DM	11.724 DM	13.901 DM	16.188 DM
JBE ./. KB-Freibetrag	-12.700 DM	-6.200 DM	300 DM	6.800 DM	13.300 DM	19.800 DM	26.300 DM	32.800 DM	39.300 DM	45.800 DM
Einkommensteuer	0 DM	0 DM	0 DM	215 DM	1.497 DM	2.894 DM	4.432 DM	6.086 DM	7.867 DM	9.792 DM
Steuerersparnis	164 DM	1.431 DM	2.834 DM	4.138 DM	4.503 DM	4.896 DM	5.261 DM	5.638 DM	6.034 DM	6.396 DM

Quelle: Eigene Berechnungen auf der Basis der Einkommensteuertabelle (Auszug in *Stiftung Warentest* (1994)).

Tab. A.47.2: Steuerliche Entlastungseffekte durch die Körperbehindertenfreibeträge (Verheiratete)

	Einkommensteuer und Steuerersparnis durch den KB-Freibetrag bei einem Bruttoeinkommen von ...								
Monatliches Bruttoeinkommen Jahresbruttoeinkommen (JBE)	1.000 DM 13.000 DM	2.000 DM 26.000 DM	3.000 DM 39.000 DM	4.000 DM 52.000 DM	5.000 DM 65.000 DM	6.000 DM 78.000 DM	7.000 DM 91.000 DM	8.000 DM 104.000 DM	9.000 DM 117.000 DM
Verheiratete Schwerbehinderte/GdB 50									
Einkommensteuer	328 DM	2.862 DM	5.668 DM	8.706 DM	12.000 DM	15.580 DM	19.386 DM	23.448 DM	27.802 DM
JBE ./. KB-Freibetrag	11.890 DM	24.890 DM	37.890 DM	50.890 DM	63.890 DM	76.890 DM	89.890 DM	102.890 DM	115.890 DM
Einkommensteuer	122 DM	2.642 DM	5.402 DM	8.442 DM	11.716 DM	15.244 DM	19.060 DM	23.100 DM	27.432 DM
Steuerersparnis	206 DM	220 DM	266 DM	264 DM	284 DM	336 DM	326 DM	348 DM	370 DM
Verheiratete Schwerbehinderte/GdB 70									
Einkommensteuer	328 DM	2.862 DM	5.668 DM	8.706 DM	12.000 DM	15.580 DM	19.386 DM	23.448 DM	27.802 DM
JBE ./. KB-Freibetrag	11.260 DM	24.260 DM	37.260 DM	50.260 DM	63.260 DM	76.260 DM	89.260 DM	102.260 DM	115.260 DM
Einkommensteuer	0 DM	2.510 DM	5.282 DM	8.286 DM	11.546 DM	15.092 DM	18.864 DM	22.892 DM	27.212 DM
Steuerersparnis	328 DM	352 DM	386 DM	420 DM	454 DM	488 DM	522 DM	556 DM	590 DM
Verheiratete Schwerbehinderte/GdB 100									
Einkommensteuer	328 DM	2.862 DM	5.668 DM	8.706 DM	12.000 DM	15.580 DM	19.386 DM	23.448 DM	27.802 DM
JBE ./. KB-Freibetrag	10.240 DM	23.240 DM	36.240 DM	49.240 DM	62.240 DM	75.240 DM	88.240 DM	101.240 DM	114.240 DM
Einkommensteuer	0 DM	2.314 DM	5.042 DM	8.026 DM	11.292 DM	14.788 DM	18.572 DM	22.580 DM	26.844 DM
Steuerersparnis	328 DM	548 DM	626 DM	680 DM	708 DM	792 DM	814 DM	868 DM	958 DM
Verheiratete Schwerbehinderte/Bl oder H									
Einkommensteuer	328 DM	2.862 DM	5.668 DM	8.706 DM	12.000 DM	15.580 DM	19.386 DM	23.448 DM	27.802 DM
JBE ./. KB-Freibetrag	5.800 DM	18.800 DM	31.800 DM	44.800 DM	57.800 DM	70.800 DM	83.800 DM	96.800 DM	109.800 DM
Einkommensteuer	0 DM	1.440 DM	4.082 DM	6.978 DM	10.156 DM	13.566 DM	17.230 DM	21.182 DM	25.358 DM
Steuerersparnis	328 DM	1.422 DM	1.586 DM	1.728 DM	1.844 DM	2.014 DM	2.156 DM	2.266 DM	2.444 DM
Verheiratete Schwerbehinderte/H; Freibetrag wg. Behinderung + Freibetrag wg. Hauhaltshilfe									
Einkommensteuer	328 DM	2.862 DM	5.668 DM	8.706 DM	12.000 DM	15.580 DM	19.386 DM	23.448 DM	27.802 DM
JBE ./. KB-Freibetrag	-6.200 DM	6.800 DM	19.800 DM	32.800 DM	45.800 DM	58.800 DM	71.800 DM	84.800 DM	97.800 DM
Einkommensteuer	0 DM	0 DM	1.630 DM	4.290 DM	7.230 DM	10.404 DM	13.832 DM	17.546 DM	21.486 DM
Steuerersparnis	328 DM	2.862 DM	4.038 DM	4.416 DM	4.770 DM	5.176 DM	5.554 DM	5.902 DM	6.316 DM

Quelle: Eigene Berechnungen auf der Basis der Einkommensteuertabelle (Auszug in *Stiftung Warentest* (1994)).

Tab. A.48: Leistungen an Schwerbehinderte aus der Ausgleichsabgabe

Art der Leistungen	Jahr								
	1980			1981			1982		
	Betrag der gesamten Leistung (Mio. DM)	Anzahl Behinderte	Durchschnittliche Leistung pro Behinderter	Betrag der gesamten Leistung (Mio. DM)	Anzahl Behinderte	Durchschnittliche Leistung pro Behinderter	Betrag der gesamten Leistung (Mio. DM)	Anzahl Behinderte	Durchschnittliche Leistung pro Behinderter
Technische Arbeitshilfen	2,0	580	3.496 DM	3,2	457	7.015 DM	1,7	499	3.407 DM
Hilfen zum Erreichen des Arbeitsplatzes (Kfz-Hilfen)	4,3	937	3.908 DM	6,5	1417	4.583 DM	7,3	1413	5.166 DM
Hilfen zur wirtschaftlichen Selbständigkeit	1,8	73	16.470 DM	2,4	98	24.496 DM	2,4	86	27.907 DM
Hilfen zur Beschaffung und Erhaltung einer behinderungsgerechten Wohnung	16,5	557	20.509 DM	14,9	715	20.852 DM	13,7	656	20.884 DM
Hilfen zur Erhaltung der Arbeitskraft	0,3	611	391 DM	0,3	619	424 DM	0,0	24	0 DM
Hilfen zur Teilnahme an Maßnahmen zur Erhaltung und Erweiterung beruflicher Kenntnisse und Fertigkeiten	-	-	-	-	-	-	-	-	-
Hilfen in besonderen behinderungsbedingten Lebenslagen	0,2	82	3.033 DM	0,4	162	2.410 DM	0,6	240	2.500 DM
Insgesamt	25,2	-	-	27,7	-	-	25,7	-	-

Art der Leistungen	Jahr								
	1987			1988			1989		
	Betrag der gesamten Leistung (Mio. DM)	Anzahl Behinderte	Durchschnittliche Leistung pro Behinderter	Betrag der gesamten Leistung (Mio. DM)	Anzahl Behinderte	Durchschnittliche Leistung pro Behinderter	Betrag der gesamten Leistung (Mio. DM)	Anzahl Behinderte	Durchschnittliche Leistung pro Behinderter
Technische Arbeitshilfen	2,7	834	3.237 DM	4,5	1360	3.309 DM	5,7	1634	3.488 DM
Hilfen zum Erreichen des Arbeitsplatzes (Kfz-Hilfen)	4,0	768	5.208 DM	6,1	984	6.199 DM	4,9	949	5.163 DM
Hilfen zur wirtschaftlichen Selbständigkeit	2,0	94	21.277 DM	2,5	100	25.000 DM	2,3	102	22.549 DM
Hilfen zur Beschaffung und Erhaltung einer behinderungsgerechten Wohnung	12,5	530	23.585 DM	13,4	629*	21304 DM**	14,7	714	20.588 DM
Hilfen zur Erhaltung der Arbeitskraft	0,1	60	1.667 DM	0,1	80	1.250 DM	0,1	58	1.724 DM
Hilfen zur Teilnahme an Maßnahmen zur Erhaltung und Erweiterung beruflicher Kenntnisse und Fertigkeiten	-	-	-	-	-	-	1,1	k.A	-
Hilfen in besonderen behinderungsbedingten Lebenslagen	1,5	453	3.311 DM	1,8	752	2.394 DM	0,8	k.A	-
Insgesamt	22,8	-	-	28,4	-	-	29,6	-	-

Anmerkungen: *Zum Teil Doppelzählungen, weil jeweils Darlehen und Beihilfen als getrennte Fälle gezählt wurden.

Quelle: *Arbeitsgemeinschaft der Deutschen Hauptfürsorgestellen* (Hrsg., 1980 ff.).

(Eingliederungshilfen) 1980–1992

Jahr											
1983			1984			1985			1986		
Betrag der gesamten Leistung (Mio. DM)	Anzahl Behinderte	Durchschnittliche Leistung pro Behinderter	Betrag der gesamten Leistung (Mio. DM)	Anzahl Behinderte	Durchschnittliche Leistung pro Behinderter	Betrag der gesamten Leistung (Mio. DM)	Anzahl Behinderte	Durchschnittliche Leistung pro Behinderter	Betrag der gesamten Leistung (Mio. DM)	Anzahl Behinderte	Durchschnittliche Leistung pro Behinderter
1,6	499	3.206 DM	1,8	495	3.636 DM	1,6	513	3.119 DM	2,1	682	3.079 DM
5,8	1061	5.467 DM	5,3	1155	4.589 DM	5,4	1071	5.042 DM	3,7	687	5.386 DM
2,7	122	22.131 DM	2,7	81	33.333 DM	2,3	105	21.905 DM	2,1	78	26.923 DM
9,7	445	21.798 DM	8,6	394	21.827 DM	8,5	380	22.368 DM	8,8	415	21.205 DM
0,1	69	1.449 DM	0,1	72	1.389 DM	0,1	81	1.235 DM	0,1	k.A.	-
-	-	-	-	-	-	-	-	-	-	-	-
1,1	794	1.385 DM	0,6	266	2.256 DM	0,7	388	1.804 DM	1,1	438	2.511 DM
21,0	-	-	19,1	-	-	18,6	-	-	17,9	-	-

Jahr								
1990			1991			1992		
Betrag der gesamten Leistung (Mio. DM)	Anzahl Behinderte	Durchschnittliche Leistung pro Behinderter	Betrag der gesamten Leistung (Mio. DM)	Anzahl Behinderte	Durchschnittliche Leistung pro Behinderter	Betrag der gesamten Leistung (Mio. DM)	Anzahl Behinderte	Durchschnittliche Leistung pro Behinderter
7,7	1795	4.290 DM	9,6	2253	4.261 DM	10,5	2684	3.912 DM
5,3	986	5.375 DM	5,1	970	5.258 DM	7,0	1035	6.763 DM
2,8	108	25.926 DM	2,9	166	17.470 DM	2,9	166	17.470 DM
17,7	956	18.515 DM	18,6	1061	17.531 DM	19,2	1025	18.732 DM
0,1	34	2.941 DM	0,2	93	2.151 DM	0,2	110	1.818 DM
0,9	501	1.796 DM	1,0	584	1.712 DM	1,6	731	2.189 DM
0,7	355	1.972 DM	0,8	518	1.544 DM	1,0	892	1.121 DM
35,1	-	-	38,1	-	-	42,4	-	-

**Durchschnittliche Leistung je Fall.

Tab. A.49: Geringfügigkeitsgrenze nach § 18 SGB IV (1980–1994)

Jahr	Durchschnittliches Bruttojahres-arbeitsentgelt aller Renten-versicherten des vorvergangenen Jahres	Bezugsgröße nach § 18 Abs. 1 SGB IV	Geringfügigkeits-grenze
1980	26.242 DM	26.640 DM	390 DM
1981	27.685 DM	28.080 DM	390 DM
1982	29.485 DM	29.520 DM	390 DM
1983	30.900 DM	30.960 DM	390 DM
1984	32.198 DM	32.760 DM	390 DM
1985	33.293 DM	33.600 DM	400 DM
1986	34.292 DM	34.440 DM	410 DM
1987	35.286 DM	36.120 DM	430 DM
1988	36.627 DM	36.960 DM	440 DM
1989	37.726 DM	37.800 DM	450 DM
1990	38.896 DM	39.480 DM	470 DM
1991	40.063 DM	40.320 DM	480 DM
1992	41.946 DM	42.000 DM	500 DM
1993	44.421 DM	44.520 DM	530 DM
1994	46.820 DM	47.040 DM	560 DM
Veränderungsrate 1980/94			43,6%

Quellen: *Bundesministerium für Arbeit und Sozialordnung* (Hrsg., 1993 c), dass. (Hrsg., 1994a), Angaben der *Bundesversicherungsanstalt für Angestellte*; eigene Berechnungen.

Tab. A.50: Arbeitsentgelte in WfB und Existenzminimum (1980–1994)

Jahr (jeweils 1.7.)	Mindestentgelt (Soll)	Geringfügigkeitsgrenze	Existenzminimum I*	Existenzminimum II*
1980	85 DM	390 DM	310 DM	372 DM
1981	85 DM	390 DM	328 DM	394 DM
1982	100 DM	390 DM	338 DM	406 DM
1983	100 DM	390 DM	345 DM	414 DM
1984	100 DM	390 DM	356 DM	427 DM
1985	100 DM	400 DM	384 DM	461 DM
1986	100 DM	410 DM	394 DM	473 DM
1987	100 DM	430 DM	403 DM	484 DM
1988	105 DM	440 DM	412 DM	494 DM
1989	105 DM	450 DM	425 DM	510 DM
1990	110 DM	470 DM	447 DM	536 DM
1991	110 DM	480 DM	473 DM	568 DM
1992	115 DM	500 DM	508 DM	610 DM
1993	115 DM	530 DM	514 DM	617 DM
1994	115 DM	560 DM	518 DM	622 DM
1980/94	35,3%	43,6%	67,1%	67,1%
Anmerkungen:	*Bedarfsgrenze der HLU (durchschnittlicher Eckregelsatz); **Eckregelsatz + 20%.			

Quellen: Mindestentgelt: *Bundesanstalt für Arbeit*; Geringfügigkeitsgrenze: Siehe Tab. A.49; Existenzminima: Siehe Fn. 9, S. 143.

Tab. A.51: Regelsätze für die Hilfe zum Lebensunterhalt nach § 22 BSHG (in DM) in den alten Bundesländern (Haushaltsvorstände und Alleinstehende; 1980–1994)

Land	Jahr (jeweils 1.7.)															
	1980	1981	1982	1983	1984	1985	1986	1987	1988	1989	1990	1991	1992	1993	1994	1980/94
Baden-Württemberg	308	330	340	347	358	390	398	410	416	426	447	475	510	515	520	68,8%
Bayern*	298	316	328	335	346	372	380	392	404	416	435	457	492	497	502	68,5%
Berlin (West)	318	335	345	352	363	390	402	412	424	445	462	483	509	519	519	63,2%
Bremen	315	330	340	347	358	383	392	404	416	428	451	474	511	516	521	65,4%
Hamburg	312	330	344	351	363	400	406	418	426	438	457	479	509	517	519	66,3%
Hessen	312	330	340	347	358	390	400	408	416	426	449	475	510	515	520	66,7%
Niedersachsen	310	328	338	345	356	382	390	394	400	416	440	474	509	514	519	67,4%
Nordrhein-Westfalen	310	328	338	345	356	379	395	405	414	426	449	473	509	514	519	67,4%
Rheinland-Pfalz	307	328	338	345	356	383	393	402	410	424	447	474	509	514	519	69,1%
Saarland	308	326	336	343	354	379	389	395	403	416	443	468	509	514	519	68,5%
Schleswig-Holstein	308	324	334	341	351	378	386	395	403	416	440	468	509	519	519	68,5%
Durchschnitt	310	328	338	345	356	384	394	403	412	425	447	473	508	514	518	67,2%

Anmerkung: *Von der obersten Landessozialbehörde festgesetzter Mindestbetrag. Die Höhe der Regelsätze bestimmen die örtlichen Träger der Sozialhilfe.

Quellen: 1980: Angaben des *Bayerischen Staatsministeriums für Arbeit und Soziales*, 1981–1992: *Statistisches Bundesamt* (Hrsg., 1994); 1993: BSHG (1994); 1994: *Bundesministerium für Familie und Senioren* (Hrsg., 1994).

Tab. A.52: Sozialhilfe bei Mehrbedarf (in DM): Personen ab 65 Jahren und Erwerbsunfähige (1980–1994)

Land	Jahr (jeweils 1.7.)														
	1980	1981	1982	1983	1984	1985	1986	1987	1988	1989	1990	1991	1992	1993	1994	1980/94
Baden-Württemberg	400	429	408	416	430	468	478	492	499	511	536	570	612	618	624	55,8%
Bayern*	387	411	394	402	415	446	456	470	485	499	522	548	590	596	602	55,5%
Berlin (West)	413	436	414	422	436	468	482	494	509	534	554	580	611	623	623	50,7%
Bremen	410	429	408	416	430	460	470	485	499	514	541	569	613	619	625	52,7%
Hamburg	406	429	413	421	436	480	487	502	511	526	548	575	611	620	623	53,6%
Hessen	406	429	408	416	430	468	480	490	499	511	539	570	612	618	624	53,8%
Niedersachsen	403	426	406	414	427	458	468	473	480	499	528	569	611	617	623	54,5%
Nordrhein-Westfalen	403	426	406	414	427	455	474	486	497	511	539	568	611	617	623	54,5%
Rheinland-Pfalz	399	426	406	414	427	460	472	482	492	509	536	569	611	617	623	56,1%
Saarland	400	424	403	412	425	455	467	474	484	499	532	562	611	617	623	55,5%
Schleswig-Holstein	400	421	401	409	421	454	463	474	484	499	528	562	611	623	623	55,5%
Durchschnitt	403	426	406	414	427	461	473	484	494	510	537	567	609	617	621	54,4%

Anmerkung: *Jeweils errechnet auf der Grundlage der Mindestbeträge (siehe Anmerkung bei Tab. A.51).

Quelle: Eigene Berechnungen.

Tab. A.53: Sozialhilfe bei Mehrbedarf (in DM): Erwerbsunfähige, die Hilfe zur Ausbildung im Rahmen der Eingliederungshilfe erhalten (1980–1994)

Land	Jahr (jeweils 1.7.)															
	1980	1981	1982	1983	1984	1985	1986	1987	1988	1989	1990	1991	1992	1993	1994	1980/94
Baden-Württemberg	554	594	476	486	501	546	557	574	582	596	626	665	714	721	728	31,3%
Bayern*	536	569	459	469	484	521	532	549	566	582	609	640	689	696	703	31,0%
Berlin (West)	572	603	483	493	508	546	563	577	594	623	647	676	713	727	727	26,9%
Bremen	567	594	476	486	501	536	549	566	582	599	631	664	715	722	729	28,6%
Hamburg	562	594	482	491	508	560	568	585	596	613	640	671	713	724	727	29,4%
Hessen	562	594	476	486	501	546	560	571	582	596	629	665	714	721	728	29,6%
Niedersachsen	558	590	473	483	498	535	546	552	560	582	616	664	713	720	727	30,2%
Nordrhein-Westfalen	558	590	473	483	498	531	553	567	580	596	629	662	713	720	727	30,2%
Rheinland-Pfalz	553	590	473	483	498	536	550	563	574	594	626	664	713	720	727	31,5%
Saarland	554	587	470	480	496	531	545	553	564	582	620	655	713	720	727	31,1%
Schleswig-Holstein	554	583	468	477	491	529	540	553	564	582	616	655	713	727	727	31,1%
Durchschnitt	557	590	473	483	498	538	552	564	577	595	626	662	711	720	725	30,1%

Quelle: Eigene Berechnungen.

Tab. A.54: Barbetrag („Taschengeld“) nach § 21 Abs. 3 BSHG für stationär untergebrachte Behinderte (Mindestsätze 1980/83–1994 in DM)

Land	Jahr (jeweils 1.7.)														
	1980*	1981*	1982*	1983	1984	1985	1986	1987	1988	1989	1990	1991	1992	1993	1994	1980/94
Baden-Württemberg	92	99	102	104	107	117	119	123	125	128	134	143	153	155	156	68,8%
Bayern	89	95	98	101	104	112	114	118	121	125	131	137	148	149	151	68,5%
Berlin (West)	95	101	104	106	109	117	121	124	127	134	139	145	153	156	156	63,2%
Bremen	95	99	102	104	107	115	118	121	125	128	135	142	153	155	156	65,4%
Hamburg	94	99	103	105	109	120	122	125	128	131	137	144	153	155	156	66,3%
Hessen	94	99	102	104	107	117	120	122	125	128	135	143	153	155	156	66,7%
Niedersachsen	93	98	101	104	107	115	117	118	120	125	132	142	153	154	156	67,4%
Nordrhein-Westfalen	93	98	101	104	107	114	119	122	124	128	135	142	153	154	156	67,4%
Rheinland-Pfalz	92	98	101	104	107	115	118	121	123	127	134	142	153	154	156	69,1%
Saarland	92	98	101	103	106	114	117	119	121	125	133	140	153	154	156	68,5%
Schleswig-Holstein	92	97	100	102	105	113	116	119	121	125	132	140	153	156	156	68,5%
Durchschnitt	93	98	101	104	107	115	118	121	124	128	134	142	152	154	155	67,2%

Anmerkung: *Bis 1982: von den zuständigen Landesbehörden festgelegte Festbeträge.

Quelle: Eigene Berechnungen.

Tab. A.55: Zusätzlicher Barbetrag nach § 21 Abs. 3 Satz 4 BSHG für stationär untergebrachte Behinderte, die einen Teil der Kosten des Aufenthalts selbst tragen (Höchstsätze 1980–1994 in DM).

Land	Jahr (jeweils 1.7.)														
	1980	1981	1982	1983	1984	1985	1986	1987	1988	1989	1990	1991	1992	1993	1994	1980/94
Baden-Württemberg	62	66	51	52	54	59	60	62	62	64	67	71	77	77	78	26,9%
Bayern	60	63	49	50	52	56	57	59	61	62	65	69	74	75	75	26,6%
Berlin (West)	64	67	52	53	54	59	60	62	64	67	69	72	76	78	78	22,6%
Bremen	63	66	51	52	54	57	59	61	62	64	68	71	77	77	78	24,0%
Hamburg	62	66	52	53	54	60	61	63	64	66	69	72	76	78	78	25,0%
Hessen	62	66	51	52	54	59	60	61	62	64	67	71	77	77	78	25,2%
Niedersachsen	62	66	51	52	53	57	59	59	60	62	66	71	76	77	78	25,8%
Nordrhein-Westfalen	62	66	51	52	53	57	59	61	62	64	67	71	76	77	78	25,8%
Rheinland-Pfalz	61	66	51	52	53	57	59	60	62	64	67	71	76	77	78	27,0%
Saarland	62	65	50	51	53	57	58	59	60	62	66	70	76	77	78	26,6%
Schleswig-Holstein	62	65	50	51	53	57	58	59	60	62	66	70	76	78	78	26,6%
Durchschnitt	62	66	51	52	53	58	59	60	62	64	67	71	76	77	78	25,6%

Quelle: Eigene Berechnungen.

Tab. A.56: Blindenhilfe nach § 67 Abs. 2 und 3 BSHG und Pflegegeld nach § 69 Abs. 4 BSHG (1980–1994)

Jahr	Blindenhilfe		Pflegegeld	
(jeweils 1.7.)	Ab 18 Jahre	Mindestsatz bei stationärer Unterbringung	Mindest-satz	Erhöhter Satz
1980	716 DM	358 DM	255 DM	716 DM
1981	745 DM	373 DM	276 DM	745 DM
1982	750 DM	375 DM	276 DM	750 DM
1983	750 DM	375 DM	276 DM	750 DM
1984	760 DM	380 DM	280 DM	760 DM
1985	771 DM	386 DM	284 DM	771 DM
1986	788 DM	394 DM	290 DM	788 DM
1987	812 DM	406 DM	299 DM	812 DM
1988	836 DM	418 DM	308 DM	836 DM
1989	856 DM	428 DM	315 DM	856 DM
1990	883 DM	442 DM	325 DM	883 DM
1991	928 DM	464 DM	341 DM	928 DM
1992	955 DM	478 DM	351 DM	955 DM
1993	997 DM	499 DM	366 DM	997 DM
1994	1.031 DM	516 DM	378 DM	1.031 DM
1980/94	44,0%	44,0%	48,2%	44,0%

Quellen: *Schellhorn/Jirasek/Seipp* (1993), S. 315 und 343; Angaben des *Bundesministeriums für Familie und Senioren.*

Tab. A.57: Einkommensgrenzen für die Sozialhilfe

Jahr (jeweils 1.7.)	Hilfe zum Lebensunterhalt	Hilfe in besonderen Lebenslagen						
	Einkommens-grenze (Eckregelsatz)	Allgemeine Einkommensgrenzen nach § 79 BSHG			Besondere Einkommensgrenzen nach § 81 BSHG			
		Grundbetrag: Nach Regelung vor dem 1.7.1985	Grundbetrag: Nach jeweils gültiger Regelung	Einkommens-grenze mit 1 Familien-zuschlag	Grundbetrag nach § 81 Abs. 1 BSHG	Einkommens-grenze mit 1 Familien-zuschlag	Grundbetrag nach § 81 Abs. 2 BSHG	Einkommens-grenze mit 1 Familien-zuschlag
1980	310 DM	620 DM	620 DM	868 DM	992 DM	1.240 DM	1.983 DM	2.231 DM
1981	328 DM	656 DM	656 DM	919 DM	1.073 DM	1.335 DM	2.146 DM	2.408 DM
1982	338 DM	676 DM	676 DM	947 DM	1.014 DM	1.284 DM	2.146 DM	2.416 DM
1983	345 DM	690 DM	690 DM	966 DM	1.035 DM	1.311 DM	2.070 DM	2.346 DM
1984	356 DM	712 DM	712 DM	997 DM	1.068 DM	1.353 DM	2.136 DM	2.421 DM
1985	384 DM	768 DM	736 DM	1.044 DM	1.104 DM	1.411 DM	2.208 DM	2.515 DM
1986	394 DM	788 DM	757 DM	1.072 DM	1.136 DM	1.451 DM	2.272 DM	2.587 DM
1987	403 DM	806 DM	786 DM	1.109 DM	1.179 DM	1.501 DM	2.358 DM	2.680 DM
1988	412 DM	824 DM	810 DM	1.140 DM	1.214 DM	1.544 DM	2.429 DM	2.759 DM
1989	425 DM	850 DM	834 DM	1.174 DM	1.250 DM	1.590 DM	2.502 DM	2.842 DM
1990	447 DM	894 DM	860 DM	1.218 DM	1.289 DM	1.647 DM	2.580 DM	2.938 DM
1991	473 DM	946 DM	900 DM	1.278 DM	1.350 DM	1.728 DM	2.701 DM	3.079 DM
1992	508 DM	1.016 DM	926 DM	1.332 DM	1.389 DM	1.795 DM	2.779 DM	3.185 DM
1993	514 DM	1.028 DM	966 DM	1.378 DM	1.450 DM	1.861 DM	2.900 DM	3.311 DM
1994	519 DM	1.038 DM	999 DM	1.414 DM	1.499 DM	1.914 DM	2.988 DM	3.403 DM
1980/94	67,4%	67,4%	61,1%	62,9%	51,1%	54,4%	50,7%	52,5%

Quelle: *Schellhorn/Jirasek/Seipp* (1994); eigene Berechnungen.

Literaturverzeichnis

Adam, Clemens, *Kemper*, Petra, u.a. (1993): Behinderte Menschen in Nordrhein-Westfalen, Wissenschaftliches Gutachten zur Lebenssituation von behinderten Menschen und zur Behindertenpolitik in NRW im Auftrag des Ministeriums für Arbeit, Gesundheit und Soziales des Landes Nordrhein-Westfalen, Düsseldorf.

Adel, Dieter (1985): Probleme der freien Träger von Einrichtungen zur Betreuung von Menschen mit geistiger Behinderung in der Bundesrepublik Deutschland, in: *Wacker*, Elisabeth, *Neumann*, Johannes (Hrsg., 1985), S. 100–115.

Adlhoch, Ulrich, u.a. (1990): Das ABC der Behindertenhilfe, Handbuch für Helfer der Behinderten im Arbeitsleben, 3., völlig neu gestaltete Auflage, Köln und Münster.

AG Deutscher Berufsförderungswerke (1991): Nachbefragungsergebnisse für das Jahr 1989, Zur beruflichen Eingliederung Behinderter, in: Sozialrecht + Praxis, Nr. 7, S. 447–450.

AG TUWAS/Fachbereich Sozialarbeit der Fachhochschule Frankfurt am Main (Hrsg., 1987): Leitfaden Sozialhilfe für Behinderte, Stand Oktober 1987, 5., überarbeitete Auflage, Frankfurt/Main.

Ahner, Dirk, *Thorn*, Werner, u.M.v. Peter *Huber* (1978): Zur Beschäftigungssituation älterer Arbeitnehmer in Baden-Württemberg, Gutachten im Auftrag des Ministeriums für Arbeit, Gesundheit und Sozialordnung in Baden-Württemberg, Forschungsberichte aus dem Institut für Angewandte Wirtschaftsforschung Tübingen, Serie A, Nr. 21, Tübingen.

Albeda, Wil (1985): Die Behinderten und ihr Berufsleben, u.M. des Europäischen Zentrums für Arbeit und Gesellschaft, Maastricht, Luxemburg.

Albers, Jan (1986): European conference ‚Training, employment and integration of disabled persons', CEDEFOP Document, Berlin.

Albert, W. (1956): Lösung des Schwerbeschädigtenproblems durch Arbeit, Betrachtungen und Untersuchungen zur Resozialisierung Körperbehinderter, Sozialpolitische Schriften, Nr. 3, Berlin.

Anders, Dietrich (1985): Zur Entwicklung der Entgelte in Werkstätten für Behinderte, in: Leben und Weg, 25. Jg., Nr. 5 (Oktober), S. 29–30.

Anders, Dietrich, *Krützfeld*, Gerd (1989): Übergänge für behinderte Mitarbeiter auf den allgemeinen Arbeitsmarkt, Verpflichtung der WfB zur beruflichen Rehabilitation, in: Geistige Behinderung, 28. Jg., H. 2, S. 102–110.

Ansey, Siegfried, *Koberski*, Wolfgang (1994): Handbuch Arbeits- und Sozialrecht, Zweite, vollständig überarbeitete Auflage, Köln.

AOK-Bundesverband (1993): Leistungsrechtliche Bewertung von Kommunikationsgeräten (Schreibtelefone/Telefaxgeräte), Rundschreiben an die AOK-Landesverbände vom 6.12.1993, in: IG Metall Kurzinformation Schwerbehinderte – Ältere Arbeitnehmer – Rehabilitation 1993-2 (Dezember), Frankfurt am Main, S. 13–15.

Arbeit und Gesundheit im Betrieb (AGiB) (1991): Seminarmaterialien für die Bildungsarbeit mit Arbeitnehmervertretern, Entwickelt vom ISO-Institut für Sozialforschung in Kooperation mit der Vorstandsverwaltung der IG Metall Frankfurt und der Arbeitskammer des Saarlandes Saarbrücken, Saarbrücken.

Arbeitsgemeinschaft der Deutschen Hauptfürsorgestellen (Hrsg., 1981): Leistungen, Analyse, Aspekte '80, o.O., o.J.

Arbeitsgemeinschaft der Deutschen Hauptfürsorgestellen (Hrsg., 1982): Leistungen, Analyse, Aspekte '81, Jahresbericht 1981, Kassel.

Arbeitsgemeinschaft der Deutschen Hauptfürsorgestellen (Hrsg., 1983): Leistungen, Analyse, Aspekte '82, Jahresbericht '82, Kassel.

Arbeitsgemeinschaft der Deutschen Hauptfürsorgestellen (Hrsg., 1984): Leistungen, Analyse, Aspekte 1983, o.O. (Kassel), o.J.

Arbeitsgemeinschaft der Deutschen Hauptfürsorgestellen (Hrsg., 1985): Leistungen, Analyse, Aspekte 1984, Jahresbericht '84, Kassel.

Arbeitsgemeinschaft der Deutschen Hauptfürsorgestellen (Hrsg., 1986): Leistungen, Analyse, Aspekte 1985, Jahresbericht '85, Kassel.

Arbeitsgemeinschaft der Deutschen Hauptfürsorgestellen (Hrsg., 1987): Leistungen, Analyse, Aspekte 1986, Jahresbericht '86, Kassel.

Arbeitsgemeinschaft der Deutschen Hauptfürsorgestellen (Hrsg., 1988): Leistungen, Analyse, Aspekte 1987, Jahresbericht '87, Kassel.

Arbeitsgemeinschaft der Deutschen Hauptfürsorgestellen (Hrsg., 1989): Leistungen, Analyse, Aspekte 1988, Jahresbericht '88, Münster.

Arbeitsgemeinschaft der Deutschen Hauptfürsorgestellen (Hrsg., 1990): Jahresbericht 1989: Leistungen, Analysen, Aspekte, Münster.

Arbeitsgemeinschaft der Deutschen Hauptfürsorgestellen (Hrsg., 1991): Jahresbericht 1990: Leistungen – Analysen – Aspekte, Münster.

Arbeitsgemeinschaft der Deutschen Hauptfürsorgestellen (Hrsg., 1992): Jahresbericht 1991, Teil B: Aufgaben nach dem Schwerbehindertengesetz, Münster.

Arbeitsgemeinschaft der Deutschen Hauptfürsorgestellen (Hrsg., 1993): Jahresbericht 1992, Teil B: Aufgaben nach dem Schwerbehindertengesetz, Münster.

Arbeitsgruppe „Außenarbeitsplätze in Hessen" (Hrsg., 1991): Hessisches Konzeptionspapier zur Schaffung und Finanzierung von Arbeits-, Ausbildungs- und Beschäftigungsplätzen außerhalb von Werkstätten für Behinderte (WfB), 3. Auflage, Korbach.

Bach, H. (1976): Der Begriff der Behinderung unter dem Aspekt der Multidimensionalität, in: Zeitschrift für Heilpädagogik, 27. Jg., S. 396–404.

Backes-Gellner, Uschi, *Frick*, Bernd (1990): Discrimination in Employment in the Federal Republic of Germany, in: Georgia Journal of International and Comparative Law, Vol. 20, pp. 105–121.

Bächer, Gerhard, u.a. (1989/I): Sozialpolitik und soziale Lage in der Bundesrepublik Deutschland, Bd. 1: Arbeit – Einkommen – Qualifikation, 2., grundlegend überarbeitete und erweiterte Auflage, Köln.

Bächer, Gerhard, u.a. (1989/II): Sozialpolitik und soziale Lage in der Bundesrepublik Deutschland, Bd. 2: Familie – Gesundheit – Alter, 2., grundlegend überarbeitete und erweiterte Auflage, Köln.

Bartsch, Dieter, u.a. (1989): Behinderung und Ausweis/Nachteilsausgleiche für Schwerbehinderte, Mitteilungen der Hauptfürsorgestelle Köln, Sonderreihe Nr. 9, Stand August/September 1989, hrsg. v. Landschaftsverband Rheinland – Hauptfürsorgestelle –, Köln.

Bastiaan, P., u.a. (1980): Arbeitslosigkeit und psychische Erkrankung, in: *Jantzen*, Wolfgang (Hrsg.): Arbeit und Arbeitslosigkeit als pädagogisches und therapeutisches Problem, Arbeit und Arbeitslosigkeit in kritisch-psychologischer Sicht, Nr. 3, Studien zur kritischen Psychologie, Bd. 24, Köln, S. 75–94.

Bauder, Ulrich, *Weeber*, Rotraut (1988): Betriebswirtschaftliche und technische Innovationen in Werkstätten für Behinderte, Eine Studie im Auftrag des Ministeriums für Arbeit, Gesundheit, Familie und Sozialordnung Baden-Württemberg, Stuttgart.

Bayerisches Staatsministerium für Arbeit und Sozialordnung (Hrsg., 1982): Zweiter Bayerischer Landesplan für Behinderte, München.

Bayerisches Staatsministerium für Arbeit und Sozialordnung (Hrsg., 1990): Der Schwerbehinderte und seine Rechte, Merkblatt zum Antrag nach § 4 Schwerbehindertengesetz (SchwbG) mit Hinweisen auf Nachteilsausgleiche für Schwerbehinderte, – Stand Oktober 1990 –, München o.J.

Bayerisches Staatsministerium für Arbeit, Familie und Sozialordnung (Hrsg., 1991): Wohnfibel für Behinderte, Finanzhilfen, München.

Becker, M., *Heuser*, K., *Schwendy*, A. (1987): Herausforderungen an die Sozialpolitik, in: *Bungard*, Walter, *Reihl*, Dieter, *Schubert*, Andreas (Hrsg., 1987), S. 481–502.

Behörde für Arbeit, Jugend und Soziales (Hrsg., 1986): Rehabilitationsbericht, hrsg. in Zusammenarbeit mit der Staatlichen Pressestelle, Hamburg.

Behr, Lothar (1981a): Die Kraftfahrzeughersteller bemühen sich um die Körperbehinderten: Mit dem Auto zurück ins Arbeisleben, in: Deutsches Allgemeines Sonntagsblatt, Nr. 45 (8. November 1981), S. 33.

Behr, Lothar (1981b): Mit dem Auto zurück ins Arbeitsleben, in: Frankfurter Allgemeine Zeitung, Nr. 273 (25. November), S. 34.

Beiler, Jürgen (1985): Die Situation der beruflichen Rehabilitation in der Bundesrepublik Deutschland, in: *Seyd*, Wolfgang (Hrsg., 1985), S. 9–32.

Bemelmans, Yvonne, *Ettinger*, Wicher van (1990): Reintegration of the Disabled: A Community Perspective, in: *Braun*, Hans, *Niehaus*, Mathilde (Hrsg., 1990), S. 115–134.

Berg, Edith (1984): Die Situation Behinderter Menschen in Dänemark, in: Leben und Weg, 24. Jg., Nr. 1 (Februar), S. 33–34.

Bergmann, J., u.a. (1969): Herrschaft, Klassenverhältnis und Schichtung, in: *Adorno*, Th. W. (Hrsg.): Spätkapitalismus oder Industriegesellschaft?, Verhandlungen des 16. Dtsch. Soziologentages, Stuttgart, S. 67–87.

Berkowitz, Monroe, *Hill*, M. Anne (eds., 1986): Disability and the Labor Market: Economic Problems, Policies, and Programs, Ithaca, New York.

Berthold, N., *Külp*, B. (1986): Gewerkschaftsinterne Entscheidungsprozesse als Ursache inflexibler Löhne, in: *Boettcher*, E., u.a. (Hrsg.): Jahrbuch für Neue Politische Ökonomie, Tübingen, S. 174–188.

Bethmann, Heinz (1993): Die Schwerbehindertenproblematik in der Arbeitswelt, in: Forschungsinstitut der Friedrich-Ebert-Stiftung, Abt. Arbeits- und Sozialforschung (Hrsg., 1993), S. 51–65.

Bethmann, Heinz, u.a. (1993a): Behinderte in der Arbeitswelt, Ein praktischer Ratgeber, Handbücher für den Betriebsrat, Bd. 3, 3., überarbeitete Auflage, Köln.

Bethmann, Heinz, u.a. (1993b): Schwerbehindertengesetz, Basiskommentar, Mit einem Vorwort von Ursula Engelen-Kefer, Vierte, überarbeitete Auflage, Köln.

Bintig, Arnfried (1980): Wer ist behindert?, Problematisierung der Begriffe und Definitionen von Behinderung in Verwaltung, Wissenschaft und Forschung, Ergebnisse eines Forschungsauftrages des Bundesinstituts für Berufsbildung, Berlin.

Bintig, A. (1981): Die deutschen Behindertenstatistiken von 1906 bis 1979, in: Rehabilitation, 20. Jg., S. 147–158.

Blake, Rich (1981): Disabled Older Persons: A Demographic Analysis, in Journal of Rehabilitation, Vol. 47, No. 4 (October/November/December), pp. 19–27.

Bleidick, U. (1976): Metatheoretische Überlegungen zum Begriff der Behinderung, in: Zeitschrift für Heilpädagogik, 27. Jg., S. 408–415.

Bley, Helmar, u.a. (1994): SGB Sozialversicherung, Kommentar zum gesamten Recht der Sozialversicherung einschließlich zwischenstaatlicher Abkommen und internationaler Übereinkommen, 115. Lfg., Wiesbaden.

Bordieri, James E., *Comninel*, Mary E. (1987): Competitive Employment for Workers with Disabilities: An International Perspective, in: Journal of Rehabilitation, No. 3 (July/August/September), pp. 51–57.

Brandt, Franz (1984): Behinderte auf dem allgemeinen Arbeitsmarkt, Eine empirische Studie über Beschäftigungschancen und -barrieren für Schwerbehinderte auf dem allgemeinen Arbeitsmarkt, Forschungsbericht Sozialforschung 117, hrsg. v. Bundesminister für Arbeit und Sozialordnung (unter dem Titel „Ursachen für die Schwierigkeiten bei der Eingliederung von Schwerbehinderten auf dem allgemeinen Arbeitsmarkt"), Saarbrücken und Bonn.

Braun, Hans, *Niehaus*, Mathilde (1988): Die soziale Situation schwerbehinderter Erwerbspersonen, – Eine explorative Studie in Rheinland-Pfalz –, Trier.

Braun, Hans, *Niehaus*, Mathilde (Hrsg., 1990): Sozialstaat Bundesrepublik Deutschland auf dem Weg nach Europa, Beiträge zum Dritten Sozialpolitischen Symposion Trier, Campus Forschung, Bd. 655, Trierer Schriften zu Sozialpolitik und Sozialverwaltung, Bd. 4, hrsg. v. Hans Braun, Eckhard Knappe und Dieter Sadowski, Frankfurt/Main und New York.

Brennecke, Ralph (1989): Herausforderungen durch die demographische Entwicklung an die Sozialpolitik und die Schwerbehindertenpolitik, in: *Sadowski*, Dieter, *Rendenbach* Ingo M. (Hrsg., 1989), S. 13–34.

Breuer, Wilhelm, *Engels*, Dietrich (1994): Bericht und Gutachten zum Lohnabstandsgebot, Bericht der Bundesregierung zur Frage der Einhaltung des Lohnabstandsgebots nach § 22 Abs. 3 Bundessozialhilfegesetz, Schriftenreihe des Bundesministeriums für Familie und Senioren, Bd. 29, Stuttgart, Berlin und Köln.

Breuer, Wilhelm, *Friedrich*, Werner (1984): Bestandsaufnahme des Vergünstigungswesens für Behinderte, Forschungsbericht Sozialforschung 120, hrsg. v. Bundesminister für Arbeit und Sozialordnung, Bonn und Köln.

Brinkmann, Christian (1973): Minderung der Erwerbsfähigkeit (Behinderung) und Berufsverlauf, in: Mitteilungen aus der Arbeitsmarkt- und Berufsforschung, H. 6, S. 67–90.

Brinkmann, Christian (1979): Arbeitslosigkeit und berufliche Ausgliederung älterer und leistungsgeminderter Arbeitnehmer, in: Mitteilungen aus der Arbeitsmarkt- und Berufsforschung, H. 4, S. 517–524.

Brinkmann, Christian (1981): Zur Arbeitsmarktsituation von Behinderten und Leistungsgeminderten: Arbeitslosigkeit, berufliche Rehabilitation, arbeitsmarktpolitische Perspektiven, in: Mitteilungen aus der Arbeitsmarkt- und Berufsforschung, H. 3, S. 301–314.

Brinkmann, Christian (1989): Die Zahl der arbeitslosen Schwerbehinderten in der Zukunft, in: *Sadowski*, Dieter, *Rendenbach*, Ingo M. (Hrsg. 1989), S. 57–77.

Brocke, Erwin (1982): Probleme der Behinderten im Rechtssystem der Sozialen Sicherung, in: *Marburger Arbeitskreis für Sozialrecht und Sozialpolitik* (Hrsg., 1982) S. 7–14.

Brög, Werner, *Häberle*, Günther-Fritz, *Herry*, Max, *Voltenauer-Lagemann*, Michaela (1984): Anzahl und Situation der Behinderten nach Zielgruppen, 1. Teilendbericht, München.

Brümmendorf, Waldemar (1980): Befreiung von der Rundfunkgebührenpflicht, in: VdK-Mitteilungen, Jg. 30, H. 3 (März), S. 37–42.

Brümmendorf, Waldemar (1983a): Verstärkte Fördermaßnahmen sollen Schwerbehinderte endlich Arbeit bringen, in: VdK-Mitteilungen, H. 2 (Februar), S.12–14.

Brümmendorf, Waldemar (1983b): Chancengleichheit wird abgebaut, Daher Widerstand, in: VdK-Mitteilungen, Jg. 33, H. 7 (Juli), S. 11–13.

Brümmendorf, Waldemar (1983c): Verhandlungen und Proteste bleiben ohne Erfolg, in: VdK-Mitteilungen, Jg. 33, H. 12 (Dezember), S. 2–5.

Brümmendorf, Waldemar (1985): Das Recht der unentgeltlichen Beförderung Schwerbehinderter, in: VdK-Mitteilungen, Jg. 35, H. 9 (September), S. 11–13.

Brümmendorf, Waldemar (1991): Hilfen zur Erhaltung der Arbeitskraft Schwerbehinderter, in: Sozialrecht + Praxis, Nr. 12, S. 797–799.

Brümmendorf, Waldemar (1993): Geschützte Beschäftigung in der Europäischen Gemeinschaft, Eine vergleichende Analyse mit Schlußfolgerungen und Empfehlungen, in: Sozialrecht + Praxis, H. 11, S. 722.

Büchtemann, C. (1984): Der Arbeitslosigkeitsprozeß, Theorie und Empirie strukturierter Arbeitslosigkeit in der Bundesrepublik Deutschland, in: *Bonß*, W., *Heinze*, R.G. (Hrsg.): Arbeitslosigkeit in der Arbeitsgesellschaft, Frankfurt/M., S. 53–105.

Büser, Wolfgang (1981): Soziale Sicherheit auch für die Behinderten, in: Süddeutsche Zeitung, Nr. 106 (9./10. Mai), S. 34.

Bundesanstalt für Arbeit (1982): Aus Gesundheitsgründen wurden relativ wenige arbeitslos, in: VdK-Mitteilungen, Jg. 32, H. 6 (Juni), S. 42–45.

Bundesanstalt für Arbeit (1987): Zahl der besetzten Schwerbehinderten-Arbeitsplätze: Rückgang bei Stellen oberhalb der Pflichtquote, in: VdK-Mitteilungen, Jg. 37 (Juli), S. 13–14.

Bundesanstalt für Arbeit (Hrsg., 1994): Amtliche Nachrichten der Bundesanstalt für Arbeit, Sondernummer „Arbeitsmarkt 1993, Arbeitsmarktanalyse für die alten und die neuen Bundesländer“, Nürnberg.

Bundesanstalt für Arbeit (Hrsg. 1995a): Strukturanalyse 1994, Bestände sowie Zu- und Abgänge an Arbeitslosen und offenen Stellen, Beilage zu Amtliche Nachrichten der Bundesanstalt für Arbeit (ANBA), H. 5/95 vom Mai 1995, Nürnberg.

Bundesanstalt für Arbeit (Hrsg., 1995b): Amtliche Nachrichten der Bundesanstalt für Arbeit, Sondernummer „Arbeitsmarkt 1994, Arbeitsmarktanalyse für die alten und die neuen Bundesländer“, Nürnberg.

Bundesarbeitsgemeinschaft der Freien Wohlfahrtspflege e. V. Bonn (1988): BAGFW-Stellungnahme zum Bericht der Bundesregierung über die Lage der Behinderten und die Entwicklung der Rehabilitation, Bonn.

Bundesminister für Arbeit und Sozialordnung (1984): Bericht der Bundesregierung über die Lage der Behinderten und die Entwicklung der Rehabilitation, Bundestagsdrucksache 10/1233 v. 04.04.84.

Bundesminister für Arbeit und Sozialordnung (1989): Zweiter Bericht der Bundesregierung über die Lage der Behinderten und die Entwicklung der Rehabilitation, Bundestagsdrucksache 11/4455 v. 02.05.89.

Bundesminister für Arbeit und Sozialordnung (1994): Dritter Bericht der Bundesregierung über die Lage der Behinderten und die Entwicklung der Rehabilitation, Bundestagsdrucksache 12/7148 v. 24.03.94.

Bundesminister für Arbeit und Sozialordnung (Hrsg., 1980): Sozialbericht 1980, Stuttgart.

Bundesminister für Arbeit und Sozialordnung (Hrsg.,1984a): Behinderte und Rehabilitation, Bericht der Bundesregierung über die Lage der Behinderten und die Entwicklung der Rehabilitation, Bonn.

Bundesminister für Arbeit und Sozialordnung (Hrsg., 1984b): Sozialbericht 1983, Stuttgart u.a.

Der Bundesminister für Arbeit und Sozialordnung (Hrsg., 1984c): Statistisches Taschenbuch 1984, Arbeits- und Sozialstatistik, Bonn.

Bundesminister für Arbeit und Sozialordnung (Hrsg., 1986): Sozialbericht 1986, Reihe: Berichte und Dokumentationen. Bonn.

Bundesminister für Arbeit und Sozialordnung (Hrsg., 1990): Sozialbericht 1990, Reihe: Berichte und Dokumentationen. Bonn.

Bundesminister für Arbeit und Sozialordnung (Hrsg., 1992): Ratgeber für Behinderte, Bonn.

Bundesministerium für Arbeit und Sozialordnung (Hrsg., 1993): Statistisches Taschenbuch 1993, Arbeits- und Sozialstatistik, Bonn.

Bundesministerium für Arbeit und Sozialordnung (Hrsg., 1994a): Statistisches Taschenbuch 1994, Arbeits- und Sozialstatistik, Bonn.

Bundesministerium für Arbeit und Sozialordnung (Hrsg., 1994b): Ratgeber für Behinderte, Bonn.

Bundesministerium für Arbeit und Sozialordnung (Hrsg., 1994c): Soziale Sicherung im Überblick, Bonn.

Bundesministerium für Familie und Senioren (Hrsg., 1994): Sozialhilfe – Ihr gutes Recht, überarbeitete Auflage, Bonn.

Bundesministerium für Verkehr (1981): Vergünstigungen für Schwerbehinderte im innerdeutschen Flugreiseverkehr und im Berlin-Verkehr, in: Leben und Weg, 21. Jg., Nr. 5 (Oktober), S. 26–27.

Bundespresseamt (1990): Steuererleichterungen für Behinderte in sechs Steuerarten, Komplizierte Regelungen, in: VdK-Mitteilungen, Jg. 40, H. 11 (November), S. 35–50, und H. 12 (Dezember), S. 35–50.

Bundesregierung (1992): Antwort der Bundesregierung auf die Große Anfrage der Abgeordneten Dr. Ilja Seifert, Petra Bläss und der Gruppe der PDS/Linke Liste – Drucksache 12/2375 –: Zur Situation behinderter und älterer pflegebedürftiger Menschen in der Bundesrepublik Deutschland, Bundestagsdrucksache 12/3253 v. 15.09.92.

Bundesversicherungsanstalt für Angestellte (Hrsg. 1992): SGB – Sozialgesetzbuch, Viertes Buch: Gemeinsame Vorschriften für die Sozialversicherung, Text und Erläuterungen, 8. Auflage, Berlin.

Bungard, Walter, *Reihl*, Dieter, *Schubert*, Andreas (Hrsg., 1987): Psychisch Kranke in der Arbeitswelt, Neue Ansätze zur beruflichen Rehabilitation und Integration, München und Weinheim.

Burkhauser, Richard V., *Daly*, Mary D. (1993): A Comparison of German and American People with Disabilities, Results from the German Socio-Economic Panel, in: DIW-Vierteljahreshefte zur Wirtschaftsforschung, H. 1/2, S. 17–26.

Burkhauser, Richard V., *Haveman*, Robert H., *Wolfe*, Barbara L. (1993): How People with Disabilities Fare When Public Policies Change, in: Journal of Policy Analysis and Management, Vol. 12, No. 2 (Spring), pp. 251–269.

Buschfort, Hermann (1981): Fast vier Millionen Schwerbehinderte mit Ausweis, in: VdK-Mitteilungen, Jg. 31, H. 11 (November 1981), S. 22–23.

Buschmann, Peter, *Giordan*, Peter (1981): Behindertengerechtes Wohnen – behindertengerechtes Wohnumfeld, Analyse und Perspektiven, in: Soziale Sicherheit, 30. Jg., S. 338–340.

Buttler, Friedrich, *Gerlach*, Knut, *Schmiede*, Rudi (Hrsg., 1987): Arbeitsmarkt und Beschäftigung, Neuere Beiträge zur institutionalistischen Arbeitsmarktanalyse, Sozialwissenschaftliche Arbeitsmarktforschung, Bd. 14, hrsg. v. Knut Gerlach, Jürgen Kühl und Werner Sengenberger, Frankfurt/Main und New York.

Carlsson, Robert J, *Corbett*, Allen P. (1987): Vocational Rehabilitation and Earnings Enhancement, in: Journal of Rehabilitation, Vol. 53, No. 1 (January/February/ March), pp. 26–32.

Cechura, Suitbert (1994): Die Bedeutung der Arbeit im Gesamtprozeß der Rehabilitation von jungen Menschen mit psychischer Beeinträchtigung, in: Berufliche Rehabilitation, H. 3/94, S. 60–70.

Centre de Sociologie de Droit Sociale (ed., 1984): The Economic Integration of the Disabled: An Analysis of Measures and Trends in Member States, Commission of the European Communities Document, Luxembourg.

Chirikos, Thomas N. (1991): The Economics of Employment, in: *West*, Jane (ed., 1991), pp. 150–179.

Chirikos, Thomas N., *Nestel*, Gilbert (1984): Economic Determinants and Consequences of Self-Reported Work Disability, in: Journal of Health Economics, Vol. 3, pp. 117–136.

Christmann, Heinz (1988): Arbeitsmarktpolitische Problematik der Vermittlung Schwerbehinderter und deren Integration in den Arbeitsmarkt, in: *Knappe*, Eckhard, *Frick*, Bernd (Hrsg., 1988), S. 73–79.

Colorez, Anastasia, *Geist*, Glen D. (1987): Rehabilitation vs. General Employer Attitudes Toward Hiring Disabled Persons, in: Journal of Rehabilitation, Vol. 53, No. 2 (April/May/June), pp. 44–47.

Craft, James A., *Benecki*, Thomas J., *Shkop*, Yitzchak M. (1980): Who Hires the Seriously Handicapped?, in: Industrial Relations, Vol. 19, No. 1 (Winter), pp. 94–99.

Cramer, Horst H. (1990): Neue Wege zur Integration Schwerbehinderter auf dem allgemeinen Arbeitsmarkt, in: Zeitschrift für Sozialhilfe und Sozialgesetzbuch (ZfSH/SGB), 29. Jg., H. 1 (Januar), S. 1–10.

Dahesch, Keyvan (1989): Viele Worte, aber nur wenige Taten: Zur Situation der Schwerstbehinderten in der Bundesrepublik, in: Frankfurter Rundschau v. 18. März, S. M 11.

Dahesch, Keyvan (1990): Auch kleine Hilfen wirken: Überlegungen zum Welttag der Behinderten am 18. März, in: Frankfurter Rundschau v. 17. März, S. M 11.

Danapfel, Wolfgang (1987): Bestandsaufnahme des Vergünstigungswesens für Behinderte, Anmerkungen zum Forschungsbericht (Hg. Der Bundesminister für Arbeit und Sozialordnung (Institut für Sozialforschung und Gesellschaftspolitik e.V.)), in: Berufliche Rehabilitation, H. 1, S. 48–49.

Danckwerts, Dankwart (1980): Anmerkungen zu einer Untersuchung über Deklassierungsprozesse bei Arbeitslosigkeit, in: *Jantzen*, Wolfgang (Hrsg., 1980), S. 151–156.

Deininger, Dieter (1981): Behinderte 1979, in: Wirtschaft und Statistik, H. 7, S. 481–486.

Deininger, Dieter (1985): Behinderte 1983, in: Wirtschaft und Statistik, H. 2, S. 152–157.

Dertinger, Antje (1981): Rehabilitation durch Wettbewerb im Betrieb, in: Süddeutsche Zeitung, Nr. 68 (23. März), S. 20.

Deutsche Post AG (Hrsg., 1995): Produkte und Preise, Service-Informationen, Stand: 1. April 1995, Bonn.

Deutsche Presse-Agentur (1987): Steuer- und Beitragszahler, Rentner und Behinderte teils entlastet, teils zur Kasse, in: VdK-Mitteilungen, Jg. 37, H. 12 (Dezember), S. 39–43.

Deutscher Gewerkschaftsbund (DGB) (1993): DGB-Forderungen zur Novellierung des Schwerbehindertengesetzes, in: IG Metall Kurzinformation Schwerbehinderte – Ältere Arbeitnehmer – Rehabilitation 1993-1 (30.6.), Frankfurt, S. 4–21.

Deutscher Gewerkschaftsbund – Bundesvorstand – (1989): Stellungnahme zur Situation und zur Rechtsstellung Behinderter in Werkstätten für Behinderte (WfB), Düsseldorf.

Deutscher Gewerkschaftsbund (DGB) – Bundesvorstand – (1993): Antworten zur Umfrage des Europäischen Gewerkschaftsbundes (EGB) im Zusammenhang mit dem Seminar „Die Sozialpartner und die Rechte behinderter Menschen“ am 4. und 5. 11. 1993 in London, in: ders.: Übersicht über aktuelle Schwerpunkte gewerkschaftlicher Behindertenpolitik, Rundschreiben, Düsseldorf, Anlage 1.

Deutscher Gewerkschaftsbund – Bundesvorstand – (1993): Übersicht über aktuelle Schwerpunkte gewerkschaftlicher Behindertenpolitik, Rundschreiben, Düsseldorf.

Deutscher Sozialgerichtsverband (Hrsg., 1981): Die soziale Sicherung der Behinderten, Verhandlungen des Deutschen Sozialgerichtsverbandes, Verbandstagung Mainz 25. und 26. September 1980, Schriftenreihe des Deutschen Sozialgerichtsverbandes, Bd. XXI, Wiesbaden.

Deutscher Verein für Öffentliche und Private Fürsorge (1988): Stellungnahme zum Bericht der Bundesregierung an den Deutschen Bundestag über „die Lage der Behinderten und die Entwicklung der Rehabilitation“, Frankfurt.

Deutsches Allgemeines Sonntagsblatt (1981): Nach dem Internationalen Jahr der Behinderten: Arbeitsplätze stehen in den Sternen, o.V. [G.D.], in: Deutsches Allgemeines Sonntagsblatt, Nr. 48 (29.11.), S. 1.

Dietze, Lutz (1986): Nutzlose Korrekturen, Die geplante Reform des Schwerbehindertengesetzes hilft weder Betroffenen noch Arbeitgebern, in: Leben und Weg, 26. Jg., Nr. 4 (August), S. 18–20.

Dill, Manfred, *Gedon*, Walter, *Gemsjäger*, Werner (1988): Arbeits- und Berufsförderung Behinderter: Berufliche Rehabilitation, Schriftenreihe Siebrecht-Kohl, H. 19, hrsg. v. Alfred Kohl und Alois Streich, Bücherei für Berufsberatung, Arbeitsvermittlung und Arbeitslosenversicherung, hrsg. v. Heinrich Franke, 2., neubearbeitete Auflage, Stuttgart u.a.

Doeringer, P.B., *Piore*, M.J. (1971): Internal Labor Markets and Manpower Analysis, Lexington, Massachusetts.

Ebert, Kurt (1983): Einschränkung der unentgeltlichen Beförderung, Operation mit falschen Zahlen, in: Leben und Weg, 23. Jg., Nr. 4 (August), S. 6 (mit redaktionellen Ergänzungen „Das soll sich ändern“, S. 6–7).

Economist (1981): The disabled: Easing the way to work, o.V., in: The Economist, Vol. 280, No. 7195, (July 25), pp. 29–30.

Economist (1988): Disabled: A multitude, o.V., in: The Economist, Vol. 309, No. 7570, (October 1), p. 48.

Elsner, Gine (Hrsg., 1984): Was uns kaputt macht, Arbeitsmarkt und Arbeitsmedizin, Hamburg.

Engelen-Kefer, Ursula (1984): DGB: Nicht Verschlechterung, sondern Verbesserung des Schutzes der Schwerbehinderten, in: Soziale Sicherheit, 33. Jg., S. 132–134.

Engelen-Kefer, Ursula, *Möller-Lücking*, Norbert (1981): Zur Verfassungsmäßigkeit der Ausgleichsabgabe nach dem Schwerbehindertengesetz, in: Soziale Sicherheit, 30. Jg., S. 104–110.

Fachkommission „Behinderte“ beim Niedersächsischen Sozialministerium (1992): Leitlinien und Empfehlungen zur Behindertenpolitik in Niedersachsen, Bericht der Fachkommission, Hannover.

Faerber-Husemann (1990): Eine Strafe ohne Schmerz, Behinderte im Betrieb: Arbeitgeber zahlen lieber Bußgeld, als sie einzustellen, in: Deutsches Allgemeines Sonntagsblatt, Nr. 13 (30. März), S. 3.

Falke, J., u.a. (1981): Kündigungspraxis und Kündigungsschutz in der Bundesrepublik Deutschland, 2 Bde., Bonn.

Famulari, Melissa (1991/92): The Effects of a Disability on Labor Market Performance: The Case of Epilepsy, in: Southern Economic Journal, Vol. 58, pp. 1072–1087.

Fandrey, Walter (1990): Krüppel, Idioten, Irre, Zur Sozialgeschichte behinderter Menschen in Deutschland, Silberberg Wissenschaft, Geschichte, Bd. 277, Stuttgart.

Faßmann, H., *Kentner*, M., u.a. (1985): Frühinvalidisierung – ein multifaktorielles Geschehen, Zusammenfassender Bericht über eine sozialepidemiologische Untersuchung möglicher Ursachen der Frühverrentung in Baden-Württemberg, in: Das öffentliche Gesundheitswesen, 47. Jg., S. 546–550.

FAZ (1992): Die Werkstätten für Behinderte sind „normale“ Marktteilnehmer, o.V. [ink], in: Frankfurter Allgemeine Zeitung v. 24.3.92.

Feldblum, Chai R. (1991): Employment Protection, in: *West*, Jane (ed., 1991), pp. 81–110.

Ferber, Christian von (1976): Zum soziologischen Begriff der Behinderung, in: Zeitschrift für Heilpädagogik, 27. Jg., S. 416–423.

Ferber, Christian von (1982): Zur Lage der Behinderten und ihrer Familien, Eine sozialepidemiologische Standortbestimmung, in: *Marburger Arbeitskreis für Sozialrecht und Sozialpolitik* (Hrsg., 1982), S. 23–43.

Finanzministerium Baden-Württemberg (Hrsg., 1992): Der Finanzminister informiert: Das Finanzamt und die Behinderten, Stand: September 1992, Stuttgart.

Forschungsinstitut der Friedrich-Ebert-Stiftung, Abt. Arbeits- und Sozialforschung (Hrsg., 1993): Weiterentwicklung der Behindertenpolitik in Deutschland, Eine Tagung der Friedrich-Ebert-Stiftung am 6. und 7. Mai in Halle, Gesprächskreis Arbeit und Soziales, Nr. 25, Bonn.

Frank, Hermann, u.M.v. Hedwig *Kratzer-Müller* u.a. (1994): Berufliche Integration von Menschen mit Behinderungen – Praxisforschungsbericht zur Umsetzung des Hessischen Konzeptionspapiers zur Schaffung und Finanzierung von Arbeits-, Ausbildungs- und Beschäftigungsplätzen außerhalb von Werkstätten für Behinderte –, Sachstandsbericht zum 1. Projektjahr, Frankfurt am Main.

Franken, Werner (1989): Neue Zielgruppen der Politik für Schwerbehinderte in Rheinland-Pfalz, in: *Sadowski*, Dieter, *Rendenbach*, Ingo M. (Hrsg., 1989), S. 181–194.

Freitag, Hans Otto (1993): Sozialhilferecht, Ein systematischer Grundriß, Stuttgart u.a.

Frick, Bernd (1989): Zum Zusammenhang von Arbeitslosigkeitsrisiken und gesundheitlichen Einschränkungen, in: *Sadowski*, Dieter, *Rendenbach* Ingo M. (Hrsg., 1989), S. 79–98.

Frick, Bernd (1991): Verlaufsanalysen zur Beschäftigungs(in)stabilität Schwerbehinderter, in: Sozialer Fortschritt, 40. Jg., H. 11, S. 270–275.

Frick, Bernd (1992): Interne Arbeitsmärkte und betriebliche Schwerbehindertenbeschäftigung, Theoretische Analysen und empirische Befunde, Campus Forschung, Bd. 694, Trierer Schriften zu Sozialpolitik und Sozialverwaltung, Bd. 8, hrsg. v. Hans Braun, Eckhard Knappe und Dieter Sadowski, Frankfurt/ Main und New York.

Frick, Bernd, *Sadowski*, Dieter (1988): Zur Beschäftigungssituation Schwerbehinderter, Eine empirische Analyse anhand des Sozio-ökonomischen Panels, Beitrag zur Tagung des Arbeitskreises Sozialwissenschaftliche Arbeitsmarktforschung am 10./11.11.1988 in Darmstadt, Diskussionsbeitrag des Studien- und Forschungsschwerpunktes Sozialpolitik und Sozialverwaltung (SAM) und Zentrum für Arbeit und Soziales, Nr. 17, Trier.

Fuchs, Maximilian (1988): Das Schwerbehindertenrecht in der Europäischen Gemeinschaft, in: *Knappe*, Eckhard, *Frick*, Bernd (Hrsg., 1988), S. 157–169.

Gärtner, Friedrich (1979): Rehabilitationspolitik in der Bundesrepublik Deutschland – ein Überblick, in: *Runde*, Peter, *Heinze*, Rolf G. (Hrsg., 1979) S. 65–81.

Geppert, Hans J. (1981): Behindertenförderung: Immer auf die Schwachen, in: Deutsches Allgemeines Sonntagsblatt, Nr. 48 (29. November), S. 1.

Gerner, H.J., *Rauda*, D.W., *Witterstätter*, K. (1979): Die soziale Situation von Querschnittgelähmten – eine empirische Untersuchung, in: Rehabilitation, 18. Jg., S. 135–149.

Geschwinder, Jürgen (1982): Der Abbau der Schwerbehinderten durch restriktive Bewertung der Minderung der Erwerbsfähigkeit (MdE), in: Soziale Sicherheit, 31. Jg., S. 230–233.

Glombig, Eugen (1983): Rückfall in die alte Krüppelfürsorge, in: VdK-Mitteilungen, Jg. 33, H. 7 (Juli), S. 15–18.

Gölter, Georg (1981): Neu diskutieren: Die Zahl der amtlich anerkannten Schwerbehinderten wächst. Doch die tatsächliche Leistungsfähigkeit der Betroffenen wird meist außer acht gelassen, Interview, in: Die Zeit, Nr. 8 (13. Februar), S. 24.

Görtemaker, Gerd (1990): Ausbildungssituation entspannt: Verlängerung des Nichtberechnens der Ausbildungsplätze unbegründet, in: VdK-Mitteilungen, Jg. 40, H. 5 (Mai), S. 29–32.

Gould, Raija (1985): Arbeitslosigkeit und Invalidität: Soziologische Aspekte des Ausscheidens aus dem Arbeitsmarkt, in: Internationale Revue für soziale Sicherheit, XXXVIII. Jg., S. 23–41.

Greenwood, Reed, *Johnson*, Virginia Anne (1987): Employer Perspectives on Workers with Disabilities, in: Journal of Rehabilitation, Vol. 53, No. 3 (July/ August/September), pp. 37–45.

Greza, Gerhard (1981): 1981 – das Jahr der Behinderten, in: Leben und Weg, 21. Jg., Nr. 1 (Februar), S. 3–8.

Griefahn, Barbara (1985): Die berufliche Rehabilitation des Erwachsenen, in: Das öffentliche Gesundheitswesen, 47. Jg. (1985), S. 49–52 (Teil 1) und S. 130–133 (Teil 2).

Gross, Jost (1988): Besonderheiten des Schwerbehindertenproblems und der Politik zur Integration Schwerbehinderter in den Arbeitsmarkt in der Schweiz, in: *Knappe*, Eckhard, *Frick*, Bernd (Hrsg., 1988), S. 193–207.

Grund, Günter (1983): „Die Lage der Behinderten und die Rehabilitation", Vorbereitung eines Lageberichts der Bundesregierung, in: Leben und Weg, 23. Jg., Nr. 4 (August), S. 7.

Grund, Günter (1984): Bericht der Bundesregierung über die Lage der Behinderten, in: Leben und Weg, 24. Jg., Nr. 4 (August), S. 4–5.

GW (1980): Vergünstigungen für Schwerbehinderte, o.V., in: Der gute Wille, Jg. 16/BW, H. 5 (September/Oktober), S. 17.

GW (1981): Der gute Wille, Sonderfolge „Vergünstigungen für Schwerbehinderte" (März).

GW (1982): Leistungen an berufstätige Schwerbehinderte zur Sicherung der Eingliederung in das Arbeitsleben nach dem Schwerbehindertengesetz/Leistungen an Arbeitgeber bei der Beschäftigung von Schwerbehinderten, Beilage zu der gute Wille 3/82 (Mai/Juni).

GW (1984): Die schwerbehinderte Frau im Erwerbsleben, o.V., in: Der gute Wille, Jg. 20/BW, H. 5 (September/Oktober), S. 17–18.

GW (1985a): Rückblick und Ausblick, o.V., in: Der gute Wille, Jg. 21/BW, H 1. (Januar/Februar), S. 1.

GW (1985b): Weniger Schwerbehinderte beschäftigt, o.V., in: Der Gute Wille, Jg. 21/BW, H. 2 (März/April), S. 5.

GW (1985c): Schwerbehinderte sind länger arbeitslos, o.V., in: Der Gute Wille, Jg. 21/BW, H. 3 (Mai/Juni), S. 10.

GW (1985d): »Freifahrt« für Schwerbehinderte, Beilage zu Der gute Wille, 5/85.

GW (1986a): Rückblick und Ausblick, o.V., in: Der gute Wille, Jg. 22/BW, H. 1 (Februar), S. 1.

GW (1986b): Begleitende Hilfe ausgeweitet, o.V., in: Der gute Wille, Jg. 22/BW, H. 5 (September/Oktober), S. 18.

GW (1986c): Beschäftigungsförderung Schwerbehinderter: Gesetzliche Daueraufgabe der Bundesanstalt für Arbeit, in: Der gute Wille, Jg. 22/BW, H. 6 (November/Dezember), S. 22.

GW (1986 d): »Freifahrt« für Schwerbehinderte, Beilage zu Der gute Wille 6/86.

GW (1987a): Rückblick und Ausblick, o.V., in: Der gute Wille, Gesamtausgabe der Jahrgänge 1987 bis 1990 und Beilagen, S. 9.

GW (1987b): Feststellung des GdB: Abstufung des GdB nach Zehnergraden, o.V., mit Auszug aus dem Schreiben des BMA vom 31.10.1986-VIa6-55462-5, in: Der gute Wille, Gesamtausgabe der Jahrgänge 1987 bis 1990 und Beilagen, S. 17.

GW (1987c): Beschäftigung Schwerbehinderter weiterhin rückläufig, Untersuchung der Bundesanstalt für Arbeit, o.V., in: Der gute Wille, Gesamtausgabe der Jahrgänge 1987 bis 1990 und Beilagen, S. 19.

GW (1987d): Besetzung freier Stellen mit Schwerbehinderten: Vorhandene Möglichkeiten werden nicht ausgeschöpft, in: Der gute Wille, Gesamtausgabe der Jahrgänge 1987 bis 1990 und Beilagen, S. 23 u. 25.

GW (1987e): Neue Verordnung am 1.10.1987 in Kraft getreten: Kraftfahrzeughilfe zur beruflichen Rehabilitation, o.V., in: Der gute Wille, Gesamtausgabe der Jahrgänge 1987 bis 1990 und Beilagen, S. 31 u. 33.

GW (1988a): Rückblick und Ausblick, o.V., in: Der gute Wille, Gesamtausgabe der Jahrgänge 1987 bis 1990 und Beilagen, S. 35.

GW (1988b): Neue Verordnung zur Ausgleichsabgabe in Kraft getreten, o.V., in: Der gute Wille, Gesamtausgabe der Jahrgänge 1987 bis 1990 und Beilagen, S. 45.

GW (1988c): Finanzielle Leistungen an Arbeitgeber und Schwerbehinderte nach der Schwerbehinderten-Ausgleichsabgabenverordnung (SchwbAV) vom 28.3.1988 (BGBl. I S. 484), in: Der gute Wille, Gesamtausgabe der Jahrgänge 1987 bis 1990 und Beilagen, S. 49–50.

GW (1988d): Das Feststellungsverfahren für die Anerkennung als Schwerbehinderter, o.V., in: Der gute Wille, Gesamtausgabe der Jahrgänge 1987 bis 1990 und Beilagen, S. 51 u. 53.

GW (1988e): Für die Inanspruchnahme von Nachteilsausgleichen: Merkzeichen im Schwerbehindertenausweis, o.V., in: Der gute Wille, Gesamtausgabe der Jahrgänge 1987 bis 1990 und Beilagen, S. 55–56.

GW (1989): Neue Zahlen der Bundesanstalt für Arbeit: Beschäftigung Behinderter verschlechtert, Appell des Bundesministers für Arbeit an Arbeitgeber, o.V., in: Der gute Wille, Gesamtausgabe der Jahrgänge 1987 bis 1990 und Beilagen, S. 65 u. 67.

GW (1990a): Die Beschäftigungssituation Schwerbehinderter, o.V., in: Der gute Wille, Gesamtausgabe der Jahrgänge 1987 bis 1990 und Beilagen, S. 89 u. 91.

GW (1990b): Hilfen zur beruflichen Eingliederung von Schwerbehinderten, Beilage zu GW 1/90 (Januar/Februar), in: Der gute Wille, Gesamtausgabe der Jahrgänge 1987 bis 1990 und Beilagen, S. 93–96.

GW (1990c): Berufliche Rehabilitation Schwerbeschädigter in der DDR, o.V., in: Der gute Wille, Gesamtausgabe der Jahrgänge 1987 bis 1990 und Beilagen, S. 109–110.

GW (1990d): Aus Anlaß der Vereinigung Deutschlands am 3.10.1990: Schwerbehindertengesetz geändert, Ausgleichsabgabe auf 200 DM erhöht, o.V., in: Der gute Wille, Gesamtausgabe der Jahrgänge 1987 bis 1990 und Beilagen, S. 113 u. 115.

Haaser, A.: Behindertenproblematik und Randgruppentheorie, Sozialwissenschaftliche Ansätze zur Erklärung der gesellschaftlichen Benachteiligung von Behinderten, in: Rehabilitation, 14. Jg. (1975), S. 215–221.

Hammerschmidt, Markus (1992): Behindertenverbände im sozialpolitischen Entscheidungsprozeß, Campus Forschung, Bd. 688, Trierer Schriften zu Sozialpolitik und Sozialverwaltung, Bd. 7, hrsg. v. Hans Braun, Eckhard Knappe und Dieter Sadowski, Frankfurt/Main und New York.

Hardes, Heinz-Dieter (1979): Problemgruppen der Arbeitsmarktpolitik, in: *Lampert*, Heinz (Hrsg., 1979), S. 69–80.

Harmsen, Claus (1982): Arbeitgeberverpflichtungen im Schwerbehindertengesetz, Schriften zum Wirtschafts-, Arbeits- und Sozialrecht, Bd. 15, hrsg. von Bernd Rüthers u.a., Königstein/Th.

Hauck, Karl, *Haines*, Hartmut (1994): Sozialgesetzbuch SGB IV, Gemeinsame Vorschriften für die Sozialversicherung, Stand: 1. Januar 1994, Berlin.

Haveman, Robert H., *Halberstadt*, Victor, *Burkhauser*, Richard V. (1984): Public Policy Toward Disabled Workers, Cross-National Analyses of Economic Impacts, Ithaca and London.

Havemann, Robert H., *Wolfe*, Barbara L. (1984): Disability Transfers and Early Retirement: A Causal Relationship?, in: Journal of Public Economics, Vol. 24, pp. 47–66.

Havemann, Robert, *Wolfe*, Barbara (1990): The Economic Well-Being of the Disabled 1962–84, in: The Journal of Human Resources, Vol. XXV, No. 1 (Winter), pp. 32–54.

Hearne, Paul G. (1991): Employment Strategies for People with Disabilities: A Prescription for Change, in: *West*, Jane (ed., 1991), pp. 111–128.

Heese, G., *Jussen*, H., *Solarova*, S. (1976): Behinderung im erziehungswissenschaftlichen Sinne, in: Zeitschrift für Heilpädagogik, 27. Jg., S. 424–427.

Heier, D. (1984): Die Rehabilitation Behinderter im Spannungsfeld zwischen inhaltlicher Programmatik und ökonomischer Rechtfertigung, in: Rehabilitation, 23. Jg., S. 140–147.

Hein, Birgit (1995): Schwerbehinderte 1993, in: Wirtschaft und Statistik, H. 5, S. 376–381.

Heinze, Rolf G. (1979): Sozialökonomische und politische Konstitutionsbedingungen von Randgruppen, Diskutiert am Beispiel der Behinderten, in: *Runde*, Peter, *Heinze*, Rolf G. (Hrsg., 1979), S. 37–63.

Heinze, Rolf G., *Hinrichs*, Karl, *Olk*, Thomas (1981): Berufliche Integration Behinderter in der Krise, Zur Wirksamkeit arbeitsmarktpolitischer Instrumente bei struktureller Unterbeschäftigung, in: Mitteilungen aus der Arbeitsmarkt- und Berufsforschung, H. 3, S. 315–320.

Heinze, Rolf G., *Hinrichs*, Karl, *Olk*, Thomas (1982): Produktion und Regulierung defizitärer Soziallagen, Zur Situation von Behinderten und Leistungsgeminderten im Sozialstaat, in: *Heinze*, Rolf G., *Runde*, Peter (Hrsg., 1982), S. 79–112.

Heinze, Rolf G., *Runde*, Peter (1978): Behinderte als Problemgruppe des Arbeitsmarktes – zwischen kollektiver Interessenvertretung und Marginalisierung, in: WSI-Mitteilungen, H. 11, S. 627–636.

Heinze, Rolf G., *Runde*, Peter (1979): Arbeitsmarkt- und sozialpolitische Maßnahmen zur beruflichen Integration Behinderter und betriebliche Strategien, in: *Runde*, Peter, *Heinze*, Rolf G. (Hrsg., 1979), S. 83–98.

Heinze, Rolf G., *Runde*, Peter (1982): Einführung in den Reader: Behinderte zwischen Integration und Marginalisierung, in: *Heinze*, Rolf G., *Runde*, Peter (Hrsg., 1982), S. 1–6.

Heinze, Rolf G., *Runde*, Peter (Hrsg., 1982): Lebensbedingungen Behinderter im Sozialstaat, Beiträge zur sozialwissenschaftlichen Forschung, Bd. 26, Opladen.

Heinze, Rolf G., *Runde*, Peter, *Treder*, M. (1979): Betriebliche Beschäftigungsstrategien und gewerkschaftliche Politik gegenüber Behinderten, Zur Diskussion um die Berufsausbildung jugendlicher Behinderter, in: Jahrbuch für kritische Medizin, Bd. 4 (Argument-Sonderband AS 37), S. 191–212.

Henninges, Hasso von (1993): Arbeitssuchende Schwerbehinderte, Eine Sekundäranalyse amtlicher Statistiken, Beiträge zur Arbeitsmarkt- und Berufsforschung 172, hrsg. v. Institut für Arbeitsmarkt- und Berufsforschung der Bundesanstalt für Arbeit, Nürnberg.

Hermann, Josef (1994): Auch in Frankreich werden zu wenig Schwerbehinderte beschäftigt, Die Gesetze und Verordnungen werden meist nicht eingehalten, in: Sozialrecht + Praxis, H. 6 (20. Juni 1994), S. 369–370.

Herpich, M., *Steinle*, H. (1983): Probleme und Rahmenbedingungen der betrieblichen Integration Behinderter, in: Rehabilitation, 22. Jg., S. 149–156.

Der Hessische Sozialminister (Hrsg., 1983): Behinderte in Hessen, Bericht der Hessischen Landesregierung zur Situation der Behinderten in Hessen 1991, o.O. (Wiesbaden).

Der Hessische Sozialminister (Hrsg., 1983): Hilfen für Behinderte in Hessen: Fakten, Daten, Zahlen, Wiesbaden.

Hessisches Ministerium der Finanzen (Hrsg., 1992): Steuerwegweiser für Behinderte, o.O., o.J.

Hirrlinger, Walter (1982): Prinzip der Chancengleichheit ist eine moralische Wertgröße, in: VdK-Mitteilungen, Jg. 32, H. 12 (Dezember), S. 10–17.

Hirrlinger, Walter (1984): Arbeitslosigkeit Schwerbehinderter: Spürbarer Abbau erfordert zusätzliche Instrumentarien, in: VdK-Mitteilungen, Jg. 34, H. 2 (Februar), S. 14–16.

Hirrlinger, Walter (1985): Gefahr des Arbeitsplatz-Verlustes für Schwerbehinderte geringer, Aber wenn: wird's schlimm, in: VdK-Mitteilungen, Jg. 35, H. 8 (August), S. 12–17.

Hirvonen, Petri, *Burkhauser*, Richard V. (1990): Entwicklungstendenzen der Behindertenpolitik in Schweden, den USA und der Bundesrepublik Deutschland. – Arbeitsmarktintegration oder Ausgrenzung?, SfB 3-Arbeitspapier Nr. 309, Mannheim.

Hochmuth, Uwe (1994): Steuerliche Freibeträge – ein geeignetes Mittel zum Ausgleich finanzieller Nachteile Schwerbehinderter?, unveröffentlichtes Manuskript, Tübingen.

Hochmuth, Uwe, *Klee*, Günther, *Volkert*, Jürgen, u.M.v. Karin *Rinne* und Stefan *Weil* (1993): Marktwirtschaftliche Instrumente zur Armutsbekämpfung, Gutachten im Auftrag des Bundesministeriums für Wirtschaft, Tübingen (erschienen als *Hochmuth/Klee/Volkert* (1995)).

Hochmuth, Uwe, *Klee*, Günther, *Volkert*, Jürgen (1995): Armut in der Sozialen Marktwirtschaft, Möglichkeiten und Probleme ihrer Überwindung aus ordnungspolitischer Sicht, Tübinger Volkswirtschaftliche Schriften, Bd. 12, Tübingen.

Hofbauer, Hans (1985): Thesen zur Berufsausbildung behinderter Jugendlicher, in: ibv, Nr. 13 (27. März), S. 477–482.

Hofbauer, Hans (1988): Die Wirkungen beruflicher Aus- und Weiterbildung auf die Beschäftigung Behinderter vor dem Hintergrund der technischen Entwicklung, in: Berufliche Rehabilitation, H. 2, S. 19–33.

Hohmeier, Jürgen (1982): Bemerkungen zum gegenwärtigen Stand wissenschaftlicher Begriffe von Behinderung, in: *Heinze*, Rolf G., *Runde*, P(eter) (Hrsg., 1982), S. 7–23.

Hoiczyk, F. (1981): Beschäftigung Schwer- und Schwerstbehinderter – Probleme und Lösungsansätze, (Podiumsdiskussion am 20. Sept. 1980 anläßlich der Mitgliederversammlung der De.Vg.), in: Rehabilitation, 20. Jg., S. 137–139.

Huber, Achim, *Ochs*, Peter (1994): Die Vertretung der Schwerbehinderten im Betrieb, Handlungsanleitungen und Orientierungen für die Praxis, Handbücher zur Beschäftigung Schwerbehinderter, Bd. 1, Köln.

HUK-Coburg (1994): Telefaxmitteilung der Pressestelle der HUK-Coburg Versicherungen vom 26.7.94.

HUK-Verband (1993): Tarifbestimmungen des HUK-Verbandes, Nr. 14 (Stand: Januar 1993), Bonn.

IG Metall (1994): Stellungnahme der IG Metall zur Änderung des Schwerbehindertengesetzes im Rahmen der Einbringung aller gesetzlichen Vorschriften zur Rehabilitation in einen IX. Teil des Sozialgesetzbuches (Referenten-Entwurf vom 15. November 1993) vom 21. März 1994, in: IG Metall Kurzinformationen Schwerbehinderte – Ältere Arbeitnehmer – Rehabilitation 1994-1 (April), Frankfurt am Main.

ISO-Institut für Sozialforschung und Sozialwirtschaft Saarbrücken (o.J.): Arbeit und Gesundheit im Betrieb – AGiB, Seminarmaterialien für die Bildungsarbeit mit Arbeitnehmervertretern, Entwickelt vom ISO-Institut für Sozialforschung und Sozialwirtschaft Saarbrücken in Kooperation mit der Vorstandsverwaltung der IG Metall Frankfurt und der Arbeitskammer des Saarlandes Saarbrücken, Saarbrücken.

Jacobi, Volker (1989): Finanzielle Belastungen von Familien mit behinderten Angehörigen, Zur Frage der Kostenbeteiligung bei Maßnahmen der Rehabilitation und Eingliederungshilfe, in: *Wacker*, Elisabeth, *Metzler*, Heidrun (Hrsg., 1989), S. 68–72.

Jantzen, Wolfgang (1973): Theorien zur Heilpädagogik, in: Das Argument, 80. Jg., S. 152–169.

Jantzen, Wolfgang (1974): Sozialisation und Behinderung, Studien zu sozialwissenschaftlichen Grundfragen der Behindertenpädagogik, Gießen.

Jantzen, Wolfgang (1976): Zur begrifflichen Fassung von Behinderung aus der Sicht des historischen und dialektischen Materialismus, in: Zeitschrift für Heilpädagogik, 27. Jg., S. 428–436.

Jantzen, Wolfgang (1980a): Die gegenwärtige Situation der Behinderten in der BRD, (Eine Einschätzung der Reformpolitik der sozialliberalen Koalition wie der Auswirkungen der kapitalistischen Krise und möglicher Gegenstrategien), in: ders. (1980b), S. 14–33.

Jantzen, Wolfgang (1980b): Geistig behinderte Menschen und gesellschaftliche Integration, Arbeiten zur Theorie und Praxis der Rehabilitation in Medizin, Psychologie und Sonderpädagogik, Bd. 23, hrsg. v. Dietrich Eggert, Bern, Stuttgart und Wien.

Jantzen, Wolfgang (1980c): Werkstätten für Behinderte und gesellschaftliche Integration geistig behinderter Menschen, in: ders (1980b), S. 98–106.

Jantzen, Wolfgang (Hrsg., 1980): Arbeit und Arbeitslosigkeit als pädagogisches und therapeutisches Problem, Arbeit und Arbeitslosigkeit in kritisch-psychologischer Sicht, Nr. 3, Studien zur kritischen Psychologie, Bd. 24, Köln.

Johnson, William G., *Lambrinos*, James (1985): Wage discrimination Against Handicapped Men and Women, in: The Journal of Human Ressources, Vol. XX, No. 2 (Spring), pp. 264–277.

Jopen, Christoph (1988): Der besondere Kündigungsschutz für Schwerbehinderte, Eine Auseinandersetzung mit den Rechtstatsachen anhand der Verfahren vor der Hauptfürsorgestelle Stuttgart, Konstanzer Schriften zur Rechtstatsachenforschung, Bd. 5, hrsg. im Auftrag des Instituts für Rechtstatsachenforschung der Universität Konstanz von Wolfgang Heinz, Konstanz.

Jürgens, Andreas (1986): Pflegeleistungen für Behinderte, Schriftenreihe Sozialpolitik und Recht, Bd. 11, hrsg. v. Johannes Baltzer, Köln u.a.

Jürgens, Andreas, u.a. (1982): Rehabilitation aus der Sicht der Behinderten, in: *Marburger Arbeitskreis für Sozialrecht und Sozialpolitik* (1982) S. 45–54.

Jung, Karl, *Cramer*, Horst H. (1974): Das neue Schwerbehindertengesetz, München.

Kähne, Otto (1988): Berufliche Rehabilitationsmaßnahmen als Instrument der (Wieder-)Eingliederung Schwerbehinderter in den Arbeitsmarkt, in: *Knappe*, Eckhard, *Frick*, Bernd (Hrsg., 1988), S. 81–97.

Keller, Peter (1981): Weder Geld noch guter Wille: Wie sich Gemeinden um die Beschäftigung Behinderter drücken, in: Die Zeit, Nr. 14, (27. März), S. 29.

Kiernan, William E., *Rowland*, Sean (1989): Factors Contributing to Success and Failure in the Work Environment, An Industry Perspective, in: *Kiernan*, William E., *Schalock*, Robert L. (eds., 1989), pp. 253–264.

Kiernan, William, *Sanchez*, Raymond, *Schalock*, Robert L. (1989): Epilogue: Economics, Industry, and Disability in the Future, in: *Kiernan*, William E., *Schalock*, Robert L. (eds., 1989), pp. 365–374.

Kiernan, William E., *Schalock*, Robert L. (eds., 1989): Economics, Industry, and Disability, A Look Ahead, Baltimore *et al.*

Kittner, Michael, *Krasney*, Otto Ernst (1993): Sozialgesetzbuch, Textausgabe mit Einleitungen, Dritte Auflage 1993 mit den Änderungen des Gesundheits-Strukturgesetzes, Stand: 22.3.1993, Köln.

Kleimann, Rolf (1994): Das IAW-Steuerpanel, unveröffentlichtes Manuskript, Tübingen.

Klein, Thomas (1987): Sozialer Abstieg und Verarmung von Familien durch Arbeitslosigkeit, Eine mikroanalytische Untersuchung für die Bundesrepublik Deutschland, Frankfurt/Main und New York.

Kloas, Peter-Werner (1981): „Behinderung" – ein Begriff mit schweren Folgen, in: Das Parlament, Themenausgabe Behinderte, 31. Jg., Nr. 13 (28. März), S. 16.

Knappe, Eckhard (1990): Herausforderungen für die Sozialpolitik bis zum Jahr 2000, in: *Braun*, Hans, *Niehaus*, Mathilde (Hrsg., 1990), S. 89–112.

Knappe, Eckhard, *Frick*, Bernd (1988): Einleitung, in: diess. (Hrsg., 1988), S. 7–13.

Knappe, Eckhard, *Frick*, Bernd (Hrsg., 1988): Schwerbehinderte und Arbeitswelt, Campus Forschung, Bd. 597, Trierer Schriften zu Sozialpolitik und Sozialverwaltung, Bd. 1, hrsg. v. Hans Braun, Eckhard Knappe und Dieter Sadowski, Frankfurt/Main und New York.

Knopp, A. (1981): Rechtsgrundlagen in der Bundesrepublik, in: Das Parlament, Themenausgabe Behinderte, 31. Jg., Nr. 13 (28. März), S. 16.

Kommission der Europäischen Gemeinschaften (Hrsg., 1986): Memorandum der Kommission an den Rat über die Beschäftigung der Behinderten in der Europäischen Gemeinschaft/Entwurf einer Empfehlung des Rates über die Beschäftigung der Behinderten in der Europäischen Gemeinschaft, Dokumente, KOM (86) 9 endg. vom 24.1.1986, Brüssel.

Kolb, Rolf (1988): Versicherung, Versorgung, Fürsorge, in: *Maydell*, Bernd von, *Kannengießer*, Walter (Hrsg., 1988), S. 94–103.

Korn, Lothar (1989): Finanzielle Förderung der beruflichen Rehabilitation jüngerer Behinderter, in: Berufliche Rehabilitation, H. 4, S. 59–62.

Kotthoff, Hermann (1988): Betriebliche Strategien des Personaleinsatzes von gesundheitlich beeinträchtigten Arbeitnehmern, in: *Knappe*, Eckhard, *Frick*, Bernd (Hrsg., 1988), S. 103–125.

Kraus, Rudolf (1994): Berufliche und gesellschaftliche Eingliederung von jungen Menschen mit Behinderungen als Aufgabe der Sozialpolitik, in: Berufliche Rehabilitation, H. 4, S. 16–29.

Krause, Peter (1988): Probleme des Versorgungs- und Rehabilitationsrechts, in: *Knappe*, Eckhard, *Frick*, Bernd (Hrsg., 1988), S. 59–72.

Krause, Peter (1994): Armut im Wohlstand: Betroffenheit und Folgen, Überarbeitete Fassung eines Vortrages beim Kongreß für Klinische Psychologie und Psychotherapie „Ausgrenzen – Eingrenzen – Entgrenzen" der Deutschen Gesellschaft für Verhaltenstherapie (DGVT) vom 20.–25. Februar 1994 in Berlin, DIW-Diskussionspapier Nr. 88, Berlin.

Kuhnt, Sigrid, *Kunow*, Jens (1987): Die berufliche Situation psychiatrischer Patienten. Ergebnisse einer Querschnittsanalyse, in: *Bungard*, Walter, *Reihl*, Dieter, *Schubert*, Andreas (Hrsg., 1987), S. 325–353.

Lachwitz, Klaus (1987): Lohn und Sozialhilfe in der Werkstatt für Behinderte (WfB) – Ein Spannungsverhältnis?, in: Soziale Sicherheit, 36. Jg., S. 69–78.

Lachwitz, Klaus, *Wendt*, Sabine (1985): Hilfen für geistig behinderte Menschen im Bundessozialhilfegesetz: Bestandsaufnahme, Perspektiven, Freiburg i.Br.

Lampert, Heinz (Hrsg., 1979): Arbeitsmarktpolitik, Mit Beiträgen von G. *Briefs* u.a., Wirtschaftswissenschaftliches Seminar, Bd. 7, hrsg. v. Guy Kirsch und Walter Wittmann, Stuttgart und New York.

Landesamt für Jugend und Soziales Rheinland-Pfalz – Hauptfürsorgestelle – (Hrsg., 1987): Für Schwerbehinderte: Nachteilsausgleiche. Steuerermäßigungen, Versicherungsermäßigungen, Gebührenermäßigungen, Reiseverkehr, Stand: Dezember 1987, Mainz.

Landesamt für Zentrale Soziale Aufgaben Berlin – Landesversorgungsamt – (Hrsg., 1990): Informationen zum Schwerbehindertenrecht, (Stand: Juni 1990), Berlin o.J.

Landeswohlfahrtsverband Württemberg-Hohenzollern – Hauptfürsorgestelle – (Hrsg., 1991): Für Schwerbehinderte: Nachteilsausgleiche. Steuerermäßigungen, Versicherungsermäßigungen, Gebührenermäßigungen, Reiseverkehr, Stand: Oktober 1991, Stuttgart.

Landkreistag Baden-Württemberg, Städtetag Baden-Württemberg (1994): Sozialhilferichtlinien Baden-Württemberg; hier: 35. Ergänzungslieferung August 1994, Rundschreiben Nr. 335/1994 des Landkreistags, D-Nr. 723/1994 des Städtetags, Stuttgart.

Landschaftsverband Rheinland – Hauptfürsorgestelle – (Hrsg., 1989): Behinderung und Ausweis/Nachteilsausgleiche für Schwerbehinderte, Stand August/September 1989, Sonderreihe, Nr. 9, Köln.

Landschaftsverband Westfalen-Lippe – Hauptfürsorgestelle – (Hrsg., 1985): Für Schwerbehinderte: Vergünstigungen. Steuerermäßigungen, Versicherungsermäßigungen, Gebührenermäßigungen, Vergünstigungen im Reiseverkehr, Stand: November 1985, Schriftenreihe der Hauptfürsorgestelle des Landschaftsverbandes Westfalen-Lippe, H. 2, 15., ergänzte Auflage, Münster.

Landschaftsverband Westfalen-Lippe – Hauptfürsorgestelle – (Hrsg., 1989): Für Schwerbehinderte: Nachteilsausgleiche. Steuerermäßigungen, Versicherungsermäßigungen, Gebührenermäßigungen, Reiseverkehr, Stand: August 1989, Schriftenreihe der Hauptfürsorgestelle des Landschaftsverbandes Westfalen-Lippe, H. 2, 17. Auflage, Münster.

Landschaftsverband Westfalen-Lippe – Hauptfürsorgestelle – (Hrsg., 1991a): Für Schwerbehinderte: Nachteilsausgleiche. Steuerermäßigungen, Versicherungsermäßigungen, Gebührenermäßigungen, Reiseverkehr, Stand: Juli 1991, Schriftenreihe der Hauptfürsorgestelle des Landschaftsverbandes Westfalen-Lippe, H. 2, 18. Auflage, Münster.

Landschaftsverband Westfalen-Lippe – Hauptfürsorgestelle – (Hrsg., 1991b): Schwerbehinderte im Arbeitsleben, Jahresbericht 1990, Münster.

LaPlante, Mitchell P. (1991): The Demographics of Disability, in: *West*, Jane (ed., 1991), pp. 55–77.

Laschet, Ulrich (1987): Ausgleichsabgabe-Verordnung: Änderung soll Möglichkeiten zur erweiterten Förderung neuer Arbeitsplätze konkretisieren, in: VdK-Mitteilungen, Jg. 37, H. 12 (Dezember), S. 7–8.

Laschet, Ulrich (1989a): Ausgleichsabgabe auf 300 Mark verdoppeln, Vier zentrale VdK-Forderungen zur Verbesserung der Situation Schwerbehinderter auf dem Arbeitsmarkt, in: VdK-Mitteilungen, Jg. 39, H. 10 (Oktober), S. 15–16.

Laschet, Ulrich (1989b): Mobilitätsbehinderte und nichtbehinderte Bürger gleichsetzen, in: VdK-Mitteilungen, Jg. 39, H. 10 (Oktober), S. 17–18.

Laschet, Ulrich (1993): Die Chancen der Schwerbehinderten auf dem Arbeitsmarkt gemindert, 10. Novelle Arbeitsförderungsgesetz bringt empfindliche Nachteile, in: Sozialrecht + Praxis, H. 1, S. 61.

Leben und Weg (1979): Zur Entwicklung des Arbeitsmarktes für Schwerbehinderte, o.V., in: Leben und Weg, 19. Jg., Nr. 4 (August), S. 8–14.

Leben und Weg (1981a): Ab 1.1.1981 geltende Regelung des Beitragsnachlasses in der Kraftfahrzeughaftpflichtversicherung, o.V., in: Leben und Weg, 21. Jg., Nr. 1 (Februar), S. 17.

Leben und Weg (1981b): Feststellung der Schwerbehinderteneigenschaft nach dem Schwerbehindertengesetz vom 29. April 1974 – Grundlagen, Probleme und Mißverständnisse in der Öffentlichkeit –, o.V., in: Leben und Weg, 21. Jg., Nr. 4 (August), S. 33.

Leben und Weg (1981c): Viele Förderungsmöglichkeiten zur Beschäftigung Behinderter, o.V., in: Leben und Weg, 21. Jg., Nr. 6 (Dezember), S. 36–37.

Leben und Weg (1983a): Beschäftigungschancen von Schwerbehinderten verbessert, o.V., in: Leben und Weg, 23. Jg., Nr. 2 (April), S. 7.

Leben und Weg (1983b): 5,5 Millionen Behinderte – Zunahme um 60 Prozent innerhalb von zwei Jahren –, o.V., in: Leben und Weg, 23. Jg., Nr. 2 (April), S. 8.

Leben und Weg (1983c): Hilfe zum Lebensunterhalt, o.V., in: Leben und Weg, 23. Jg., Nr. 2 (April), S. 14.

Leben und Weg (1983d): Hilfe zur Pflege, o.V., in: Leben und Weg, 23. Jg., Nr. 2 (April), S. 11–13.

Leben und Weg (1983e): Leistungen an berufstätige Schwerbehinderte zur Sicherung der Eingliederung in das Arbeitsleben nach dem Schwerbehindertengesetz/Leistungen an Arbeitgeber bei der Beschäftigung von Schwerbehinderten, o.V., in: Leben und Weg, 23. Jg., Nr. 3 (Juni), S. 20–24.

Leben und Weg (1984): „Freifahrt" für Schwerbehinderte 1984 geändert, o.V., in: Leben und Weg, 24. Jg., Nr. 2 (April), S. 4 (Abdruck aus einer Veröffentlichung des Landschaftsverbandes Westfalen-Lippe).

Leben und Weg (1985): Socialdata-Institut: Fast 8 Millionen Behinderte in der BRD, o.V. [Weku], in: Leben und Weg, 25. Jg., Nr. 3 (Juni), S. 27.

Leppin, Hans, *Ritz*, Hans-Günther (1977): Behinderte und Leistungsgeminderte als Problemgruppe des Arbeitsmarktes, in: *Projektgruppe Arbeitsmarktpolitik*, *Offe*, Claus (Hrsg., 1977), S. 121–149.

Lölhöffel, Helmut (1981): Fürsorge, die gegen Barrieren stößt: Auch jenseits der Elbe ist die gesellschaftliche Integration körperlich und geistig Geschädigter trotz beispielhafter Sozialleistungen schwierig, in: Süddeutsche Zeitung, Nr. 77 (2. April), S. 3.

Lonsdale, Susan, *Walker*, Alan (1984): Labour Market Policies toward People with Disabilities in the United Kingdom, WZB-discussion paper IIM/LMP 84-4b, Berlin.

Mallasch, Gisela (1993): Ein gewisser Makel bleibt: Trotz vieler Angebote ist die Integration von behinderten Arbeitnehmern nicht selbstverständlich, in: „Aus- und Weiterbildung", Beilage der Süddeutschen Zeitung, Nr. 16 (21. Januar), S. 36.

Mangin, Guy (1983): Die Behinderten und ihre Beschäftigung: Statistische Untersuchung der Lage in den Mitgliedstaaten der Europäischen Gemeinschaften, Luxemburg.

Manton, Kenneth G., *Woodbury*, Max A., *Stallard*, Eric (1991): Statistical and measurement issues in assessing the welfare status of aged individuals and populations, in: Journal of Econometrics, Vol. 50, pp. 151–181.

Marburger Arbeitskreis für Sozialrecht und Sozialpolitik (1982): Behinderte in Recht und Gesellschaft, Interdisziplinäre Fachtagung 3. und 4. Juli 1981, Philipps-Universität Marburg, Schriftenreihe Sozialpolitik und Recht, Bd. 4, hrsg. v. Johannes Baltzer, Köln u. a.

May, Virgil R., *Vieceli*, Louis (1983): Barriers to Placement: Strategies and Resolution, in: Journal of Rehabilitation, Vol. 49, No. 3 (July/August/September), pp. 43–46.

Maydell, Bernd von, *Kannengießer*, Walter (Hrsg., 1988): Handbuch Sozialpolitik, Res Publica, Publikationen zu Grundfragen der modernen Demokratie, hrsg. v. Rüdiger von Voss, Pfullingen.

Meinhart, Peter (1989): Zielgruppenspezifische Behindertenpolitik in der Deutschen Demokratischen Republik, in: *Sadowski*, Dieter, *Rendenbach* Ingo M. (Hrsg., 1989), S. 237–247.

Menge, Marlies (1983): Ein Leben lang abhängig?, Bonn plant: Behinderte sollen sich künftig mehr auf ihre Familie stützen, in: Die Zeit, Nr. 48 (25. November), S. 67.

Menges, Brunhilde (1969): Die soziale und berufliche Situation der Querschnittsgelähmten in Oberbayern, Diss., München.

Menzel, H(elmut) (1984): Kfz-Zuschüsse an Behinderte erhöht, in: Leben und Weg, 24. Jg., Nr. 2 (April), S. 3.

Menzel, Helmut (1987): Kfz-Hilfe-Verordnung: Katastrophal: Rechtseinheit auf niedrigstem Niveau, in: VdK-Mitteilungen, Jg. 37, H. 10 (Oktober), S. 7–10.

Mergler/Zink (1981): Bundessozialhilfegesetz, Kommentar, 3. Aufl., Stuttgart u.a.

Meyer, Stefanie (1994): Immer mehr Behinderte ohne Job: Viele Betriebe zahlen lieber „Ausgleichsabgabe“ – Besserer Schutz vor Kündigung, in: Die Welt v. 11.3.1994, S. 11.

Meyers großes Taschenlexikon (1992): Meyers großes Taschenlexikon in 24 Bänden, Bd. 3: Bak – Bot, 4., vollständig überarbeitete Auflage, hrsg. und bearbeitet von Meyers Lexikonredaktion, Mannheim u.a.

Der Minister für Arbeit, Gesundheit und Soziales des Landes Nordrhein-Westfalen (Hrsg., 1985): Bericht der Landesregierung über die Fortentwicklung der Behindertenpolitik des Landes (Landtagsdrucksache 9/4245 v. 26.4.1985), o.O. (Düsseldorf).

Der Minister für Arbeit, Gesundheit und Sozialordnung (Hrsg., 1981): Behindertenplan für das Saarland, Saarbrücken.

Ministerium für Arbeit, Gesundheit, Familie und Sozialordnung Baden-Württemberg (Hrsg., 1983): Offene Hilfen im sozialen Bereich, Bestand und Fortentwicklung, Eine Analyse, Stuttgart.

Ministerium für Arbeit, Gesundheit, Familie und Sozialordnung Baden-Württemberg (Hrsg., 1989): Ratgeber für behinderte Menschen und ihre Angehörigen, Politik für Behinderte 1, Stuttgart.

Ministerium für Soziales, Familie und Sport Rheinland-Pfalz (Hrsg., 1990): Landesplan für behinderte Menschen 1990, Mainz.

Ministerium für Soziales, Gesundheit und Umwelt (Hrsg., 1982): Landesplan für behinderte Menschen 1982, Mainz.

Mitchell, Jean M., *Butler*, J.S. (1986): Arthritis and the Earnings of Men, An Analysis incorporating Selection Bias, in: Journal of Health Economics, Vol. 5, pp. 81–98.

Möller-Lücking, Norbert (1977): Ältere und Behinderte – Mehr Chancen in Beruf und Arbeit!, in: *Seifert*, Hartmut, *Simmert*, Diethard B. (Hrsg.): Arbeitsmarktpolitik in der Krise, Ein Sammelband mit Beiträgen von Ulrich Briefs u.a., Köln, S. 57–67.

Möller-Lücking, Norbert (1980): Novellierung des Schwerbehindertengesetzes dringend erforderlich – Gewerkschaftliche Arbeit zugunsten Behinderter und die Vorschläge des DGB –, in: Soziale Sicherheit, 29. Jg. (1980), S. 141–145.

Möller-Lücking, Norbert (1984): Bewährtes Schwerbehindertengesetz gefährdet, in: Soziale Sicherheit, 33. Jg., S. 316–320.

Möller-Lücking, Norbert (1986): Zur Novellierung des Schwerbehindertengesetzes und zur Wahl der Schwerbehindertenvertrauensleute, in: Soziale Sicherheit, 35. Jg., S. 225–229.

Möller-Lücking, Norbert (1989): Situation und Rechtsstellung Behinderter in WfB – Die DGB-Vorstellungen zur künftigen Entwicklung –, in: Soziale Sicherheit, 38. Jg., H. 6, S. 173–177.

Möller-Lücking, Norbert (1990): Gleiche Chancen für Behinderte und Nichtbehinderte, Sozial- und Arbeitsmarktpolitik des DGB zugunsten Benachteiligter, in: Soziale Sicherheit, 39. Jg., H. 5, S. 145–147.

Mudrick, Nancy R. (1985): Trends and Changes in Income Support for the Disabled, in: The Social Welfare Forum 1982/1983, Official Proceedings 109, Annual Forum, National Conference on Social Welfare, Boston, Mass., April 25–28, 1982, Washington, pp. 187–198.

Muhr, Gerd (1981): Sozialpolitik für Behinderte – für eine fortschrittliche Reform der Behindertenpolitik, in: Soziale Sicherheit, 30. Jg., S. 36–42.

Nationale Kommission für das internationale Jahr der Behinderten 1981 (1983a): Abschließender Bericht zum Jahr der Behinderten 1981 (Auszug), in: Der gute Wille, Jg. 19, H. 2 (März/April), S. 16.

Nationale Kommission für das internationale Jahr der Behinderten 1981 (1983b): Beschäftigung von Behinderten auf dem allgemeinen Arbeitsmarkt, Auszug aus dem Schlußbericht der Arbeitsgruppe 5 der nationalen Kommission für das internationale Jahr der Behinderten 1981, in: Der Gute Wille, Jg. 19/BW, H. 3, S. 11.

Nayer, André (1984): The Law and the Employment of the Disabled, in: *Centre de Sociologie du Droit Social* (ed.): The Economic Integration of the Disabled: An Analysis of Measures and Trends in Member States, Luxembourg, pp. 1–51a.

Neubert, Kurt (1986): Das geänderte Schwerbehindertengesetz: Fortschreibung schon jetzt dringend erforderlich, Versäumtes nachholen, in: VdK-Mitteilungen, Jg. 36, H. 9 (September), S. 24–30.

Neuer-Miebach, Therese (1989): Familienentlastende Dienste, Möglichkeiten der Hilfeleistung für Angehörige behinderter Menschen, in: *Wacker*, Elisabeth, *Metzler*, Heidrun (Hrsg., 1989), S. 110–133.

Neue Zürcher Zeitung (1981): Behinderte auf dem Arbeitsmarkt – weg von der Rolle einer Randfigur, Wie weit reicht die Möglichkeit des Arbeitgebers bei der beruflichen Rehabilitation?, o.V., in: Neue Zürcher Zeitung, Nr. 37 (15./16. Februar), S. 19–20.

Neumann, Johannes (1985): Der geistig behinderte Mensch im sozialen Wohlfahrtsstaat, in: *Wacker*, Elisabeth, *Neumann*, Johannes (Hrsg., 1985), S. 59–77.

Neumann, Johannes (1989): Familie als überforderte Sozialisationsinstanz, Erwägungen zur Leistungsanforderung an Familien mit behinderterten Mitgliedern, in: *Wacker*, Elisabeth, *Metzler*, Heidrun (Hrsg., 1989), S. 73–95.

Niedersächsischer Sozialminister (Hrsg., 1985): Niedersächsischer Behindertenbericht 1985, Hannover.

Niedersächsisches Sozialministerium (Hrsg., 1993): Selbstbestimmung und Lebensqualität, Stellungnahme zu den Berichten der Fachkommission Altenpflege, Behinderte, Gesundheitsförderung, Psychiatrie, Hannover.

Niehaus, Mathilde (1989): Behinderte Frauen als Zielgruppe der Schwerbehindertenpolitik, in: *Sadowski*, Dieter, *Rendenbach* Ingo M. (Hrsg., 1989), S. 123–136.

Niehaus, Mathilde (1993): Behinderung und sozialer Rückhalt, Zur sozialen Unterstützung behinderter Frauen, Campus Forschung, Bd. 698, Trierer Schriften zu Sozialpolitik und Sozialverwaltung, Bd. 11, hrsg. v. Hans Braun, Eckhard Knappe und Dieter Sadowski, Frankfurt/Main und New York.

Niemi, V. (1988): Zur Mitte des Jahrzehnts der Behinderten der Vereinten Nationen 1983–1992, in: Rehabilitation, 27. Jg., S. 131–134.

Ochs, Peter, u.a. (1991a): Die Arbeitswelt im Wandel: Neue Probleme, Neue Aufgaben, in: Arbeit und Gesundheit im Betrieb, Seminarkonzept für die Weiterbildung der Betriebsräte, Personalräte und Vertreter der Schwerbehinderten, Arbeitsmaterialien, Bd. 1, Saarbrücken.

Ochs, Peter, u.a. (1991b): Ausmaß und Ursachen von Schwerbehinderung, in: Arbeit und Gesundheit im Betrieb, Seminarkonzept für die Weiterbildung der Betriebsräte, Personalräte und Vertreter der Schwerbehinderten, Arbeitsmaterialien, Bd. 2, Saarbrücken.

Ochs, Peter, u.a. (1991c): Der Umgang der Betriebe mit Behinderten und gesundheitlich Beeinträchtigten, in: Arbeit und Gesundheit im Betrieb, Seminarkonzept für die Weiterbildung der Betriebsräte, Personalräte und Vertreter der Schwerbehinderten, Arbeitsmaterialien, Bd. 3, Saarbrücken.

Offe, Claus, *Hinrichs*, Karl (1977): Sozialökonomie des Arbeitsmarktes und die Lage »benachteiligter« Gruppen von Arbeitnehmern, in: *Projektgruppe Arbeitsmarktpolitik*, *Offe*, Claus (Hrsg., 1977), S. 3–61.

Oyen, Renate (1989): Berufsbildung, Arbeitsmarktchancen und betriebliche Integration Behinderter, Überblick über die empirische Forschung der 80er Jahre, in: Mitteilungen aus der Arbeitsmarkt- und Berufsforschung, H. 4, S. 507–522.

Oyen, Renate (1990): Berufliche Rehabilitation. Ausbildung, Arbeitsmarktchancen und betriebliche Integration Behinderter, Literaturdokumentation zur Arbeitsmarkt- und Berufsforschung, Sonderheft 8, hrsg. v. Institut für Arbeitsmarkt- und Berufsforschung der Bundesanstalt für Arbeit, Ausgabe 1990, Nürnberg.

Oyen, Renate (1992): Berufliche Rehabilitation. Ausbildung, Arbeitsmarktchancen und betriebliche Integration Behinderter, Literaturdokumentation zur Arbeitsmarkt- und Berufsforschung, Sonderheft 8, Ergänzung 1991–1992 zu LitDokAB S 8 (1990), hrsg. v. Institut für Arbeitsmarkt- und Berufsforschung der Bundesanstalt für Arbeit, Nürnberg.

Packard, Michael D. (1987): Income of New Disabled-Worker Beneficiaries and Their Families: Findings from the New Beneficiary Survey, in: Social Security Bulletin, Vol. 50, No. 3 (March), pp. 5–23.

Das Parlament (1981): Themenausgabe Behinderte: Behinderte leben unter uns und doch im Abseits, Wege aus der Isolation müssen gesucht und gefunden werden, 31. Jg., Nr. 13 (28. März).

Das Parlament (1988): Themenausgabe Behinderte: Einander verstehen – miteinander leben, 38. Jg., Nr. 9 (26. Februar).

Petropulos, Kostas (1990a): Schwerbehinderte haben es schwer in einer Welt der Vorurteile: Privatwirtschaft und Öffentlicher Dienst erfüllen ihre Beschäftigungspflicht nur unzureichend, in: Süddeutsche Zeitung, Nr. 245 (24. Oktober), S. 32.

Petropulos, Kostas (1990b): Vorurteile blockieren Weg in die Betriebe: Uninformierte Personalchefs sind Haupthürde für Schwerbehinderte in der Arbeitswelt, in: Frankfurter Rundschau, Nr. 303 (Silvester), S. 29.

Pfaff, Martin, *Huber*, Walter (1984): Disability Policy in the Federal Republic of Germany, in: *Haveman*, Robert H., *Halberstadt*, Victor, *Burkhauser*, Richard V. (1984), pp. 193–239.

Piel, Dieter (1982): Ein notwendiger Rückschritt: Das Schwerbehindertengesetz muß reformiert werden, in: Die Zeit, Nr. 15 (19. April), S. 25.

Pollmann, Uwe (1995): Behinderte: Immer weniger geistig oder körperlich kranke Menschen finden einen Job in der Freien Wirtschaft, Nur Leistung zählt, in: Die Zeit, Nr. 18 (28. April), S. 24.

Präsidium des VdK Deutschland (1984): Thesen des VdK Deutschland, in: VdK-Mitteilungen, Jg. 34, H. 2 (Februar), S. 4–8.

Presse- und Informationsamt der Bundesregierung (1981a): Ausgleich für Mehraufwendungen infolge Körperbehinderung, in: VdK-Mitteilungen, Jg. 31, H. 5 (Mai), S. 23–41.

Presse- und Informationsamt der Bundesregierung (1981b): Kraftfahrzeughilfen für Schwerbehinderte, in: VdK-Mitteilungen, Jg. 31, H. 10 (Oktober), S. 8–15.

Presse- und Informationsamt der Bundesregierung (1986): Schwerbehinderte erhalten über das Steuerrecht viele Entlastungen, in: VdK-Mitteilungen, Jg. 36, H. 12 (Dezember), S. 16–38.

Presse- und Informationsamt der Bundesregierung (1990): Steuererleichterungen für Behinderte in sechs Steuerarten, Komplizierte Regelungen, in: VdK-Mitteilungen, Jg. 40, H. 11 (November), S. 16–25, und H. 12 (Dezember), S. 35–50.

Presse- und Informationsamt der Bundesregierung (Hrsg., 1994): Wohngeld, Reihe Ratschläge und Hinweise, 35. Auflage, Bonn.

Prinz, A.: Pflegebedürftigkeit als ökonomisches Problem, Spardorf 1987.

Projektgruppe Arbeitsmarktpolitik, *Offe*, Claus (Hrsg., 1977): Opfer des Arbeitsmarktes, Zur Theorie der strukturellen Arbeitslosigkeit, Kritische Texte: Sozialarbeit, Sozialpädagogik, Soziale Probleme, hrsg. v. Hanns Eyferth, Paul Hirschauer u.a., Neuwied und Darmstadt.

Projektgruppe Sozio-ökonomisches Panel (1993): Zehn Jahre Sozio-ökonomisches Panel, in: DIW-Vierteljahreshefte zur Wirtschaftsforschung, H. 1/2, S. 27–41.

Prüwer, H.J. (1978): Die Leistungen der Bundesanstalt für Arbeit nach dem Schwerbehindertenrecht, in: Behindertenrecht, 17. Jg. H. 2 (Juni), S. 25–31.

Rauschelbach, Heinz-Harro (1982): Geltender Schwerbehinderten-Begriff wird falsch verstanden, in: VdK-Mitteilungen, Jg. 32, H. 12 (Dezember), S. 17–22.

Reimer, Fritz, *Kunow*, Jens, *Kuhnt*, Sigrid (1990): Berufliche Wiedereingliederung schwerbehinderter psychisch Kranker, hrsg. v. Bundesminister für Arbeit und Sozialordnung (unter dem Titel „Berufliche Wiedereingliederung von schwerbehinderten psychisch Kranken“), Forschungsbericht Sozialforschung 195, o.O. (Bonn), o. J.

Reischmann, Gerhard (1994): Im neuen Jahr kommt das Aus für den Behindertenrabatt, in: Schwäbische Zeitung v. 31.12.1994.

Rendenbach, Ingo (1990): Ökonomie der Schwerbehindertenbeschäftigung, Eine marktorientierte Perspektive, Campus Forschung, Bd. 641, Trierer Schriften zu Sozialpolitik und Sozialverwaltung, Bd. 3, hrsg. v. Hans Braun, Eckhard Knappe und Dieter Sadowski, Frankfurt/Main und New York.

Rendtel, Ulrich, *Wagner*, Gert (Hrsg., 1991): Lebenslagen im Wandel: Zur Einkommensdynamik in Deutschland seit 1984, Sozio-ökonomische Daten und Analysen für die Bundesrepublik Deutschland, Bd. 4, hrsg. v. d. Projektgruppe „Das Sozio-ökonomische Panel" im Deutschen Institut für Wirtschaftsforschung, Berlin; Frankfurt/Main und New York.

Rietz, Jürgen (1993): Präventiver Gesundheitsschutz und Arbeitsplätze für Behinderte, Internationaler Erfahrungsaustausch über die Arbeitswelt Behinderter, in: Sozialrecht und Praxis, Nr. 1, S. 53–58.

Rindt, Manfred (1982): Die Eingliederung Behinderter und der öffentliche Dienst, in: VdK-Mitteilungen, Jg. 32, H. 7 (Juli), S. 14–22.

Rindt, Manfred (1988): Aktuelle und grundsätzliche Fragen der Rehabilitation, in: Berufliche Rehabilitation, H. 2, S. 2–18.

Rindt, Manfred (1989a): Im Arbeitsleben leistungsfähig, in: Berufliche Rehabilitation, H. 3, S. 46–58.

Rindt, Manfred (1989b): Politik für Behinderte, in: Bundesarbeitsblatt, Nr. 5, S. 5–14.

Rindt, Manfred (1989c): Politik für Behinderte mit solider Ausgangsbasis für die Europäische Gemeinschaft, in: VdK–Mitteilungen, Jg. 39, H. 8 (August), S. 1–20.

Rinn, Friedel, u.a. (1993): Behindertenrecht im Rahmen des SGB IX weiterentwikkeln, Gemeinsame Positionen der BAG Hilfe für Behinderte, BV Lebenshilfe, des Deutschen Paritätischen Wohlfahrtsverbandes und des VdK Deutschland, in: Sozialrecht + Praxis, Nr. 6, S. 380–381.

Ritz, Hans-Günther (1982): Betriebliche Integration Schwerbehinderter und die Beteiligung der Schwerbehindertenvertrauensleute, in: *Heinze*, Rolf G., *Runde*, Peter (Hrsg., 1982), S. 200–222.

Ritz, Hans-Günther (1983): Betriebliche und staatliche Arbeitspolitik – am Beispiel der beruflichen Integration Schwerbehinderter, in: Leviathan, Sonderheft 5/1983, S. 343–363.

Ritz, Hans-Günther (1984a) Arbeitsmarktlage und Novellierung des Schwerbehindertengesetzes – Unter besonderer Berücksichtigung der wettbewerbspolitischen Maßnahmen und der Förderung besonderer Gruppen Schwerbehinderter (Sonderprogramme) –, Arbeitspapier Nr. 22 des Forschungsschwerpunktes Reproduktionsrisiken, soziale Bewegung und Sozialpolitik – Universität Bremen –, Bremen.

Ritz, Hans-Günther (1984b): Das Schwerbehindertengesetz – Chancen für Leistungsgeminderte auf dem Arbeitsmarkt, in: *Elsner*, Gine (Hrsg., 1984), S. 143–146.

Ritz, Hans-Günther (1986): Berufliche Eingliederung Schwerbehinderter und Behinderter, Dortmund.

Rochlin, Jay F., *DeCaro* James J., *Clarcq*, Jack R. (1993): Competitive Employment of Disabled People: The Need for a Partnership, in: Journal of Rehabilitation, Vol. 51, No. 2 (April/May/June), pp. 19–23.

Rosenberg, Peter (1989): Demographie, Gesundheitsrisiko und Schwerbehinderung, in: *Sadowski*, Dieter, *Rendenbach* Ingo M. (Hrsg., 1989), S. 35–52.

Roslan, Hans Jürgen (1986): Unternehmensgründung – eine Chance für Behinderte, Erfahrungen sollen gesammelt und neue Möglichkeiten erforscht werden, in: Frankfurter Allgemeine Zeitung, Nr. 283 (6. Dezember), S. 15.

Runde, Peter (1979): Soziologie der Behinderten – Forschungsstand und Perspektiven, in: *Runde*, Peter, *Heinze*, Rolf G. (Hrsg., 1979), S. 5–35.

Runde, Peter (1985): Berufliche Eingliederung von Behinderten – Perspektiven und Vorschläge unter veränderten Arbeitsmarktbedingungen, in: *Seyd*, Wolfgang (Hrsg., 1985), S. 55–64 (wiederabgedruckt in: Rehabilitation, 25. Jg. (1986), S. 2–8).

Runde, Peter (1986b): Zukunft der Rehabilitation, Bilanz und Perspektiven unter veränderten Arbeitsmarktbedingungen, Arbeit, Bildung, Gesellschaft, Bd. 2, hrsg. v. Wolfgang Seyd und Rainer Schulz, Hamburg.

Runde, Peter, *Heinze*, Rolf G. (Hrsg., 1979): Chancengleichheit für Behinderte, Sozialwissenschaftliche Analysen für die Praxis, Kritische Texte: Sozialarbeit, Sozialpädagogik, Soziale Probleme, hrsg. v. Hanns Eyferth u.a., Neuwied und Darmstadt.

Ruther, Rainer (1982): Einfach gekappt, in: Die Zeit, Nr. 13 (26. März), S. 73.

Sadowski, Dieter, *Frick*, Bernd (1989): Unternehmerische Personalpolitik in organisationsökonomischer Perspektive: Das Beispiel der Schwerbehindertenbeschäftigung, in: Mitteilungen aus der Arbeitsmarkt- und Berufsforschung, H. 3, S. 408–418.

Sadowski, Dieter, *Frick*, Bernd (1992): Die Beschäftigung Schwerbehinderter, Betriebswirtschaftliche Analysen und politische Empfehlungen, Studien und Materialien zur Sozialpolitik, hrsg. v. Ministerium für Arbeit, Soziales, Familie und Gesundheit Rheinland-Pfalz, Idstein.

Sadowski, Dieter, *Frick*, Bernd, *Stengelhofen*, Theo (1988): Wer beschäftigt Schwerbehinderte? – Erste Einsichten aus einem laufenden Forschungsprojekt–, in: Zeitschrift für Betriebswirtschaft, 58. Jg., H. 1, S. 37–49.

Sadowski, Dieter, *Rendenbach*, Ingo M. (Hrsg., 1989): Neue Zielgruppen in der Schwerbehindertenpolitik, Campus Forschung, Bd. 623, Trierer Schriften zu Sozialpolitik und Sozialverwaltung, Bd. 2, hrsg. v. Hans Braun, Eckhard Knappe und Dieter Sadowski, Frankfurt/Main und New York.

Sadowski, Dieter, u.a. (1992): Die Wirkungsweise des Schwerbehindertengesetzes, – Vollzugsdefizite und Verbesserungsvorschläge –, Forschungsvorhaben im Auftrag des Bundesministeriums für Arbeit und Sozialordnung, Forschungsbericht Sozialforschung 230, hrsg. v. Bundesministerium für Arbeit und Sozialordnung, Bonn und Trier.

Sanmann, Horst (1988a): Etappen der Arbeitsmarktpolitik für Schwerbehinderte in Deutschland, in: *Knappe*, Eckhard, *Frick*, Bernd (Hrsg., 1988), S. 17–36.

Sanmann, Horst (1988b): Regulierung und Deregulierung im Rahmen der Arbeitsmarktpolitik für Schwerbehinderte, in: *Thiemeyer*, Theo (Hrsg.): Regulierung und Deregulierung im Bereich der Sozialpolitik, Schriften des Vereins für Socialpolitik 177, Berlin, S. 47–81.

Schäfer, Dieter (1994): Alles umsonst?, – Probleme beim Übergang von der Ausbildung in den Arbeitsmarkt, in: Berufliche Rehabilitation, H. 3/94, S. 71–74.

Schaffer, Daniel C. (1991): Tax Incentives, in: *West*, Jane (ed., 1991), pp. 293–312.

Scheel, Walter (1985): Unentgeltliche Beförderung bei 80 v.H. MdE: Erheblich beeinträchtigte Bewegungsfähigkeit in jedem Einzelfall festzustellen, in: VdK-Mitteilungen, Jg. 35, H. 5 (Mai), S. 4–15.

Schellhaaß, Horst-Manfred (1984): Ein ökonomischer Vergleich finanzieller und rechtlicher Kündigungserschwernisse, in: Zeitschrift für Arbeitsrecht, 15. Jg. (1984), H. 2, S. 139–171.

Schellhorn/Jirasek/Seipp (1994): Das Bundessozialhilfegesetz, Ein Kommentar für Ausbildung, Praxis und Wissenschaft, Begründet von Walter *Schellhorn*, Hans *Jirasek* und Paul *Seipp*, Weitergeführt von Walter *Schellhorn*, 14., völlig überarbeitete Auflage, Neuwied, Kriftel und Berlin.

Schettkat, Ronald, *Semlinger*, Klaus (1982a): Die Beschäftigungssituation Schwerbehinderter, Eine mathematisch-statistische Darstellung und Analyse der Beschäftigungsproblematik Behinderter, WZB discussion paper IIM/LMP 82-7, Berlin.

Schettkat, Ronald, *Semlinger*, Klaus (1982b): Der eigenständige Effekt gesundheitlicher Einschränkungen als Vermittlungshemmnis, in: Mitteilungen aus der Arbeitsmarkt- und Berufsforschung, H. 4, S. 434–442.

Schildmann, Ulrike (1977): Zur politischen und ökonomischen Funktion der beruflichen Rehabilitation Behinderter in der BRD und West-Berlin, Rheinstetten.

Schimanski, Werner (1984a): Erwerbsminderung und Arbeitsmarkt, in: *Elsner*, Gine (Hrsg., 1984), S. 151–155.

Schimanski, Werner (1984b): MdE oder GdB?, Soll der Begriff „Minderung der Erwerbsfähigkeit" durch den Begriff „Grad der Behinderung" ersetzt werden?, in: Soziale Sicherheit, 33. Jg., S. 368–374.

Schleth, Uwe (1982): Zur Situation der von Multipler Sklerose Betroffenen in Baden-Württemberg, Ergebnisse einer schriftlichen Befragung von 1376 MS-Patienten im Herbst 1981 (Tabellenband), Heidelberg.

Schleicher, Ulrike (1994): Behinderte machen Bonn Beine: Regierung offenbar zu einem Benachteiligungsverbot bereit – Verbände über besten Weg uneins, in: Schwäbisches Tagblatt v. 1.6.

Schmid, Günter, *Semlinger*, Klaus (1984): Arbeitsmarktpolitik für Behinderte, Erfahrungen aus der Bundesrepublik Deutschland, Großbritannien, Schweden und den USA, Steuerungstheoretische Analyse und politische Schlußfolgerungen, WZB-discussion paper IIM/LMP 84-10, Berlin.

Schmidt, Georg (1994a): Schwerbehinderte und ihr Recht, Ein Ratgeber für Behinderte und Angehörige, Köln.

Schmidt, Georg (1994b): Die Beschäftigungssituation der Schwerbehinderten im Saarland, Landessonderprogramm zum Abbau der Arbeitslosigkeit erforderlich, in: Sozialrecht + Praxis, H. 6 (20. Juni 1994), S. 403–405.

Schneekloth, Ulrich (1994): Hilfebedürftige Behinderte in privaten Haushalten, Sekundäranalyse der Studie „Möglichkeiten und Grenzen selbständiger Lebensführung" im Auftrag des Bundesministeriums für Familie und Senioren, Schriftenreihe des Bundesministeriums für Familie und Senioren, Bd. 20.3, Stuttgart, Berlin und Köln.

Schneekloth, Ulrich, *Potthoff*, Peter (1993): Hilfe- und Pflegebedürftige im privaten Haushalten, Bericht zur Repräsentativerhebung im Forschungsprojekt „Möglichkeiten und Grenzen selbständiger Lebensführung", Schriftenreihe des Bundesministeriums für Familie und Senioren, Bd. 20.2, Stuttgart, Berlin und Köln.

Schneider, W., *Brambring*, M. (1985): Behinderte und öffentlicher Transport, in: Rehabilitation, 24. Jg., S. 77–82.

Schoch, Dietrich (1991): Sozialhilfe, mit einer Einführung in die Jugendhilfe, Der Inspektor, Schriftenreihe zur Ausbildung der Beamten des gehobenen Dienstes an Studieninstituten und Fachhochschulen, hrsg. v. Klaus Müller, H. 3, 6., überarbeitete und erweiterte Auflage, Köln u.a.

Scholler, Heinrich (1981): Die Lage der Behinderten als Aufgabe der Rechtsordnung, in: *Deutscher Sozialgerichtsverband* (Hrsg., 1981), S. 18–49.

Schopf, Peter (1987): Behinderung, in: Berufliche Rehabilitation, H. 1, S. 3–11.

Schrezenmeier, Günter, *Zemke*, Hans-Dieter (1991): Das Schwerbehindertengesetz und die betriebliche Wirklichkeit, Arbeitslose Schwerbehinderte sind Problemkinder des Arbeitsmarktes, in: Sozialrecht + Praxis, Nr. 1, S. 29–33.

Schubert, Andreas (1989): Psychisch Behinderte – eine Problemgruppe auf dem Arbeitsmarkt, in: *Sadowski*, Dieter, *Rendenbach*, Ingo M. (Hrsg., 1989), S. 99–121.

Schulin, Bertram (1980): Soziale Sicherung der Behinderten, Schriftenreihe des Deutschen Sozialgerichtsverbandes, Bd. XX, o.O.

Schulz, Bernd (1988): Beschäftigte und arbeitslose Behinderte – Sind unsere Gesetze wirklich Hilfen?, Ankämpfen gegen Vorurteile, Beratung und Vermittlung von arbeitsuchenden Behinderten, in: Das Parlament, Themenausgabe Behinderte, 38. Jg., Nr. 9 (26. Februar), S. 5.

Schweisheimer, W. (1983): Wiedereingliederung körperbeschädigter Arbeiter in den Arbeitsprozeß, Sie erweisen sich als vollwertig in Industrie und Wirtschaft, in: Leben und Weg, 23. Jg., Nr. 3 (Juni), S. 27–28.

Seewald, Hermann (o.J.): Behinderte, Ergebnisse des Mikrozensus April 1986, Arbeitsunterlage des Statistischen Bundesamtes (unveröffentlicht), Wiesbaden.

Seewald, Hermann (1988): Schwerbehinderte 1987, in: Wirtschaft und Statistik, H. 10, S. 738–742.

Seewald, Hermann (1990), Schwerbehinderte 1989, in: Wirtschaft und Statistik, H. 12, S. 854–858.

Seewald, Hermann (1992a): Behinderte, Ergebnisse des Mikrozensus April 1989, in: Wirtschaft und Statistik, H. 8, S. 531–537.

Seewald, Hermann (1992b): Schwerbehinderte 1991, in: Wirtschaft und Statistik, H. 11, S. 814–818.

Seffen, Achim (1994): Dokumentation: Einkommenslage der Rentnerhaushalte, in: iw-trends, Quartalshefte zur empirischen Wirtschaftsforschung, 21. Jg. (1994), H. 3, S. 71–80.

Semlinger, Klaus (1983): Die Arbeits- und Berufsförderung Behinderter in der Bundesrepublik Deutschland, WZB-discussion paper IIM/LMP 83-33, Berlin.

Semlinger, Klaus (1984): Betriebliche Integration Schwerbehinderter, Die Wirkungslücken der Vermittlungsförderung, in: Soziale Sicherheit, 33. Jg., S. 375–381.

Semlinger, Klaus (1987): Beschäftigungsprobleme Schwerbehinderter und die Förderung ihrer betrieblichen Integration, in: *Buttler*, Friedrich, *Gerlach*, Knut, *Schmiede*, Rudi (Hrsg., 1987), S. 237–262.

Semlinger, Klaus (1988): Betriebliche Integration Schwerbehinderter durch technische Beratung, in: Mitteilungen aus der Arbeitsmarkt- und Berufsforschung, Jg. 21, S. 393–402.

Semlinger, Klaus (1989): Zielgruppendifferenzierung und Politik-Marketing in der Rehabilitation, in: *Sadowski*, Dieter, *Rendenbach*, Ingo M. (Hrsg., 1989), S. 195–219.

Semlinger, Klaus, u.M.v. Gabriel *Knieschon* (1984): Behindertenbeschäftigung – Betriebliche Barrieren und öffentliche Förderung, WZB-discussion paper IIM/LMP 84 -8, Berlin.

Senat der Freien und Hansestadt Hamburg (1981): Mitteilung des Senats an die Bürgerschaft: Bericht zur sozialen Situation der Behinderten und zur Entwicklung der Rehabilitationsangebote in Hamburg, Drucksache der Bürgerschaft der Freien und Hansestadt Hamburg 9/3972 v. 08.12.81.

Der Senator für Arbeit und Soziales Berlin (Hrsg., 1993): Zur Situation Schwerbehinderter im Land Berlin, – Informationsmaterial –, Berlin.

Seyd, Wolfgang (1989): Berufliche Reha – wie sind die Eingliederungschancen?, in: Leben und Weg, 29. Jg., Nr. 2 (April/Mai), S. 15.

Seyd, Wolfgang (Hrsg., 1985): Berufliche Rehabilitation im Umbruch, Situationsanalyse und Reformvorschläge in der Bundesrepublik Deutschland, Arbeit – Bildung – Gesellschaft, Bd. 1, hrsg. v. Wolfgang Seyd und Rainer Schulz, Hamburg.

Seyfried, Erwin (1987): Zur Integration psychisch Behinderter in Selbsthilfefirmen. Eine Berschreibung des Bestandes und der internen Arbeitsweisen, in: *Bungard*, Walter, *Reihl*, Dieter, *Schubert*, Andreas (Hrsg., 1987), S. 298–321.

Seyfried, Erwin (1992): Voraussetzungen einer erfolgreichen Integration Behinderter in das Arbeitsleben, Zusammenfassender Bericht einer Studie in Belgien, der Bundesrepublik Deutschland, Frankreich, den Niederlanden und dem Vereinigten Königreich, CEDEFOP Dokument, hrsg. v. Europäischen Zentrum für die Förderung der Berufsbildung, Berlin.

Seyfried, Erwin, *Bühler*, Angelika, *Gmelin*, Albrecht (1993): Strategien der beruflichen Eingliederung psychisch Behinderter, Wege und Methoden der Vermittlung auf den allgemeinen Arbeitsmarkt, Forschungsbericht Sozialforschung 236, hrsg. v. Bundesministerium für Arbeit und Sozialordnung, Bonn und Berlin 1993.

Seyfried, Erwin, *Lambert*, Thibault (1988): Neue teilgeschützte Formen der Beschäftigung für Behinderte – Eine Analyse richtungsweisender Maßnahmen in den Mitgliedstaaten der Europäischen Gemeinschaften, CEDEFOP-Dokument, hrsg. v. CEDEFOP – Europäisches Zentrum für die Förderung der Berufsbildung, Berlin.

Siegler, Hans-Georg (1981): Kompetenzen klar abgegrenzt, Enge Kooperation gesichert, in: VdK-Mitteilungen, Jg. 31, H. 6 (Juni), S. 37–42.

Siegler, Hans-Georg (1984): Nachteile Schwerbehinderter auf dem Arbeitsmarkt ausgleichen helfen, in: VdK-Mitteilungen, Jg. 34, H. 4 (April), S. 30–35.

Sommer, Christoph, *Weiß*, Dietlind (1978): Bedeutung der Anerkennung als Schwerbehinderte für die berufliche Rehabilitation psychisch Kranker, Diss., Hannover.

Sozialrecht + Praxis (1991a): Jeder zwölfte Einwohner ist schwerbehindert, Aktuelle Daten des Statistischen Bundesamtes, o.V., in: Sozialrecht + Praxis, Nr. 1, S. 35–36.

Sozialrecht + Praxis (1991b): Hessen als Vorreiter: Urlaubszuschüsse für Schwerstbehinderte, o.V., in: Sozialrecht + Praxis, Nr. 1, S. 51–53.

Sozialrecht + Praxis (1991c): Die Steuererleichterungen für Behinderte, o.V., in: Sozialrecht + Praxis, Nr. 1, S. 38–45, Nr. 5, S. 316–322, und Nr. 6, S. 378–385.

Sozialrecht + Praxis (1991d): Die Gleichstellung mit den Schwerbehinderten, o.V., in: Sozialrecht + Praxis, Nr. 4, S. 254–255.

Sozialrecht + Praxis (1991e): Beschäftigung weiter rückläufig, Von Schwerbehinderten, o.V., in: Sozialrecht + Praxis, Nr. 7, S. 455.

Sozialrecht + Praxis (1991f): Hilfen zur beruflichen Eingliederung von Schwerbehinderten, o.V., in: Sozialrecht + Praxis, Nr. 8, S. 516–521.

Sozialrecht + Praxis (1991g): Weniger Schwerbehinderte sind arbeitslos, Frauen nach wie vor benachteiligt, o.V., in: Sozialrecht + Praxis, Nr. 9, S. 602–603.

Sozialrecht + Praxis (1993a): Bessere Hilfen für Pflegebedürftige und Angehörige erforderlich, Studie zum Hilfe- und Pflegebedarf in privaten Haushalten vorgestellt, o.V., in: Sozialrecht + Praxis, Nr. 7, S. 446–452.

Sozialrecht + Praxis (1993b): Und wieder hat der Bund gute Vorsätze gefaßt, Zur Erfüllung der Pflichtquote, o.V., in: Sozialrecht + Praxis, Nr. 9, S. 582–583.

Sozialrecht + Praxis (1993c): Hilfen für Behinderte im Beruf, Finanzielle Hilfen für Arbeitgeber, o.V., in: Sozialrecht + Praxis, Nr. 11, S. 723–734.

Sozialrecht + Praxis (1993d): Die Beschäftigung Schwerbehinderter im Bundesdienst im Jahre 1992, Aus der Bundestags-Drucksache 12/5208 vom 21. Juni 1993, o.V., in: Sozialrecht + Praxis, Nr. 12, S. 788–790.

Sozialrecht + Praxis (1994a): Beschäftigung Schwerbehinderter im öffentlichen Dienst des Bundes: Die Bahnen drücken die Beschäftigungsquote auf unter sechs Prozent, o.V., in: Sozialrecht + Praxis, H. 6 (20. Juni), S. 382–383.

Sozialrecht + Praxis (1994b): Mit Outplacement sollen Behinderte leichter einen Arbeitsplatz finden, o.V., in: Sozialrecht + Praxis, H. 10 (20. Oktober), S. 657–658.

Spanier, Werner (1980): Auch Direktoren-Sessel sollten bereitgehalten werden, in: Frankfurter Rundschau, Nr. 290 (13. Dezember), S. 14.

Der Spiegel (1989): Karges Taschengeld: Immer mehr Behinderte werden arbeitslos, weil sich viele Arbeitgeber vor der gesetzlichen Pflicht zur Einstellung drücken, in: Der Spiegel, Nr. 42 (16. Oktober), S. 95–103.

Stallberg, F.W., *Stallberg*, R. (1976): „Randgruppen“ – Probleme eines Begriffs, in: Neue Praxis 6, S. 200–210.

Statistisches Bundesamt (1993): Behinderte 1989, Ergebnisse des Mikrozensus, o.V., in: dass. (Hrsg.): Fachserie 13: Sozialleistungen, Reihe 5.1: Schwerbehinderte 1991, Stuttgart, S. 77–95.

Statistisches Bundesamt (Hrsg., 1981): Zur Situation der Behinderten in der Bundesrepublik Deutschland, Stuttgart und Mainz.

Statistisches Bundesamt (Hrsg., 1982): Fachserie 13: Sozialleistungen, Reihe 5.1: Behinderte 1981, Stuttgart und Mainz.

Statistisches Bundesamt (Hrsg., 1983): Fachserie 13: Sozialleistungen, Reihe 2: Sozialhilfe 1981, Stuttgart und Mainz.

Statistisches Bundesamt (Hrsg., 1985): Fachserie 13: Sozialleistungen, Reihe 5.1: Behinderte 1983, Stuttgart und Mainz.

Statistisches Bundesamt (Hrsg., 1987): Fachserie 13: Sozialleistungen, Reihe 5.1: Schwerbehinderte 1985, Stuttgart und Mainz.

Statistisches Bundesamt (Hrsg., 1990): Fachserie 13: Sozialleistungen, Reihe 5.1: Schwerbehinderte 1987, Stuttgart und Mainz.

Statistisches Bundesamt (Hrsg., 1991a): Fachserie 13: Sozialleistungen, Reihe 5.1: Schwerbehinderte 1989, Stuttgart.

Statistisches Bundesamt (Hrsg., 1991b): Statistisches Jahrbuch für das vereinte Deutschland, Wiesbaden.

Statistisches Bundesamt (Hrsg., 1993): Fachserie 13: Sozialleistungen, Reihe 5.1: Schwerbehinderte 1991, Stuttgart.

Statistisches Bundesamt (Hrsg., 1994): Fachserie 13: Sozialleistungen, Reihe 2: Sozialhilfe 1992, Stuttgart.

Statistisches Bundesamt (Hrsg., 1995): Fachserie 13: Sozialleistungen, Reihe 5.1.: Schwerbehinderte 1993, Stuttgart.

Stern, Steven (1989): Measuring the Effect of Disability on Labor Force Participation, in: The Journal of Human Resources, Vol. XXIV, pp. 361–395.

Stiftung Warentest (1994): Behindertengerechte Autos: Fast nichts ist unmöglich, in: test 10/94, S. 95–99.

Stiftung Warentest (Hrsg., 1994): Steuern Sparen, Steuererklärung 1993, Sonderheft Finanztest Spezial „Steuern 1994", H. 9401, Berlin.

Thill, André (1988): Besonderheiten des Schwerbehindertenproblems und der Politik zur Integration Schwerbehinderter in den Arbeitsmarkt in Luxemburg, in: *Knappe*, Eckhard, *Frick*, Bernd (Hrsg., 1988), S. 171–182.

Thimm, Walter (1975): Die amtliche Behindertenstatistik in der Bundesrepublik Deutschland, in: ders. (Hrsg., 1975), S. 42–65.

Thimm, Walter (Hrsg., 1975): Soziologie der Behinderten, Materialien, 3. Auflage, Neuburgweiher.

Thust, Willtraud, *Trenk-Hinterberger*, Peter (1989): Recht der Behinderten, Eine systematische Darstellung für Praxis und Studium, 2., völlig neubearbeitete Auflage, Weinheim und Basel 1989.

Tolmein, Oliver (1981): Im Vordergrund steht die Arbeit: Die Lage der Behinderten in der DDR, in: Zeit und Bild, Frankfurter Rundschau am Wochenende, 37. Jg., Nr. 50 (12. Dezember), S. 1.

Tripp, Bernhard (1982): Etwas in Bewegung gekommen: Eine Bilanz des Jahres der Behinderten, in: Das Parlament, Nr. 13 (3. April), S. 14.

Trometer, Leonhard (1983): Zur Problematik des Schwerbehindertenbegriffs, in: Der gute Wille, Jg. 19, H. 1, S. 9 u. 11.

VanBuggenhout, Béatrice (1990): The Harmonization of Policies and Regulations Concerning Disabled Persons in the European Community, in: *Braun*, Hans, *Niehaus*, Mathilde (Hrsg., 1990), S. 135–148.

VdK-Mitteilungen (1981a): Grünes Licht für Novellierung des Schwerbehindertengesetzes, o.V., in: VdK-Mitteilungen, Jg. 31, H. 6 (Juni), S. 35–37.

VdK-Mitteilungen (1981b): Was leistet die EG für 20 Millionen Behinderte: Vorbeugen, Rehabilitation und soziale Hilfe, o.V., in: VdK-Mitteilungen, Jg. 31, H. 9 (September), S. 47–49.

VdK-Mitteilungen (1983a): Ende 1981 waren 5 486 200 Personen in der Bundesrepublik als Behinderte registriert, o.V., in: VdK-Mitteilungen, Jg. 33, H. 4 (April), S. 4–13.

VdK-Mitteilungen (1983b): 4. Schwerbehinderten-Sonderprogramm, Richtlinien für die Durchführung des Sonderprogramms des Bundes und der Länder zum Abbau der Arbeitslosigkeit Schwerbehinderter und zur Förderung des Ausbildungsplatzangebots für Schwerbehinderte, Vom 19. November 1981, o.V., in: VdK-Mitteilungen, Jg. 33, H. 8 (August), S. 11–13.

VdK-Mitteilungen (1984): 4. Schwerbehinderten-Sonderprogramm, Änderung der Richtlinien für die Durchführung des Sonderprogramms des Bundes und der Länder zum Abbau der Arbeitslosigkeit Schwerbehinderter und zur Förderung des Ausbildungsplatzangebots für Schwerbehinderte, Vom 24. Januar 1984, o.V., in: VdK-Mitteilungen, Jg. 34, H. 3 (März), S. 22.

VdK-Mitteilungen (1985a): 4. Schwerbehinderten-Sonderprogramm, Änderung der Richtlinien für die Durchführung des Sonderprogramms des Bundes und der Länder zum Abbau der Arbeitslosigkeit Schwerbehinderter und zur Förderung des Ausbildungsplatzangebots für Schwerbehinderte, Vom 3. Dezember 1984, o.V., in: VdK-Mitteilungen, Jg. 35, H. 2 (Februar), S. 28–29.

VdK-Mitteilungen (1985b): 4. Schwerbehinderten-Sonderprogramm, Änderung der Richtlinien für die Durchführung des Sonderprogramms des Bundes und der Länder zum Abbau der Arbeitslosigkeit Schwerbehinderter und zur Förderung des Ausbildungsplatzangebots für Schwerbehinderte, Vom 1. Juli 1985, o.V., in: VdK-Mitteilungen, Jg. 35, H. 9 (September), S. 26.

VdK-Mitteilungen (1986a): 4. Schwerbehinderten-Sonderprogramm, Änderung der Richtlinien für die Durchführung des Sonderprogramms des Bundes und der Länder zum Abbau der Arbeitslosigkeit Schwerbehinderter und zur Förderung des Ausbildungsplatzangebots für Schwerbehinderte, Vom 19. November 1985, o.V., in: VdK-Mitteilungen, Jg. 36, H. 2 (Februar), S. 23–24.

VdK-Mitteilungen (1986b): Schwerbehindertengesetz: Verordnung über den für die Kalenderjahre 1985 und 1986 maßgebenden Vomhundertsatz nach § 61 Abs. 2 des Schwerbehindertengesetzes, Vom 20. März 1986, o.V., in: VdK-Mitteilungen, Jg. 36, H. 5 (Mai), S. 32.

VdK-Mitteilungen (1986c): Kfz-Versicherung: Ab Januar 1987 wieder Prämiennachlaß, o.V., in: VdK-Mitteilungen, Jg. 36, H. 11 (November), S. 31.

VdK-Mitteilungen (1987): Rundfunkgebühren: Kriterien für Befreiung Schwerbehinderter, o.V., in: VdK-Mitteilungen, Jg. 37, H. 7 (Juli), S. 5.

VdK-Mitteilungen (1989): Anerkennung als Schwerbehinderter: Gesamt-Grad der Behinderung keine reine Einzelwerte-Addition, in: VdK-Mitteilungen, Jg. 39, H. 6 (Juni), S. 19–21.

VdK-Mitteilungen (1990a): Die Beschäftigungssituation Schwerbehinderter, Neueste Ergebnisse aus dem Anzeigeverfahren 1988, o.V., in: VdK-Mitteilungen, Jg. 40, H. 5 (Mai), S. 30–31.

VdK-Mitteilungen (1990b): Arbeitslosigkeit Schwerbehinderter nicht weiter gesunken, o.V., in: VdK-Mitteilungen, Jg. 40, H. 5 (Mai), S. 31.

Verband der Kriegs- und Wehrdienstopfer, Behinderten und Sozialrentner Deutschlands (Hrsg., 1991a): Armut wirksam bekämpfen, Bonn-Bad Godesberg.

Verband der Kriegs- und Wehrdienstopfer, Behinderten und Sozialrentner Deutschlands (Hrsg., 1991b): Ein Deutschland, Ein sozialer Rechtsstaat, Verbandstag zur Vereinigung des VdK Deutschland, 13. März 1991 in Chemnitz, Dokumentation, Bonn-Bad Godesberg.

Verband Deutscher Rentenversicherungsträger (Hrsg., 1992): VDR Statistik Rehabilitation, Leistungen zur Rehabilitation und zusätzliche Leistungen der gesetzlichen Rentenversicherung im Jahre 1991, Bd. 101, Frankfurt.

Vetter, Heinz O. (1981): Die Stellung des Schwerbehinderten in der Gesellschaft aus der Sicht des DGB, in: Soziale Sicherheit, 30. Jg., S. 33–36.

Vogel, Bernhard (1986): Beschäftigungsquote Schwerbehinderter in Rheinland-Pfalz: Unter den Flächenstaaten auf dem ersten Platz, in: VdK-Mitteilungen, 36. Jg., H. 5 (Mai), S. 7–10.

Wacker, Elisabeth, *Metzler*, Heidrun (Hrsg., 1989): Familie oder Heim, Unzulängliche Alternativen für das Leben behinderter Menschen?, Campus Forschung, Bd. 606, Frankfurt/Main und New York.

Wacker, Elisabeth, *Neumann*, Johannes (Hrsg., 1985): Geistige Behinderung und soziales Leben, Campus Forschung, Bd. 439, Frankfurt/Main und New York.

Walker, Alan (1982): Unqualified and Underemployed, Handicapped Young People and the Labour Market, London and Basingstoke.

Wallner, Teut (1988): Besonderheiten des Schwerbehindertenproblems und der Politik zur Integration Schwerbehinderter in den Arbeitsmarkt in Schweden, in: *Knappe*, Eckhard, *Frick*, Bernd (Hrsg., 1988), S. 183–192.

Weible, Raimund (1994): Landeswohlfahrtsverband greift Behinderten kräftig in die Taschen: Wer mehr als 4500 Mark besitzt, muß Werkstatt-Pflegesatz selbst bezahlen, in: Schwäbisches Tagblatt v. 29.3.1994.

Weis, Peter (1983): Zur arbeitsmarktpolitischen Problematik von Kündigungs- und Besitzstandsregelungen für ältere Arbeitnehmer, in: Zeitschrift für Wirtschafts- und Sozialwissenschaften, 103. Jg., S. 255–281.

Weis, Robert (1981): Recht und Vergünstigungen der Behinderten, Frankfurt a.M.

Weishäupl, Karl (1982): Soziale Restriktionen ohne Garantie auf Spareffekte, in: VdK-Mitteilungen, Jg. 32, H. 1 (Januar), S. 8–16.

Wendt, Sabine (1989a): Rechtliche und materielle Voraussetzungen der Verselbständigung behinderter Menschen, in: *Wacker*, Elisabeth, *Metzler*, Heidrun (Hrsg., 1989), S. 56–67.

Wendt, Sabine (1989b): Zur Entlohnung der Beschäftigten in den Werkstätten für Behinderte, in: Arbeit und Recht, 37. Jg. (1989), S. 128–135.

West, Jane (ed., 1991): The Americans With Disabilities Act, From Policy to Practice, in: The Milbank Quarterly, Vol. 69, Supplements 1/2, New York.

Westhoff, Justin (1982): Arbeit statt Sozialhilfe, in: Frankfurter Allgemeine Zeitung; Nr. 29 (4. Februar), S. 7.

Wiesner, Siegfried (1980): Die soziale Sicherung der Behinderten, Bericht über die Verbandstagung des Deutschen Sozialgerichtsverbandes, in: Soziale Sicherheit, 29. Jg., S. 364–367.

Winandy, Thea (1981): Gleichgültigkeit, Unwissenheit, Bürokratie: Viele Behinderte hätten einen Arbeitsplatz, wenn guter Wille da wäre, in: Frankfurter Allgemeine Zeitung, Nr. 283 (7. Dezember), S. 7.

Winandy, Thea (1990): Immer mehr Behinderte werden arbeitslos, in: Frankfurter Allgemeine Zeitung, Nr. 6 (8. Januar), S. 7.

Wirtschaft und Statistik (1982): Behinderte 1981, o.V. [Schü.], in: Wirtschaft und Statistik, H. 9, S. 689–693.

Wöhler, Karlheinz (1982): Behinderungsbegriff und Handlungskonsequenzen: Behindertenhilfe, in: *Heinze*, Rolf G., *Runde*, Peter (Hrsg., 1982), S. 24–46.

Wöhrl, Hans-Georg (1988): Eingliederungschancen von Behinderten und gesundheitlich Beeinträchtigten, Ergebnisse einer Befragung der Absolventen des Berufsförderungswerks Heidelberg von 1984 und 1985 zwei Jahre nach Abschluß der Ausbildung, in: Mitteilungen aus der Arbeitsmarkt- und Berufsforschung, Jg. 21, S. 291–306.

Wöhrl, H(ans) G(eorg) (1991): Situation und Eingliederungschancen von langzeitarbeitslosen älteren Schwerbehinderten, in: Soziale Sicherheit, 40. Jg., H. 11, S. 275–279.

Wöhrl, Hans Georg, *Nagy*, Michael, *Winkler*, Kurt (1992): Verbesserung der Eingliederungschancen von älteren langzeitarbeitslosen Schwerbehinderten, Forschungsbericht Sozialforschung 234, hrsg. v. Bundesministerium für Arbeit und Sozialordnung, Bonn und Heidelberg.

Wohlleben, Reinhard (1981): Arbeitsmarktprobleme der Behinderten, in: *Deutscher Sozialgerichtsverband* (Hrsg., 1981), S. 50–63.

Wohlleben, R(einhard), *Jochheim*, K(urt)-A(lphons), *André*, G(erhard) (Hrsg., 1986): Strukturwandel des Arbeitsmarktes – Berufliche Eingliederung Behinderter und andere Möglichkeiten, Bericht über die Arbeitstagung der Deutschen Vereinigung für die Rehabilitation Behinderter e.V., Berlin, 16. bis 18. April 1986, Heidelberg.

Wolfe, Barbara L. (1980): How the disabled fare in the labor market, in: Monthly Labor Review, Vol. 103, September, pp. 48–52.

Wolfin, Eckhard, *Schmidt*, Hanns (1993): Schwerbehinderte im Betrieb, Rahmenbedingungen und Strategien für die erfolgreiche Integration, Arbeitshefte Personalwesen, Bd. 22, hrsg. v. Ekkehard Crisand u.a., Heidelberg.

Wortmann, Bernhard (1981): Marktwirtschaft kontra Behinderte, REHA '81: Gesundheitlich Benachteiligte haben wenig Grund zum Optimismus, in: DVZ v. 2.7., S. 7.

Ycas, Martynas A. (1986): Asset Holdings of the Newly Disabled: Findings From the New Beneficiary Survey, in: US Department of Health and Human Services, Social Security Administration, Social Security Bulletin, Vol. 49, No. 12 (December), pp. 5–12.

Yelin, Edward H. (1991): The Recent History and Immediate Future of Employment among Persons with Disabilities, in: *West*, Jane (ed., 1991), pp. 129–149.

Yu, Yeun-chung (1991): The Demography of Disability, in: Population Bulletin of the United Nations, No. 30, pp. 61–78.

ZB (1993a): „Dem guten Willen auf die Sprünge helfen“, Interview mit Heinz Bethmann, Leiter des Referats Behinderte bei der Vorstandsverwaltung der IG Metall, in: ZB – Zeitschrift: Behinderte im Beruf, H. 3 (September), S. 12–13.

ZB (1993b): ZB Info September 1993: „Hilfen für Behinderte im Beruf“, Beilage zu ZB – Zeitschrift: Behinderte im Beruf, H. 3 (September).

ZB (1994a): „Integration ist kein Rechenexempel“, Interview mit Reinhard Ebert, stellvertretender Leiter der Abteilung Arbeitsmarkt und Berufsbildung der Bundesvereinigung der Deutschen Arbeitgeberverbände, in: ZB – Zeitschrift: Behinderte im Beruf, H. 2 (Juni), S. 12–13.

ZB (1994b): „Wir setzen auf Qualifikation“, Interview mit Ulrich Laschet, Bundesgeschäftsführer des VdK, zur Situation der Schwerbehinderten auf dem Arbeitsmarkt, in: ZB – Zeitschrift: Behinderte im Beruf, H. 3 (September), S. 6–7.

ZB (1994c): Beschäftigungsinitiativen, o.V., in: ZB – Zeitschrift: Behinderte im Beruf, H. 4 (Dezember), S. 7–10.

ZB (1994 d): Schwerbehindertengesetz: Wichtige Änderungen, o.V., in: ZB – Zeitschrift: Behinderte im Beruf, H. 4 (Dezember), S. 4.

ZB (1994 e): Zweiter Arbeitsmarkt: Eine Perspektive für Schwerbehinderte?, o.V., in: ZB – Zeitschrift: Behinderte im Beruf, H. 4 (Dezember), S. 6–7.

Die Zeit (1981): Neu diskutieren: Die Zahl der amtlich anerkannten Schwerbehinderten wächst. Doch die tatsächliche Leistungsfähigkeit der Betroffenen wird meist außer acht gelassen, in: Die Zeit, Nr. 8 (13. Dezember), S. 24.

<u>Gesetzestexte u.a.</u>:

Anhaltspunkte für die ärztliche Gutachtertätigkeit im sozialen Entschädigungsrecht und nach dem Schwerbehindertengesetz (Auszug), in: *Schmidt* (1994), S. 239–280.

BSHG (1994): Bundessozialhilfegesetz mit Ausführungsgesetzen der Länder, Verordnung zur Kriegsopferfürsorge, Unterhaltssicherungsgesetz und anderen ergänzenden Vorschriften, Textausgabe mit Verweisungen und Sachverzeichnis, Beck'sche Textausgaben, 27., völlig neubearbeitete Auflage, Stand: 1. Januar 1994, München.

EHVO (1994): 4. Verordnung nach § 47 des Bundessozialhilfegesetzes (Eingliederungshilfe-Verordnung), In der Fassung der Bekanntmachung vom 1. Febuar 1975 (BGBl. I S. 433), (BGBl. III 2170-1-6), in: BSHG (1994), S. 81–90.

Schwerbehindertengesetz, Gesetz zur Sicherung der Eingliederung Schwerbehinderter in Arbeit, Beruf und Gesellschaft (Schwerbehindertengesetz – SchwbG) in der Fassung der Bekanntmachung vom 26. August 1986 (BGBl. I S. 1421, 1550), zuletzt geändert durch das Gesetz zur Entlastung der Rechtspflege vom 11. Januar 1993 (BGBl. I S. 50), in: *Schmidt* (1994), S. 185–212.

Verordnung über Kraftfahrzeughilfe zur beruflichen Rehabilitation (Kraftfahrzeughilfeverordnung – KfzHv) vom 28. September 1987 (BGBl. I S. 2251) geändert durch die Erste Verordnung zur Änderung der Kraftfahrzeughilfeverordnung vom 30. September 1991 (BGBl. I S. 1950), in: *Schmidt* (1994), S. 228–231.

Sozialgesetzbuch: Siehe *Kittner*, Michael, *Krasney*, Otto Ernst (1993).

Sozialgesetzbuch IV: Siehe *Bundesversicherungsanstalt für Angestellte* (Hrsg., 1992).

Vierte Verordnung zur Durchführung des Schwerbehindertengesetzes (Ausweisverordnung Schwerbehindertengesetz – SchwbAwV) vom 15. Mai 1981 (BGBl. I S. 431) in der Fassung der Bekanntmachung vom 25. Juli 1991 (BGBl. I S. 1739), in: *Schmidt* (1994), S. 212–216.

Zweite Verordnung zur Durchführung des Schwerbehindertengesetzes (Ausgleichsabgabeverordnung Schwerbehindertengesetz – SchwbAV), Vom 8. August 1978 (BGBl. I S. 1228), Geändert durch Gesetz vom 13. April 1984 (BGBl. I S. 601), in: *Thieler*, Heinz-Siegmund: Das Schwerbehindertengesetz, Kommentar, Köln u.a. 1987, S. 351–360.

Zweite Verordnung zur Durchführung des Schwerbehindertengesetzes (Schwerbehinderten-Ausgleichsabgabeverordnung – SchwbAV) vom 28. März 1988, in: *Schmidt* (1994), S. 216–228.

Sachregister